데이터가
지배하는 법

: 데이터 분석, 새로운 법률 서비스

Ed Walters 대표 편집

김대홍 · 김태희 · 이민구 · 이순성
이유봉 · 장재민 · 정관영 · 함보현 · 홍유진 역

DATA-DRIVEN LAW
: Data Analytics and the New Legal Services

박영사

편집자 소개

———

에드 월터스(Ed Walters)는 워싱턴 D.C.에 본사를 둔 법서 전문 출판사인 Fastcase의 CEO이며, 조지타운 대학교 법센터와 코넬 테크에서 겸임교수로 로봇법을 강의하고 있다. Fastcase를 설립하기 이전에는 워싱턴과 브뤼셀의 Covington & Burling에서 근무하였고, 1991년부터 1993년까지는 백악관 언론 매체 담당 및 대통령 연설문 작성 부서에서 근무하였다.

기고자 소개

────

데이비드 코라루소(David Colarusso)는 서퍽 로스쿨의 '법률 혁신과 기술 연구실'의 책임자이다. 그는 변호사이자 교육자로서, 국선 변호인, 데이터 과학자, 소프트웨어 엔지니어, 고등학교 물리 교사로 경력을 쌓아 왔다. 그는 법률가들을 위한 프로그래밍 언어인 'QnA Markup'의 개발자이자, 법률 해커(legal hacker) 수상자이며, 미국변호사협회(ABA)의 법 저항가(Legal Rebel)로서 '패스트케이스 50인' 수상자이다.

고든 커맥(Gordon Cormack)은 워털루 대학교 '데이비드 R. 체리턴 컴퓨터 과학학교'의 교수이다. 그는 '미국 국립표준기술연구소'와 '텍스트 검색 컨퍼런스(TREC)'의 프로그램 위원으로, 스팸, 법률, 완전 재현 분야의 조정자 역할을 해왔다. 그는 *정보 검색: 검색 엔진의 도입 및 평가*(MIT Press, 2010, 2016) 및 100편 이상의 학술 기사의 공저자이기도 하다.

라훌 도디아(Rahul Dodhia)는 컬럼비아 대학교에서 인지과학과 통계학을 연구하였다. NASA에서 3년 근무한 이후, 그는 기술 업계에 합류하여 스타트업 및 아마존과 마이크로소프트와 같은 거대 기업 모두에서 일해 왔다.

아론 크루스(Aaron Crews)는 'Littler'의 최고 데이터분석 책임자로 Littler의 데이터 분석 실행을 관리하고 있다. 해당 직무에서 그는 기술 설루션 개발을 책임지며 로펌 의뢰인에 가치를 제공하고 정보처리의 효율성을 용이하게 하는 데 데이터 분석 툴을 사용한다. 아론은 인공지능 개발업체인 TextIQ의 법무 자문위원이자 전략부서 부사장으로, 월마트의 전자 디스커버리의 글로벌 책임자이자 선임 법무 자문위원으로 일한다.

켄 그래디(Ken Grady)는 미시간 주립대학교 법과대학의 겸임교수로 사법 접근성을 늘리고 법에 의한 지배의 적용을 개선하는 데 집중한다. 그는 법률 개발과 법률 서비스의 제공을 위한 인공지능의 새로운 모델을 개선하는 과정에 이르기까지 여러 툴을 사용한다. 그는 'SeyfarthLean Consulting'의 최고경영자이자 'Seyfarth Shaw LLP'의 법률 전도사로 일하면서, 전 세계 기관의 법무 자문위원과 사내 법무 부서를 대상으로 혁신적 전략 지원을 제공하였다.

모라 R. 그로스맨(Maura R. Grossman)은 법학박사이자 철학박사로, 온타리오주 워털루 대학교 '데이비드 R. 체리턴 컴퓨터과학학교'의 연구교수이자, 뉴욕주 '모라 그로스맨 법률 사무소'의 대표이다. 또한 그녀는 어스구드 홀 로스쿨과 조지타운 대학교 법학센터의 겸임교수이다. Wachtell, Lipton, Rosen and Katz의 자문위원으로 일하였다. 그녀는 기술지원 검토에 관한 영향력 있는 작업으로 가장 잘 알려져 있다.

윌리엄 D. 헨더슨(William D. Henderson)은 인디애나 대학교 법과대학의 교수이자, 국제 법무 시스템과 글로벌 법률 전문가에 대해 연구하는 Milt and Judi Stewart Center의 설립이사로 일하고 있다. 그는 로스쿨 학생 참여 실태조사(Law School Survey of Student Engagement)의 연구원이며, 세계 수준의 변호사를 식별·선정 및 개발하기 위해 근거 기반 방법론을 사용하는 컨설팅 펌 Lawyer Metrics의 대표이기도 하다.

쿠마르 자야수리야(Kuma.r Jayasuriya)는 가장 최근에는 로펌 베이커, 도넬슨(Baker, Donelson)에서 지식 관리 변호사로서 근무하였다. 법조 경력을 쌓은 뒤, 그는 텍사스 대학교 로스쿨과 조지타운 대학교 로스쿨을 포함하여, 최상위 로스쿨의 도서관과 디지털 저장 서비스를 관리하였다. 그는 변호사로서 전략적 기술 배치를 통한 데이터 분석 프로젝트를 관리하였다.

니카 카비리(Nika Kabiiri)는 사회과학과 경영 관련 연구 분야에서 15년의 경력을 가진 소비자 통찰 전문가이다. 그녀는 현재 Radius Global Research의 부사장이다. 이전에, Avvo의 전략부서의 이사로 일했다. 그전에는 Ipsos Marketing의 관리이사로 일하였다. 그녀는 워싱턴 대학교에서 사회학 석사 및 박사 학위를 받았으며, 라이스 대학교에서 정치외교학으로 학사 학위, 텍사스 주립대학교 법과대학에서 법학전문박사 학위를 받았다.

킹슬리 마틴(Kingsley Martin)은 법률 실무에서 기술 혁신의 최전선에 있다. 그는 Kirkland & Ellis의 최고 정보 책임자이자 Thomson West(현 Thomson Reuters)의 West KM(지식관리)을 책임지는 시니어 디렉터로 일하며 법률 실무, 소프트웨어 디자인 및 개발, 전략과 경영 분야에서 30년의 경력을 가지고 있다. 그는 미국변호사협회(ABA)에 의해 인증된 법 저항가(Legal Rebel)이자, 패스트케이스 50의 일원이며, 법률 기술 뉴스(Law Technology News)의 도입가이자, 내셔널 로 저널(National Law Journal)의 개척자이자 선구자이다.

에드 사라우사드(Ed Sarausad)는 GoDaddy, Avvo, Microsoft, IBM을 비롯한 수많은 스타트업에서 미국, 아시아, 유럽 전역에 걸친 제품 기술 개발과 경영을 20년 이상 해 왔다. 그는 전 세계의 자영업자와 소비자들을 변화시킬 수 있는 힘을 가진 데이터와 AI에 열정적이다. 그는 워싱턴 대학교에서 정보시스템 및 국제경영학 학사를 받았고 정량적 마케팅 분야의 MBA를 마쳤다. 그는 일본어에 유창하다.

스티븐 울프럼(Stephen Wolfram)은 Mathematica 및 Wolfram Alpha, Wolfram Language의 개발자이자, *A New Kind of Science*의 저자이며, Wolfram Research의 설립자이자 CEO이다. 그는 40여 년에 이르는 여정 동안 컴퓨터화 사고의 개발과 응용 분야에서 선구자였으며, 과학과 기술, 경영 분야에서 많은 발견과 발명, 혁신을 책임져 왔다.

머리말

"불안한 것은 속도보다도 무지(無知)다."

　이렇게 무지에서 벗어나기 위해 아홉 명의 신예 변호사와 학자가 뭉쳐서 스터디를 시작했다. 급변하는 법률 시장과 법학 환경에 더 이상 불안해하지 않기 위해서였다. 학계와 실무가 어우러진 인적 구성이었지만, 막상 함께 의지를 삼아 읽을 만한 책은 찾기 힘들었다. 속도만을 앞세운 책들이 넘쳐나고 있었다. 그러던 중 "Data－Driven Law"라는 책을 접할 수 있었다. 책의 각 장은 법과 데이터에 관한 기초법적 성찰에서부터 로펌의 실제 운영까지를 망라하고 있었다. 그대로 읽고 묵혀 두기에는 아까운 책이었기에 용기를 내어 함께하는 번역을 결정했다. 각 장을 분담하고 각자 번역의 책임을 맡았다. 다양한 공역자 구성의 이점을 살리기 위해 자신의 전문 분야에 가장 가까운 장을 선택했다. 내용의 다양성 앞에 전체 번역의 통일성이 묻히지 않도록 색인어 공역 작업에서부터 출발했다. 얼마 걸리지 않을 것이라는 기대와 달리 1년이 넘게 걸린 나름의 대장정이었다.

　책의 내용을 간략히 소개하면,
　제1장 '개론: 로펌을 위한 데이터 분석'은 작은 데이터로부터 얻는 큰 통찰이라는 화두와 함께 데이터 기반 법률 마케팅, 고품질의 지원을 위한 데이터 사용, 데이터를 통한 로펌 관리 등의 주제를 다루고 있다.
　제2장 '법률 데이터 마이닝'은 21세기에서의 데이터는 과거 19세기의 금, 20세기의 석유와 같은 가치를 지니게 된다고 하면서 이러한 변화와 함께 법률 서비스 분야에서의 데이터 관리 계획의 중요성을 강조함과 동시에 법률 데이

터가 직면한 새로운 과제를 다루고 있다.

제3장 '계약의 분해'는 기술이 인간의 업무를 대신하는 것이 가능한지의 의문에서 출발하여 패턴 분해 및 성숙 모델을 기반으로 계약을 분석하고 모듈화, 표준화, 단순화라는 계약의 표준을 다루고 있다.

제4장 '고용시장 속 빅데이터를 향한 거대한 움직임'은 빅데이터의 도래와 함께 고용과 채용절차는 물론 직무관리와 훈련에서 강조되고 있는 빅데이터의 수집과 이용, 그리고 빅데이터 세상에서의 소송을 다루고 있다.

제5장 '컴퓨터화된 법, 상징적 담론, 그리고 AI 헌법'은 컴퓨터화된 인간의 법을 꿈꾸어 왔던 라이프니츠의 꿈이 이제는 실현 단계에 들어섰음과 그를 위한 상징적 담론이라는 새로운 법문의 탄생, AI 세상에서의 헌법까지를 다루고 있다.

제6장 '성공의 정량화'는 전자증거개시절차에서 데이터 과학을 이용한 기술지원 검토의 정확도 측정을 소개하면서 모든 소송과 소송절차의 공정하고 신속하며 비용이 많이 들지 아니하는 판단을 보장하기 위한 새로운 노력을 다루고 있다.

제7장 '법률 서비스 품질의 정량화'는 법률 데이터의 추출과 의뢰인들이 신뢰할 수 있는 데이터를 활용한 변호사의 자질 평가, 그리고 데이터 분석을 통한 새로운 법률 서비스 시장의 탐색에 관해서 다루고 있다.

제8장 '빅데이터로 빅바이어스 발견'은 데이터 과학이라는 장막 속에 가려질 수 있는 오류의 위험성을 다루고 있다. 마법이 아닌 통계적 기법과 오픈된 공간, 결과와 데이터 공유라는 투명성만이 그러한 오류를 바로잡을 수 있음을 강조하고 있다.

제9장 '로펌에서의 데이터 마이닝'은 법률시장의 변화에 대응하기 위하여 로펌들이 데이터를 활용할 필요성이 있다는 점을 강조하고, 로펌에서 데이터를 활용할 수 있는 분야와 방법을 제시하고 있다. 특히, 로펌의 의사결정을 위한 내부 전문지식의 활용, 데이터 중심 전략, 데이터 팀, 전략적 목적을 위한 데이터 활용, 그리고 빅데이터를 통한 혁신 등을 다루고 있다.

제10장 '사내 기업가 정신이 혁신가의 딜레마를 해결할 수 있을까?'는 법조계에서 혁신가의 딜레마가 어떤 모습으로 나타나는지, 지속적인 혁신 없이는

경쟁력을 유지할 수 없는 치열한 데이터 시장에서 로펌이 살아남을 수 있는 방법이 무엇인지 그 해결 방안을 모색하고 있다.

황혼이 저물어야 날갯짓을 하는 미네르바의 올빼미처럼 법학은 한 걸음 뒤처져 있음을 미덕으로 삼아 왔다. 지금 데이터의 빛은 법의 구석구석 차고도 넘침이 있다. 더 이상 날갯짓을 늦출 수가 없는 순간이다. 데이터가 지배하는 미지의 법 속으로 힘찬 날갯짓을 시작하려는 이들에게 이 책을 꼭 권한다. 끝으로 좋은 출판의 인연을 맺어 주신 서울대학교 정긍식 교수님과 어려운 출판 환경에서도 양서의 출판에 애쓰고 계신 박영사 조성호 이사님, 번거로운 출판 작업을 유쾌하게 이끌어 주신 박영사 윤혜경 선생님께 깊은 감사의 마음을 전해 드린다.

공역자의 뜻을 모아 김대홍 씀

목 차

개론: 로펌을 위한 데이터 분석
데이터를 이용한 보다 더
스마트한 법률 서비스

에드 월터스(Ed Walters) / 이민구 譯

법률 서비스의 본질적 부분 중 하나는 의뢰인이 법적위험을 이해하고 관리할 수 있도록 돕는 것이다. 그러나 의뢰인에게 가장 중요한 질문에 변호사들은 한정된 경험에 기반한 그럴듯한 추측으로 답하는 경우가 자주 있다. 법조계에서는 이를 전문적 판단이라 부르기도 하지만, 다른 업계에서는 데이터에 기반하지 않은 근거 없는 의견으로 간주할 수 있다.

의뢰인은 변호사에게 중요한 질문을 한다. 양육권을 가질 가능성은 어느 정도인가, 자신의 회사가 어떠한 법적 리스크에 노출되는가, 소송 취하를 위해 얼마를 제시하여야 하는가, 특정 조항에서 말하는 시장이란 무엇인가, 사전형량조정을 받아들여야 하는가, 특정 조항이 계약상 표준인지의 여부 등의 질문은 의뢰인의 가족, 사업상 거래관계, 회사 전체를 구하거나 파탄에 이르게 할 수 있는 질문들이다.

이러한 의뢰인의 질문에 대한 답은 데이터로 존재하며, 변호사들은 해당 데이터를 가지고 있지 않다.

변호사는 이러한 중요한 질문들에 추측으로 답하는데, 대부분의 경우 알맞은 답이 되지 못한다. "제 사건의 소송가액은 얼마인가요?"라는 질문에 하나의 숫자로 답할 수 없다. 그 답은 유사한 사건들의 결과 분포가 되어야 한다. "합의를 보려면 얼마나 제안해야 하나요?"에는 하나의 숫자로 답해서는 안 된다. 과거 합의, 해당 사건의 합의시도에 드는 비용, 성공 가능성에 대한 정보를 활용해 확률적으로 계산된 결정이어야 한다.

가족이나 사업에서 가장 해결하기 어려운 문제 중 일부를 보자. 가능한 경우, 의뢰인은 이러한 질문에 데이터를 활용해 답한다. 특히 사업이라면 더 그러하다. 회사들은 핵심 성과지표를 식별하고 추적하는 데 투자하여 경영진에 책임을 묻고 예산을 설정한다. 심지어 개별 의뢰인들도 피트니스 트래커(fitness trackers)를 이용해 자신의 건강상태를 추적하거나 단계별 목표를 설정한다. 의뢰인에게 데이터는 일상의 한 부분이다. 법적 문제에서만 그렇지 않다.

점점 더 데이터에 능통해지는 의뢰인을 대상으로 변호사는 더 이상 일화적 데이터(anecdata)에 근거하여 "상황에 따라 다릅니다."라는 답을 내놓을 수 없다. 의뢰인은 변호사가 몇 가지 제한적인 무용담으로 스스로의 추론을 정당화하는 것으로 생각할 수 있다. 경험 많은 변호사의 신중한 판단은 당연히 가치가 있다. 그러나 모든 조건을 고려했을 때, 의뢰인은 *그들의 질문에 답하는 데 필요한 가장 관련 있는 정보를 제공받은* 경험 많은 변호사의 신중한 판단이 더 낫다고 생각할 것이다.

법률 서비스에 대한 데이터 기반 접근법은 금융중심가에 본사가 있는 대규모 로펌 또는 대형 로펌에서 일하는 금융업계 의뢰인을 대표하는 변호사들에게 어렵게 들릴 수 있다. 실제로는 그렇지 않다. 소규모 로펌의 변호사들이 이러한 문제를 더 많이 다루며, 이 중 대부분을 차지하는 것은 소규모 법률 사무소에서 다루는 문제들이다. 전문변호사협회(Legal Executive Institute)에 따르면, 소규모 로펌이 법률 서비스 시장에서 더 많은 매출을 낸다. 175명 이상의 변호사로 구성된 로펌은 1년에 950억 달러라는 엄청난 돈을 번다. 그러나 29명 이하의 변호사로 구성된 로펌은 1,080억 달러의 연간 매출을 낸다. 데이터를 통해 더 나은 법률 서비스를 제공할 수 있는 기회가 대규모 로펌과 소규모 로펌 모두에게 있다.

작은 데이터로부터의 큰 통찰

무엇이 소규모 로펌의 경영진을 밤에 깨어 있게 하는가? 개인 변호사부터 부티크 로펌의 경영담당파트너(managing parter)에 이르기까지 리걸테크나 인공지능이 많은 관심을 끌고 있지만 이에 대한 답이 되지 못한다.

로펌 경영진은 로펌의 일일 영업 문제에 더 주의를 기울이기 쉽다. 톰슨 로이터(Thomson Reuters)의 *2016년 미국의 소형 로펌 연구*(*2016 State of U.S. Small Law Firms Study*)에 따르면, 소규모 로펌의 가장 큰 관심사 세 가지는 (1) 신규 의뢰인 및 사업 유치, (2) 적은 돈으로 많은 서비스를 요구하는 의뢰인, (3) 관리업무에의 너무 많은 시간 할애이다.

많은 로펌들이 이러한 문제로 어려움을 겪고 있지만, 변호사들은 작고, 상대적으로 저렴한 시스템을 활용하여 이에 대한 해결을 시작할 수 있다. 여기에는 과금 데이터의 엑사바이트(exabytes)나 IBM의 왓슨 디벨로퍼 클라우드(Watson Developer Cloud)를 실행하는 다량의 서버가 필요하지 않다. 더 많은 데이터가 있을수록 더 낮지만, 신규 사업 발굴, 더 나은 서비스, 관리 효율성과 같은 대부분의 로펌이 직면한 과제는 적은 데이터로 해결할 수 있는 문제이다.

데이터 기반 법률 마케팅

법률 마케팅(로펌을 위한 신규 사업 발굴)은 로펌이 직면하는 가장 성가신 과제 중 하나일 수 있다. 지난 몇 년간, 변호사들은 전화번호부(Yellow Pages) 광고, 비공식 네트워크, 지역사회 광고 등을 통해 신규 의뢰인을 확보했다. 그러나 최선의 경우라도 이런 형태의 광고는 투자를 필요로 하고, 이로부터의 보상은 신뢰할 수 없으며 사실상 측정도 불가능하다.

콜 센터, 검색 광고 또는 TV 광고, 소셜미디어 마케팅은 신규 의뢰인 유치에 효과적인 방법일 수 있으나, 데이터 없이는 어떤 방법이 가장 효과적인지 알기 어렵다. 법률 마케팅 매니저라면 "내가 광고에 쓴 돈의 반을 낭비했다는 걸 안다. 어느 쪽 반이었는지를 모를 뿐이다."라는 오래된 격언에 공감할 수도 있다. 개인적인 진술에 기초한 신규 사업 추적은 낭비성 투자(심한 경우, 낭비로 인한 투자 부족)가 될 수 있다.

광고와 관련된 두 가지 문제는 이것이 너무 포괄적이면서도 충분할 만큼 포괄적이지는 않다는 것이다. 광고는 과포괄적(overinclusive)이다. 왜냐하면, 광고가 유망 의뢰인에 도달하기 위해 필요한 것보다 더 많은 사람들에게 도달하기 때문이다. 또한, 광고는 저포괄적(underinclusive)이다. 왜냐하면, 광고가 종종 유망 의뢰인에 충분하게 도달하지 않기 때문이다. 어떤 형태의 광고든 비싸며 비효율적이다. 이러한 광고 채널 중 어느 것도 그 자체로 비싸지는 않으나, 대상과 방향에 주의를 기울이지 않으면 신규 사업 추진에 도움이 되는지 여부와 관계없이 많은 돈을 쓰기 쉽다.

로펌은 데이터를 활용해 어떤 광고가 효과가 있는지 알 수 있어야 한다. 광고 효과의 확인은 모든 신규 의뢰인에게 어떻게 로펌을 알게 되었는지 묻는 것과 마찬가지로 간단할 수 있다. 한편, 로펌은 마케팅 자동화 도구, 겨냥된 할인 코드, 고객관계 관리("CRM") 도구를 이용하여 소비자 마케팅에 대한 힌트를 얻기 시작했다.

워싱턴 D.C.에 위치한 프라이스 베노위츠 유한책임조합(Price Benowitz LLP)의 경영담당파트너인 세스 프라이스(Seth Price)는 세일즈포스(Salesforce)의 고객 관계 관리(CRM) 시스템을 사용하여 잠재적 의뢰인을 지속적으로 추적하며, 특히 로펌으로의 유입 출처를 알 수 있도록 하여 효과적인 광고를 극대화한다. 그는 "우리는 자원을 할당하는 방법을 결정하는데 도움이 되는 모든 종류의 보고서를 실행할 수 있습니다."라고 말했다. CRM 시스템은 어떤 광고 캠페인이 새로운 사업을 추진하는 데 가장 효과적인지 결정하는 것을 도울 수 있다. 또한 마케팅 투자 수익률을 측정하고 가장 수익성이 좋은 업무 분야와 의뢰인을 파악하는 것까지 도울 수 있다.

신규 의뢰인 확보 과제는 단지 매출의 증가에 대한 것이 아니며 또한 어떤 의뢰인이 더 수익성이 좋은지 식별하는 것과 관련된다. 어떤 의뢰인이 로펌에게 가장 사업성이 있는지 파악하려면 여러 다른 의뢰인, 업무 범위, 로펌의 청구 시스템(billing system)에 있는 변호사의 매출과 비용을 연결해야 한다. 추가된 비용이 매출보다 더 크지 않고, 해당 업무로 더 수익성이 높은 의뢰인을 밀어내지 않는 이상 로펌에 매출을 추가하는 것은 좋은 일이다. 그러나 이는 데이터를 활용해야만 해결할 수 있는 경영 과제이다.

에릭 매조니(Erik Mazzone)는 노스캐롤라이나 변호사 재단의 회원 경험 부서(Membership Experience for the North Carolina Bar Association)의 시니어 디렉터이나 이전에는 협회 실무 관리 고문으로서 변호사들을 컨설팅해 왔다. 매조니는 전화 통화와 상담이 마케팅의 효과에 대한 데이터를 수집하기에 좋은 매체라고 추천한다. "변호사들은 로펌 웹사이트, 다른 변호사로부터의 소개, 광고 중 어떤 출처로부터 상담 의뢰가 오는지 알아야 한다. 그리고 그중 얼마나 수임계약으로 귀결되는지 추적하여야 한다."

매조니는 변호사들이 출처를 파악할 수 있는 모든 방법을 활용해 수익과 매출을 역추적할 수 있으며, (실행 관리 소프트웨어가 이런 종류의 추적에 가장 간단한 방법이라고 조언했음에도) 소프트웨어를 사용하지 않고도 가능하다고 말했다.

보다 고품질의 지원을 위한 데이터 사용

신규 고객을 확보해야 한다는 압박감 외에도, 로펌은 의뢰인이 더 저렴하고 한정된 금액의 수수료로 더 많은 업무량과 더 나은 결과를 기대한다고 보고한다. 기업의 사내변호사가 사내 기술을 활용하여 더 많은 성과를 달성하고, 외부 변호사에 맡겼던 업무를 더 많이 자체적으로 처리하기 시작하는 경우, 성과의 전달, 비용에 대한 이해, 단가의 통제 등과 관련하여 더 많은 압력이 로펌에 가해지게 된다.

의뢰인은 더 저렴한 가격을 찾을 뿐만 아니라 문제에 대한 더 깊은 이해와 보다 나은 결과를 원한다. 개인 의뢰인조차 데이터에 기반하여 점점 더 많은 의사 결정을 내린다. 좋은 사업상 결정을 내리기 위해 투자 수익률을 평가하고 A/B 테스트를 사용하여 광고 메시지에 적합한 메시지, 시간대, 대상, 이미지를 측정하고, 데이터를 분석한다. 분석을 통해 투자와 구매력을 극대화하고 채용 결정을 내린다. 재고를 관리하여 창고 비용을 줄이고, 가능한 경우 적시에 공급 물류를 유지한다. 사업에서는 고객들을 대상으로 페르소나를 설정하고, 직원을 고용할 때 최고의 성과를 낸 직원들의 특성에 대한 정교한 데이터를 사용한다.

가장 수준 높은 의뢰인의 경우, 데이터를 사용하여 구매하지 않는 유일한 것은 법률 서비스이다. 원치 않기 때문이 아니라 할 수 없기 때문이다.

이제 의뢰인은 스스로 문제를 해결하기 시작했다. BTI Consulting은 2016년에 기업들이 40억 달러 상당의 법률 업무를 다시 사내에서 처리하고 있다고 추정했다. 기업의 변호사들은 워크플로우(workflow)를 자동화하는 도구를 가지며, 많은 경우 회사 내부의 심층적인 정보에 접근할 수 있기 때문에 외부 변호사에 일을 맡기는 대신 스스로 더 많은 일을 하는 쪽을 선택한다. 사내 변호사들은 로펌이 사용하는 것과 동일한 연구 데이터베이스와 전자 증거개시 도구에 접근할 수 있는 경우, 불확실성과 위험을 줄이면서 유사한 수준의 결과를 달성할 수 있다는 것을 알아가고 있다. 다시 말해, 이제 로펌이 의뢰인의 기준에 맞추어 엄격하게 법적 문제를 처리하지 않으면 의뢰인이 스스로 문제를 처리할 것이다.

데이터 분석은 더 이상 데이터 과학자, 정교한 지식 관리 시스템, 마케팅 관리자, 제안서 작성자들이 있는 대기업에만 해당되지 않는다. 로펌들은 가장 수준 높은 의뢰인들만 데이터에 기반한 의사결정을 원할 것이라고 생각할 수 있겠지만, 과거에는 그랬을지 몰라도 이제는 더 이상 그렇지 않다.

심지어 개인 의뢰인들도 데이터를 활용한 결정을 한다. 수표, 신용카드, 주택담보대출, 저축, 투자, 청구서 지불 등 다양한 금융거래를 단일 대시보드로 통합하는 Mint 같은 서비스의 성장은 회사가 아닌 개인이 주도한다. 개인들은 핏비트(Fitbit)나 애플워치(Apple Watch)와 같은 피트니스 트래커로 운동 목표를 단계적으로 추적한다. 소규모 회사들과 개인은 그 어느 때보다도 더 많은 데이터를 사용하고 있으며, 로펌도 그럴 것이라 기대한다.

추가로 Avvo, LegalZoom, TurboTax와 같은 소비자 중심 법률 서비스에 보다 쉽게 접근할 수 있게 되었다. 이러한 서비스는 문서 자동화와 전문가 시스템을 통해 많은 법률 및 세금 서비스를 범용화하고 있으며, 벤처 지원 덕분에 소비자 마케팅에 있어 규모와 이점을 갖는 경우가 많다. 즉, 매년 더 많은 의뢰인들이 범용화된 법률 서비스에 접근하게 된다는 것을 의미한다.

고도로 맞춤화된 법률 업무의 경우, 로펌(특히 특정 로펌)만이 할 수 있게 될 것이다. 그러나 대부분의 법률 서비스의 경우 의뢰인은 로펌이 어떤 서비스를 제공하는지 거의 신경조차 쓰지 않는다. 조던 펄롱(Jordan Furlong)이 동명의 저서에서 지적했듯이, 법은 구매자 중심 시장이며, 많은 종류의 법률 업무가 점점 더 범용화되고 있다. 이는 로펌들 서로 간에 또는 동료 전문가를 넘어서거나 소프트웨어 서비스를 넘어서는 특별한 이점이 로펌에 있지 않다는 것을 의미한다. 이러한 범용화는 특히 비용청구를 할 수 있는 시간의 감소로 인한 법률 서비스 가격 하락의 결과를 명백히 초래할 것이다.

범용 가격 책정으로 법률 업무의 가격이 영(0)이 되는 것은 아니지만, 가장 성공한 변호사들에게는 서비스를 차별화할 방법을 찾아야 한다는 것을 의미한다. 가장 쉬운 방법 중 하나는 고정 보수(fixed-fee) 법률 업무일 수 있다. 이 방법은 모든 종류의 작업에 적용되지는 않지만 최소한 한정된 범위의 일반화된 작업에는 적합하다. 고정 보수는 법률 업무의 위험 부담을 의뢰인에서 로펌으로 전가하므로, 시장 경쟁이 심화하게 되면 의뢰인들이 고정 보수 계약을 더 자주 요구하게 된다. 이런 환경에서 시간당 보수를 고집하는 로펌들은 경쟁력이 떨어지게 된다.

고정 보수 업무를 제공하는 데 있어 가장 큰 어려움 중 하나는 변호사와 로펌들이 서비스 비용이 어느 정도 드는지 알지 못한다는 점이다. 이들은 비용의 분포, 평균 또는 중간값, 어떠한 요인에 의해 기준을 벗어난 비용이 발생하는지 등을 알지 못한다. 향후 20년 동안 로펌들은 시간당 보수 청구로 인하여 더 적은 수임을 하거나(또는 일을 덜 하거나), 의뢰받은 업무에 대한 재정적인 이해 없이 법률 서비스에 가격을 잘못 책정하여 돈을 잃는 문제에 직면하게 될 것이다.

이러한 고정 보수 법률 업무의 문제들은 데이터로 해결된다. 로펌은 다양한 유형의 작업에 대한 시간, 비용 및 청구서에 대한 정보를 수집하고 표준화할 수 있다. 제한된 데이터로도 로펌은 제공하는 서비스를 더 잘 이해할 수 있게 된다. 숙련된 변호사들과 로펌들은 실행 관리 또는 청구용 소프트웨어(billing software)의 일부 시간 및 비용 정보에 접근할 수 있을 것이다. 신입 변호사나 실행 관리 소프트웨어가 없는 변호사는 종이 서류나 다른 출처에서 정보를 수집하는 대안적인 방법을 찾아야 할 수도 있다.

인공 지능은 이전에는 활용할 수 없었던 일부 데이터 출처(data source)에 접근할 수 있도록 한다. 수년간 사업을 해 온 로펌들은 디지털 및 종이로 저장된 광범위한 기록을 보유하고 있다. 이 기록을 변환, 표준화하고 그로부터 수집된 메타데이터를 이용할 수 있다면 매우 유용할 것이다. 오늘날, 해당 정보는 종이 서류나 구조화되지 않은 청구서 상태로는 그다지 쓸모가 없다.

그러나 구조화되지 않은 데이터에서 메타데이터를 추출하는 도구는 그 어느 때보다 우수하여, 로펌들은 특정 사건에 첨부된 문서, 문서 작성자, 작성 시기를 파악할 수 있다. IBM 왓슨 문서 클라우드 개발자 응용프로그램 인터페이스 제품군은 그 어느 때보다도 접근성이 뛰어나며 오래된 종이 또는 디지털 파일에서 정보를 디지털화하고 추출하는 데 사용할 수 있어, 이를 나중에 도입한 로펌은 레거시 데이터에서 통찰을 얻을 수 있다.

실행 관리 소프트웨어와 인공지능 도구는 변호사들이 자신의 사업을 더 잘 이해하는 데 도움이 될 수 있다. 고정 보수에 대한 가격 압력은 국가의 특정 지역이나 특정 실무 영역에서 다른 곳보다 더 크다. 데이터를 활용하면 어느 부분에서 압력이 가장 강한지 알아낼 수 있다. 실행 관리 소프트웨어 제공자 클리오(Clio)는 매년 로펌이 청구하는 대상, 수집 방법, 추세선의 방향에 대한 정보를 익명화하고 집계하는 클리오의 법률동향 보고서(Clio's Legal Trends Report)를 작성한다.

클리오의 *2017년 법률동향 보고서*(*2017 Legal Trends Report*)는 국가 및 지역 동향을 파악하기 위해 6만 명 이상의 실행 관리 소프트웨어 사용자로부터 익명화된 데이터를 집계했다. 예를 들어, 파산 변호사들과 기업 변호사들은 평균적으로 청구 가능한 시간의 비율이 가장 높은 반면, 형사, 보험 및 개인 상해 변호사들은 청구 가능한 시간의 평균이 가장 낮은 것으로 나타났다.

또한 클리오의 연구는 가장 높거나 낮은 청구 가능 시간이 보고된 대도시 지역의 순위를 매겼는데, 뉴욕(344달러), 로스앤젤레스(323달러), 시카고(312달러), 마이애미(310달러), 컬럼비아 구(304달러) 등이 상위권에 들었다. *법률동향 보고서*와 같은 조사 데이터는 변호사들이 경쟁력 있는 가격으로 서비스를 제공하기 위해, 동일한 로펌의 여러 실무 영역에 대해 서로 다른 요금제를 적용하는 등 적절한 시간당 보수를 설정하는 데 도움이 될 수 있다. 특정 실무그룹에 대한 계절성 데이터 및 다양한 업무에 대한 고정 보수 대비 시간당 보수비용 분포에 대한 정보와 같은 해당 보고서의 다른 데이터는 로펌이 효과적으로 예산을 책정하고, 의뢰인에 청구하는 비용 측면에서 경쟁력을 가질 수 있게 한다.

클리오의 *법률동향 보고서*는 로펌들이 자신의 업무를 보다 잘 이해하기 위해 사용할 수 있는 외부 데이터(external data)의 좋은 예다. 하지만 변호사들은 또한 의뢰인 비용과 로펌의 수익성을 더 잘 이해하기 위해 로펌 내부에서 "소규모 데이터"를 수집할 수 있다. 가장 좋은 예로는 비용, 시기, 범위 및 과거 동향에 대한 풍부한 정보를 포함하는 청구, 직원 및 회계 정보가 있다.

최근의 한 가지 유망한 아이디어는 법률 업무의 통일된 표준, 즉 변호사, 로펌, 기업 법률 부서 및 의뢰인들이 수행된 법률 서비스를 설명하기 위해 사용할 수 있는 표준화된 어휘이다. 개별 로펌은 표준 코드와 같은 표준 업무 식별(ID)을 사용하여 리서치 메모 초안을 작성하는 데 걸리는 시간을 비교할 수 있다. 이를 통해 로펌은 동일한 법무를 완료하기 위한 다양한 문제에 대한 여러 다른 변호사의 시간 및 청구서를 비교할 수 있게 된다.

업무 명칭이 여러 다른 법무 부서에서 일치하게 되면, 기업 변호사가 로펌 전체의 공통 법무 평균 소요시간과 비용을 벤치마킹하는 것이 최초로 가능해질 것이다. 로펌은 이러한 공통 법무 표준을 사용하여 동일한 작업에서 지역 평균을 능가하는 부분이나 경쟁력을 높여야 하는 부분을 파악할 수 있다.

특히 많은 외부 로펌을 고용하는 의뢰인(보험회사나 대형 소매 업체 등)은 로펌을 비교하여 어느 로펌이 최고의 가치를 제공하는지 알 수 있게 된다. 한 가지 추가적인 이점으로는 다른 로펌의 벤치마크 데이터를 활용해 예상 업무량보다 더 많은 시간을 투입할 위험을 낮추고 고정 보수 법무 가격을 보다 잘 책정할 수 있게 한다. 또한, 공개되고 익명화된 다양한 법률문제들의 업무별, 단계별 정보를 통해 로펌은 작업흐름과 프로젝트 관리를 더 잘 이해할 수 있게 되며, 로펌 간 업계 모범 사례를 도출할 수 있을 것이다.

표준 법무 식별은 공개 표준을 담당하는 그룹들의 컨소시엄인 법률 산업 표준 협회(Standards Advancement for the Legal Industry, SALI)에 의해 개발되고 있다. 법률 산업 표준 협회의 애덤 스톡(Adam Stock)은 2017년 4월 스탠포드 코드엑스 미래법(CodeX FutureLaw) 콘퍼런스에서 이 아이디어를 처음 선보였다. 이 아이디어는 법률 서비스에서 가장 골치 아픈 문제들 중 하나를 해결할 것을 보장한다. 이는 각 로펌들이 유사한 서비스를 다른 명칭을 사용해 다르게 분류하는 상황에서 서로 다른 로펌의 서비스를 비교할 수 있게 한다. 법률업무에 공개 표준 식별 코드를 부여하여 의뢰인, 로펌, 연구원이 유사한 업무에 대한 노력의 수준을 비교할 수 있으며, 여러 회사와 변호사가 제공하는 법률 서비스의 효율성에 대한 측정 기준을 최초로 생성할 수 있게 된다.

궁극적으로, 일관된 일련의 업무 코드는 더 많은 고정 보수 계약 및 법률 프로젝트에 대한 로펌의 관리능력을 개선하고, 로펌이 더욱 효율적으로 일하도록 하는 인센티브를 제공하며, 저렴한 가격에 법무 전반의 품질을 향상시키게 된다. 공통 언어와 익명화된 데이터의 부족은 이러한 목표를 달성하는 데 장애가 되고 있으며, 표준 코드가 이를 달성하는 데 도움이 될 수 있다.

데이터를 통한 향상된 로펌 관리

클리오의 *법률동향 보고서(Legal Trends Report)*의 가장 놀라운 발견 중 하나는 변호사들의 시간당 보수의 평균 회수율이 하루에 1.6시간이라는 것이다. 일일 8시간 근무 중, 평균적인 로펌은 2.3시간의 청구 가능한 업무를 한다. 1.9시간만 의뢰인에게 청구하고, 1.6시간의 매출을 낸다. 이것은 근무 시간 또는 의뢰인에게 청구된 시간이 아니라 로펌이 실제로 회수한 청구 시간이다. 이 수치는 평균치이기 때문에 더 나은 매출을 내는 로펌도 많이 있지만, 더 적은 시간을 청구하고 더 적게 회수하는 로펌들도 비슷한 수로 존재한다.

해당 보고서는 그 요인을 매우 분명하게 지적하고 있다. 평균적인 로펌은 청구 불가능한 시간의 48%를 사무실 관리(16%), 청구서 생성 및 발송(15%), 기술 구성(11%), 회수 작업(6%)과 같은 행정 업무에 소비한다. 로펌들은 의뢰인 확보(33%)에도 청구 불가능한 시간을 많이 소비하므로 하루 2.3시간만을 청구할 수 있게 된다. 이 보고서에서 지적한 바와 같이, 로펌들이 매일 1.6시간 정도의 금액만을 회수한다는 사실은 시간당 평균 260달러를 청구하는 로펌들이 왜 이익을 내는 데 어려움을 겪는지 설명해 준다.

이 통계는 많은 변호사들에게 놀라운 일이 아니다. 이러한 의견은 "행정 작업에의 시간 낭비"를 소규모 로펌의 최대 관심사로 꼽은 2016년 톰슨 로이터의 소규모 로펌 현황 연구(2016 Thomson Reuters State of U.S. Small Law Firms Study)에서도 그대로 반영되었다. 로펌들이 청구 가능한 업무를 할 수 있는 시간을 내더라도, 그들은 종종 많은 시간을 허비하고, 그들이 실제로 청구한 것을 모두 회수하지도 않는다. 이러한 차이로 인해 매조니는 변호사들에게 그들의 청구 가능한 시간을 고려하되, 마케팅 계획(marketing initiatives)의 영향을 측정할 때 실제로 낼 수 있는 매출을 좀 더 자세히 살펴보라고 조언한다. 근무 시간(활용)도 중요하지만 로펌이 실제로 의뢰인에게 청구할 수 있는 시간(실현)도 중요하다. 상각은 유휴만큼 로펌의 수익성을 떨어뜨릴 수 있다. 마지막으로, 어떤 업무가 의뢰인의 청구서에 반영되든 간에, 궁극적으로는 로펌이 얼마나 많은 돈을 청구하여 회수할 수 있는가가 관건이다. 이는 각각의 로펌이 직면한 과제이다.

회수율 부족상황에는 여러 가지 원인이 있는데, 한 가지 분명한 것은 순전히 일을 충분히 하지 않는다는 점이다. 클리오의 *법률동향 보고서*에 따르면, 로펌들이 평균적으로 청구 불가능한 시간의 33%를 의뢰인 확보에 사용하는데, 이는 청구 가능한 업무에 드는 시간과 비슷한 수준이다. 이는 새로운 비즈니스의 창출이 대부분의 변호사들에게 중요한 과제이기 때문이다. 그러나 보고서에 따르면, 54%의 로펌이 신규 의뢰인을 유치하기 위해 적극적으로 광고를 하지만, 이 중 91%의 로펌이 광고 투자 수익을 계산하지 못하고 있으며, 94%는 신규 의뢰인 확보에 얼마가 소요되는지 모르고 있다. 데이터 기반 마케팅과 데이터에 기반한 경쟁력 있는 가격 책정이 새로운 사업을 창출하는 데 도움이 될 수 있다.

낮은 회수율은 기업들이 청구 가능한 업무에 충분한 시간을 할당할 수 없을 때에도 발생한다. 만약 변호사가 계약 검토자, 구글 애즈(Google AdWords) 관리자, 웹마스터, 법률 연구원, 건물 관리자, HR 매니저 등의 일을 한다면, 청구 가능한 업무에 충분한 시간을 내기 어렵다. 여기에 변호사들이 끊임없는 업무 중단에 시달리는 점을 고려한다면, 대부분의 업무를 마무리할 수 있을 리 없다. 데이터는 언제 독립 계약자에 업무를 아웃소싱하거나 새로운 직원을 고용해야 하는지, 그리고 그들에게 얼마를 지불해야 하는지를 알려주는 데 도움이 될 수 있다.

로펌의 수익성을 높이는 한 가지 방법은 그저 더 효율적으로 일하는 것이다. 즉, 효율적으로 도구를 사용하고, 특히 고정 보수 업무에 있어 더 많은 작업을 보다 빨리 끝내는 것이다. 이러한 종류의 스마트한 작업을 위해서는 실행 관리 소프트웨어, 더 스마트한 법률 연구 도구와 같은 새로운 도구를 배우거나, 마이크로소프트 워드, 아웃룩, 엑셀과 같은 표준 도구를 보다 완벽하게 사용하는 방법을 배우는 데에 교육 시간과 돈을 투자해야 한다. 49개의 주변호사협회들은 회원들에게 법률 연구를 무료로 제공하여, 연간 수천 달러 상당의 혜택으로 로펌이 구독비용을 회수할 수 있도록 한다.

로펌은 1년 동안 어떤 법률문서를 작성하는지에 대한 정보를 수집하는 등 프로세스 개선에 투자함으로써 경쟁력을 높일 수 있다. 로펌이 자주 만드는 양식들은 로펌의 모든 변호사들의 이익을 위해, 혹은 의뢰인들을 위해서도 표준화될 수 있다. 창립자인 킹슬리 마틴(Kingsley Martin)이 이 책의 7장에서 서술한 바와 같이, 계약 표준은 상용 계약에 대한 미국통일상법전과 유사한 형태로 자주 사용되는 계약 조건의 표준 라이브러리를 작성한다.

계약 표준(제3장에서 논의)은 수십만 건의 공공 계약에서 추출한 공통 계약 조건을 수집하여 회사가 재사용할 수 있는 계약서 서식의 토대가 된다. 로펌들이 상용구 계약 언어에 대해 논쟁할 필요 없이 거래 조건에 동의하고 거래 문서에 표준 계약 조건을 사용할 수 있는 경우, 의뢰인들에게 제공할 수 있을 가치는 매우 크다. 또한 변호사는 문서 자동화 도구를 사용하여, 당사자 이름 및 대명사를 직접 찾아 바꾸는 대신 이러한 양식을 작성하고 재사용할 수 있는 형태로 만들 수 있다. 만약 로펌들이 자사 의뢰건에 관한 문서의 수와 유형을 수집하고 이를 세는 일 정도만을 수행해 왔다면, 이조차도 의뢰인에게 더 나은 서비스를 제공하기 위해 사용할 수 있는 새로운 데이터 서비스가 될 수 있다.

또한, 데이터는 로펌들이 인적자원을 보다 잘 관리하는 데 도움을 줄 수 있다. 잘 관리되는 로펌은 어떤 변호사들이 가장 많은 비용을 청구하는지, 혹은 누가 가장 성공적이거나 수익성이 높은 업무를 하고 있는지를 추적할 수 있다. 일부 로펌들은 순수추천고객지수(Net Promoter Scores)와 같은 소비자 도구를 사용하여 의뢰인들이 변호사 업무에 얼마나 만족하는지를 측정하기 시작했다. 로펌이 계약으로 손실을 입었거나 의뢰인이 자신의 변호사 업무에 만족하지 않는다는 것을 알게 되면, 해당 데이터를 활용하여 과오를 파악하고 이를 수정하거나 관련 변호사들에 대한 더 많은 교육을 지시할 수 있다.

반대로, 뛰어난 효율성, 성공적인 결과, 의뢰인의 만족도 및 수익성 있는 업무 데이터를 사용하여 최고 성과자를 홍보 및 장려하고, 보유하는 데 사용할 수 있다. 이런 유형의 작은 데이터는 더 저렴한 비용으로 프로세스 개선 및 더 나은 결과를 유도할 수 있다. 업무 효율에도 많은 이점이 있다. 로펌의 청구 불가능한 행정 업무를 줄이는 것 외에도, 변호사들이 더 많은 사람들에게 보다 효과적으로 서비스를 제공하는 데 도움이 될 것이다. 9장에서 쿠마르 자야수리야(Kumar Jayasuriya)가 기존 직원과 로펌 동료들로부터 실행 가능한 데이터를 추려내는 방법에 대해 논한다.

마지막으로, 데이터는 로펌들이 그들의 실무그룹에 보다 지능적으로 투자

하도록 도울 수 있고, 어떤 사업부문이 매출 증가를 보이는지, 더욱이 수익성 성장을 보여주는지를 확인할 수 있다. 로펌은 자체 내부 실무 데이터를 클리오의 *법률동향 보고서* 및 기타 법률 시장 연구와 같은 외부 데이터 소스와 결합할 수 있다. 예를 들어, 법률 집행 연구소(Legal Executive Institute)에 따르면, 미국의 법률 서비스 시장 규모는 2015년에 4,370억 달러였다. 그러나 미국 변호사 재단의 2014년 연구에서 사람들의 약 80%가 법적 문제를 법률 시스템을 통해 해결하지 않는 것으로 나타났다. 법률 서비스의 잠재 시장이 전통적인 시장만큼 수익성이 높지 않더라도 법률 서비스 전체 시장은 1조 달러를 초과할 수 있다. 그러므로 데이터에 기반한 더 효율적인 업무 처리는 더 많은 사람들에게 서비스를 제공하는 방법일 뿐만 아니라, 거대한 법률 서비스 잠재 시장을 활용하는 방법이기도 하다.

결론

데이터 분석은 수백 명의 변호사로부터 획득한 데이터를 데이터 과학자, 지식 경영 인력이 결합하는 대형 로펌 또는 대기업 법무팀의 독점적인 관심사인 것처럼 보인다. 그러나 본 장에서 서술한 바와 같이 데이터는 모든 규모의 로펌에서 법률 서비스의 상당 부분을 차지하고 있다. 소규모 로펌조차 당장 이미 존재하는 데이터를 사용하여 실무를 개선할 수 있다.

에릭 매조니가 제안하듯이, 로펌은 마케팅 비용을 활용해 처음부터 끝까지 수익성과 성공사례에 관한 측정법(metric)을 포함하여 문제의 유형, 소요 시간, 청구된 사건, 수집된 사건을 통틀어 하나의 문제를 데이터로 추적할 수 있다. 로펌은 한 법적 문제 이후에 문서를 정리 및 수집할 수 있으며 재사용을 위해 자동화도 할 수 있다. 마케팅 정보를 익명화하고, 해당 의뢰건을 통해 로펌이 회수한 매출과 연계시켜 수익성, 마케팅, 가장 수익성이 높은 실무 분야에 관한 엄청난 통찰을 제공할 수 있다.

확실히 소프트웨어 회사, 컴퓨터 과학자, 관련자는 빅데이터 분석에서 엄청난 통찰을 보여준다. 그러나 본 장에서 탐구한 데이터 분석 유형은 엑사바이트 데이터 세트나 사내 데이터 과학자가 필요하지 않다. 많은 사건에서, 실행 관리 소프트웨어를 사용하면 자연스럽게 이러한 작업이 완료된다. 무엇보다도 법률 실무에서 데이터 사용은 실사용 시 해당 정보의 가치에 대한 다른 사고방식을 필요로 한다.

데이터 기반 의사결정은 로펌의 작업흐름에 대해 다르게 생각할 것을 요구한다. 대부분의 로펌은 해당 법적 문제가 완료된 이후 다시 보지 않을 것처럼 서류를 쌓아 놓는다. 데이터 기반 로펌을 운영하는 것은 변호사와 서비스의 일부로서 업무에 대한 정보를 다루고, 법적 문제의 데이터를 요람에서 무덤까지 수집, 표준화, 분석하는 팀을 필요로 한다. 그러나 이는 방대한 데이터 세트를 필요로 하지 않는다. 청구와 수집은 종종 소규모 로펌에서 관리 업무로 취급되지만, 이는 성공적인 법률 서비스 사업을 운영하는 데 강력한 통찰의 출처가 된다. 데이터 분석으로부터 얻은 통찰은 의뢰인이 다른 사업에서 의사 결정에 데이터를 사용하는 것과 같이 데이터를 활용해 더 나은 법적 결정을 내릴 수 있도록 돕는다.

법률 데이터 마이닝
: 21세기의 금을 수집하고 분석하기

켄 그래디(Kenneth A. Grady)[1] / 이민구 譯

1 이 장은 기존에 Journal of Internet Law, volume 20, number 7(2017년 1월)에 공개된 동명의 기사에 기초하였다.

지루한 데이터 수집 및 분석에 능통한 법률 서비스 제공자와 그렇지 않은 이들 사이의 간극이 존재하며, 대부분의 법률 서비스 기관과 그 의뢰인들 사이의 간극은 더욱 크다.2 법조계 외부의 서비스 제공자가 학습한 것과 같이, 가치는 서비스에만 있는 것이 아니라 해당 서비스를 제공하는 동안 생성되는 고유의 데이터에도 있다. 해당 고유 데이터를 다른 출처로부터 획득한 데이터와 결합하면 가치가 증가한다. 구글과 아마존을 포함해 널리 알려진 많은 회사들은 이를 학습했다.

본 장에서 저자는 법률 서비스 기관들이 법률 데이터의 수집 및 분석(데이터 마이닝)을 시작할 필요가 있다고 서술한다. 법률 데이터는 (1) 법률 서비스 제공자가 제공하는 서비스의 일부로서 모으고 생성하는 구조 및 자료의 내용, 그리고 (2) 해당 서비스를 제공하기 위해 사용하는 과정까지를 포함한다.

이 장은 법률 서비스를 제공하는 데 있어 증가하는 복잡성, 그리고 데이터의 성장과 복잡성 사이의 관계를 탐구하면서 시작한다. 또한, 저자는 법률 서비스 제공자 간 증가하는 경쟁, 법률 서비스 기관 간에 줄어드는 차별화, 데이터 마이닝을 이용해 차별화하는 방법에 대해 논한다. 마지막으로, 저자는 경험에만 기초한 자문과 데이터 마이닝과 경험을 더한 자문을 비교하여 의뢰인에 대한 위험을 고려한다. 이외에도 저자는 어떻게 데이터 마이닝이 자문을 개선하는 기반을 생성하는지도 설명한다. 본 장의 두 번째 파트에서, 저자는 데이터의 성장으로 인해 생성된 도전과제들을 제시한다. 세 번째 파트에서, 저자는 데이터 마이닝 프로그램의 필요성과 그 구성요소를 설명한다. 또한 저자는 데이터 관리 계획(DMP)의 중요성과 기능, 왜 데이터 마이닝이 수치 데이터뿐만이 아니라 텍스트 데이터도 포함해야 하는지를 설명한다. 네 번째 파트에서,

---

2 "법률 서비스 제공자"라 함은 변호사와 자격증 없이 법률 서비스를 제공하는 사람들을 모두 포함한다. 본 구문에서는 "비변호사"라는 비하적인 용어의 사용 및 "문제 있는 무허가 자문"에 해당하는 서비스가 무엇인지를 정의하는 등의 본문 내용과 무관한 작업을 하지 않는다. "법률 서비스 기관"이라 함은 법률 서비스 공급망의 일부로 기능하는 모든 개체를 포함한다. 자전거 수리점에서 일하는 법학 학위 보유자는 법률 서비스 제공자가 아니며 해당 가게는 법률 서비스 기관이 아니다. 그러나 전자증거개시 서비스 회사의 법학 학위가 없는 프로젝트 매니저는 법률 서비스 기관에서 일하는 법률 서비스 제공자이다.

법률 서비스 제공자들이 고려해야 하는 최신 데이터 출처에 대해 이야기한다. 마지막으로, 저자는 왜 법률 서비스 기관이 지금 데이터 마이닝 프로그램을 시작해야 하는지 요약한다.

복잡성, 경쟁, 경험

법률 서비스 제공자들은 데이터 마이닝을 법률 서비스 제공에 있어 "부가적인" 것이며 서비스 제공에 역효과를 미친다고 본다. 데이터 마이닝은 법률 서비스 제공과 통합되어야 한다. 이 통합을 정당화하는 세 가지 동향이 관찰된다. 첫째, 법률 서비스의 복잡성이 증가하여 법률 서비스 제공자가 개인적인 경험에 데이터를 추가하지 않으면 의뢰인이 기대하는 많은 부분을 간과할 수밖에 없는 수준이 되었다. 둘째, 법률 서비스 제공에서의 경쟁이 또한 치열해졌다.

한 사람의 법률 서비스 제공자는 업무능력과 개인적인 경험에만 의존하여서는 효과적으로 경쟁할 수 없다. 여러 명의 법률 서비스 제공자라도 상황은 다르지 않다. 데이터는 독특한 차별화 지점이 된다. 마지막으로, 의뢰인의 질문에 개인 경험에 기초한 빠른 답변에 의존하는 법률 서비스 제공자들은 데이터가 아닌 휴리스틱 및 인지적 편향을 이용한다.

가장 나은 경우, 이러한 빠른 답변 방식은 다른 법률 서비스 제공자의 경험을 간과한다. 더 일반적으로는 한 기관 내 모든 법률 서비스 제공자들의 집단적 경험이 나타내는 많은 데이터의 편차를 간과한다. 극단적인 경우, 인지적 편향은 의뢰인의 손실에 대한 데이터 기반 자문과 반대 방향의 자문 결과를 낳는다. 법률 서비스 제공자의 경험에 한정된 자문, 또는 더 심한 경우 데이터로 된 근거가 없는 개인적 편향에 기반한 자문의 위험을 의뢰인이 부담해서는 안 된다.

법률 서비스의 복잡성

21세기 법률 서비스의 복잡성은 19세기 후반의 복잡성을 크게 뛰어넘는다. 19세기 후반에 한 페이지나 두 페이지였던 문서 분량이 오늘날 20페이지 이상으로 늘어났다.[3] 20년 전에는 100건 정도의 사례를 다루었던 법률사례연구는 현재 2, 3배 이상 많은 사건을 대상으로 할 수 있다.[4] 이러한 복잡성으로 인해 우리는 법률 서비스의 폭과 깊이를 더해야 한다. 지방, 주, 연방 규정에서 다루는 주제는 해마다 증가한다.[5] 국가 내와 국가 간 초관할적 서비스가 일반화되었다. 법령의 범위, 법령 해석 자료의 양, 법률 해석에 관한 판결의 수가 모두 증가했다.

한때, 법률 서비스 제공자는 고용법 변호사이면서 지역, 주, 연방의 고용법과 관련한 모든 질문에 대한 의뢰인이었다. 해당 변호사는 모든 주의 고용법을 속속들이 알지 못했다. 하지만 의뢰인의 질문에 대답하는 데 필요한 지식을 얻는 것은 쉬웠고, 의뢰인은 비용을 감당할 수 있었으며, 다른 관할권에서 문제가 생길 때마다 새로운 변호사를 찾기 위해 거래 비용을 지불하기보다 한 명과 계속 일하기를 선호했다.

법률이 복잡해지면서, 모든 관할권의 법에 있어 최신 정보를 유지하는 것이 어려워졌고, 지식을 획득하기 위한 비용도 증가했다. 법률 서비스 기관들은

---

3   IBM Radically Simplifies Cloud Computing Contracts (December 18, 2014), available at https://www-03.ibm.com/press/us/en/pressrelease/45737.wss.

4   워싱턴 법대의 Gallagher 법률 라이브러리 정보제공 사서인 메리 위스너(Mary Whisner)는 저자가 이 질문을 트위터에 제기했을 때, 해당 문제에 대한 예비 연구를 수행했다. 그녀의 연구 결과에 따르면, 1996년 검색으로 검색된 문서의 수가 2016년까지 3배 이상 증가한 경우도 있다. (e.g., 133~566). Whisner, Mary, "Comparing Case Law Retrievals, Mid-1990s and Today," (November 18, 2016), University of Washington School of Law Research Paper Forthcoming, available at SSRN: https://ssrn.com/abstract=2872394 or http://dx.doi.org/10.2139/ssrn.2872394.

5   예를 들어, 현재 미국 법전에는 약 67,000개의 섹션과 92,000개 이상의 텍스트 참조가 포함되어 있다. https://www.samafe.edu/events/computation-and-the-evolution-of-law. See also Katz, Daniel Martin and Bommarito, Michael James, "Measuring the Complexity of the Law: The United States Code," (August 1, 2013), 22 Artificial Intelligence and Law 337 (2014), available at SSRN: https://ssrn.com/abstract=2307352 or http://dx.doi.org/10.2139/ssrn.2307352.

이러한 복잡성 증가에 대처하기 위해 업무 구조를 변경했다.6 예를 들어, 법률 서비스 제공자들은 업무범위를 좁혀서 일부 분야(예: 연방근로기준법) 또는 하나의 관할권(예: 미시간주)에 초점을 맞추었다. 기관들도 비슷한 방법으로 업무범위를 좁혔다. 일부는 한 분야의 전문적인 법률 서비스 제공자들(예: 모든 관할권의 고용법에 대해 집합적으로 알고 있었던 변호사들)을 모아 광범위한 서비스를 지속하였다. 이러한 구조변경은 점점 커지는 복잡성 문제를 완화했지만, 완전히 해결하지는 못했다.

또한 법률 서비스는 지난 수년간 서비스 제공자들의 업무 개선에 도움이 될 수 있는 다른 분야의 수련을 멀리하면서 더욱 더 고립되어 왔다. 법률 이론가들은 법과 사람들이 어떻게 상호작용하는지에 대한 더 깊은 통찰을 얻기 위해 심리학자들, 사회학자, 경제학자, 정치학자, 인류학자, 수학자 및 다른 분야들에 도움을 청했다. 그러나 실무 변호사들은 전략, 마케팅, 운영 그리고 공급망 관리 등과 같이 데이터를 사용하는 상당한 경험을 가진 분야들을 무시하였다. 법률 서비스 기관은 수년 전부터 사업으로 묘사되었지만, 사업 고객에 관한 정교함이 없이 운영된다. 이는 데이터 수집과 분석을 포함한 많은 영역에서 법률과 의뢰인의 간극이 더 커지도록 했다. 오늘날 데이터 집약적 사업을 운영하고 있는 의뢰인들은 데이터를 참고하지 않는 법률 서비스 제공자들을 만나게 된다.

법조계는 노동력을 늘리는 것으로 복잡성의 증가에 대응해 왔다. 더 많은 노동력(일반적으로 변호사들)의 투입은 법률 서비스 기관이 법률 서비스 제공자들 사이의 전문화를 더욱 촉진하게 하거나 더 많은 서비스 제공자들의 정보를 합칠 수 있도록 한다. 기관들은 각 서비스 제공자를 해당 분야의 데이터 수집 및 분석 플랫폼으로 삼는다. 그러나 복잡성은 이런 조잡한 접근법으로 해결할 수 없다(비용을 제외하면). 경험과 데이터 마이닝을 함께 활용하는 것이 보다 정교하고, 확장 가능하며, 신뢰할 수 있는 접근 방식이다. 다시 말해 컴퓨터와 인간

---

6 로렌스 레식(Lawrence Lessig)은 실제 공간과 사이버 공간에서의 규제를 법, 규범, 시장, 구조의 4가지 형태로 설명한다. See Lessig, Lawrence, "The law of the horse: What cyberlaw might teach," 113(2) Harvard Law Review 501 (1999).

의 장점을 둘 다 활용해야 의뢰인이 최고의 법률 서비스를 받게 된다. 저자는 이 접근법을 사용하는 변호사들을 "증강 변호사(augmented lawyer)"라고 부른다. 컴퓨터는 데이터 마이닝을 한다. 트렌드, 간극, 다른 패턴을 찾는다. 그런 다음 법률 서비스 제공자들이 판단력, 협력적 사고, 공감 등의 능력을 적용해 데이터로부터 무엇을 배워 사용할 것인지 결정한다.

법률 서비스 경쟁

의뢰인들이 법률 서비스의 비용 증가와 품질 저하에 초점을 맞추면서 법률 서비스 기관들 간의 경쟁이 심화되었다.7 경쟁이 증가하였지만 법률 서비스 기관들은 차별화를 통해 경쟁을 해결하고자 하지 않았다. 의뢰인들은 이용 가능한 서비스가 고도로 대체 가능한 것이라고 인식하며 다른 차별화 요인이 없는 경우 가격을 근거로 구매 결정을 한다. 시스템에 저장된 고유한 데이터를 사용하여, 법률 서비스 기관들은 가격 이외의 방식으로 차별화될 수 있다.

수십 년 동안 법률 서비스 기관들의 경쟁은 거의 없었다. 의뢰인은 쉽게 식별하고 판단 가능한 요소들을 사용하여 법률 서비스 기관들을 비교했다. 이러한 요인에는 지리, 사건 관련 경험, 변호사의 학벌,8 시장에서의 평판, 사업적 갈등(예: 주요 경쟁업체의 대리) 및 비용(시간당 보수)이 포함된다. 시간이 지나면서 이러한 요인 중 대부분은 중요하지 않게 되어 기관 간 차이가 미미해졌다.9

---

7 대형 로펌의 품질 문제에 관한 논의는 다음을 참조, Gulati and Scott, The three and a half minute transaction: Boilerplate and the limits of contract design (2012).

8 이상하게도 로스쿨 순위는 취업 전망을 더 중요시하는 것으로 보이는 학부 또는 전문대학원만 포함된 순위이다. See, e.g., Taylor, "Why Law School Rankings Matter More Than Any Other Education Rankings," Forbes (August 14, 2004), available at http://www.forbes.com/sites/bentaylor/2014/08/14/why-law-school-rankings-matter-morethan-any-othereducation-rankings/#6f91493c7937. '고연봉("더 나은") 직장은 상위권 학교 출신 변호사들을 제공하여 의뢰인들에게 부분적인 프리미엄을 부과하는 대형 로펌에 있다.'

9 See, e.g., Wang and Dattu, "Why Law Firm Pedigree May Be a Thing of the Past," Harvard Business Review (October 11, 2013) and see Jessup, "Law Firms: How to Not Become a

예를 들어, 1965년에 한 의뢰인이 노스캐롤라이나의 법률 회사에 텍사스 법에 대한 질문을 했다면, 해당 법률 회사는 답을 얻기 위해 텍사스의 변호사와 접촉해야 했을 것이다. 노스캐롤라이나의 로펌은 텍사스의 판례, 텍사스 법에 대한 온라인 접근권한, 텍사스 법정 규칙과 관세에 대한 접근권을 가지고 있지 않았다. 50년 후, 이 노스캐롤라이나 로펌은 텍사스에 사무소가 없더라도 온라인으로 텍사스 법률 서비스 기관과 동일한 정보를 제공할 수 있다. 여기에는 지방 법정 규칙과 관세에 대한 정보가 포함된다. 1965년에는 지리, 정보에의 접근권한, 변호사의 학벌(텍사스 로스쿨 출신 대 노스캐롤라이나 로스쿨 출신), 시장 평판, 비용 등이 중요한 비교 요인이었다. 오늘날에는 비용이 로펌을 차별화하는 일차 요인이 될 수 있다.[10]

여러 면에서, 노스캐롤라이나 로펌은 텍사스 로펌과 경쟁한다. 또한 로펌들은 동일한 정보와 인적기술을 가진 새로운 기관들과 경쟁한다. 인적 자원 컨설팅 회사, 대안적 법률 서비스 제공자(예: 법률 연구 서비스) 및 해외 법률 서비스 제공자들도 한때 로펌만이 차지했던 파이의 일부를 요구한다.[11]

각 법률 서비스 기관이 보유하고 있으며 지속적으로 생성하는 고유한 데이터 세트는 새로운 차별화 요인을 제공한다. 두 기관이 동일한 법적 전문성(고용법 소송에서의 의뢰인 변호)을 가지고 있는 경우에도, 해당 기관은 사실 환경(fact situations), 의뢰인의 상황, 소송의 주체와 대리인 조합을 포함해 경쟁사와 차별화할 수 있는 고유한 데이터 세트를 가지고 있다. 데이터 마이닝은 법률 서비스 기관들에게 의뢰인 위험(risk)을 줄이고 효율성을 개선하는 방법에 대한 고유한 통찰을 제공할 수 있으며, 의뢰인에게는 기관들을 고유한 방법으로 구분할 수 있도록 한다.

Commodity," Los Angeles Daily Journal (February 12, 2010), available at http://www.platform strategy.com/news/FAME101_LADailyJournal.pdf.

10 Id.

11 저자는 유럽 전역에 IT와 법률 서비스를 제공하는 불가리아의 IT 기관으로부터 연락을 받았다. 해당 기관은 미국 법률 서비스 시장에 진입하는 것을 고려하고 있었다. 해당 기관은 이미 유럽에서 법률 연구, 제안서 작성, 소송 의견서를 포함한 법원 서류 작성과 같은 법률 서비스를 제공하고 있다.

불완전 데이터로서의 경험

법률 서비스 기관들은 법률 서비스의 가치를 향상시키는 데 보유한 데이터를 사용하지 않았다.12 다시 말해, 법률 서비스 제공자들은 데이터를 사용하거나 데이터와 개인적 경험을 함께 활용하기보다는 개인적 경험만을 기반으로 의뢰인의 질문에 답한다. 법률 서비스 기관은 서비스 제공자의 업무 능력과 경험을 해당 기관이 가진 고유한 데이터 컬렉션에 결합하여 더 나은 서비스를 제공하고, 의뢰인에 데이터 기반 통찰을 제공한다. 수십 또는 수백 명의 서비스 제공자들이 생성한 데이터가 한 사람의 통찰에 더해지면 매우 강력한 도구가 된다.13

독자가 법률 서비스 제공자에게 "이 동의안을 얻을 가능성이 얼마나 되는가"와 같은 질문을 한다면 즉각적인 응답을 받게 된다. 하지만 이러한 빠른 응답이 걱정스러울 수 있다. 1960년대부터 다니엘 카네만(Daniel Kahneman)과 아모스 트버스키(Amos Tversky)는 경제와 법을 가르칠 때 성가셨던 문제들을 다룬 여러 논문을 발표했다. 사람들은 전통적인 경제 이론이 설명하는 방식으로 행동하지 않는다.14 사람들은 비이성적이지만, 예측 가능한 방식으로 행동한다. "내 경험에 의하면"은 휴리스틱과 인지적 편향에 기초한 답변을 의미하며, 이는 보여주어야 할 데이터에서 아마도 상당히 거리가 있는 답변이 될 수 있다.

지난 50년 동안 우리는 왜 데이터가 혼자만의 경험보다 더 우수한지에 대

---

12 상황이 변하고 있지만, 사건 기록을 데이터 출처로 사용하는 법률 서비스 기관(특히 로펌)의 수는 전체 법률 서비스 기관의 수와 비교하였을 때 얼마 되지 않는다. Drinker Biddle Reath, Littler Mendelson P.C., and Seyfarth Shaw LLP are examples of firms that have started using data they collect and create while providing legal services. See Strom, "Littler Mendelson Gambles on Data Mining as Competition Changes," Law.com (October 26, 2016), available at http://www.law.com/sites/almstaff/2016/10/26/littler-mendelson-gambles-on-data-mining-as-competition-changes/.

13 Cummings, "Man versus Machine or Man+ Machine?," IEEE Intelligent Systems (September/October 2014).

14 다니엘 카네만의 최근 저서 "빠르고 느리게 생각하기"(2011)는 시스템 1, 시스템 2, 휴리스틱 및 편향에 대한 훌륭한 설명을 제공한다. Kahneman, Thinking, Fast and Slow, (2011). 1970년대 초부터 아모스 트버스키와 함께 저술한 작업물을 포함한 카네만의 기사와 저서 전체 목록은 다음을 참조. Daniel Kahenman's Publications, available at https://www.princeton.edu/~kahneman/publications.html.

한 새로운 이유들을 배웠다. 우리의 뇌는 두 가지 시스템인 '시스템 1'과 '시스템 2'를 사용하여 작동한다. 시스템 1은 묻는 즉시 답변을 제공하고 신속하게 작동한다. 아무 대화나 생각해 보자. 뭐라고 말하면, 상대방이 즉시 응답하고, 또 다른 뭔가를 이야기하면, 상대방은 다시 즉시 대답한다. 이 대화는 테니스 경기와 같으며, 진술이 네트를 가로지르면 상대방이 즉시 맞받아친다. 그 사이의 시간 지연은 없다.

시스템 1은 휴리스틱(규칙)과 인지적 편향(잘못된 규칙)을 사용하여 빠르게 작동한다. 연구자들은 수백 가지의 가능한 휴리스틱과 인지적 편향을 조사했다. 더 엄격하게 검사되고 널리 인정된 것에는 가용성 휴리스틱, 대체 편향, 소유 효과, 사후 확신 과잉 편향, 관찰자 기대 효과가 포함된다.[15] 소송 담당자에게 판사에 대해 물어보면, 그녀는 들은 것, 읽어 본 판례, 법정 출석 경험에 기초하여 의견을 말해 줄 것이다. 응답하기 전에 데이터를 살펴봐 달라고 그녀에게 요청하는 일은 거의 없을 것이다.

응답하기 전 자세히 데이터를 분석하고 싶을 때 시스템 2가 작동한다. 데이터를 고려하고, 충분하지 않은 경우 더 많은 데이터를 찾도록 촉구한다. 저자가 이 장을 쓸 때, 시스템 2는 저자가 읽은 것을 합성하여 페이지에 적을 내용을 구체화하는 데 도움을 주는 방식으로 작동한다. 시스템 1은 그 페이지에 몇 단어들을 빠르게 추가하고 바로 다음으로 넘어갔을 것이다. 시스템 2에 의존하는 소송 담당자에게 판사에 대한 동일한 질문을 한다면 그녀는 응답하기 전에 데이터를 살펴볼 것이다. 시스템 1 소송 담당자는 판사가 대형 로펌을 좋아하지 않는다고 말할 수 있다. 반면 시스템 2 소송 담당자는 그 진술이 정확한지 여부를 알아보기 위해 데이터를 사용할 것이다.

---

15 See, e.g., Gilovich, Griffin and Kahneman, Heuristics and Biases: The Psychology of Intuitive Judgment (2002) (availability heuristic, attribute substitution); Kahneman, Knetsch, and Thaler, "Experimental Tests of the Endowment Effect and the Coase Theorem," 98(6) Journal of Political Economy 1325-1348 (1990), doi:10.1086/261737 (endowment effect); Hoffrage and Pohl, "Research on hindsight bias: A rich past, a productive present, and a challenging future," 11(4-5) Memory 329-335 (2003), doi:10.1080/09658210344000080 (hindsight bias); and Rosenthal, Experimenter Effects in Behavioral Research (1966) (observer–expectancy effect).

의뢰인들이 연구보다는 전화 답변을 요구하면서, 법률 서비스 제공자들 간에 존재하던 시스템 1을 사용하는 강한 경향이 더욱 악화되었다. 이러한 의뢰인 선호도는 법률 서비스 기관들이 전문화된 변호사에 더욱 의존하게 만들었다. 법률 서비스 제공자들은 전문화되어, 해당 분야에서 실체법의 흐름을 따를 수 있었으며 시스템 1을 사용한 빠른 응답으로 의뢰인들을 계속 기쁘게 할 수 있었다. 고용법 변호사는 이제 연방 근로기준법 고용법 변호사가 되었다.

시스템 2는 해답을 생성하기 위해 데이터를 처리함으로써 가치를 더하지만 시스템 1보다 속도가 느리다는 단점이 존재한다. 다른 단점도 있다. 동시에 여러 작업을 수행할 수 없다. 만약 시스템 1이 아닌 시스템 2가 대부분의 질문들(queries)을 처리한다면, 우리는 세상과 상호작용하는 데 어려움을 겪을 것이다. 스타벅스에서 시스템 1이 아닌 시스템 2에 의존하는 손님들이 줄을 서 있다고 상상해 보자. 시스템 2에도 데이터가 필요하다. 대부분의 기관에서 법률 서비스 제공자는 시스템 2를 사용하고자 하지만 필요한 데이터에 접근할 수 없었다. 지난해에 여러분의 기관에서 처리한 특정 조항을 포함하는 계약의 비율을 의뢰인에게 알려주기 위한 데이터를 얼마나 빨리 얻을 수 있었는가? 중요한 것은 언제 시스템 2를 사용하여야 하는지를 배우는 것, 그리고 시스템 2를 작동하려 할 때 데이터가 준비되어 있어야 한다는 것이다.

시스템 1에 크게 의존하는 법률 서비스 제공자들은 보통 작은 크기의 표본인 단일 서비스 제공자의 개인적인 경험에 근거한 자문을 제공한다. 우리의 소송 담당자를 생각해 보자. 그녀가 한 달에 한 건씩 재판에 부쳤다면 1년 동안 12건, 20년 동안 240건을 재판에 부쳤을 것이다. 소규모 로펌에서도 법률 서비스 제공자 한 명의 경험은 전체 기관의 경험(보유 데이터)의 작은 일부분에 불과하다. 대형 기관에서 단일 법률 서비스 제공자의 경험은 기관 데이터의 1% 정도의 작은 일부분에 불과하다. 단일 법률 서비스 제공자는 가장 나은 경우에도 작은 크기의 표본을 가지며, 대부분의 변호사들은 연간 12건도 되지 않는 사건을 재판에 부친다.[16] 의뢰인은 자문할 때 데이터를 거의 활용하지 않는

---

16 한 변호사가 재판에 부칠 수 있는 사건의 수는 변호사마다 상당히 다르며, 오랫동안 점점 더 적은 수의 사건들이 재판에 넘겨졌다. See. Gee, As jury cases decline, so does art of trial lawyers,"

법률 서비스 제공자의 자문에 기초하여 수백만 달러의 가치가 있는 문제에 관한 결정을 일상적으로 내린다. 한 법률 서비스 기관 전체에서 데이터를 수집하고 분석하는 것은 표본 크기를 증가시키고 자문의 기반을 개선한다.

데이터를 수집하고 분석하기 어려웠을 때, 의뢰인과 법률 서비스 제공자는 법률 서비스 제공에 시스템 1 접근법을 사용할 수 있었다. 데이터 수집 및 분석이 더 쉬운 오늘날에는, 의뢰인은 의사결정 과정에서 데이터를 활용하는 법률 서비스 제공자를 원한다. 전화 통화 답변은 경험을 넘어 데이터를 포함해야 한다. 이러한 패러다임 전환은 법률 서비스 제공자들이 데이터 마이닝을 하는 경우에만 효과가 있다. 행동경제학적 측면에서, 법률 서비스 제공자들은 시스템 2를 사용해 접근하고 데이터를 활용할 필요가 있다.

금에서부터 데이터로

데이터의 시대가 도래하여 많은 이들이 21세기의 데이터는 19세기의 금이자 20세기의 오일과 같다고 주장한다.[17] 그러나 오늘날 법률 서비스의 의뢰인은 19세기 후반의 데이터에 대한 아이디어를 이용하여 축적된 데이터와 결합된 21세기의 실체법 분석을 받는다. 문제의 복합체로서, 인터넷은 새로운 데이터를 수집할 수 있게 하며 전통적인 데이터 출처에 더 쉽고 빠른 접근이 가능하게 한다. 법률 서비스 제공자들은 법령, 규정, 해석 지침, 다른 실체법 출처들의 "물리적 문서" 사본에만 접근할 수 있었으나 수작업을 통한 접근은 비효율적이고 느리다. 오늘날, 인터넷은 거의 즉각적인 접근을 허용한다. 1차 데이터 세트의 규모가 커지는 동안, 근본적인 속성은 변하지 않았다. 법률 서비스 제공자들의

The Tennessean (February 5, 2011), available at http://usatoday30.usatoday.com/news/nation/2011-02-05-jury-trial,-lawyers_N.htm.

17 Vanian, "Why Data Is The New Oil," Fortune (July 11, 2016), available at http://fortune.com/2016/07/11/data-oil-brainstorm-tech/, Ed Walters, Data is the New Oil: Legal Management Lessons from John D. Rockefeller and Standard Oil, available at https://medium.com/@ejwalters/data-is-the-new-oil-refining-information-from-data-lessons-from-john-d-aa4b7b5ee1a3.

사건 데이터 접근권한은 보고된 결정에 국한되어 있다. 온라인 데이터베이스는 공적 사건에 있어 구체적인 세부 사항을 포함하지 않으며 대부분의 법률 서비스 제공자들은 해당 사건 파일에 대한 접근권한을 가지지 않는다.

예를 들어, 사건 접근권한에는 일반적으로 법원에 보고된 결정만이 포함된다. 전자 데이터베이스는 당사자에 의해 제출된 법정의견서, 재판 기록, 증거물, 분쟁 자료의 세부 정보를 제공하는 기타 자료가 포함되지 않는다. 일부 데이터베이스는 항소 사건 및 법원 전자 기록 공공 액세스 시스템(Public Access to Court Electronic Records system, PACER)과 같은 기타 데이터베이스에서 사용가능한 정보의 일부를 구성하며 연방 사건에 대한 정보도 포함하나, 해당 데이터에 접근하는 것이 쉽지 않으며 비용이 비싸다. 법률 서비스 기관은 자신들이 처리한 사건 데이터에 대하여는 완전하게 접근할 수 있다.

의뢰인의 문제에는 실체법에 관한 질문보다 더 많은 것이 포함되며, 실체법에 관한 답변은 의뢰인이 해당 문제를 해결하기 위해 필요로 하는 것 중 일부에 불과하다. 이러한 문제는 또한 사업 또는 정치적 문맥에서 발생하는데, 이는 기존의 다른 어떤 시기의 것보다 더 복잡하다. 규제에 관한 질문은 회계 및 재무 문제를 포함할 수 있으며, 광고 문제는 마케팅 문제를, 고용 문제는 소셜 미디어 문제를 포함할 수 있다. 인터넷은 이러한 관련 영역에 관해 풍부한 데이터를 제공한다. 기관의 사건 파일 데이터가 사업상 및 정치적 데이터와 결합되면 모든 법률 서비스 제공자가 경험에 기반해 제공할 수 있는 답변보다 더 풍부한 출처가 된다.

복잡성의 증가는 법률 서비스의 위험을 증가시킨다. 이러한 위험을 광범위한 두 개의 범주로 크게 나눌 수 있다: (1) 지식의 위험 그리고 (2) 무지의 위험. 지식의 위험은 법률 서비스 제공자가 법률 서비스를 제공하기 위해 알고 있는 것 중 무언가를 사용하거나 무언가를 알아야만 할 때(예: 실체법 연구) 발생한다. 법률 서비스 제공자는 자신이 아는 바에 대해 잘못 해석하거나 더 많은 데이터 분석이 필요한 것에 기존 데이터(개인적 경험)를 반영하여 잘못된 자문을 한다. 법률 서비스 제공자가 더 정확한 실생활 데이터를 수집하고 사용하는 데 실패하면서 무지의 위험이 발생한다. 의뢰인은 항상 위의 두 위험을 마주하게 된다. 그러나 법률 서비스 제공자의 무지에 의한 위험은 지난 30년간 빠르게 증가하고 있다. 지식 위험이 상대적으로 안정적인 반면,18 우리는 일반적인 법률 자문 상황을 고려하여 위험에 대한 변화를 볼 수 있다.

　의뢰인은 자신의 법률 서비스 제공자에게 전화해 특정한 진술을 제시하면서 고용 계약을 종료할 수 있는지 여부를 묻는다. 법률 서비스 제공자는 5년의 법조 경력을 가진다. 만약 우리가 10년 전의 5년차 소속 변호사(associate)를 오늘날의 5년차 소속 변호사와 비교할 때, 우리는 그 둘이 비슷하다는 걸 알게 된다. 다시 말해, 이 두 명의 소속 변호사의 업무 능력은 크게 다르지 않다. 그러나 해당 소속 변호사를 고용하는 기관, 법원, 국가 및 연방 수준의 대행회사는 이 10년 동안 많은 사건을 다루어 왔다. 사건의 데이터 세트(해당 사건에 대한 관련 진술 포함)는 증가했다. 해당 기관에서 다른 변호사들이 처리한 사건이라도, 이 5년차 소속 변호사가 해당 사건들 중 일부분에는 익숙할 것이라고 합리적으로 생각할 수 있다. 지식 위험 및 무지 위험의 분류 계획을 사용하여, 우리는 오늘날의 이 소속 변호사가 개인적 지식에 기초해 제공하는 좋거나 나쁜 자문을 할 확률이 10년 전과 같은지 알 수 있다. 그러나 우리는 또한 의뢰인의 질문과 잠재적인 관련이 있는 데이터의 양(10년 동안의 모든 사건에 대한 데이터)이 늘어났으며, 소속 변호사의 무지에 의한 의뢰인의 위험이 증가했다고 말할 수 있다.19 법률 서비스의 복잡성 증가는 위험을 식별하는 것, 확률을 측정하는 것, 그리고 가능한 해결책의 수가 늘어난 것을 포함한 여러 이유들로 인해 법률 서비스 제공을 더 어렵게 만든다.

18　법적인 위법 행위를 처리하는 비용 청구 및 손해배상 또는 합의에서 청구 비용이 늘어났지만, 청구 횟수는 상대적으로 안정적으로 유지되었다. See, e.g., Lawyer's Professional Liability Claims Trends: 2015, Ames & Gough (2015), available at http://www.law.uh.edu/faculty/adjunct/dstevenson/007a%20Legal%20Malpractice%20Claims%20Survey%202015%20Final.pdf.

19　다음의 예시들은 독자가 위험에 대해 생각할 수 있는 간단한 방법을 제시한다. 코인을 던져 앞면이 나왔다고 상상해 보자. 앞면은 의뢰인이 소속 변호사에게 알려준 사실 상황을 나타낸다. 해당 소속 변호사는 의뢰인의 상황과 일치하는 사실 상황(또 다른 앞면)을 찾는다. 해당 소속 변호사가 검토하는 각 사건마다, 앞면이 나올 확률(일치)은 50퍼센트이다(일치 여부). 그러나 그가 추가적인 사건들을 조사한다면, 매치되지 않는 일련의 사건들을 찾을 확률은 줄어든다(다시 말해, 뒷면이 나올 확률이 두 배, 세 배 또는 네 배까지 계속해서 줄어든다. 특정 사건이 일치할 확률은 50% 그대로인 반면). 해당 소속 변호사가 검토하지 않는 사건의 수가 증가하면서, 모든 사건이 의뢰인의 상황과 일치하지 않을 확률은 감소하며, 의뢰인의 위험은 증가한다.

공법(public law)에서부터 사법(private law)으로의 점진적 움직임은 복잡성 문제에 더 무게를 실었다. 19세기부터 20세기에 이르기까지, 사회는 법률에 관한 많은 문제에 답하기 위해 법원을 이용했다. 의뢰인들은 민사소송의 거래비용을 지불할 수 있었고, 배심원 제도로 소송을 빠르게 해결할 수 있었으며, 분쟁 해결안은 판례법과 같은 정보의 공적 배포를 통해 다른 법률 서비스 제공자가 참고할 수 있었다. 법률에는 접근하기 어려웠지만 공개되어 있었다.[20]

20세기의 후반에서 오늘날까지, 사법(private law)의 비율은 증가했다. 예를 들어, 많은 이유 중에서도 위험 및 해결에 시간이 오래 걸리는 소송의 높은 거래 비용 때문에 당사자가 판사 또는 배심원 없이 입장 차이를 해결하게 되었다.[21] 당사자는 분쟁을 합의 협상, 조정, 또는 중재를 통해 해결한다. 이들은 결과를 공표하지 않는다. 상업적 당사자는 또한 계약을 통해 위험을 해결하는 데 더 정교해졌다. 이 정교화의 단점으로는 계약 규모의 증가와 협상 및 계약서 작성에 더 높은 거래 비용을 수반한다는 것이며, 장점은 계약서가 다루는 제약을 더 많이 포함한다. 당사자들은 더 높은 분쟁 비율을 법정에 의존하지 않고 해결한다.

법의 사유화는 법률 서비스 제공자가 그들이 다루지 않은 분쟁 데이터의 접근에 어려움을 겪는다는 것을 의미한다. 이러한 사적인 문제와 연관된 의뢰인 및 법률 서비스 제공자들은 데이터를 컴퓨터 깊숙이 숨기고 사건 파일을 공개하지 않도록 한다. 법률 서비스 제공자는 두 가지 동향을 도전과제로서 마주한다. 의뢰인에 이익이 될 데이터의 양이 증가하며 분쟁에 대한 공적 데이터의 양이 줄어든다. 두 가지 동향은 기관이 그들이 접근할 수 있는 데이터(예: 다루었던 분쟁 데이터)에 집중하도록 한다.

---

20 변호사들조차 법에 접근하는 데 어려움을 가졌다. See, e.g., Friedman, A History of American Law 356-358 (1973).

21 Rakoff, "Why You Won't Get Your Day in Court," The New York Review of Books (November 24, 2016).

법률 데이터 마이닝

법률 데이터 마이닝을 하려면 가장 먼저 찾으려는 데이터를 정의해야 한다. 법률 서비스 기관에서 법률 서비스 제공과 관련된 데이터는 형식(아날로그, 디지털)과 관계없이 사건 파일 내 모든 내용을 의미한다. 이메일, 음성메일, 인스턴트 메시지, 문자, 데이터베이스, 메타데이터, 디지털이미지 및 다른 종류의 파일들이 이에 해당하며, 모든 형태의 저장기기가 포함된다.[22]

법률 서비스 제공자는 모든 데이터를 채굴할 수 있지만, 몇몇 좁은 범위의 데이터 종류에만 데이터 마이닝을 수행해 왔다. 먼저, 송장부터 내부 회계자료까지 모든 재무 데이터를 수집한다. 두 번째로, 처리한 사건의 수 및 유형과 같은 간단한 서술적 데이터를 수집한다. 세 번째로, 청구 가능 시간 데이터를 수집한다. 법률 데이터 마이닝 분야에서는 마지막 영역에 가장 관심이 많다.

내부사건 파일, 의뢰인, 제3자 등에 대해 그들이 매일 생성하는 서류 데이터가 현저히 부족하다. 즉, 자사 서비스가 생성하는 데이터를 전부 생략하고 의뢰인과의 거래에서 재무적인 측면에만 집중한다.

일반적인 예시를 보자. 의뢰 기업이 법률 서비스 제공자에게 원자재 구매에 관한 계약서의 초안을 작성하도록 요청한다. 기업은 법률 서비스 제공자에게 관련 서류를 보내고, 법률 서비스 제공자는 이를 이용하여 계약서의 초안을 작성한다. 법률 서비스 제공자는, 관련 서류, 의뢰 기업과의 대화에서 기록한 것, 원자재 공급 회사에 대해 다운받은 웹 페이지를 사건 파일에 넣을 것이다.

법률 서비스 제공자는 계약서의 초안을 작성한다. 서비스 제공자와 의뢰 기업이 함께 계약을 진행하므로, 법률 서비스 제공자는 다수의 계약서 초안을 컴퓨터에 저장한다. 서비스 제공자와 의뢰 기업이 공급업체 및 해당 업체의 법률 서비스 제공자와 협상을 하면서 계약서 초안의 숫자가 늘어난다. 계약이 성사되면, 의뢰 기업들은 서명된 사본을 교환한다. 서비스 제공자는 서명된 사본을 해당 의뢰 건에 관해 수집 및 작성한 다른 서류와 함께 파일에 넣는다. 파

---

22 See, e.g., Fed. R. Civ. Pro. 34.

일에 저장된 자료는 가치 있는 데이터를 포함하지만, 채굴되지는 않았다.

전통적으로, 이러한 유형 및 디지털 파일의 정보는 법률 서비스 기관의 데이터 추적 시스템에 포함되지 않는다. 그러나 최근 몇 년간 법률 서비스 기관들이 지식관리시스템을 이용하여 디지털 자료(일부 유형 자료)를 추적하기도 하는데, 이러한 시스템은 사용 가능한 데이터 유형 중 극히 일부만을 가져올 수 있도록 만들어졌다.

계약서 예시에서, 수집되지 않은 데이터에는 사업상 계약 조건(예: 날짜, 금액, 위치, 당사자), 법적 계약 조건, 보조자료(예: 특정 이행 및 분쟁해결방법 설정), 계약 조건을 "코드화"하기 위해 사용되는 단어와 구문(예: 관련 자료에 사용되는 특정 표현)을 포함한다. 또, 협상 시 제기되었던 문제들(예: 의뢰인의 요구와 받아들이거나 상대방에 제공할 수 없는 조건)과 기기 자체 데이터(예: 글자수, 복잡성)도 이에 포함된다. 이 데이터들은 집합적으로 해당 의뢰건에 대한 정보를 제공한다. 다른 데이터(예: 계약이행 보증각서)를 결합하면 향후 계약을 개선하고 의뢰인의 위험을 경감할 방법을 제시할 수 있다.

일부 법률 서비스 기관들은 자사 데이터의 가치를 인식하고 있다. 한 로펌은 현재 매 소송마다 500개의 데이터 포인트를 수집하고 있다고 말한다. 해당 로펌은 데이터 과학자 팀을 고용하여 의뢰인에게 이익이 되는 예측 모델을 분석하고 개발하게 한다.

> Littler [Mendelson]에서는 [Zev] Eigen이 의뢰인의 문제에 데이터 도구를 적용하고 이를 해결하기 위한 방법을 개발하는 데에 광범위한 권한을 갖고 있다. 그는 EEOC 예측 모델을 포함하여 자신의 팀에서 수행한 작업들이 CaseSmart 소프트웨어로 6년 동안 수집한 독점 데이터 없이는 구축하기 어렵거나 불가능했을 것이라고 말했다. 대부분의 로펌에서 데이터 분석의 가장 큰 걸림돌은 단순히 자사 의뢰건의 데이터를 수집하지 않은 것이다.[23]

---

[23] See Strom, Supra n.11.

구글의 법률 서비스 제공자는 법률 서비스 자료에 저장된 정보들의 가치
를 인식하고, 해당 데이터를 채굴하는 방법을 찾고 있다:

> 구글 법무팀의 기계학습 책임자로서 다른 유형의 법률 데이터와
> 씨름하고 있는 줄리안 티신(Julian Tsisin)은 "로펌은 분류되지 않은
> 수백만 장의 문서를 손에 쥐고만 있다."고 말했다. "Zev [Eigen]
> 은 매우 좋은 직무를 맡았다. 그는 특정 사건 유형을 전문적으로
> 다루는 로펌에서 일하고, 수천만 건의 유사한 사건을 손에 쥐고
> 만 있으며, 그 모든 데이터에 접근권한이 있기 때문이다."[24]

1년 넘게 데이터를 수집한 로펌은 다른 법률 서비스 기관의 데이터 세트
와 구분되는 굉장히 큰 데이터 세트를 구축하게 된다. 이 과정을 시작하려면
계획이 필요하다.

데이터 관리 계획

데이터 마이닝에 있어 정해진 접근법을 따르지 않는다면, 법률 서비스 기
관은 가치 없는 일에 무의미하게 자원을 급속히 낭비할 수 있다. DMP(Data
Management Plan)는 정해진 접근법을 생성하기 위한 첫 걸음이다. DMP는 "획
득하거나 생성하고자 하는 데이터를 요약하는 기록된 문서로…, 데이터를 공유
하고 보존하기 위해… 해당 데이터를 관리, 요약, 분석, 저장하는 방법과 사용
할 메커니즘"이다.[25] 학술 연구를 재정적으로 지원하는 기관들은 보통 자금을

---

24 *Id.*

25 Stanford University Libraries, Data Management Plans, available at https://library.stanford.edu/
research/data-management-services/data-management-plans. For a good description of what
to include in a DMP, see C. Strasser, R. Cook, W. Michener, and A. Budden, Primer on Data
Management: What you always wanted to know, DataONE (hereafter referred to as Primer),
available at https://www.dataone.org/sites/all/documents/DataONE_BP_Primer_020212.pdf.

집행하기 위한 계획이 필요하다.26 법률 서비스 기관은 법률 서비스 제공 관리의 적용 가능한 코드에 설정된 표준에 따라 데이터를 관리한다. 관리 코드는 제3자에 노출되는 것을 방지하고, 자료의 소유권이나 자료 보존 요구 사항에만 초점을 맞출 뿐, 자료의 데이터 가치에 관심을 가진 경우에 대한 지침을 제공하지 않는다.

DMP는 법률 서비스 기관에 세 가지 기본 영역에 관한 지침을 제공한다. 먼저, 해당 기관의 데이터 관리 프로그램이 관련 전문 코드를 준수하는지 확인하기 위한 절차를 수립한다. 이 전문 코드는 오늘날 모든 법률 서비스 기관의 데이터 마이닝에서 필수적인 부분이다. 이 코드가 관할권에 맞지 않는 경우가 있다. 그럼에도 법률 서비스 기관들은 특정 관할권 요건에 구애받지 않고 여러 관할권으로부터 데이터를 취합한다.

법률 서비스 데이터에 적용 가능한 국제 전문 코드의 준수는 전 세계적인 법률 서비스 제공에 있어 점점 중요해지고 있지만, 이에 대해 논하는 것은 본 장의 범위를 넘어선다. 두 번째로, DMP는 성공적인 데이터 마이닝 프로그램의 토대가 된다. 표준과 업무과정을 수립함으로써, DMP는 각 법률 서비스 제공자가 기관의 목표와 상충되는지 여부를 고려하지 않고 일을 처리하는 것을 방지한다.

세 번째로, DMP는 기관이 전처리 과정이 짧은 데이터를 생성할 수 있도록 한다. 데이터 과학자들은 80%에 달하는 시간이 "데이터 멍잉(munging)(데이터 분석을 위해 준비하는 과정)"에 사용되고 있다고 추정한다.27 DMP는 데이터 멍잉에 소요되는 시간을 줄일 수 있다. 또한 DMP는 가치가 아닌 낭비를 증가시키는 가변성을 제거하여 데이터 생성을 단순화한다.

DMP는 데이터 보호 계획이나 지식 관리 계획과 중첩될 수 있는 폭넓은 범위의 문제를 다루며, 이는 거버넌스 문서에서는 해결할 수 없는 많은 문제를

---

26 *Id.*

27 비록 모든 과학자들이 80%라는 수치를 말하는 건 아니지만, 데이터 과학자들은 데이터를 분석하는 것보다는 데이터 전처리 과정에 상당 시간을 할애하고 있다는 데 동의한다. See Johnston, "Let Data Scientists be Data Mungers," ThoughtWorks (August 5, 2015), available at https://www.thoughtworks.com/insights/blog/let-data-scientists-be-data-mungers.

포함한다. 예를 들어, DMP는 칼리 슈트라서(Carly Strasser)와 동료 연구자들이 정의한 데이터 수명 주기의 여덟 가지 구성요소로 (1) 계획하기, (2) 수집하기, (3) 보증하기, (4) 요약하기, (5) 보존하기, (6) 발견하기, (7) 통합하기, (8) 분석하기를 다룬다.[28]

계획하기

DMP는 의뢰인 입력, 비의뢰인 입력, 공공 입력, 생성된 데이터, 공공 출력, 비의뢰인 출력, 의뢰인 출력을 다루어야 한다. 의뢰인 입력 및 출력에는 의뢰인으로부터 받거나 전달한 데이터가 포함된다. 이런 자료들은 보통 기밀 유지 및 특권 문제로 인해 법률 서비스에 각별한 주의가 필요하다. 비의뢰인 입력 및 출력에는 특권 청구 대상은 아니지만 기밀 유지 대상일 수 있는 자료들이 포함된다. 공공 입력 및 출력에는 특권 청구나 기밀 유지의 대상이 되지 않는 자료들이 포함된다. 생성된 데이터에는 (1) 작업결과물에 대한 청구, (2) 혼합 입력, (3) 법률 서비스 기관에서 사건과 의뢰인에 일상적으로 사용하는 사항들(예: 리서치 메모)에 관한 자료들이 포함된다.

법률 서비스 기관들이 의뢰인 및 상대방 외의 출처에서 얻은 데이터에 항상 의존해 왔지만, 오픈 데이터 운동(open data movement)은 개인 변호사도 이러한 데이터 출처를 이용할 수 있도록 확장을 가속했다. 법률 서비스 제공자들은 사용제한 대상이 아닌 공공 자료와 사적 데이터를 합쳐 일반적인 실무 분야에 있어 풍부한 통찰을 얻는다.[29] 데이터의 혼합은 가치를 생성하고 결합된 데이터를 다루기 위한 절차를 수립할 필요성을 가진다.

---

28 칼리 슈트라서(Carly Strasser)는 Gordon & Betty Moore Foundation의 프로그램 담당자로, DataOne의 리더십 팀 멤버를 역임했다. 3장의 입문서 참조.

29 DMP는 데이터의 전체 수명 주기에 걸쳐 해당 데이터 처리에 관한 문제를 해결해야 한다. 예를 들어, 의뢰인 입력을 받고 이를 공유 입력과 결합하는 법률 서비스 제공자는 상호 결합된 데이터를 보호하기 위한 방법과, 상호 결합된 데이터로 일어날 수 있는 것에 대한 적절한 제한을 마련해야 한다.

예를 들어, 많은 사업가들은 '미국 증권거래위원회 전자 데이터 수집, 분석, 검색(US Securities and Exchange Commission's Electronic Data Gathering, Analysis and Retrieval, EDGAR)' 데이터베이스에서 사용 가능한 계약 정보를 이용하여 텍스트 분석 소프트웨어를 훈련시킨다. 이 소프트웨어는 문서를 작성하고, 동향, 기회, 위험을 식별하는 데 적용한다. 다른 법률 데이터 과학자들은 '고용기회평등위원회(Equal Employment Opportunity Commission, EEOC)'의 데이터와 법률 서비스 기관의 기록을 합쳐 고용 요구에 대한 예측 모델을 만든다. DMP는 법률 서비스 기관이 공공 데이터와 의뢰인 데이터를 해당 데이터의 사용 전, 사용 중, 사용 후에 각 어떻게 다루는지 설명해야 한다. 기밀 유지, 특권, 거래 기밀 차원의 데이터와 동일하게 여러 데이터를 처리해 버린다면, 해당 기관의 데이터 수집과 프로그램 사용을 방해할 수 있다.

수집하기

적절한 자료를 수집하지 못하면 흔히 말하는 "쓰레기를 넣으면, 쓰레기가 나온다."는 말과 같은 결과를 얻게 된다. DMP는 데이터 수집 프로토콜, 수집할 데이터, 수집에 사용해야 하는 방법이 포함되어야 한다. 법률 서비스 제공자는 인터넷의 "휴대용 문서 형식(pdf)", 스크린 스크래핑을 통한 스프레드시트 형식, 데이터베이스 파일과 같은 다른 형식으로 정보를 모을 수 있다. DMP는 매우 상세할 수 있다. 파일 명칭, 파일 형식(예: .csv 또는 .xls), 문자 암호화(예: UTF−8)와 같은 규칙을 다룬다. 법률 서비스 제공자는 데이터 형식과 표시 형식 간의 차이를 이해해야 한다. 이 둘을 혼동하면 데이터에 접근하기 굉장히 어려울 수 있다. DMP는 이러한 문제를 사전에 해결하여, 서비스 제공자가 가장 유용한 방법으로 데이터를 수집할 수 있도록 해야 한다.

보증하기

법률 서비스 기관은 '미국 연방 증거 규칙(US Federal Rules of Evidence)'에

포함된 자료와 같이 소송 관련 자료의 보관요건을 알고 있다. 하지만, 연계 보관성의 원칙(chain of custody)은 품질 보증과는 다르다. 연계 보관성의 원칙에 따라 제대로 문서화된 손상된 파일이 있어도, 이는 연계 보관성의 원칙에 적절히 따르지 않는 비손상 파일만큼이나 쓸모없다. 품질을 보증하기 위해서는, 품질 문제 식별 및 태그 지정, 한계 식별, 플래그 간의 격차 확인을 위한 데이터 점검이 필요하다. 품질이 낮은 데이터는 분석 작업을 더디게 할 뿐만 아니라 이를 방해할 수도 있다.

법률 서비스에서 데이터가 점점 더 중요해지면서, 데이터 품질을 보증하기 위한 적절한 조치를 취하는 것도 중요해졌다. 법률 서비스 제공자들은 법원이 번복한 결정에 의거하는 것이 큰 문제가 될 것이라는 것을 알고 있다. 마찬가지로, 잘못된 데이터에 의거하는 것 또한 의뢰인을 위험에 빠뜨릴 것이다. 잘못된 데이터는 신뢰할 수 없거나 왜곡된 분석결과를 만들어 의뢰인에게 심각한 피해를 끼칠 수 있다. 잘못된 데이터를 가지고 극히 일부의 계약만이 특정 조건을 가지고 있다고 말한다면, 의뢰인이 계약에서 해당 법적 조건을 위한 싸움을 포기할 수도 있다. 또, 판사의 편향에 대해 잘못된 정보를 제공받은 경우 의뢰인이 합의에 동의할 수도 있다. 오늘날 이러한 실수는 의뢰인이 법률 서비스 제공자의 개인 경험에 의존하고, 해당 데이터(서비스 제공자의 경험)에 결함이 있는 경우 발생한다. 법률 서비스 제공자와 의뢰인이 개인적인 경험 이상으로 데이터 세트를 확장한다면 데이터 보증은 동일한 실수를 방지할 수 있다.

설명하기

법률 서비스 제공자는 연계 보관성의 원칙이나 다른 '미국 연방 증거 규칙'의 요건을 충족하고자 준비하는 경우, 소송 및 실사 데이터를 설명하는 정보를 포함할 수 있다. 그러나 법률 서비스 제공자들은 특정 용도 이외의 데이터에 대한 설명은 거의 준비하지 않는다. 적절한 데이터 설명에는 파일 명칭, 서식, 데이터 필드가 포함된다. 추가적인 설명에는 코드의 의미 및 고유 용어와 같이 데이터를 해석하는 데 필요한 정보가 포함된다. 법률 서비스 기관들이 서로 다른 출처의 데이터를 결합하면서 데이터 설명이 더욱 중요해졌다. 적절한 설명이 없다면, 법률 서비스 제공자는 두 개의 유사하지만 동일하지 않은 데이터를 결합하여 쓸모없는 데이터 세트를 생성할 수 있다.

보존하기

법률 서비스 제공자는 일정 기간 동안 의뢰인 정보를 의무적으로 유지해야 하는 데이터 보존 요건을 알고 있다. 또한 디지털 데이터를 위한 백업 시스템을 갖추고 있어 데이터 보존에 있어 전반적인 부담을 덜 수 있다. 여전히 대부분의 법률 서비스 제공자들은 파일을 디지털이 아닌 아날로그 형태로 저장하고 보존한다. 한 기관이 자료를 디지털 데이터로 변환하는 경우, 외부 창고에 자료를 상자 채로 보관하는 것은 이상적이지 않다.[30] DMP는 코드 준수만을 다루는 것이 아니라 분석 목적의 데이터 보존도 해결해야 한다. 또한 소프트웨어 호환성 문제도 해결해야 한다. 구 버전의 소프트웨어로 데이터를 검색하는 방법을 아는 것은 분석 목적으로 데이터에 즉시 접근할 수 있는 것과 동일한 선상에 있지 않다.

발견하기

데이터의 의미를 발견하는 것은 법률 서비스 기관과 의뢰인에게 이익이

---

[30] 대부분의 법률 서비스 제공자들이 온라인으로 접근할 수 있다고 믿는 판례법조차 디지털 혁명을 거치고 있다. 대대수의 판례법은 다양한 온라인 서비스를 통해 이용할 수 있지만, 전부 그런 것은 아니다. 그러나 최근, 신생 법률 조사 기관인 Ravel Law와 하버드 로스쿨은 팀을 이루어 하버드 대학의 미국 판례법 전집의 디지털 형태를 무료로 온라인에서 검색하고 이용할 수 있게 했다. See, e.g., "Harvard Law School launches 'Caselaw Access' project," Harvard Law Today (October 29, 2015), available at http://today.law.harvard.edu/harvardlaw-schoollaunches-caselaw-access-project-ravel-law/. 하버드 로스쿨은 자체의 고유한, 지금까지는 접근할 수 없었던 자신들의 데이터 세트를, 다른 법률 서비스 기관이 그들의 고유한 데이터 세트와 함께 사용할 수 있도록 바꾸는 법률 서비스 기관이다.

되는 가치 사슬의 시작이다. 발견이 데이터 마이닝의 핵심이지만, 많은 기관들은 이를 목표를 위한 수단이라기보다는 목표 자체로 취급한다. 법률 서비스 기관은 이를 주의하여 데이터 마이닝에 접근해야 한다. DMP의 "발견" 섹션에서 해당 기관은 무엇을 할 계획인지(데이터를 수집하고 분석하여 무엇을 밝혀낼 것인지) 정의할 수 있다. 해당 기관은 프로세스 개선 및 이에 필요한 세분화된 정보를 제공할 수 있는 데이터 마이닝을 구축하는 데 초점을 맞추려 할 수 있다. 또는 중요한 계약의 협상 패턴을 개발하고 싶을 수 있다.

세 번째로는 특정 직원이 더 관대한 계약조건에 동의하는지의 여부와, 만약 그렇다면 그 행동의 결과(관대한 여신관리자가 더 많은 채무불이행을 유발하는지 혹은 유연한 대출 약정으로 연체율이 감소하는지)가 무엇인지를 발견하려 할 수 있다. 이는 연구자들이 연구 프로그램과 연관된 DMP를 구축하는 것처럼, 기관이 가설을 정의하고 이를 검증하는 방식으로 데이터 마이닝을 사용하도록 한다.

통합하기

데이터 세트는 한 알의 진주와 같다. 하나만으로도 가치 있다. 여러 개를 함께 묶으면 그 가치는 각각의 가치의 합보다 커진다. 법률 서비스 기관이 수집한 데이터는 고유한 데이터 세트를 형성한다. 두 법률 서비스 기관이 고용 소송 서비스만 제공한다 하더라도, 이들은 서로 다른 사건, 의뢰인, 고유한 데이터에 접근권한을 가지는 상황을 만나게 된다.

많은 데이터 세트의 가치는 서비스 제공자가 이를 조합하여 사용할 때 마치 진주 목걸이처럼 드러난다. 법률 서비스 기관은 자사 데이터를 의뢰인이나 다른 출처의 데이터와 결합할 수 있다. 전자 데이터 분석 검색 시스템(EDGAR) 및 고용기회평등위원회(EEOC)의 데이터 출처 외에도, 일부 스타트업은 특허 소송, 재판 업무(예: 이행 결정 시간), 상표권 등을 다루는 경우에도 데이터 세트를 사용한다. 한 기관이 처리한 고용 관련 소송의 데이터와 정부 데이터를 결합하면 개인적 경험에 기초해 자문하는 어떤 소송 담당자보다 더 풍부한 자료를 도출할 수 있을 것이다. 여기에 소송 담당자의 통찰이 더해지면, 결합된 데이터 세트는 의뢰인이 데이터에 기반한 결정을 내릴 수 있도록 하는 토대를 제공하며 해당 법률 서비스 기관을 위한 차별점을 만들어 낸다.

분석하기

수년간 법률 서비스 기관들은 수치 데이터를 분석할 수 있는 소프트웨어를 보유해 왔다. 법률 서비스 기관의 분석 작업은 대부분 시간 추적과 시간 관리에 초점을 맞추고 있다. 오늘날 법률 서비스 기관이 이용할 수 있는 소프트웨어 분석은 수치데이터뿐만 아니라 텍스트와 이미지도 다룬다. 자사 데이터 및 타기관의 데이터를 사용하여, 법률 서비스 기관은 서비스 품질, 프로세스 개선 및 동향 분석으로 연구를 확장할 수 있다.

컴퓨터 과학, 컴퓨터 언어학, 인공지능을 결합한 자연어 처리(NLP)는 컴퓨터가 텍스트를 "이해"할 수 있도록 한다. 약 1950년대 이후 기계학습이 시작되었던 1980년대까지, NLP는 더디고 간헐적으로 발전했다.[31] 현대 기계학습은 인터넷을 포함한 많은 출처로부터 얻은 문서에 대해 정교하고 미묘한 분석을 수행할 수 있는 합성곱 신경망(convolutional neural networks)과 같은 기술을 이용한다. 오늘날, NLP와 기계학습을 사용하는 기관은 노트북을 이용하여 몇 분 내에 수십만 개의 문서를 분석할 수 있다.

구글과 여러 텍스트 분석 회사들은 텍스트 분석 소프트웨어의 일부를 대중에 공개했다.[32] 누구든 텍스트에 소프트웨어를 사용하고 데이터에 숨겨진 패턴을 발견할 수 있다. 법률 문서의 일부 독특한 측면을 다루기 위해 여전히 애

---

[31] NLP에 관한 아이디어는 훨씬 전부터 있었을 수 있으나, 현대의 NLP는 앨런 튜링(Alan Turing)이 인간의 지능을 시험하는 아이디어를 제안한 논문, "컴퓨터 기계와 지능"에서 시작되었다. 튜링은 이 테스트를 "모방 게임(Imitation Game)"이라고 불렀지만, 오늘날에는 "튜링 테스트(Turing Test)"라고 불린다. Turing, Computing Machinery and Intelligence, LIX Mind 433 (1950), doi:10.1093/mind/LIX.236.433.

[32] TensorFlow는 기계지능에 관한 오픈 소스 소프트웨어 라이브러리이다. TensorFlow.org, and see Ingersoll, 5 open source tools for taming text," opensource.com (July 8, 2015), available at https://opensource.com/business/15/7/five- open-source-nip-tools.

쓰고 있지만, 이 소프트웨어는 이미 대량의 데이터(어떤 법률 서비스 기관이 가진 것보다 더 많은 데이터)를 검토하고 분석하여 소송, 거래, 계약 및 기타 법률 서비스 환경에서 사용되는 관련 개념을 추출할 수 있는 능력을 보여주었다.

데이터 이식성

DMP는 또한 웹 3.0과 데이터 이동성을 다루어야 한다. "탈중앙화된 환경에서 사용자는 자신의 데이터를 소유하며 누구와 이를 공유할지 선택한다. 게다가 이들은 해당 서비스 제공자(서비스가 서비스 제공자의 개념을 가진다고 가정)의 사용을 중단할 때에도 데이터에 대한 통제를 유지한다. 이는 중요하다. 만약 오늘 제너럴 모터스에서 BMW로 차를 바꾸고 싶을 때, 왜 운전 기록을 가지고 가면 안 되는가? 같은 원리가 채팅 플랫폼 이력이나 건강 기록에도 적용된다."[33] 법률 서비스 제공자가 한 로펌에서 다른 로펌으로 이직할 때(일반적으로 법률 서비스 기관에서 문제가 생기는 경우이다), 해당 로펌은 그 서비스 제공자가 가져갈 자료와, 가져가지 않을 자료, 의뢰인의 재량에 따라 이동할 수 있는 자료를 고심하여 분류해야 한다.

의뢰인 자료를 수집하고 이를 데이터베이스에 통합하는 로펌은 만약 의뢰인이 다른 법률 서비스 기관을 선택하는 경우 해당 데이터를 어떻게 다룰 것인지를 처음부터 고려하여 처리해야 한다. 예를 들어, 로펌은 의뢰인에게 익명화된 형태로 해당 데이터를 보관하고, 이를 통합된 데이터 세트의 일부로서 사용할 수 있는지에 대한 허가를 구할 수 있다. 모든 수집된 데이터는 의뢰인에 연계된 태그와 함께 저장되어야 한다. 그렇지 않으면, 법률 서비스 기관은 해당 의뢰인 기록을 추출할 수 없을 경우 전체 데이터베이스를 삭제해야 할 위험이 있다.

---

[33] Hodgson, "A decentralized web would give power back to the people online," TechCrunch (October 9, 2016), available at https://techcrunch.com/2016/10/09/a-decentralized-webwould-give-power-back-to-the-people-online

텍스트 데이터의 가치

대부분의 법률 서비스 제공자들에게 디지털 텍스트 파일은 데이터를 추출할 수 있는 자료의 대부분을 구성한다. 개인용 컴퓨터가 나오기 전에는 법률 서비스 기관이 생산할 수 있는 문서의 양에 기술적 제약이 있었다. 사소한 오타가 아닌 문제를 수정하기 위해선 타자기로 문서를 다시 입력해야 했는데, 이는 시간이 많이 걸리는 노동 집약적인 과정이었다. 개인용 컴퓨터가 개발되어 보편화되면서 문서 수정이 쉬워졌고, 여러 개의 초안을 만드는 관행이 확산되었다.

하나의 계약서가 수십 개의 버전을 거치게 되었으며 각각의 버전이 고유한 파일로 저장되었다. 기관들은 메모, 이메일, 대화록, 기타 자료들을 디지털 형태로 저장하였다. 컴퓨터 메모리의 비용이 감소하기 시작했고 자료 저장 비용은 무시해도 될 만큼 줄어들었다. 오늘날에는 소규모 법률 서비스 제공자도 수백 또는 수천 장 분량의 문서를 하루 만에 디지털 형태의 텍스트로 만들 수 있다.

법률 문서는 구조를 가지고 있지 않다. 이는 문서의 개별 단어나 텍스트 영역에 필드나 태그가 할당되지 않았다는 것을 의미한다.[34] 인간은 구조화되지 않은 문서를 볼 때 구조를 적용할 수 있기 때문에, 구조의 부재가 문서를 읽거나 활용하는 데 문제가 되지 않는다. 예를 들어, 인간은 계약서의 제목과 도입부를 식별할 수 있고, 작성자가 각 조항에 표시하지 않아도 대금 조건과 손해배상 조건을 구분할 수 있다. 그러나 컴퓨터는 이러한 구획들을 볼 수 없다. 데이터 과학자들이 컴퓨터에게 이러한 구획들이 존재하며 각 구획에 어떤 텍스트가 들어가는지를 반드시 알려줘야 한다. 컴퓨터에게 텍스트 문서는 단순히 표시되거나 인쇄해야 하는 긴 문자형 데이터의 나열일 뿐이다.

텍스트 문서를 데이터 마이닝하기 위해서는 텍스트에 구조를 적용해야 한

---

[34] 2009년 미국 증권거래위원회(US SEC)는 특정 파일관리자(filer)들에게 eXtensible Business Reporting Language(XBRL)를 사용하여 서류를 제출하도록 의무화했다. 파일관리자들은 해당 문서의 재무 데이터에 태그를 달았다. 이러한 태그는 문서에 구조를 제공하므로 사용자는 해당 문서에서 데이터를 수동으로 추출하여 스프레드시트에 다시 입력하지 않고도 회사 전체에서 판매되는 상품의 매출 또는 비용을 비교할 수 있다. See "Structured Disclosure at the SEC: History and Rulemaking," available at https://www.sec.gov/structureddata/historyandrulemaking.

다. 데이터 과학자들은 이 과정을 "구문 분석(parsing)"이라고 부른다. 사람은 제목, 도입부 및 각 단락과 같은 구획들을 표시하여 문서를 분석할 수 있다. 더 나아가, 학교에서 문장 성분 분석을 배웠다면 문서의 각 단어에 태그를 붙일 수 있다. "Tom sees a dog"라는 문장은 "Tom"과 "dog"를 명사로, "sees"를 동사로, 그리고 "a"를 식별자로 태그를 붙여서 구문 분석할 수 있을 것이다. 여기에 각 단락, 문장, 글자에 숫자도 배정할 수 있다. 숫자는 단락, 문장, 단어 또는 문자를 가리키기 위한 좌표 체계를 제공할 것이다. "Tom sees a dog"에서 "dog"는 11번째 글자에서 13번째 글자(공백 포함)로 구성된 네 번째 단어다.

사람이 각 문서를 구문 분석하는 것은 비용이 많이 들고 지루하며 시간이 많이 드는 작업이다. 그 대신 문서를 구문 분석할 수 있는 소프트웨어가 있다. 오픈 소스 프로그램으로 이용 가능한 많은 소프트웨어 프로그램으로 문서들의 구문 분석을 할 수 있다. 예를 들어, 스탠포드 대학교는 누구나 CoreNLP 구문 분석 프로그램을 사용할 수 있도록 하였다.[35] 이 중 일부 프로그램은 단어 간의 의존성을 확인하는 등 기본적인 구문 분석 외에도 많은 작업을 할 수 있으며, 영어 이외의 언어로도 작업할 수 있다(CoreNLP는 아랍어, 중국어, 프랑스어, 독일어, 스페인어로도 작업할 수 있다).

데이터 과학자들은 텍스트 문서를 구문 분석하여 생성된 정보를 (1) 주요 문서의 일부 또는 (2) 주요 문서에서 분리하여 두 가지 기본적인 방법으로 저장할 수 있다. html 또는 xml 문서의 구조(인터넷에서 사용하는 문서 유형)를 알고 있다면 본 문서의 구문 분석 정보를 파악할 수 있다. 간단한 문장인 "Tom sees a dog"와 구문 분석 정보를 주요 문서에 저장하면 다음과 같이 보일 것이다. "⟨noun⟩Tom⟨\noun⟩⟨space⟩⟨\space⟩⟨verb⟩sees⟨\verb⟩⟨space⟩⟨\space⟩⟨determiner⟩a⟨\determiner⟩⟨space⟩⟨\space⟩⟨noun⟩dog⟨\noun⟩." 이러한 접근법은 매우 간단한 구문 분석에는 효과가 있지만, 많은 문제를 야기하기도 한다.[36]

---

35 GNU General Public License하에 이용 가능한 Stanford CoreNLP, available at http://stanfordnlp.github.io/CoreNLP/http://stanfordnlp.github.io/CoreNLP/

36 문서의 구문 분석된 정보에 여러 계층(layer)을 추가하는 것은 태그 내에 태그가 내장되게 하여 교차 태그 문제를 일으킬 수 있다. 원본 문서를 재생성하려면 모든 태그를 제거해야 한다. 태그를 달 때

데이터 과학자들은 원본 문서를 그대로 두고, 구문 분석 정보를 포함하는 원본 문서와 연결된 하나 이상의 개별 문서를 작성하는 것을 선호한다. 문서를 만든 다음 색인을 만든다고 생각해 보자. 각 색인은 주 텍스트를 찾을 위치와 해당 텍스트에 적용할 정보를 알려준다. "Tom sees a dog"라는 문장에 적용해 보면, 색인은 네 번째 단어가 명사임을 알려줄 것이고 다른 색인은 우리에게 "dog"라는 명사가 "sees"라는 동사의 객체라는 것을 알려줄 것이다. 구문 분석자(parser)는 많은 색인을 만들고 컴퓨터가 필요에 따라 다양한 색인을 결합할 수 있도록 하는 한편 원본 문서는 변경하지 않도록 할 수 있다. 개별 문서를 이용한 접근법은 데이터를 처리하고 다른 출처의 데이터와 결합하는 것을 더 쉽게 만든다.

데이터 과학자는 전처리 과정의 두 시점 중 어느 하나에서 문서를 구문 분석한다. 먼저, 문서 저장 처리과정의 일부로서 구문 분석을 할 수 있다. 많은 지식 관리 시스템은 그 시점에서 문서에 대한 간단한 색인을 생성한다. 소프트웨어는 후선(background)에서 문서를 신속하게 구문 분석하여 즉시 데이터를 사용할 수 있도록 한다. 둘째, 문서를 저장한 후 언제든지 구문 분석(또는 재분석)할 수 있다. 예를 들어, 데이터 과학자는 문서를 저장할 때 간단한 품사 구문 분석(단어가 명사, 동사 등인지 확인)을 시행할 수 있고, 기관에서 데이터가 필요할 때에는 더욱 정교한 구문 분석(단어 종속성)을 할 수 있다.

데이터 과학자가 문서를 구문 분석하면, 다양한 용도로 데이터를 활용할 수 있다. 데이터 과학자는 구문 분석된 문서를 법률 용어(예: 준거법의 지정, 면책 등)로 분해하고 이를 다른 문서 또는 표준 용어 라이브러리와 비교할 수 있다. 데이터 과학자는 이러한 비교를 계약 조건이 일반적인지, 조건의 특정 표현이 일반적인 것인지, 또는 그 조건으로 수용가능한 단계를 초과하여 합의 위험이 증가하는지 (예: 분쟁을 더 자주 야기하는 특정 조항이 포함된 계약서) 등과 같은 질문의 대답에 사용할 수 있다. 데이터 과학자는 구문 분석된 텍스트 데이터와 소송의 빈도 및 유형에 대한 데이터를 결합하여 위험 모델을 생성할 수 있다. 위험 모델은 협상 중

더 실수하기 쉽기도 하다.

위험 수준을 증가시키는 특정 조항들에 관해 책임자에게 경고할 수 있다.

소송에서의 변론과 판결에 대한 분석은 어떤 주장이 판사에게 가장 효과적인지에 대한 정보를 보여줄 수 있다. 법률 서비스 제공자의 설득력을 평가하기 위해 논쟁 스타일을 분석할 수도 있다. 또한 법률 서비스 기관들은 주장사실의 조합 또는 사건들을 활용하여 정교한 법적 논쟁 라이브러리를 구축할 수 있다. 이러한 라이브러리 검색은 변론 준비서면에 사용되었던 사건의 사례들을 끌어올 수 있고, 판사가 해당 사건에 따랐던 경우에는 상소법원의 판결로까지 이어질 수도 있다.

법률 데이터가 직면한 새로운 과제

데이터 과학자는 텍스트와 사진을 단독으로 사용하거나 다른 데이터 출처와 함께 사용한다. 그러나 데이터 과학자와 법률 서비스 제공자가 이용할 수 있는 데이터 출처의 양과 유형은 전통적인 출처 범위를 넘어 확장된다. 사물인터넷에서부터 시작해 보자. 센서를 포함한 제품의 수는 하루가 다르게 증가한다. 이 센서는 들을 수 있도록 허용된 누구에게나(허용되지 않은 별도의 위험 영역 대상자를 포함하여) 데이터 스트림을 전송한다. 웨어러블 기기(wearable device)를 가지고 있다면, 책상에 앉거나 운전하는 동안 심박수와 여타 신체 상태 정보를 수집할 수 있다. 차량 충돌 사고가 있다면, 해당 데이터는 개인 상해 소송에 영향을 줄 수 있다. 법률 서비스 제공자는 '피해자가 충돌 전에 심장마비를 일으켰는가, 아니면 충돌로 심장마비가 발생했는가?'와 같은 주장을 입증하기 위해 해당 데이터를 수집하여 자동차 센서의 데이터와 같은 다른 데이터와 결합해야 한다.

법률 서비스 제공자(상해 전문 변호사)는 여기에 운전 4시간 이내에 특정 처방약을 복용한 운전자의 신체 상태에 대한 데이터를 수집하고 싶을 수도 있다. 다양한 데이터 세트를 종합해, 변호사는 약물 복용이 수 시간 후 건강상의 문제를 일으켜 운전자의 차량 조종 능력에 이상반응을 일으킨다고 의심할 수 있다. 법률 서비스 제공자들은 이러한 유형의 분석을 해 왔지만, 세계가 법과 어떻게 상호작용하는지에 대한 통찰을 제공하는 데이터 세트를 가지고 이를 편집한다는 사고방식으로 작업을 시작하였기에 잘 되지 않았다.

2025년까지 수십억 개의 기기에 센서가 내장될 것이라는 전망이 나오면서 법률 서비스 제공자들은 다양한 형태로 제공되는 데이터를 수집하고 새로운 형태의 정보로 공급할 필요가 있게 되었다.[37] 집단 소송을 전문으로 하는 법률 서비스 제공자는 잠재적 집단 구성원들 간의 공통점을 발견할 수 있고, 계약 담당 변호사는 체계적인 보증서 발행에 대해 배울 수 있으며, 제조사의 사내 법률 서비스 제공자는 제품 성능 문제에 대한 조기 경고를 받을 수 있다. 이러한 장치들로부터 계약 조건이나 성문법으로 데이터를 연결하는 것은 인간만이 아니라 컴퓨터의 업무도 되는 것이다.

법률 서비스 기관이 데이터를 활용할 수 있는 목록은 매일 확장된다. 안면인식 소프트웨어는 경찰이 가게, 주유소, 또는 ATM의 CCTV에서 수집된 이미지들을 조사해 군중 속에서 특정 인물을 골라낼 수 있게 한다. 지리공간 파악 시스템(GPS) 정보를 통해 트럭 회사(및 법률 서비스 제공자)는 언제든지 트럭의 위치, 속도를 찾아내 도로 및 교통 신호에 내장된 센서와 결합하여 사고 당시의 조건을 정의할 수 있다.

개인 상해 법률 서비스 제공자는 사고를 재구성하기 위해 이러한 데이터 스트림(웨어러블 기기, 피해자 자동차 및 피해자 스마트폰의 데이터)이 필요하다. 이러한 데이터 스트림을 해당 법률 서비스 기관이 이전에 처리한 다른 사건으로부터 구축한 고유의 데이터 세트와 결합하면 이에 기초해 의뢰인의 질문에 답변할 수 있다. 이는 법률 서비스 기관의 차별화 방식을 제공한다. 가장 중요하게

---

[37] 정보기술 연구 및 자문 회사인 가트너(Gartner, Inc.)는 2020년까지 전세계적으로 사용되고 있는 연결형 사물의 수가 208억 개에 달할 것이라고 예측한다. Gartner, "가트너가 2016년에는 64억 개의 연결형 '사물들'이 사용될 것이며 2015년보다 30% 증가할 것이라 말한다(Gartner says 6.4 Billion Connected 'Things' Will Be in Use in 2016, Up 30 Percent From 2015)," 출처: http://www.gartner.com/newsroom/id/3165317. 일부에서는 이미 센서 수가 500억 개를 넘어 10년 내에 1조 개를 넘어설 수 있다고 예측했다. 만약 성장이 예측대로 지속된다면, 이러한 내장형 센서의 데이터는 디지털 세계 데이터의 약 10%를 차지할 수 있다. See IDC, "The Digital Universe of Opportunities: Rich Data and the Increasing Value of the Internet of Things," EMC Digital Universe (April 2014), available at http://www.emc.com/leadership/digital-universe/2014iview/internet-of-things.htm. 추정치가 상당히 과대평가되었다고 가정하더라도, 오늘날 센서에서 수집되는 데이터의 양은 이러한 데이터를 처리할 수 없는 법적 시스템을 빠르게 압도할 것이다.

는 법률 서비스 제공자들이 세상이 어떻게 돌아가는지에 대한 깊은 이해를 바탕으로 의뢰인들에게 자문할 수 있게 된다는 점이다.

결론

21세기의 법률 서비스가 제공하는 측면은 19세기 후반의 실무와 크게 다르지 않다. 깃펜(quill pen)은 타자기에게 자리를 내주고, 이후 컴퓨터에 자리를 내주었지만, 각 도구의 출력은 여전히 수집 및 분석된 데이터가 아닌 서류 형태이다. 20세기 후반까지는 특히 텍스트 데이터에 대한 법률 데이터의 수집과 분석이 어려웠다. 21세기에는 법률 데이터를 수집 및 분석하는 정교한 소프트웨어의 활용도가 빠르게 증가하면서 기업의 데이터 마이닝이 급격히 증가하였다. 앞서 말한 바와 같이, 자원 장벽을 해결하면서 20세기 후반까지 이어지던 기존의 법률 데이터 실무는 오늘날에는 구태의연한 것이 되었으며 손실로 이어질 수도 있게 되었다.

컨설턴트, 회계사, 세무사, 기타 전문 서비스 제공자들은 정보를 검토하고 이를 개인 경험과 비교하는 수준을 넘어선 자문을 의뢰인에 제공한다. 이들은 구글과 아마존이 서비스를 제공할 때 데이터를 수집하는 것처럼 업무의 일부로서 데이터를 수집한다. 이들 전문 서비스 제공자들은 의뢰인에게 제공하는 서비스를 구축하기 위해, 광범위하게 이용 가능한 소프트웨어를 활용하여 과거의 서비스로부터 얻은 독점 데이터에 사용 가능한 공적 데이터와 의뢰인으로부터 얻은 데이터를 결합한다.

법률 서비스 제공자와 기관들은 수집한 것을 데이터로 생성하는 단계부터 정해진 방식을 따라야 한다. 법률 서비스 기관이 데이터를 정보로 변환하는 소프트웨어를 얻더라도, 접근 가능하며 품질이 보증된 데이터가 없다면 소프트웨어는 쓸모가 없다. 법률 서비스 기관은 DMP를 생성하고 이를 기관 전체에서 활용하도록 해야 한다. 또한 실무와 관련된 데이터 분석 및 외부 데이터 출처를 연구해야 한다. 법률 서비스 제공자들은 19세기의 금광과 20세기의 석유 탐사가 21세기에는 데이터 마이닝에 자리를 내주었다는 점을 깨달아야 한다.

계약의 분해
: 계약 분석과 계약 표준

킹슬리 마틴(Kingsley Martin) / 이순성 譯

들어가며

계약은 *비즈니스에서의 언어*이다. 그것은 우리의 비즈니스 관계를 문서화하고 매년 수조 달러의 재화와 서비스의 세계적인 교환을 통제한다. 그러나 그 중요도와 우리가 점점 더 상호 연결되고 있다는 사실에도 불구하고, 계약서 작성 및 검토 분야는 변하지 않았으며, 다른 비즈니스 부문의 혁신을 따라가는 데 실패했다.

현재 계약서 작성 관행의 결과에 대한 정량적인 평가가 있었고, 이는 놀라웠다. 국제 계약 및 상업 관리 협회(the International Association for Contract and Commercial Management)의 팀 커민스는 "질 낮은 계약 관리와 계약 프로세스는 평균적으로 연 매출의 9.5%의 가치 유출로 이어질 수 있다."[1]라고 말했다. 또한, Ernst & Young의 유사한 연구에 따르면 "상업적으로 효율적인 계약을 하게 되면, 운영 기간 전반에 걸쳐 효과적인 관리가 가능하고 공급 업체와의 비즈니스 활동에서 낭비를 최소화할 수 있어 일반적으로 조직은 계약 지출의 5~15%를 절약할 수 있다."[2]고 보고하고 있다. 마지막으로 KPMG의 연구에 따르면, 공급자 계약의 비효율적인 관리로 인한 가치 유출은 17%에서 40% 사이에 이를 수 있다.[3]

상당한 가치 손실을 고려할 때 전 세계의 많은 정부, 기업, 대학 및 개인은 계약 프로세스를 자동화하고 간소화하기 위해 차세대 시스템을 개발하고 있다. 이 장에서는 몇 가지 주요 이니셔티브를 간략하게 설명하며, 해당 주제를 네 부분으로 나눈다. 첫 번째 부분은 계약 관련 작업을 수행하기 위해 기술을 활용할 수 있는지를 검사한다. 두 번째 부분은 복잡성 이론이 계층적 분해 및 단순화에

---

[1] Tim Cummins, Poor Contract Management Costs Companies 9%-Bottom Line, Oct. 23, 2012, Commitment Matters blog, https://commitmentmatters.com/2012/10/23/poor-contract-management-costs-companies-9-bottom-line/ (last visited Dec. 9, 2017).

[2] Ernst & Young, Supporting Local Public Services Through Contract Optimization, 2016, www.ey.com/Publication/vwLUAssets/Supporting_local_public_services_through_change_-_Contracts_optimisation/$FILE/EY_ Contracts_optimisation. pdf (last visited Dec. 9, 2017).

[3] Sourcing Focus, How to Stop the Value Leakage, 2016, www.sourcingfocus.com/site/features comments/how_to_stop_the_value_leakage/ (last visited Dec. 9, 2017).

어떻게 적용될 수 있는지 설명한다. 세 번째 부분은 이러한 이론을 계약 분석의 실제 기술에 적용한다. 네 번째 부분은 계약 언어의 모듈화 및 단순화를 설명한다.

기술이 인간의 업무를 수행할 수 있는가?

계약 분석을 검토하기 전에 먼저 기술이 인간의 업무를 성공적으로 따라 할 수 있는지에 관한 질문에 답해야 한다. 인공지능의 가장 유명한 지지자 중 하나인 "특이점은 가깝다(Singularity is Near)."의 저자인 레이 커즈와일(Ray Kurzweil)은 가까운 미래에 기술이 인간의 능력을 넘어설 것이라는 개념을 대중화했다. 커즈와일의 예상에 의하면, 기술은 우리가 예측할 수 없는 수준으로 후임자를 점점 더 빠른 속도로 설계하고, 기술 특이점 또는 이벤트 영역을 만들 수 있도록 할 것이다. 커즈와일의 통찰(다른 많은 사람과 함께)은 기술이 선형이 아니라 기하급수적으로 혁신한다는 것이다. 기술 스펙트럼의 모든 측면에서 발생하는 이러한 수준의 변화는 폭발적인 성장을 일으켜 때로는 "하키 스틱 효과"라고 한다. 혁신 가속화에 대해 생각하는 한 가지 방법은 컴퓨터가 탄생한 이후의 모든 이전 혁신을 고려하고 이러한 모든 이전 기능이 향후 1−2년 내에 두 배로 늘어날 것이라고 상상하는 것이다.

커즈와일이 말한 지수 곡선은 다음과 같다. 우리는 2020년 중반까지 인간 두뇌를 역설계할 것이고, 그 10년이 끝날 무렵, 컴퓨터는 인간 수준의 지능을 갖게 될 것이다. 커즈와일은 2045년에 특이점(Singularity)이 올 것이라고 한다(그는 자신이 보수적이지 않다고 절대 말하지 않는다). 그는 컴퓨팅 능력의 막대한 증가와 그에 따른 막대한 비용의 감소를 생각할 때, 2045년 시점에는 생성된 인공지능의 양이 오늘날 존재하는 모든 인간 지능의 합계의 약 1억 배에 이를 것으로 예측한다.[4]

---

4 Lev Grossman, 2045: The Year Man Becomes Immortal. We're fast approaching the moment

물론 컴퓨터가 진정으로 지능화될 수 있는지에 대해 의심하는 사람들이 많다. 예를 들어, 드레퓌스(Dreyfus) 교수는 자신의 저서 "기계 위의 이성(Mind over Machine)"에서 학습의 다섯 단계를 실리콘과 논리로는 모방할 수 없는 프로세스라고 설명한다.[5] IBM의 Watson 컴퓨터가 "Jeopardy" 방송에서 우승한 것에 대한 응답으로 New York Times의 의견은 "Watson은 아직 생각할 수 없다."라는 주장이었다.[6] 그러나 기계가 "생각"하고 있다고 우리가 믿는지 여부는 중요하지 않다. 오직 결과가 중요하다. 결과 또는 결론이라는 관점에서 어떤 상황을 고려할 경우, 지능, 판단, 브루트 포스(Brute Force) 또는 딥러닝(Deep Learning)의 차이점은 무엇인가?

마이크로소프트의 공동 창업자인 폴 앨런(Paul Allen)과 같은 일부 사람들은 특이점(Singularity)은 충분히 일어날 수 있다고 생각한다. 물론 이것은 먼 길이기는 하다.[7] 앨런은 특이점을 달성하기 위해서는 하드웨어 용량의 개선뿐만 아니라 소프트웨어의 막대한 개발이 필요할 것이며, 인간의 능력에 대한 복제는 빠른 속도로 일어나지 않을 것이라고 지적했다. 실제로 앨런은 "우리의 자연계에 대한 이해가 점점 더 깊어지고, 우리는 그것들을 특성화하기 위해 점점 더 전문적인 지식이 필요하다는 것을 알게 되며, 우리의 과학 이론을 점점 더 복잡한 방식으로 지속해서 확장해야 한다."라는 이유로 우리가 "복잡성 브레이크(complexity brake)"에 부딪힐 것이라고 주장한다.

다시 한번, 특이점에 대한 핵심적인 의구심은 인간의 두뇌가 절묘하게 복잡하여 복제할 수 없다는 사실에 근거한다. 그러나 앨런의 기사에 대한 한 코멘트에 따르면, 컴퓨터가 인간의 과업을 수행할 수 있는지에 대한 의문은 "인간 지능이 엔지니어링될 수 있는 경우에만 특이점이 발생할 수 있다는 전제에 기초한다. 그러나 인간의 인식을 모방하려고 시도조차 하지 않는 수천 가지의

---

when humans and machines merge. Welcome to the Singularity movement, TIME, Feb. 10, 2011.

5 Hubert L. Dreyfus, Stuart E. Dreyfus & Tom Athanasiou, Mind over machine: The Power of Human Intuition and Expertise in the Era of the Computer (1988).

6 Stanley Fish, Watson Still Can't Think, *The New York Times*, Feb. 28, 2011.

7 Paul Allen, 1he Singularity Isn't Near, *MIT Technology Review*, Oct. 12, 2011.

똑똑한 물체가 불가피하게 축적되면 인간의 지능을 가진 시스템으로 이어질 수 있으며, 가장 창조적인 인간을 단순히 불필요하게 하는 다양한 작업에서 인간을 능가하는 능력을 갖추게 된다."라고 한다.

또 다른 의견에서 예상하듯이, 특이점은 "생산성 성장률이 경제 생산 증가율을 영구적으로 능가하는 지점이다. 일단 이와 같은 상황이 발생하면 경제는 지속해서 (인간의) 일자리를 소멸시킨다."라는 것이다.

고도의 자동화를 지지하는 사람들에게도 특이점은 여전히 수년 이후의 미래이다. 이에 더하여, 이러한 발전이 특정 시점에 기계가 초지능적(hyperintelligent)으로 되는 사건의 수평 선상에 있는 것으로 보아서는 안 된다. 오히려 기술이 일련의 단계에서 그 수준을 향상하는 진화입니다. 가능한 자동화 단계는 〈그림 3.1〉에 나와 있다. 이 단계에는 고객의 요구에 가장 적합한 계약 형식과 같은 복잡한 질문에 대답하는 데 필요한 기술이 반영된다.

첫 번째 단계는 계약의 예시와 같은 관련 자료를 찾는 것이다. 기존 카탈로그 기술을 사용하거나 최신 검색 도구를 사용하여 이러한 작업을 수행할 수 있다. 관련 자료를 수집한 후에는 데이터를 분석하고 각 계약 유형에서 찾을

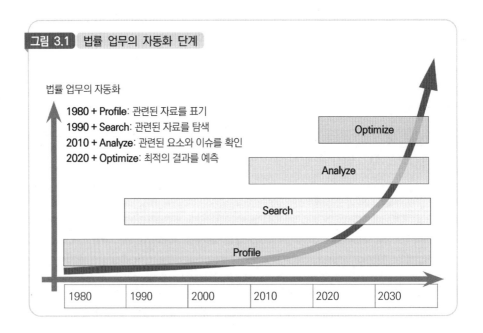

그림 3.1 법률 업무의 자동화 단계

법률 업무의 자동화

1980 + Profile: 관련된 자료를 표기
1990 + Search: 관련된 자료를 탐색
2010 + Analyze: 관련된 요소와 이슈를 확인
2020 + Optimize: 최적의 결과를 예측

Optimize

Analyze

Search

Profile

| 1980 | 1990 | 2000 | 2010 | 2020 | 2030 |

수 있는 전체 범위의 조항의 요소(및 대안)를 결정해야 한다. 마지막으로 모든 요소를 식별하고 대체 형식을 검토한 후에는 최적의 구성을 결정해야 한다.

위 그림에서 볼 수 있듯이 기술에는 아직 최선인 형태의 합의를 예측할 수 있는 기능이 없다. 그러므로 기술 자체가 일자리를 빼앗아 가는 현재의 위협이라고 간주하여서는 안 된다. 오늘날 최첨단 기술은 의사의 통찰력을 높이기 위해 외과 의사가 사용하는 자기 공명 영상기와 같다. 계약 분석의 경우, 오늘날의 기술은 방대하게 수집된 계약을 분석하고, 변호사가 고려해야 할 항목의 체크리스트를 작성하며, 다른 변호사가 계약 조건을 작성한 방법의 예를 제공 할 수 있다. 철자 또는 문법 검사기와 비슷한 것으로 생각하면 된다. 문서를 작성할 때, 검사기는 사용자가 작성한 내용을 모든 철자와 단어 규칙의 라이브러리와 비교한다. 이는 작성한 내용과 표준 내용의 비교를 명확하게 보여주고, 스스로 사용할 단어를 선택할 수 있게 한다. 계약 분석은 유사한 작업을 수행하지만 간단한 철자와 문법을 비교하는 대신 당신이 작성한 복잡한 라이브러리의 조항 및 언어(당신이 작성한 것과 검토가 필요한 다른 사람이 작성한 것)를 이미 성공적으로 실행된 계약의 방대한 라이브러리의 조항 및 언어와 비교한다. 이는 당신의 계약서와 표준과의 비교를 명확하게 보여주고, 문서의 품질과 포괄성을 향상하기 위해 빠르고 쉽게 변경을 가할 수 있도록 해 준다.

이론

이 장의 이론적 토대는 두 가지의 주요 가설에 근거한다. 첫째, 모든 복잡한 시스템은 계층 분해 과정을 통해 검사될 수 있으며, 이에 따라 공통되는 구성 단위 또는 패턴을 발견할 수 있다. 둘째, 모든 복잡한 시스템은 시간이 지남에 따라 일회성에서 상품에 이르는 성숙도 모델을 따른다. 분해 및 성숙 모델을 결합하면, 결과 시스템의 기능을 제한하지 않고 적용 가능한 모든 상황에 맞게 적응할 수 있도록 "나무를 통해 숲을 보게" 하면서 전체 프로세스를 단순화할 수 있다.

기술: 복합·계층 분해

계층 분해에서 얻은 통찰력은 노벨 경제학상 수상자인 허버트 사이먼 (Herbert Simon)이 처음 개발한 복잡성 과학(science of complexity)에서 비롯된다. 과학, 공학, 예술 및 문학에 적용된 분해의 목표는 복잡한 구름을 뚫고 핵심 요소를 식별하며 이들이 어떻게 구성되는지 확인하는 것이다. 어떠한 관점에서 도 계약은 복잡한 문서이다. 단어의 조합으로 볼 때, 각 계약은 고유하고 각 거래에 따라 맞춤형인 것으로 보인다. 그러나 그것들이 정말 비슷하기보다 다 른 것인가? 어떻게 해야 변동과 복잡성을 꿰뚫고 기본 패턴을 볼 수 있을까?

첫 번째 단계는 계약의 구조를 검사하는 것이다. 복잡성 이론(complexity theory)은 "전통적인 원인과 효과 또는 선형 사고와는 달리… 비선형인 것이 특 징이다."[8] 역동적이고 예측 불가능하며 다차원적이고, 확실성이 확률로 대체되 는 상호 연결된 관계와 부분의 집합으로 구성된 계약과 같은 문제를 다룬다. 복잡성 이론의 선구자인 허버트 사이먼(Herbert Simon)은 모든 복잡한 시스템은 중첩된 계층의 하위 시스템으로 분해될 수 있음을 관찰했다.[9] "그러나 이러한 하위 시스템이 모두 같은 중요도를 갖는 것은 아니다(예: 중심성). 특히 일부 하 위 시스템은 시스템 성능에 '핵심'인 반면 다른 하위 시스템은 단지 '주변'에 불과하다."[10] 계약은 비슷한 특성을 가지고 있다. 모든 용어가 똑같이 중요하 지는 않다. 대부분은 소수의 조항만이 중요하다.[11]

경험적 분석은 구조 또는 구성 단위 수준에서 높은 유사성이 있음을 확인

---

8 Complexity Science in Brief, 2012 (www.uvic.ca/research/groups/cphfri/assets/docs/Complexity_ Science_in_Brief.pdf (last visited Dec. 8, 2017).

9 Herbert A. Simon, The Architecture of Complexity, Proceedings of the American Philosophical Society, Vol. 106, No. 6. (Dec. 12, 1962), pp. 467-482.

10 Alan MacCormack, Carliss Baldwin, and John Rusnak, The Architecture of Complex Systems: Do Core-periphery Structures Dominate? Harvard Business School Working Paper 10-059, Jan. 19, 2010.

11 Kingsley Martin, Some Observations on the Nature of Contract Drafting, Feb. 28, 2011 (http:// contractanalysis.blogspot.com/201 I/02/some-observations-on-nature-of-contract.html, last visited Dec. 8, 2017).

한다. 계약서에 수백만 번 수행된 비즈니스 관계가 문서화되어 있어서 이는 놀라운 일이 아니다. 수년에 걸쳐 서비스를 구매, 판매, 라이선싱, 참여시키는 방식과 수단은 잘 알려진 표준에 의해 문서화되었다. 예를 들어, 상품을 배달하거나 서비스를 수행하거나 비용을 내는 방법은 한정되어 있다. 실제로, 계약 표준의 통합 계약 프레임워크에서 알 수 있듯이 모든 계약에 일관성이 존재한다.[12] 물론, 매우 드물지만, 거래가 처음으로 수행되는 예가 있으나, 그러한 희귀성이 일반적인 규칙을 모호하게 하지는 않는다. 그것은 단순히 예외이다.

내용: 자동화와 표준화

위키피디아 페이지는 성숙도를 "특정 분야에서 지속해서 개선할 수 있는 조직의 능력 측정"으로 설명한다.[13] 상품화 과정을 더 잘 이해하기 위해 다른 산업의 시각을 통해 다른 성숙 단계를 볼 수 있다. 예를 들어, 헨리 포드(Henry Ford)는 조립 라인 기술과 모듈화 및 표준화된 부품을 도입하여 자동차 제조에 혁명을 일으켰다. 포드가 단지 자동화된 조립 라인만을 도입했다면 성공하지 못했을 것이다. 자동차의 각 구성 요소가 서로 어떻게 조립되는지 고려하지 않고 다르게 설계되면 조립 라인은 빠르게 정지한다.

법률 산업에서, 그 궤적은 리차드 서스킨드(Richard Susskind)의 "법률의 미래(The Future of Law)"에서 설명되어 있다.[14] 그는 단계를 일회성, 표준화, 체계화, 포장화, 최종적으로 상품화의 여정으로 분류했다. 불행히도, 대부분의 법은 여전히 맞춤형(일회성) 단계에 머물러 있으며, 모든 문제는 맞춤형 설루션(solution)이 요구되는 고유한 것으로 취급된다(〈그림 3.2〉).

---

12 wvvw.contractstandards.com/resources/csframework.
13 https://en.wikipedia.org/wiki/Maturity_model (last visited Dec. 8, 2017).
14 Richard Susskind, *The Future of Law*, Clarendon Press Publication, 1998.

| 그림 3.2 | 법률 서비스의 진화15 |

| 일회성 (Bespoke) | 표준화 (Standardized) | 체계화 (Systemized) | 포장화 (Packaged) | 상품화 (Cmmoditized) |

출처: Richard Susskind

계약 분석

계약 기술의 진화

향후 몇 년 동안, 기술은 특정 작업을 자동화하는 포인트 설루션에서 계약 자동화 조립 라인을 가능하게 하는 계약 통합 플랫폼으로 발전할 것이고, 이는 계약 라이프 사이클의 모든 단계를 지휘할 것이다. 전반적인 추세는 더욱 표준화된 프로세스를 도입한 후 이러한 표준을 내부 및 외부의 모든 시스템에 걸쳐 접목하는 것이다. 오늘날 대부분의 계약 작업은 적용기술이 제한된 전문가가 수행한다. 시간이 지남에 따라, 이 패턴은 표준 절차에 의해 처리되는 더 많은 작업과 숙련된 개인에 의해 수행되는 더 적은 비표준 작업으로 반전될 수 있다. 〈그림 3.3〉에서 나타나 있듯이 추세선은 전문가가 일회성 방식으로 수행하는 작업 비율이 감소하고 기술 및 시스템이 수행하는 작업의 비율이 증가하는 것을 보여준다.

---

15 Richard Susskind, "Susskind on the Evolution of Legal Services," The Am Law Daily, Oct. 10, 2017

그림 3.3 계약 기술 성숙 모델16

전문 서비스

| 단계 0 | 단계 1
임시
(ad hoc) | 단계 2
약식
(informal) | 단계 3
일부 자동화
(Partial automation) | 단계 4
자동화
(Automated) | 단계 5
모니터
(Monitored) |

모든 계약 업무의 수동 처리

선례에 대한 수동 확인; 계약서 요청 절차 없음
• Ctrl-F키를 통한 검색

회사 문서에 대한 수동 배치
• 워드 템플릿을 통한 작성
• 기본 계약 데이터 포착
• 이메일 선별

제3자 서류의 수동 검토
• 자동화된 계약 정리
• 모든 계약 데이터를 수동으로 포착
• 자동 선별

제3자 서류의 자동 검토; 자동화된 의무 추적
• 자동화된 계약 검토
• 자동화된 의무 추출
• 자동 승인

제한된 예외적 처리
• 계약 자동 보고
• 상호연결된 계약 (예: 블록체인)
• 위험 평가 및 컴플라이언스 점검
• 계약 정리: 시간, 비용, 품질, 장점
• 자동 계약

기술

계약 분석의 도구

최근, 계약 분석은 개별 계약 및 수천 개의 계약 포트폴리오에 대한 통찰을 제공하는 유망한 도구로 등장했다. 기본적으로 계약 분석은 1, 10, 수백, 수천 또는 수백만 건의 계약을 구분하고 모든 계약 내부 및 전체에 걸쳐 패턴을 식별할 수 있는 기술 및 프로세스의 모음이다.

전반적인 접근 방식은 계층 분해이다. 첫째, 알고리즘은 계약을 구성 조항(또는 구성 단위)으로 분해한다. 둘째, 각 조항을 문장으로 쪼개고 소프트웨어는 각 조항의 정확한 언어를 분석한다. 마지막으로 문장을 단어 수준에서 검사하여 이름, 장소, 날짜 및 금액과 같은 주요 계약 변수를 식별한다. 전반적인 접근 방식은 〈그림 3.4〉에 나와 있다.

---

16 Kingsley Martin, Contract Maturity Model (Part 2): Technology Assembly Line—from Active to Passive Systems, June 16, 2016, http://legalexecutiveinstitute.com/contract−maturitytechnology−assembly−line/ (last visited Dec. 8, 2017).

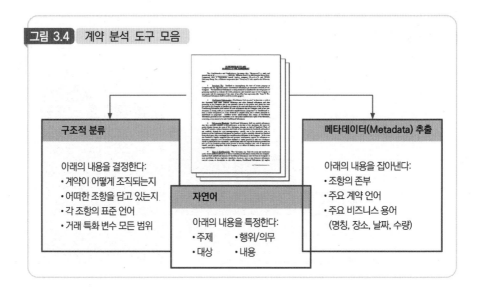

그림 3.4 계약 분석 도구 모음

구조적 분류

아래의 내용을 결정한다:
• 계약이 어떻게 조직되는지
• 어떠한 조항을 담고 있는지
• 각 조항의 표준 언어
• 거래 특화 변수 모든 범위

자연어

아래의 내용을 특정한다:
• 주제   • 행위/의무
• 대상   • 내용

메타데이터(Metadata) 추출

아래의 내용을 잡아낸다:
• 조항의 존부
• 주요 계약 언어
• 주요 비즈니스 용어
  (명칭, 장소, 날짜, 수량)

: 구조적 분류

계약 분석은 특정 유형의 계약 요소를 식별하기 위해 귀납적 추론 기법을 적용한다. 알고리즘은 먼저 샘플 계약 묶음을 조항 및 문장과 같은 기본 구성 요소로 분해한다. 다음으로 소프트웨어는 다른 문서에서 유사한 구성 요소를 찾는다. 마지막으로 이 도구는 구성 요소를 단일 구성 프레임워크로 모으고 주요 통계 정보를 수집한다.

분해   분해는 간단한 계약의 경우 조항 단락의 목록을 생성하고, 더 길고 복잡한 계약의 경우 절, 장, 조항 및 하위 조항의 계층적인 개요를 만들 수 있다. 계약 부문에 의한 분해의 주요 이점은 이러한 결과물이 개요 제목 및 그룹 관련 개념으로 사용되는 설명을 활용할 수 있다는 것이다. 예를 들어, 소프트웨어는 모든 진술, 보증 및 계약을 관련된 개념 부문으로 그룹화할 수 있다.

매칭   각 조항 단위 또는 문장에 대해 소프트웨어는 다른 모든 계약에서 해당 단위 또는 문장과 가장 일치하는 것을 찾는다. 일반적으로 매칭 알고리즘은 특정 형식의 용어 빈도(TF) – 역 문서 빈도(IDF)를 적용한다. 이러한 공식은 두 가지 요소로 구성된다. 먼저, TF는 다음 공식을 사용하여 문서 묶음에 있는

문서 또는 문장 단위에서 용어가 발생하는 빈도를 측정한다:

$$\text{TF}(t) = (\text{문서에 용어 } t\text{가 나타나는 횟수})/(\text{문서의 총 용어 수}).$$

그러나 TF는 "the" 또는 "and"와 같은 공통되는(또는 구별되지 않는) 단어를 식별한다. 두 번째 요소인 IDF는 다음 공식을 사용하여 용어의 중요도 또는 구별되는 특성을 측정한다:

$$\text{IDF}(t) = \text{Iog}(\text{총 문서 수}/t \text{ 용어가 들어 있는 문서 수}).$$

문서와 달리 일련의 조항에 적용되는 경우, 위 공식은 준거법 조항의 경우 "준거됨", "구성됨" 및 "해석됨"이라는 단어에 대해 높은 IDF 점수를 산출한다. 이들은 다른 조항과 비교하여 해당 조항에서 높은 빈도의 단어이므로 다른 계약에서 일치하는 항목을 찾기 위한 검색 패턴으로 사용될 수 있다.

TF-IDF는 추가 통계 측정(예: 단어 근접도 및 n-그램[17])을 사용하여 단어 가중치를 조정하여 정확도를 높일 수 있다. 〈그림 3.5〉는 "취미"로 표시된 부문을 식별하기 위해 이력서 묶음에서 텍스트 단위 그룹을 매칭하는 예를 보여준다.

---

[17] n-그램은 "hold harmless"와 같이 주어진 텍스트 또는 연설 시퀀스에서 n개의 항목이 연속된 시퀀스이다.

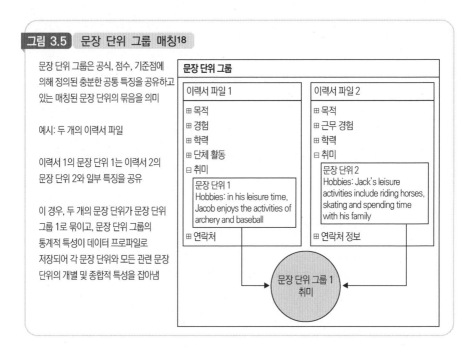

그림 3.5 문장 단위 그룹 매칭[18]

문장 단위 그룹은 공식, 점수, 기준점에 의해 정의된 충분한 공통 특징을 공유하고 있는 매칭된 문장 단위의 묶음을 의미

예시: 두 개의 이력서 파일

이력서 1의 문장 단위 1는 이력서 2의 문장 단위 2와 일부 특징을 공유

이 경우, 두 개의 문장 단위가 문장 단위 그룹 1로 묶이고, 문장 단위 그룹의 통계적 특성이 데이터 프로파일로 저장되어 각 문장 단위와 모든 관련 문장 단위의 개별 및 종합적 특성을 잡아냄

문장 단위 그룹

이력서 파일 1
⊞ 목적
⊞ 경험
⊞ 학력
⊞ 단체 활동
⊟ 취미
　문장 단위 1
　Hobbies: in his leisure time, Jacob enjoys the activities of archery and baseball
⊞ 연락처

이력서 파일 2
⊞ 목적
⊞ 근무 경험
⊞ 학력
⊟ 취미
　문장 단위 2
　Hobbies: Jack's leisure activities include riding horses, skating and spending time with his family
⊞ 연락처 정보

문장 단위 그룹 1
취미

종합　　종합 프로세스는 일치하는 모든 요소를 하나의 공통 개요로 재구성한다. 단위 매칭 방법은 〈그림 3.6〉에서 확인된다. 결과 개요는 〈그림 3.7〉에 나와 있다. 프로세스는 일반적으로 반복된다. 이는 게임 "Master Mind™"와 유사하며, 위 게임에서 플레이어는 일련의 질문과 이진법적 답변을 통해 지식을 쌓아 패턴 시퀀스를 해독하고자 한다. 각 단계에서 소프트웨어는 특정 순서로 조항을 구성하고 순서를 지정하며, 샘플 묶음과 매칭할 문서 수를 결정한다. 그런 다음 진화하는 개요를 재배열이나 재배치하고, 구조가 샘플의 더 많은 (또는 더 적은) 부분과 일치하는지를 결정한다. 매칭 작업을 수행할수록 종합 표준에 더 가깝게 이동한다. 그 결과는 제공된 샘플에서 가장 많은 수의 예시와 최대한 일치하는 계층적 구성 단위의 개요이다.

18　미국 특허 8606796의 예시: 파일 및 파일 부문을 식별 및 분석하기 위한 데이터 프로파일 엔진, 도구 생성 엔진 및 제품 인터페이스를 생성하기 위한 방법 및 시스템.

그림 3.6 문장 단위 그룹 매칭[19]

각 문장 단위 그룹의 공유 특징에 대한
분석을 통해 문장 단위 그룹 묶음이 확인됨

예시: 세 개의 이력서 파일

"기타 관심사" 표시된 문장 단위가
확인되고, 추가 파일의 유사한
문장 단위와 매칭되며, "기타 관심사"에
대한 문장 단위 그룹을 생성

"취미" 및 "기타 관심사"에 대한 문장 단위
그룹을 비교하여, 소프트웨어는 "취미" 및
"기타 관심사"가 문장 단위 그룹 묶음으로
취급될 수 있는 충분한 공통 속성을
공유하는지 판별

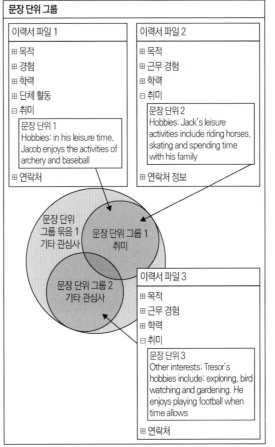

문장 단위 그룹

이력서 파일 1
⊞ 목적
⊞ 경험
⊞ 학력
⊞ 단체 활동
⊟ 취미
　문장 단위 1
　Hobbies: in his leisure time,
　Jacob enjoys the activities of
　archery and baseball
⊞ 연락처

이력서 파일 2
⊞ 목적
⊞ 근무 경험
⊞ 학력
⊟ 취미
　문장 단위 2
　Hobbies: Jack's leisure
　activities include riding horses,
　skating and spending time
　with his family
⊞ 연락처 정보

문장 단위 그룹 묶음 1 기타 관심사
문장 단위 그룹 1 취미
문장 단위 그룹 2 기타 관심사

이력서 파일 3
⊞ 목적
⊞ 근무 경험
⊞ 학력
⊟ 취미
　문장 단위 3
　Other interests: Tresor's
　hobbies include: exploring, bird
　watching and gardening. He
　enjoys playing football when
　time allows
⊞ 연락처

---

[19]　*Id* US 특허 8606796.

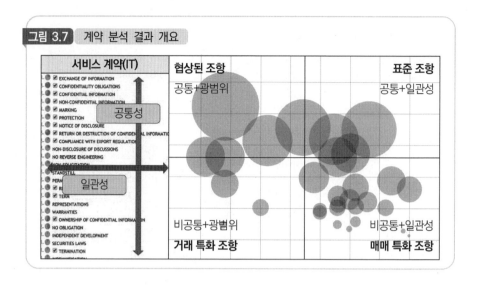

그림 3.7 계약 분석 결과 개요

참조 표준 – A 통계 벤치마크　　　종합 프로세스를 통해 소프트웨어는 공통 개요에서 각 부문에 대한 주요 통계도 얻는다. 소프트웨어는 묶음 전체에서 각 조항의 빈도를 측정한다. 이 공통 숫자는 조항의 사용에 대한 통찰을 제공한다. 이러한 조항이 샘플의 대부분의 계약에 표시되는가? 만약 그렇다면 우리는 해당 조항이 필요하다고 가정할 수 있다. 또는, 일부 샘플 계약에 표시되는가? 만약 그렇다면 해당 조항이 특정 상황에서 선택적으로 사용할 수 있다고 가정할 수 있다. 이에 더하여, 소프트웨어는 샘플에서 언어의 일관성을 측정하여 추가적인 통찰을 제공할 수 있다. 언어가 일반적으로 일관성이 있는 경우, 용어가 표준(또는 상용구)이라고 생각할 수 있다. 용어의 변수가 많은 경우, 해당 용어를 고도로 협상된 상태의 또는 특수한 상황을 처리하도록 구성된 용어로 분류할 수 있다.

　　분석은 모든 샘플에서 발견된 모든 조항의 개요로 표시될 수 있으며, 모든 샘플을 가장 잘 대표하는 방식으로 구성된다. 조항은 〈그림 3.7〉에 묘사된 대로 협상된, 표준적인, 매매에 맞춘, 그리고 거래에 특화된 조항을 보여주는 그래프 형태로 표시될 수 있다.

■ 〈그림 3.7〉의 오른쪽 위 사분면의 표준 조항은 자주 발생하는 일관된

조항을 포함한다. 그러한 조항의 예에는 소위 "보일러 플레이트(상용구)"라고 하는 조항이 포함되어야 한다. 그러나 분석 결과에서도 알 수 있듯이 이러한 상용구 조항은 넓은 언어 변수를 보일 수 있다.

- 왼쪽 위 사분면의 협상된 조항은 공통적으로 발생하고 갈라지는 조항을 포함한다. 이들은 대부분의 계약에 나타나지만 다른 언어를 포함하는 조항이다. 이러한 언어 변동성은 다른 용어를 만드는 당사자 간의 협상으로 인해 발생하거나 다른 작성 관습 및 개인 취향에 기인할 수 있다. 예를 들어, 인수 계약의 구매 가격 조항은 일련의 문서에서 광범위하게 변할 수 있다. 그러나 분리 가능한 절에서도 비슷한 정도의 변동이 발견될 수 있다.

- 오른쪽 아래 사분면의 매매 특화 조항은 자주 발생하지 않지만, 발견되면 일관된 언어를 담고 있다. 매매 특화 조항의 좋은 예는 일련의 합병 계약에서 발견되는 "제공" 용어이다. 이 용어는 계약의 약 20%에 보이고, 거래가 입찰 제안으로 구성되어 있음을 나타낸다. 이 경우 해당 조항의 언어는 일관성이 있을 가능성이 크다.

- 마지막으로, 왼쪽 아래 사분면의 거래 특화 조항에는 광범위한 언어 변형을 나타내는 자주 발생하지 않는 조항이 포함되어 있다. 이러한 조항은 특정 거래에 맞게 맞춤화된 절이다.

그러나 모든 조항이 이 도표에 해당하는 것은 아니다. 일관된 언어를 포함해야 하는 조항은 실무상 종종 큰 변동성을 갖는다. 대체로 이러한 배경의 차이는 관습 및 개인적인 선호도에 기인한다. 실제로, 단일 로펌 또는 회사 법률 부서의 묶음과 비교하여 다수의 다른 조직의 문서를 분석할 때 이러한 점은 매우 분명하다. 문서의 출처가 다양할수록 조항과 언어가 더욱 다양해진다. 물론, 자료 세트의 다양성에 따라 차이가 증가하는 것은 광범위한 작성 관습과 개인 선호도를 포함하기 때문에 놀라운 일이 아니다. 요점은 이러한 차이점이 특정 임계점 이상으로 증가하면 통계의 유용성이 감소한다는 것이다.

언어(법률 용어)

구조화된 조항 단위를 식별한 후, 기술은 각 조항의 언어를 검사하고, 컨텍스트를 파악하며, 그 의미를 이해한다.

: 감독된 분해[세분화 분석(break-it-down) 체크리스트]

소프트웨어가 전체 계약을 분석하고 조항의 구성단위를 식별하는 것과 같이, 알고리즘은 전체 계약을 각 조항으로 해체하는 것과 유사한 방식으로 복잡한 조항의 공통 요소를 조사하고, 이제 이는 보다 세밀한 수준에 도달해 있다. 예를 들어, 면책 조항은 핵심적이고 하이라이트된 요소로 나눌 수 있으며, 이는 누가, 무엇을 위해, 어떤 상황에서 누가 보상하는지를 나타낸다. 이러한 접근법은 최근의 합병 계약에 적용될 수 있으며, 하이라이트된 텍스트는 공통 요소를 보여준다.

다시 한번, 경험적 분석은 각 조항의 핵심 개념이 실질적으로 일관성이 있지만, 정확한 단어는 조항마다 다른 의미로 바뀔 수 있음을 확인해 준다.

: 프로그램화된 분해

오늘날 "세분화(break-it-down)" 분석은 전문가가 프로그램 결과물을 검토하고 면책 및 기타 모든 조항에 대한 핵심 및 선택적 요소를 식별하는 포괄적인 체크리스트를 작성하는 반자동 방식으로 수행된다. 동시에 기술자는 프로세스를 더욱 자동화하여 모든 계약 유형에 대한 자세한 체크리스트를 작성할 수 있도록 작업하고 있다. 이 작업의 대부분은 자연어 처리(Natural Language Processing, NLP)에 기반한다. 자연어 처리는 서면 및 구두 형태의 인간 커뮤니케이션을 이해하는 컴퓨터 프로그램의 능력이다. 이는 수많은 하위 전문 분야로 구성되어 있다.[20]

---

[20] Introduction to Natural Language Processing (NLP), Algorithmia Blog, Aug. 11, 2016, https://blog.algorithmia.com/introduction-natural-language-processing-nlp/ (last visited Dec. 8, 2017).

자연어 처리의 핵심은 단어 일부로 단어를 연결하여 단어 간의 관계를 찾고 모호성을 해결함으로써 문장을 어휘 구성 요소로 분석하는 것에 있다.

    X. <u>Indemnification.</u> Subject to the terms and conditions of this Article···, *upon the Closing of the Transactions*, **Parent shall indemnify and hold harmless each of the Company Securityholders** and each of their respective Affiliates, and the representatives, Affiliates, successors, and assigns of each of the foregoing Persons (each, a "Seller Indemnified Party"), **from**, against and in respect of any and **all Damages** incurred or suffered by the Seller Indemnified Parties **as a result of**, arising out of or relating to, directly or indirectly:

(a) **any breach or inaccuracy of any representation or warranty** of Parent or Merger Sub set forth in this Agreement or the certificate of Parent or Merger Sub delivered at the Closing pursuant to Section··· (or the assertion by any third party of claims which, if successful, would give rise to any of the foregoing); and

(b) **the breach of any covenant or agreement of Parent or Merger Sub** in this Agreement or any other agreement contemplated by this Agreement to which Parent or Merger Sub is party (or the assertion by any third party of claims which, if successful, would give rise to any *of* the foregoing) and the breach by the Company of the covenant set forth in Section··· hereof.

    가장 잘 알려지고 널리 사용되는 자연어 처리 플랫폼 중 하나는 스탠포드 파서(Stanford Parser)이다. 예를 들어, 스탠포드 파서는 〈그림 3.8〉과 같이 단어에 품사로 태그를 달고 단어의 관계를 식별할 수 있다.

    다행히 계약은 보통 일반적인 언어에 비해 좁은 어휘를 사용한다. 그것들은 주제, 동사, 대상의 형태로 일련의 선언적 진술로 작성된다. 이것은 자연어 처리에 있어 누가 행위자(또는 주체)인지, 행동(또는 동사)이 무엇인지, 그리고 행동의 성질(객체)이 무엇인지를 결정하는 틀을 제공한다. 물론, 이것은 길고 복합적이거나 매우 복잡한 문장을 구문 분석할 때 복잡(또한 의미가 불분명)할 수 있다. 그러나 인간은 수백 단어를 초과하는 문장에서 결정적인 의미를 찾기 위해 똑같이 노력할 것이다.

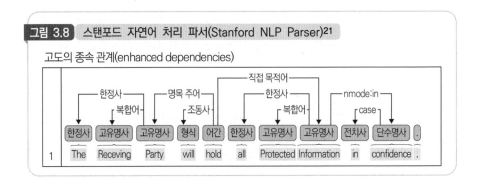

그림 3.8　스탠포드 자연어 처리 파서(Stanford NLP Parser)21

고도의 종속 관계(enhanced dependencies)

데이터(비즈니스 용어)

: 비즈니스 용어 확인

마지막으로, 각 문장 내에서 소프트웨어는 단어를 검사하고 주요 변수 용어(종종 이름, 장소, 날짜, 가치 등과 같은 계약의 비즈니스 용어로 나타나는)를 식별할 수 있다. 예를 들어, 다음 문장에서 핵심 용어가 하이라이트되어 있다.

이 마스터 서비스 계약은 2017년 1월 1일, Delaware Corporation ("판매자")인 ABC Inc.와 캘리포니아 유한 책임 파트너십 ("구매자") 인 XYZ, Inc. 사이에 체결되었다.

추출 유형은 계약 유형, 당사자 및 로펌의 명칭, 고려 사항, 관할 및 통지 기간과 같은 주요 변수를 캡처하는 용어 시트로 요약할 수 있다.

: 메타데이터(Metadata) 추출을 위한 도구

자동 데이터 추출에 사용되는 프로그래밍 도구는 일반적으로 규칙적인 표

21　브랫 시각화/애노테이션 소프트웨어를 사용하여 시각화 자료가 제공됨.

현(Regular Expression, 줄여서 Regex) 및 자연어 추출을 포함한 기술의 조합이다. 규칙적인 표현은 검색 패턴을 정의하는 일련의 문자이다. 경우에 따라, 단어 또는 단어 일부일 수 있다. 그러나 3개의 숫자, 대시, 2개의 숫자, 대시, 4개의 숫자와 같은 문자 패턴(사회 보장 번호를 나타내는 패턴)일 수도 있다.

이 패턴은 규칙적 표현에서 ^\d{3}-\d{2}-\d{4}$의 형태로 표현될 수 있다. 여기서 \d는 0에서 9까지의 숫자를 나타내고, {3}은 마지막 명령을 세 번 반복함을 의미한다.

그러나 예를 들어 대시가 공백이나 점으로 대체되면 사회 보장 번호와 같이 상대적으로 예측 가능한 패턴조차 복잡해질 수 있다. 주소 같은 경우, 상당한 변동성은 프로그래밍 가능한 설루션이 주소로 볼 수 있는 부분을 감지하고 이러한 텍스트가 실제로 주소일 가능성을 예측하기 위한 확률적 설루션을 적용해야 한다.

이러한 복잡성에도 불구하고, 스탠포드 자연어 처리 파서가 전 세계 개발자 커뮤니티와 공유되는 등 많은 자원을 바탕으로 매년 상당한 발전이 이루어졌다. 이러한 오픈 소싱은 혁신을 가속화하고 있다. 예를 들어, 〈그림 3.9〉는 스탠포드가 개체명 파서(Entity Parser)로 명명한 자연어 처리 파서가 샘플 문장에서 캡처한 내용을 보여준다.

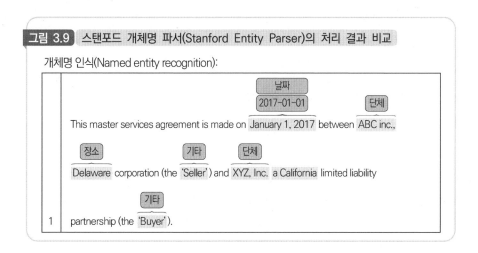

그림 3.9 스탠포드 개체명 파서(Stanford Entity Parser)의 처리 결과 비교

개체명 인식(Named entity recognition):

날짜
2017-01-01   단체

This master services agreement is made on January 1, 2017 between ABC inc.,

장소   기타   단체

Delaware corporation (the 'Seller') and XYZ, Inc. a California limited liability

기타

1   partnership (the 'Buyer').

훈련 접근법

계약 자동화에서 가장 중요한 발전은 기계 훈련 분야에서 이루어졌다. 이 작업은 표에 표시된 것과 같이 특정 계약 유형의 요소를 작성하고 다른 계약의 유사한 요소를 일치시키는 데 중점을 둔다. 이는 대부분 수동화였던 프로세스에서 점점 자동화되는 프로세스로 발전했다.

접근법	개요	매칭
수동	조항의 수동적인 확인	규칙 기반 매칭
감독된	구조적인 매칭	머신 러닝/TF-IDF
자동화	딥러닝	머신 러닝/TF-IDF

: 매뉴얼: 규칙 기반 학습

초기에는 계약 분석 대부분이 수동 작업이었다. 검색 도구를 사용하는 전문가들은 종종 용어 체크리스트를 수동으로 만들었다. 그런 다음 각 용어에 대해 프로그래머는 규칙 기반 스크립트를 개발하여 샘플 조항을 찾았다. 예를 들어, 규칙적인 표현을 사용하면 뒤의 표에 나오는 준거법 예와 같은 검색 패턴이 일치하는 문장을 찾으려고 시도할 수 있다.

`</>` th(?:elis)\s+{AGREEMENT}.*?(?:govemedlconstrued). *?laws. *?of.*?({STATE})
Where {AGREEMENT} and {STATE} are macros that expand out to a list of alternatives.

이러한 접근 방식의 문제점은 전문가가 수동으로 생성한 패턴이 준거법 조항의 모든 사례를 찾을 가능성이 없다는 것이다. 기술적 용어의 경우, 높은 정밀도를 얻을 수 있지만, 계약 언어에서 높은 변동성으로 인해 재소환이 낮을 수 있다. 이에 더하여, 모든 언어에 대한 패턴을 수동으로 작성해야 한다.

: 감독: 기계 학습

규칙 기반 기술에 내재 된 한계를 극복하기 위해 TF-IDF와 같은 기계 학습 도구는 컴퓨터가 일치하는 특성을 식별하도록 훈련한다. 전문가는 관련 단위를 정의하고, 예시 또는 지침을 제공하며, 기계는 한 텍스트 단위와 다른 텍스트 단위를 구별하는 관련 특성을 식별한다.

> ■ 기계 학습은 인공 지능(AI)의 응용 프로그램으로 시스템에 명시적으로 프로그래밍하지 않고도 경험을 통해 자동으로 학습하고 개선할 수 있는 기능을 제공한다.[22]

기계 학습에 대해 톰 미첼(Tom Mitchell)은 "컴퓨터는 P에 의해 측정된 T에서의 작업에서의 성능이 경험 E에 의해 향상된다면, 일부 작업 클래스 T 및 성능 측정 P와 관련하여 경험 E로부터 배운다고 한다."[23]고 설명한다.

: 자동화: 딥러닝

딥러닝은 이러한 과정을 한 단계 더 발전시킨다. 알고리즘은 자동으로 구성 단위와 어떠한 기능이 분류에 중요한지 식별한다(〈그림 3.10〉).

> ■ 딥러닝은 세계를 개념이 중첩된 계층 구조로 표현하고, 각 개념이 더 간단한 개념과 관련하여 정의되고 덜 추상적인 개념으로 전환된 더 추상적인 표현을 학습함으로써 거대한 힘과 유연성을 달성하는 특정 종류의 기계 학습이다.[24]

22 What is Machine Learning? A definition, Expert System blog, www.expertsystem.com/machine-learning-definition/ (last visited Dec. 8, 2017).

23 Tom M. Mitchell, *Machine Learning*, McGraw-Hill, 1997.

24 Faizan Shaik, Deep Learning vs. Machine Learning- the essential differences you need to know! Analytics Vidhya Blog, April 8, 2017, www.analyticsvidhya.com/blog/2017/04/comparisonbetween-deep-learning-machine-learning/ (last visited Dec. 9, 2017).

> 개념의 계층은 컴퓨터가 간단한 개념으로 복잡한 개념을 만들어서 배울 수 있도록
> 한다. 이러한 개념이 서로 어떻게 구축되어 있는지 보여주는 그래프를 그리면 그 그
> 래프는 깊고 다층 구조이다. 이러한 이유로, 우리는 이 접근법을 AI 딥러닝이라고
> 한다.[25]

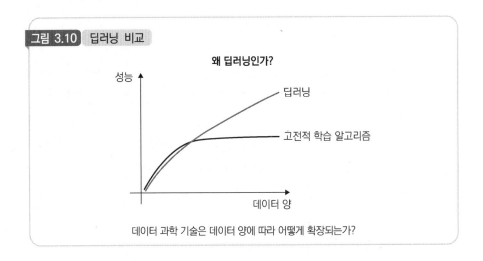

그림 3.10 딥러닝 비교

왜 딥러닝인가?

데이터 과학 기술은 데이터 양에 따라 어떻게 확장되는가?

딥러닝은 검사의 기초로 계약 전체를 제공해야 가장 잘 기능한다. 그 결과로, 딥러닝 시스템(〈그림 3.9〉 참조)[26]은 훈련 시간이 훨씬 오래 걸리고 매우 큰 컴퓨팅 성능이 필요하다. 그러나 일단 훈련되면 데이터양에 따라 테스트 시간이 길어지는 기존의 기계 학습 기술과 비교해 테스트를 더 빠르게 수행할 수 있다.

거래 계약을 분석함에 있어 도전은 종종 많은 양의 샘플이 부족하고 내용의 변동성이 크다는 것이다. 이러한 이유로 계약 분석 훈련이 감독된 기계 학습 기술을 기반으로 이루어져 온 것이다.

25 Ian Goodfellow, Yoshua Bengio and Aaron Courville, *Deep Learning*, MIT Press, 2016.
26 Andrew Ng (www.slideshare.net/ExtractConf).

계약 표준 - 모듈화, 표준화 그리고 단순화

내용 표준의 진화

리차드 서스킨드가 관찰한 바와 같이, 일회성 계약에서 체계화된 패키지 시스템으로의 여정은 표준 확립으로 시작된다.[27] 표준에 대한 이러한 추세는 모든 비즈니스가 따를 길이다. 물론, 그 대상이 언어로 표현된 인간 및 비즈니스 상호 작용의 전체인 법률은 자동화된 제조에 비해 기술 과제가 더욱더 까다롭다. 그럼에도 불구하고, 〈그림 3.11〉에서 볼 수 있듯이, 추세선은 모든 계약이 약간 다른 일회성 계약에서 입력 변수로 구성된 표준, 모듈식 및 재사용 가능한 구성 요소로 작성된 계약 포트폴리오로 발전한다.

내용 표준화 및 모듈화 방법론은 기술 접근 방식과 유사한 과정을 따른다. 또한, 계층 분해 기술을 적용한다. 우리는 먼저 모든 계약 유형을 모듈식 계층

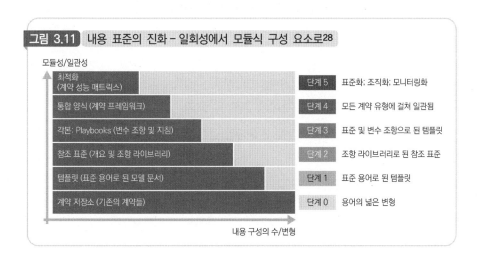

그림 3.11 내용 표준의 진화 – 일회성에서 모듈식 구성 요소로[28]

모듈성/일관성

최적화 (계약 성능 매트릭스)	단계 5	표준화; 조직화; 모니터링화
통합 양식 (계약 프레임워크)	단계 4	모든 계약 유형에 걸쳐 일관됨
각본: Playbooks (변수 조항 및 지침)	단계 3	표준 및 변수 조항으로 된 템플릿
참조 표준 (개요 및 조항 라이브러리)	단계 2	조항 라이브러리로 된 참조 표준
템플릿 (표준 용어로 된 모델 문서)	단계 1	표준 용어로 된 템플릿
계약 저장소 (기존의 계약들)	단계 0	용어의 넓은 변형

내용 구성의 수/변형

27 Richard Susskind, *The End of Lawyers?* 2008.

28 Kingsley Martin, *Contract Maturity Model (Part 3): Evolution of Content from One-Offs to Modular Components*, Legal Executive Institute Blog, July 20, 2016 (http://legalexecutiveinstitute.com/com ract-maturity-modular-components/ (last visited Dec. 9, 2017).

으로 구성한 다음, 절의 구성 단위29를 표준화하고, 마지막으로 언어30를 단순화한다.

일관된 조직 – 통합 양식 라이브러리

통합 양식 라이브러리를 향한 첫 번째 단계는 모든 계약 유형을 단일 분류 체계 또는 보완 분류 체계로 수집하고 구성하는 것이다. 이는 예를 들어 미국 증권거래위원회(U.S. Securities and Exchange Commission)의 전자 데이터 수집, 분석, 검색 시스템(EDGAR) 또는 기타 공개적으로 이용 가능한 리소스에 제출된 모든 계약의 제목을 수집함으로써 가능하다. 이러한 활동을 통해, EDGAR에 대한 파일링 분석은 약 750개의 계약 유형을 생성했다(이 목록은 겹치는 유형을 제거하고 해당 목록을 약 500개로 제한하도록 추가 설정할 수 있다). 그런 다음 이러한 계약은 계약의 성질, 협상 및 재산에 따라 분류된 분류 체계로 구성될 수 있다. 계약 표준에서는 다음과 같은 방식으로 계약을 분류한다.

- 계약의 성질
  - 일방적 계약 (유언, 신탁, 보험 계약, 주식증서 등)
  - 둘 이상의 당사자 사이에 계약을 교환
  - 조직 내부 계약 (조례, 운영 계약 등)
- 교환의 본질
  - 구매 및 판매 계약
  - 임대 또는 라이선스 계약
  - 서비스 또는 성과 계약

---

29 See ContractStandards Unified Contract Framework, www.contractstandards.com/resources/csframework (last visited Dec. 9, 2017).
30 See ContractStandards Style Guide, www.contractstandards.com/resources/style-guide (last visited Dec. 9, 2017).

- 자산, 이자, 권리 또는 제한의 성질
  - 재산(부동산, 유형 자산, 지적 재산 포함)
  - 이자 또는 권리
- 자산, 이자, 권리 또는 제한의 일시적 성질
  - 기존 권리
  - 미래의 권리
  - 조건부 권리

일관된 계약 용어 – 통합 계약 프레임워크

각 계약 유형 내에서 소프트웨어 및 전문가는 공통 조항을 식별할 수 있다. 일부는 특정 계약 유형에 고유할 수 있고, 다른 조항은 많은 다른 계약에서 찾을 수 있다. 결정적인 경험적 연구가 아직 완료되지 않았지만, 별개의 조항의 총수는 다음 공식으로 추정할 수 있다.

예상 교환 계약 수 (500)
* 계약당 평균 조항 수 (50)
* 계약당 고유 조항의 백분율 (0.3) = 7,500

따라서 7,500개 조항 라이브러리(상대적으로 적은 수의 컴퓨터)로 모든 계약을 체결할 수 있을 것으로 추정된다.

조항은 추가로 〈그림 3.12〉에 표시된 것처럼 공통 또는 통합 프레임워크로 구성될 수 있다. 교환 프레임워크는 3행, 3열의 그리드로 구성된다. 첫 번째 용어 행은 비즈니스 계약을 설명한다. 이는 거래의 성질(각 당사자가 주고받는 가치를 설명), 거래의 메커니즘(고려 사항을 교환하거나 받는 방법을 설명) 그리고 당사자가 계약의 조건에 따라 구속되는 기간을 자세히 설명한다. 두 번째 행은 각 당사자가 거래의 혜택을 받을 수 있도록 요구되는 진술, 행동 및 상황을 설명한다. 마지막으로, 세 번째 행은 계약을 위반한 경우 또는 당사자가 거래의 혜택을 실현하지 못하게 하는 상황 및 계약의 해석 방법에 관해 설명한다.

: 변수 조항: 각본(Playbooks)

계약의 각 조항에 대해 소프트웨어는 변수를 추가로 식별한다. 일반적으로 이러한 조항의 변수는 거래의 성질, 조항이 일정 상대방을 선호하는 정도 및 준거법에 대한 요구 사항, 이렇게 세 가지 주요 요소(중요도 순으로)에 의해 결정된다. 일반적으로 계약 조건은 각 준거법의 규정을 충족시키기 위해 신중하게 작성되어야 한다. 사실 이것은 크게 과장되어 있다. 현지 법률을 준수하기 위해 구체적으로 삽입되어야 하는 계약 조건은 상대적으로 적다. 계약은 법률에 따라 이행될 수 있는 개인 거래이다. 당사자는 불법이거나 공공 정책에 어긋나지 않는 한 계약 조건에 자유롭게 합의할 수 있다. 명확하고 공정하며 균형 잡힌 용어는 법원에서 이행될 가능성이 크며, 처음부터 소송으로 처리될

---

31 ContractStandards Framework, www.comractstandards.com/resources/csframework (last visited Dec. 9, 2017).

가능성은 적다.

변수 조항은 각본 형태로 제공될 수 있으며, 이는 계약 전문가에게 선호도에 따라 표시된 각 조항 대안의 사용에 대한 지침을 제공한다. 예를 들어 일부 비즈니스에서는 PADU(preferred, acceptable, discouraged, unacceptable) 시스템을 사용하여 선호, 허용, 비권장 및 허용 불가능으로 조항을 표시한다.

: 거래 변수: 용어표

변수 조항 외에도 텍스트 변수 데이터(메타데이터 추출 도구를 통해 식별)는 주요 계약 또는 비즈니스 용어를 잡아낸다. 앞에서 언급했듯이 이러한 변수는 당사자 이름, 날짜, 금액 및 장소를 식별한다. 모든 변수 조항과 함께 소프트웨어는 거래 요구에 따라 계약을 구성하는 데 필요한 모든 선택 사항의 개요를 만들 수 있다. 이러한 프로세스는 샘플 계약 묶음에서 역 엔지니어링하는 법적 논리 구조로 볼 수 있다.[32] 이것은 인간의 지능을 빼앗거나 그러한 영역에 침입하는 것으로 들리지만, 이는 단순히 우리가 배우는 방식을 그대로 비추고 있을 뿐이다. 주된 차이점은 귀납적 추론 방법으로 기계를 훈련함으로써 우리는 더 빨리 배울 수 있게 된다는 것이다.

: 몬스터 매트릭스(Monster Matrix)

궁극적인 목표는 모든 계약 유형을 작성하고 거래의 특정 요구에 맞게 개별 예를 맞출 수 있는 모든 계약 유형 및 모듈식 조항 라이브러리(거래별 변수와 함께)에 대한 자원을 만드는 것이다. 저자는 이러한 최종 구성을 "몬스터 매트릭스"라고 부른다. 이는 모든 계약 유형을 수평으로 각 계약 조항을 수직으로 보여준다(〈그림 3.13〉).

---

32 Kingsley Martin, Waston J.D.–Breaking the Subjectivity Barrier, Reinvent Law Channel, www.reinventlawchannel.com/kingsley-martin-watson-jd-breaking-the-subjectivity-barrier(last visited Dec. 9, 2017).

1. 조직 : 일관된 논리적 조직 구조를 따름.
2. 제목 : 내용의 요약이 되는 유용한 제목을 사용.
3. 조항 : 텍스트를 각 조항별로 하나의 실질적인 주제를 담은 더 작은 단위로 분해.
4. 문장 : 짧고 선언적인 문장으로 작성.
5. 단어 : 전문 용어나 법률 용어가 없는 표준 언어 사용.
6. 문장 부호 : 문장 부호를 사용하여 가독성 향상.

일관된 언어 - 스타일 가이드

계약 일관성은 모든 계약이 일관된 방식으로 작성되고 사람과 기계 모두가 읽을 수 있는 형식으로 작성되는 것을 보장하는 스타일 가이드를 통해 가장 잘 달성될 수 있다.[33] 스타일 가이드는 계약 문장을 일관성 있게 작성하는 데 사용된다. 일관된 접근 방식을 계약서 작성에 적용하면, 계약 문장을 각 '주어-동사-명사(subject-verb-object)'의 형태로 작성된 세 가지 기본 문장 형태로 분류할 수 있다.

- 당사자의 진술
  - 의무(당사자가 해야 할 일): Party … will … verb … object.
  - 제한 사항(당사자가 할 수 없는 일): Party … will not … verb … object.
  - 권한(당사자가 할 수 있는 일): Party … may … verb … object.
  - 진술(당사자가 동의하는 것): Party … [copula] … verb … object.
- 계약서의 진술
  - 긍정 = This agreement will be … verb … object.

---

[33] See Auditable Contracts: Moving from Literary Prose to Machine Code, Legal Executive Institute Blog, http://legalexecutiveinstitute.com/auditable-contracts-moving-from-literaryprose-to-machine-code/ (last visited Dec. 9, 2017).

− 부정 = This agreement may not be ⋯ verb ⋯ object.
　■ 정의
　　　− 용어 ⋯ (“means” / “includes”) ⋯ definition.

수많은 계약에는 네 번째 유형의 문장, 즉 다른 주제에 대한 문장이 포함된다. 그러나 이러한 많은 문장 형태는 수동적인 진술의 형태이므로 피해야 한다. 자연어 처리는 의무, 제한 및 권한을 더 정제하고 분류할 수 있다.

　■ 날짜 표시(예: 특정 날짜에 배송 또는 지급 의무)
　■ 진행 중(예: 월별 지급 의무) 또는
　■ 조건부(예: 다른 조치 또는 이벤트에 따른 조건부 의무)

또한, 계약의 진술에는 일정 자격 조건(예: 요구 사항, 예외, 최소, 최대 또는 기타 제한)이 적용될 수 있다.

일관된 문구 − 조정된 계약 언어

계약의 진술에 제한된 어휘로 작성되는 통제된 계약 어휘를 만들어 최종적인 일관성 수준을 달성할 수 있다. 주요 계약 내용은 일반적으로 양식 동사와 주동사를 통해 표현된다. 영어에는 12개의 양식 동사가 있으며 그중 5개(can, may, must, shall, and will)만 계약에서 일반적으로 발생한다. 통제된 계약 언어를 생성하는 프로세스는 각 조항 유형에 따른 동사 사용 빈도를 조사하고, 각 계약 의무에 대해 가장 중요한 동사를 선택하기 위해 작성된 목록을 사용하는 기술을 통해 보강된다.

많은 사람은 계약 조건이 제한적이고 통제된 목록으로 축소될 수 있는지에 대해 의심할 것이다. 변호사는 각 거래의 뉘앙스에 따른 맞춤 제작 언어의 필요성에 대한 심각한 제한으로 간주할 수 있다. 그러나 최근 연구는 이러한 접근 방식이 어떻게 실제 가치를 제공할 수 있는지 보여준다. 이 연구는 다수의 비공개 계약을 분석하고 핵심 기밀 유지 의무를 확인했다. 이 분석은 두 텍스트 구성 단위 사이의 유사성을 측정하는 레벤슈테인 거리 벡터(Levenshtein distance vectors)를 통해 경험적으로 측정된 표현의 넓은 변형을 발견했다. 그러나 개념 목록으로 추출한 경우, 소프트웨어는 4가지 주요 기밀 유지 의무를 발견했다:

- 공개 목적으로만 정보 사용(87%)
- 정보를 기밀로 유지(93%)
- 정보의 손실 또는 무단 공개를 방지(42%)
- 분실 또는 무단 공개 시 공개 당사자에게 통지(12%)

소프트웨어는 각 의무 조항이 묶음에 얼마나 자주 나타났는지(아래 박스에 표시)를 포착한다. 이 정보를 통해, 계약 기간을 크게 줄이면서 가독성을 높이는 통제된 계약 언어를 사용하여 새로운 단순화된 표준을 제안할 수 있다. 일련의 의무 조항의 묶음은 다음과 같다.

정보 사용. 수신자 측은 정해진 [목적]만을 위해 보호 정보를 사용한다.
기밀 유지 의무. 수신자 측은 보호 정보에 대한 기밀을 유지한다.

정보보호. 수신자 측은 보호 정보를 분실 또는 무단 공개로부터 보호하기 위해 적절한 주의를 기울일 것이다.
정보 공개 통지. 수신자 측은 보호 정보의 손실 또는 무단 공개를 발견하면 즉시 공개 당사자에게 알린다.

결론: 계약의 미래

수백 년 동안 변화가 없었던 계약의 세상은 세계 경제에 의해 급격한 변화의 시기로 돌입하고 있다. 과거에는 인쇄된 형식으로만 작성된 계약은 이제 전자 형태로 작성, 실행 및 전달될 수 있다. 실제로 일부 용어는 예고 없이 수정될 수 있는 웹 사이트의 정보와 연결될 수 있다.

계약 자동화와 계약 표준의 결합은 계약 앱의 상승을 촉발할 것이다. 계약 조건을 조립하고 검토하는 응용 프로그램뿐만 아니라 계약 조건을 응용 프로그램에 연결하는 기술도 있다. 가장 잘 알려진 것은 채무 및 지급 조건의 원장을 안전하게 관리하도록 설계된 블록체인이다. 또한 손실(예: 소유권 보험 또는 대리인 및 보증 보험)을 방지하고, 보증(예: 에스크로)을 관리하며, 회사 간 의무를 다루는 규정 준수 응용 프로그램을 관리하고, 급변하는 규제 표준을 준수하도록 하는 보험 응용 프로그램의 통합을 보게 될 것이다.

고용시장 속
빅데이터를 향한 거대한 움직임

아론 크루스(Aaron Crews)[1] / 이유봉 譯

1   이 장은 Marko Mrkonich, Allan King, Rod Fliegel, Philip Gordon, Harry
Jones, Tamsen Leachman, Michael Lotito, Garry Mathiason, Michael
McGuire, Natalie Pierce, Paul Weiner, Corinn Jackson가 공동저술한
Littler Mendelson 백서에서 발췌수정되었다. Zoe Argento, Shiva Shirazi
Davoudian, Chad Kaldor, Elaine Lee, Catherine Losey, Joseph Wientge,
Jr. 본 장은 회사의 허가하에 출판되었다.

빅데이터의 도입과 산업현장에서의 활용 잠재력

　　숫자는 늘 인간의 행동을 모니터링하기 위해 사용되어 왔다. 고대 동굴 벽에 새겨진 원시적 집약에서부터 "클라우드 환경에서" 작동하는 컴퓨터 프로그램에 의해 생성된 다구적 보고서에 이르기까지, 인간은 항상 우리의 행동을 이해하고 지도하는 데 도움을 주기 위해 수학과 숫자의 힘을 이용하려고 노력해 왔다. 예를 들면, 우리는 보험사들이 생명보험료를 정하기 위해 기대수명과 건강 리스크에 관한 데이터를 사용하는 것에 대해 놀라지 않는다. 또한 이웃한 은행이나 자동차 딜러가 우리에게 돈을 빌려줄지 여부를 결정하기 전에 일련의 질문을 하고 신용점수를 매기는 것에 대해 당황하지 않는다. 그리고 고용주가 판매의 결과인 숫자의 검토를 통해 판매 성과능력을 평가할 것을 예상할 수 있다. 놀랄 것도 없이, 오늘날 슈퍼컴퓨팅과 디지털화된 정보의 시대에, 대량의 데이터를 획득하고 사용하는 능력은 기하급수적으로 확장되어 왔고, 매일 우리가 알고 있는 것(또는 더 정확히 말하면 우리가 알고자 한다면 알 수 있는 것)과 그 데이터를 어떻게 사용할 수 있는가에 있어 새로운 발전을 가져왔다.

　　빅데이터의 세계가 도래했고, 심지어 몇 년 전만 해도 꿈에도 생각하지 못했던 방식으로 고용주와 그들의 의사결정에 영향을 미치기 시작했다. 고용주들은 그 어느 때보다도 그들의 지원자 풀(pool)에 대한 더 많은 정보에 접근할 수 있고, 아마도 공개적으로 이용 가능한 소셜 미디어 정보에 의해 보완되어, 지원자가 특정 직장에 얼마나 오래 머물지 결정하기 위해 애플리케이션 자체에서 수집된 데이터를 상호 연관시킬 수 있는 능력을 가지고 있다. 마찬가지로, 빅데이터는 컴퓨터화된 일정표과 이메일 제목을 샅샅이 조사함으로써 우리에게 어떤 직원이 향후 12개월 내에 직장을 떠날 가능성이 있는지를 알려준다. 동시에, 빅데이터의 개념에 의존하는 새로운 툴과 방법이 인적 자원 부서의 일상의 풍경의 일부가 되고 있으며, 고용주들은 가이드포스트가 거의 없이 빅데이터의 세계로 자연스럽게 변환되는 선례와 역사에 기초하는 법적 환경에서 경영을 지속하고 있다. 발생할 수 있는 이슈들은 매우 생소하고 어제의 컴플라이언스 패러다임을 적용하기 어려운 맥락 속에서 전개된다.

　　이 장의 목적은 고용주들에게 빅데이터로 소개하고 이러한 시대의 도래가 그들의 일상 활동에 어떠한 의미를 가지는지를 이해하도록 돕는 것이다. 정보의 디지털화가 인류의 과거 모든 역사를 합친 것보다 더 많은 데이터를 근년에 만들어 냈다는 것과, 동시에 우리가 그 모든 데이터를 획득했다는 것은 자명한 일이 되었으며, 정보를 이용하기 위해 첨단 컴퓨터 기반 기술을 적용하는 우리의 능력 또한 기하급수적으로 확장되었다. 또한, 사실상 모든 사람들이 더 싸고 쉽게 컴퓨터 기반 기술을 적용할 수 있게 되었다. 고용주들에게 이러한 발전은 기회와 우려스러운 새로운 문제를 만들어 내고, 오래된 문제에 대한 새로운 질문을 만들어 낸다. 업계와 규모를 막론하고 빅데이터는 선택과 채용 프로세스, 성과관리와 승진 결정, 성과 원인이나 조직 재편에 따른 고용 종료 결정 그리고 그 너머까지를 포함하는 모든 측면의 고용 결정에 대해 영향을 미칠 수 있다.

고용주들은 본질적으로 빅데이터라는 완전히 새로운 세계에서 기회와 위험의 균형을 맞추는 방법을 이해할 필요가 있다. 빅데이터는 고용주가 부분적인 표본에만 의존하는 것에 대해 걱정할 필요 없이 모든 종류의 결정의 모든 측면을 이론적으로 분석할 수 있다는 것을 의미하며, 빅데이터는 고용주가 특징과 결과 사이에 외견적 상관관계가 있거나 없을 수 있다는 점을 찾을 수 있도록 한다(또는 경우에 따라 반증할 수 있게 한다). 그 결과, 고용주는 빅데이터가 배경조회 및 직원 프라이버시에 어떤 의미를 갖는지 이해할 필요가 있으며, 고용주의 데이터 보안 의무의 함의에 대해 알아야 하며, 그러한 문제제기의 새로운 변종을 야기하지 않고 전통적인 차별문제제기의 위험을 줄이기 위해 빅데이터를 사용해야 하며, 확장된 eDiscovery와 통계적 상관관계에 기초한 새로운 책임 및 방어 이론에 기초하여 고용주가 어떻게 소송을 관리할 필요가 있는지 알아야 한다.

빅데이터와 산업현장 속 인공지능의 도래

일반적으로, 애플리케이션은 여전히 미리 정해진 기능을 수행하거나 비즈니스 프로세스를 자동화하도록 설계되므로 설계자는 모든 사용 시나리오를 계획하고 그에 따라 논리를 코드화해야 한 다. 설계자는 데이터의 변화에 적응하거나 그들의 경험으로부터 배우지 않는다. 컴퓨터는 더 빠르고 비용이 덜 들지만, 그다지 똑똑하지는 않다.[2]

컴퓨터는 아무 결정도 하지 않고 명령만 수행한다. 그것은 완전 히 바보 같은 짓이다. 그리고 거기에 그 힘이 있다.[3]

이것은 인지 컴퓨팅 이전의 빅데이터 분석에 대한 묘사이다. 빅데이터는 존재하지만 접근성에 어려움이 있을 수 있다.

컴퓨팅은 간단한 분석을 더 빠르고 쉽게 하지만 실질적인 인간의 지도가 필요하다.

빅데이터에 인지 컴퓨팅을 적용하면 그림이 바뀐다: "인간 사용자를 위한 파트너 또는 협력자 역할로 활동한다. [인지 컴퓨팅] … 시스템은 자연어 텍스트의 양에서 의미를 도출하고 사람이 일생 동안 흡수할 수 있는 것보다 더 많은 데이터를 분석하여 몇 초 내에 가설을 생성하고 평가한다."[4] 이러한 통찰력을 직장에 적용하는 것은 법적 도전을 만듦과 동시에 완화하는 잠재력을 지닌다.

인지 컴퓨팅이란?

인지 컴퓨팅은 데이터의 추론과 데이터값 간의 연관관계를 밝혀냄으로써 작용한다.[5] 매우 단순한 수준에서 볼 때, 인지 컴퓨팅 시스템이 세상에 대한

---

2 Judith Hurwitz, Marcia Kaufman, Adrian Bmvles, Cognitive Computing and Big Data Analytics (Apr. 8 2015), kindle cloud location 289.

3 Peter Drucker, *Technology, Management, and Society* (Sep. 10, 2012), p. 147.

4 *Supra* note 1.

5 www.techrepublic.com/article/cognitive–computing–leads–to–the–next–level–of–big–dataqueries/ (last visited July 14, 2015).

통찰력에 도달하는 과정은 사람들이 어두운 방에 걸어 들어가 직관적으로 조명스위치를 찾을 수 있는 것과 유사하다.[6] 시간이 지남에 따라 인간은 조명스위치 배치의 패턴을 알아내고, 통상적인 위치에 대한 통찰력을 기반으로 추론한다.[7] 인지 컴퓨팅시스템은 이러한 관찰기반 학습 과정을 도출한다.

인지 컴퓨팅은 가설을 기반으로 한다. 이것은 인지시스템이 가설을 형성하고, 그것을 시험하고 수정하고, 세상에 있는 무언가의 본질에 대한 통찰에 도달할 수 있다는 것을 의미한다. 이것은 인지 컴퓨팅을 다른 유형의 알고리즘과 구별되게 한다.[8]

역사적으로 인지 컴퓨팅은 광의의 인공지능(AI) 분야의 파생물이다.[9] 불행히도 인공지능이 다양하게 정의되어 왔기 때문에,[10] 인공지능과 인지 컴퓨팅을 구별하는 데 있어서도 서로 다른 방법들이 있다. 어떤 구별방식은 인지 컴퓨팅이 "배운다."면, 인공지능은 "생각한다."는 점에서 차이가 있다고 본다.[11] 다른 구별방식은 인지 컴퓨팅을 인공지능의 분가지 또는 하위집합이라고 특정짓는다. 당신이 인공지능을 어떻게 생각하느냐에 따라, 인지 컴퓨팅은 빅데이터로부터 학습하도록 적응된 인공지능의 지류이거나 또는 이러한 목적으로 인공지능 대신 사용되기도 한다.

인지 컴퓨팅이 어떻게 빅데이터 분석을 가능하게 하는가?

인지 컴퓨팅은 이 세계에 존재하는 데이터의 상당 부분을 봉인 해제시키

---

6 *Id.*

7 *Id.*

8 *Supra* note 1 at 585.

9 *See* generally *id.* at 503–590.

10 인공지능은 매우 광범위한 분야로 사람들이 정확히 무엇이 지능을 구성하는지에 대해 토론하고 토론하기 때문에 보편적으로 받아들여지지 않는 분야다. 확실히 기계 학습 알고리즘, 지식 표현, 자연 언어 처리 등과 같은 분야에서 인지 컴퓨팅과 인공지능 사이에는 높은 수준의 중복이 존재한다.

11 www.computerworld.com.au/artide/522302/watson_future_cognitive_computing/ (last visited July 14, 2015).

고 더 정교하고 동적인 분석방법을 제공함으로써 빅데이터 분석을 향상시킨다.

인지 컴퓨팅 및 빅데이터는 상호보완적이다. 인지 컴퓨팅 시스템은 "학습"을 위해 큰 데이터 세트가 필요하다.[12] 빅데이터는 이러한 데이터 세트를 제공할 수 있다. 반면, 기사, 비디오, 사진, 사람의 말투 등과 같은 비정형 데이터를 해석하기 위한 인지 컴퓨팅 시스템의 능력은, 가장 중요한 인간 상호작용의 일부와 관련된 구조화되지 않은 영역에 대한 기계의 접근성을 극적으로 증가시켰다. 모든 데이터의 80% 정도는 구조화되지 않은 상태인데,[13] 인지컴퓨팅은 컴퓨터가 이 정보에 액세스할 수 있게 한다.

컴퓨터가 80%의 데이터에 액세스할 수 있게 되면 세계에 대한 정확한 통찰력을 얻는 데 필요한 그림을 얻을 수 있다. 예를 들어, 스트리밍 및 이동 데이터는 전통적으로 분석하기가 어려웠다. 이러한 정보에는 센서를 통한 신체의 움직임, 온도의 변동, 비디오 피드, 시장의 움직임 등이 있다. 인지 컴퓨팅 이전까지는 컴퓨터가 실시간으로 이러한 데이터에 액세스하고 해석할 수 있는 효과적인 방법이 없었다.

인지 컴퓨팅의 또 다른 이점은 일단 데이터에 액세스가 되면 이 데이터로부터 학습할 수 있다는 것이다. *인지 컴퓨팅과 빅데이터 분석*(Cognitive Computing과 Big Data Analytics)에서 제시된 인지 컴퓨팅의 잠재적인 용도의 예는 다음과 같다.

- 불의의 사고로 인한 위험을 분석하기 위해 모션센서로 감지된 움직임을 분석하여 작업현장을 보다 안전하게 보호한다. 예를 들어, 인간 침입자와 토끼를 구분한다.
- 의료장비에 있는 센서를 사용하여 오작동을 감지하고 의사에게 알린다.
- 위험이 있는 실제 위치에서 사고의 상황을 해석하여 문제의 유무를 판별한다.[14]

---

[12] *Supra* note 1 at 1568–1588.

[13] *Id*, at 1652.

[14] *Id*, at 1850.

따라서 컴퓨팅은 학습이 이루어지게끔 하는 인간의 인식 양상을 모방하면서 기억과 관찰능력에 대한 인간의 한계를 극복할 수 있다.

빅데이터에 인지 컴퓨팅을 적용한 고용법 결과

: 평등한 고용기회보장

편견이 인간의 마음의 산물이라면, 또한 기계적 정신의 산물이라 할 수 있을까? 꼭 그런 것은 아니다. 인지 컴퓨팅 알고리즘을 고용을 위한 의사결정에 사용하는 경우 이러한 결정 중 어떤 결정들은 허용되지 않는 차별을 구성할 수 있다.

나중에 "빅데이터: 잠재적인 역효과에 대한 방어책이 있는가?"에서 논의하는 것처럼, 차별의 부정적 영향에 대한 이론을 극복하기 위하여는, 원고는 보호 그룹에 부정적인 영향을 미치기 위해 사용되는 알고리즘을 제시해야 하거나 또는 만일 고용주가 알고리즘 사용에 대한 정당한 사업상의 이유를 확립하는 데 성공한다면, 고용주의 합법적인 사업 요구를 충족함에 있어 동등하게 효율적이면서도 덜 차별적인 대안이 존재한다는 것을 증명하여야 한다. 인지 컴퓨팅은 알고리즘 기반이기 때문에 인지 컴퓨팅 알고리즘이 그러한 주장의 기초가 될 수 있다. 그러나 인지 컴퓨터가 "학습"할 수 있도록 하는 알고리즘은 컴퓨터가 도출한 통찰력이 나중에 채용 결정을 내리는 데 사용되는 알고리즘을 만드는 데 사용된 경우에만 직원에게 영향을 미친다. 따라서 이러한 통찰 알고리즘이 차별적 영향에 대한 법적 분쟁의 대상이 될 확률이 훨씬 높다. 예를 들면, 높은 직무수행과 특정 웹 사이트 방문 또는 특정 소셜 미디어 참여 등의 연관성은 인지 컴퓨팅 프로세스에서 생성될 수 있는 통찰 알고리즘의 종류이다.

채용 결정을 위해 알고리즘에 의존하는 경우, 이러한 통찰력 알고리즘은 차별적 영향을 주장하는 기초가 될 수 있다. 예를 들어, 소셜미디어 참여는 여러 가지 보호 요소에 따라 다르다. 퓨리서치 센터(Pew Research Center)가 작성한 아래의 도표는 소셜미디어 참여가 법적으로 보호된 연령 및 성별 범주에 따라 다르다는 것을 보여준다.

각 그룹의 인터넷 사용자들 중에 소셜네트워크를 사용하는 사람의 비율

모든 인터넷 사용자		74%
성 별	가. 남자	72
	나. 여자	76
나 이	가. 18-29	89
	나. 30-49	82
	다. 50-64	65
	라. 65세 이상	49
학 력	가. 고등학교 졸업 이하	72
	나. 전문대학	78
	다. 전문대학 이상	73
소 득	가. 30,000달러/연 미만	79
	나. 30,000달러 이상-49,999달러 이하	73
	다. 50,000달러 이상-74,999달러 이하	70
	라. 75,000달러 이상	78

출전) 퓨 리서치 센터의 인터넷 프로젝트 2014년 1월 23-26일 1월 옴니버스 조사.

참고) 위 항목(예: 가)당 표시된 백분율은 각 인구통계학적 특성 범주(예: 연령)에서 해당 행과 해당 항목으로 지정된 행 간의 통계적으로 유의미한 차이가 있음을 나타낸다.

알고리즘을 만드는 데 사용된 데이터 자체가 편향될 경우 인지 컴퓨팅 프로세스가 불법적 차별 효과를 가지는 알고리즘을 생성하게 될 가능성이 높아진다. 빅데이터의 진실성은 유틸리티의 기본이다.[15] 경영컨설팅회사인 맥킨지 앤 컴퍼니(McKinsey & Company)의 최근 백서에서는 50년 전 IBM시스템/360처럼 "'쓰레기 투입, 쓰레기 배출'이 슈퍼컴퓨터에 적용된다."고 강조했다.[16]

---

[15] *Supra* note 1 at 1588-1610.

[16] Martin Dewhurst and Paul Willmott, Manager and Machine: The New Leadership Equation McKinsey & Company (Sept. 2014) available at www.mckinsey.com/insights/leading_in_the_21st_century/manager_and_machine (last visited July 14, 2015).

이를 염두에 두고, 다른 모집단 영역에 대해 사용 가능한 데이터의 유형과 양의 차이로 인해 인지 컴퓨팅 시스템이 잘못된 가설을 생성할 수 있다. 예를 들어, 앞의 표로 돌아가서, 만일 인지 컴퓨팅 시스템이 안경을 쓴 사람들이 자신의 위치에서 더 성공을 거둔다고 결론을 내렸다면, 18세에서 29세인 사람이 65세 이상의 사람들과 같은 비율로 자신의 사진을 게시한 경우, 인지 컴퓨팅 시스템은 18세에서 29세의 사람들이 안경을 착용하는 경우가 65세 이상의 사람들보다 거의 두 배 이상이라고 결론지을 수 있다.17 만일 젊은 소셜 미디어 사용자층이 65세 이상인 사람보다 평균적으로 자신의 사진을 더 많이 게시하면 결과가 더욱 왜곡될 수 있다. 인지 컴퓨팅 소프트웨어는 수신된 정보가 왜곡되어 있는지를 평가하고, 이를 수정하거나 적어도 플래그를 지정하도록 프로그래밍할 수 있으나, 알고리즘 설계자는 이러한 결과를 피하기 위해 이와 같은 가능성을 알고 있어야 한다.

: 산업현장의 안전과 자동화

실제 세상에서 발생하는 상황을 해석하기 위해 움직임과 스트리밍 데이터를 분석하는 인지 컴퓨팅의 능력은 산업현장 안전 및 관리에 적용되는 확실한 응용프로그램을 제공한다. 가장 단순한 예는 인지 컴퓨팅 소프트웨어를 사용하여 비디오 및 오디오의 연속 스트림을 해석하여 불법적인 활동을 식별하는 것이다. 인지 컴퓨터를 사용하여 산업현장에서 침입자를 식별하고 권한이 없는 사람과 토끼를 구별할 수 있는 것처럼, 이 소프트웨어는 작업 안전 및 건강 관리청(Occupational Safety and Health Administration)이 요구하는 안전 장비를 착용하지 않는 행위나 이메일을 통한, 혹은 대인적으로 발생하는 성희롱 등의 위험한 활동을 식별할 수 있다. 이를 통해 관리자는 조기에 개입하여 차별이나 부상을 예방할 수 있다.

인지 컴퓨팅이 차별 주장의 원인이 될 수 있지만, 직장에서의 차별을 줄

---

17 이는 매우 보수적으로 29세 미만의 사람들이 65세 이상과 동일한 비율로 안경을 착용한다고 가정한다.

이는 데도 도움이 될 수 있다. 인지 컴퓨터는 그 특유의 통찰 알고리즘을 통해 차별적 영향을 식별하는 데 사용될 수 있다. *포춘지(Fortune)* 기사에서 한 응답자는 "빅데이터를 다루는 기계학습 알고리즘이 인종차별을 초래한다면, 다른 알고리즘이 차별의 효과를 측정할 수 있습니다."라고 하였다.[18]

인지 컴퓨팅은 결과적으로 고용주가 법률에 대한 답변을 보다 쉽게 얻을 수 있게 함으로써 고용법 절차를 간소화할 수 있었다. 만약 인지 시스템이 인간 연구원에 의해 생산된 것과 비슷한 질적 결과를 산출할 수 있다면, 때로는 조언자로서의 변호사의 역할을 대신할 수 있다.

고용과 채용절차에서의 빅데이터 수집과 이용

신원 정보

공정신용평가법(the Fair Credit Report Act, FCRA)의 적용과 그 범위는 혼란스러운 경우가 많다.[19] FCRA가 신용조사기관들(예: Experian, Trans Union 및 Equifax) 중 한 곳에서 발간한 공신력 있는 신용보고서뿐만 아니라, 다양한 종류의 신원조사보고서를 관리하기 때문에 법의 이름조차도 오해를 불러일으킨다. 여기에 빅데이터를 추가하면 온라인 고용주나 빅데이터 기업이 직원과 지원자에 대한 방대한 정보에 사실상 임의적으로 접근할 수 있으며 FCRA의 적용은 더욱 복잡해진다.

고용주가 빅데이터를 사용하여 "채용 목적"을 위하여 정보를 얻는 경우, 법의 미준수에 대한 잠재적인 집단소송을 포함하여 동일한 위험 수준으로 FCRA의 엄격한 규정이 적용될 수 있다.[20]

---

18 http://fortune.com/2015/0l/15/will-big-data-help-end-discrimination-or-make-it-worse/ (last visited July 14, 2015).

19 15 U.S.C. § 1681 et seq.

20 15 U.S.C. § 168la(h) ("채용 목적"이라는 말은 소비자로서 고용, 승진, 재배치 또는 유지를 위해 피용자를 평가할 목적으로 사용된 보고서를 의미한다.").

요약하면, FCRA는 주택담보대출 및 기타 소비자 신용거래(예: 진정한 신용보고서)와 관련하여 신용기관과 채권자 간의 소비자 신용정보 교환을 규제하는 연방법으로 널리 알려져 있다. 그러나, FCRA는 문언상 "소비자평가(보고서)(즉, 신원평가)"[21]를 제공하는 "소비자 신용평가 대행사(Consumer reporting agencies, CRAs)"[22]와 *사용자* 간의 정보 교환을 규정하고 있다. FCRA가 고용주에게 부과하는 의무는 고용주가 CRA로부터 신용평가를 주문*할 때만* 발생하는 것이 아니며, 고용주는 범죄기록 및 자동차 기록검사를 포함하여 CHA로부터 사실상 모든 유형의 소비자평가를 주문할 때 FCRA를 준수해야 한다.

FCRA는 고용주가 공개적으로 유효한 법원 기록을 확보할 때와 같이 CRA을 통하지 않고 사용자 *자신*이 기초 정보원에서 직접 범죄 및 기타 배경정보를 수집하는 경우에는 일반적으로 적용되지 않는다.[23] 이 개념을 따르면, 고용주가 FCRA에 저촉되지 않고도 지원자와 직원에 대한 사내 인터넷 조사를 수행할 수 있는지 여부가 지난 몇 년 동안 불확실했다. FTC의 "소비자평가"와 "CRA"에 대한 정의에 대해 광범위한 의견을 갖고 있는 빅데이터와 법원의 결정에 관한 연방통상위원회(Federal Trade Commission, FTC)[24]의 최근 조치는 (적어도 FTC

---

21 15 U.S.C. § l68la(f) ("'소비자 신용평가 대행사(Consumer reporting agencies, CRAs)'는 금전적 비용, 회비 또는 협력적 비영리 기반으로, 소비자평가를 제3자에게 제공할 목적으로 정기적으로 소비자 신용 정보나 소비자에 대한 기타 정보를 모으거나 평가하는 일에 전적으로 또는 부분적으로 종사하는 사람 및 소비자평가를 준비 또는 제공할 목적으로 주간 상거래 수단 또는 시설을 이용하는 사람"을 의미한다.)

22 15 U.S.C. § 168la(d) ("소비자평가는 채용 목적…을 위한 소비자의 적격성을 확립하는 요소로서 기능하기 위해 전체적으로 또는 부분적으로 사용되거나 수집될 것으로 예상되는, 소비자의 신용가치, 신용상태, 신용역량, 성격, 일반적인 평판, 개인적 특성 또는 생활 방식에 관한 소비자 신용평가 대행사의 정보 관련 서면, 구두 또는 기타 의사소통이다."). "'채용 목적'이라는 용어는 직원으로서 고용, 승진, 재배치 또는 유지를 위해 소비자를 평가 목적으로 사용되는 보고서를 의미한다." 15 U.S.C.§ 168la(h).

23 *But see* Cal. Civ. Code§ 1786.53, 정보를 수집하는 데 CRA가 이용되지 않더라도, 이 법은 정의된 특정 "공공 기록"에 적용할 수 있는 몇 안 되는 법 중 하나임.

24 현재 문제가 되는 소비자금융보호국(CFPB)이 FCTC에 대한 감독을 FTC와 공유하고 있다. *See* Rod M. Fliegel and Jennifer Mora, *Employers Must Update FCRA Notices far their Background Check Programs Before January 1, 2013*, Littler Insight (Sept. 4, 2012) available at www.litder.com/publication-press/publication/employers-must-update-fcra-notices-their-background-check-programs-jan.

의 판단으로는) 조사가 수행되는 *방식*에 따라 더이상 그렇지 않을 수도 있음을 시사했다.

고용주에 대한 FCRA 집단소송의 급증과 FCRA 위반으로 인한 기타 위험을 감안할 때, 고용주가 이 분야의 잠재적 함정을 이해하는 것이 중요하다.[25] 고용주는 사내 검색이 FCRA의 적용 대상이 아니라고 생각한다고 해도 여전히 부지불식간에 이 법에 저촉될 수 있다. 지방법원들이 FCRA가 새로운 정보공유 방식에 어떻게 연관될 수 있는가에 대하여 계속해서 씨름하고 있기 때문에 이러한 경향은 계속될 것이다. 이 절에서는 소비자 보고서를 사용하는 고용주에 대한 FCRA의 의무와 빅데이터 맥락에서의 최근 FCRA 트렌드를 요약하여 전달하고, 그러한 트렌드로 인해 발생하는 위험을 완화하기 위한 실질적인 통찰력을 제공하고자 한다.

: 소비자평가를 사용하는 고용주에 대한 FCRA 의무

FCRA는 고용목적을 위해 "소비자평가" 또는 "소비자평가조사"를 사용하는 고용주에 대한 요건 사항을 부과한다.[26] 소비자 보고서는 신용 보고서 또는 CRA가 준비한 신원평가(background report)로 알려져 있는 반면, 소비자 평가조사는 CRA가 개인 인터뷰를 통해 정보를 수집한 특별한 타입의 소비자 보고서이다(예: 심층평판조사).[27]

고용주가 CRA로부터 소비자평가를 얻기 전에, 일반적으로 소비자에게 '오로

---

25 FCRA하에서 고용주가 직면하는 집단소송의 위험에 대한 자세한 내용은 *See* Rod Fliegel, Jennifer Mora, and William Simmons, The Swelling Tide of Fair Credit Reporting Act (FCRA) Class Actions: Practical Risk-Mitigating Measures for Employers, Littler Report (Aug. l, 2014) available at www.littler.com/publication-press/publication/swelling-tide-fair-credit-reporting-act-fcra-class-actions-practical-r.

26 FCRA의 요건에 대한 자세한 내용은 *see* Rod Fliegel and Jennifer Mora, *The FTC Staff Report on "40 Years of Experience with the Fair Credit Reporting Act" Illuminates Areas of Potential Class Action Exposure for Employers*, Littler Report (Dec. 12, 2011), available at www.littler.com/publication-press/publication/ftc-staff-report-40-years-experience-fair-credit-reporting-act-illumin.

27 15 U.S.C. §§ 168la(d) and (e).

지' 공개내용만으로 구성된 서류를 통해 "명명백백한" 서면공개를 해야만 한다.[28] 신청자 또는 피고용자는 고용주가 소비자평가를 입수할 수 있도록 서면 허가를 제공해야 한다.[29] 그리고 고용주는 평가에 대한 "허용된 목적" 및 관련 FCRA 규정과 주 및 연방 동등기회법을 준수함에 대하여 CRA에 인증을 받아야 한다.[30]

근로자 또는 신청자에 대한 소비자평가 또는 조사를 통한 소비자평가를 얻은 후, 고용주는 평가내용에 부분적으로 근거하여 신청자 또는 근로자에 대해 "불리한 조치"를 취하려는 *경우* 특정 요건을 준수하여야 한다.[31] 고용주는 신청자 또는 근로자에 대한 불리한 조치를 취하기 전에 각 개인에게 '사전조치'를 통지해야 한다. 여기에는 소비자평가의 사본 및 법적 권리 요약이 포함되어야 한다.[32] 이 법적 요건은 고용주가 불리한 조치를 취하기 전에 지원자 혹은 피고용자가 고용주와 평가에 대해 논의할 수 있는 기회를 제공한다.[33] 만

---

[28] 15 U.S.C. § 1681b(b). But see 15 U.S.C. § 1681a(y) (위법행위 조사에 대한 관련 규칙) 및 15 U.S.C. § 168lb (b) (2) (B) (i) (연방교통국이 규제하는 특정 상업용 운전자에 대한 다른 공개 요건)을 참조할 것. 고용주가 "조사를 통한 소비자평가"를 획득하는 경우 추가적 공개가 필요하다. 고용주는 피고용인이 조사의 "자연과 범위"에 관한 정보를 요청하도록 허용해야 하며 고용주는 그러한 요청에 대해 5일 이내에 서면으로 응답해야 한다. 15 U.S.C. § 168 ld.

[29] 15 U.S.C. §§ 168lb(a)(3)(B) 및 1681b(b). 교통부가 규제하는 자동차 운송업체와 신청자가 우편, 전화, 컴퓨터 또는 기타 유사한 수단으로 채용에 응모하는 경우에, FCRA하에서 동의는 구두, 서면 또는 전자로 이루어질 수 있다. 15 U.S.C. § 168lb(b)(2) (B)(ii). 또한, FTC는 2001년에 FCRA에 따라 "단지 소비자의 동의가 전자적 형태로 이루어진다는 이유로 무효인 것은 아니다."는 것을 시사하는 의견서를 발표했다. *See* FTC Opinion Letter May 24, 2001 (Brinckerhoff).

[30] 15 U.S.C. § 168lb.

[31] 불리한 조치에는 광범위하게 "현재 또는 미래의 근로자에게 부정적인 영향을 미치는 고용 거부 또는 고용 목적의 기타 결정"이 포함된다. 15 U.S.C. §1681 a(k) (I)(B)(ii).

[32] 32 15 U.S.C. § 1681b(b). 소비자평가에 실수(부정확 또는 불완전)가 있음을 알리기 위한 사전 조치 통지에 대한 응답으로 개인이 고용주에게 연락을 취하는 경우, 고용주는 고용 결정 또는 참여절차를 진행할지에 대해 재량권을 행사할 수 있다. FCRA는 행위절차를 지시하지 않는다. DOT이 규제하는 자동차운송업체는 신청자가 전화, 컴퓨터 또는 기타 유사한 수단으로 채용에 응모한 경우 응모자 또는 직원에게 "사전조치" 통지를 제공할 필요는 없다. 15 U.S.C. § 168lb(b)(3)(B). 대신, 운송업체는 불리한 조치를 취한 후 3일 이내에 불리한 조치가 취해졌다는 구두, 서면 또는 전자 통지를 개인에게 제공해야 한다. 여기에는 차량 외 고용주에 대한 "불리한 조치" 통지에 요구된 것과 동일한 공개가 포함되어야 한다. *ld.*

[33] Obabueki v. IBM and Choicepoint, Inc., 145 F. Supp. 2d 371, 392 (S.D.N.Y. 2001). FCRA 규정은 고용주가 사전 통지와 불리한 조치의 통지 사이에 기다려야 하는 최소 시간을 명시하지는 않았다. 상당히 받아들여진 표준 중 하나는 영업일 기준 5일이다. *See, e.g.,* Beverly v. Wal-Mart

일 고용주가 최종적으로 신청자 또는 직원에 대해 불리한 조치를 취하기로 결정한 경우에는, 고용주는 FCRA에서 명시된 특정 정보를 포함하는 불이익 조치 통지를 개인에게 제공해야 한다.[34]

　　FCRA의 빅데이터 맥락에서의 행정조치들과 "소비자평가" 및 "CRA"에 대한 정의를 광범위하게 해석하는 결정에 대한 최근의 추세는 앞서 기술한 고용주의 의무가 어떻게 적용될 수 있을지에 대한 전통적인 인식을 변화시켰다.

: 빅데이터 실행 동향 및 FCRA에 따른 고용주 의무에 대한 잠재적 영향

　　FTC는 최근 CRA를 구성하는 요소를 넓게 인정하여 왔다. 전통적으로 CRA는 고용주를 위해 특정 채용지원자와 근로자에 대하여 하드 카피 보고서를 작성하고 제공하는 주요 신용조사기관 또는 신원조사회사로 간주되었다. FTC는 그러한 전통적 관념을 넘어서서 특정 온라인 데이터 브로커와 심지어 모바일 애플리케이션 개발자들도 FCRA의 엄격한 규정을 준수하지 않고 CRA의 역할을 하고 있음을 발견하였다. 이러한 회사들 중 적어도 일부는 이제 서비스 제공 범위와 특성에 따라 CRA로 간주될 수 있으므로, 고용주가 얻은 정보는 소비자 신용평가로 간주될 수도 있다.[35] 이는 결과적으로 고용 목적을 위해 그러한 평가를 입수하고 사용함에 있어 FCRA에 따른 고용주 의무가 잠재적으로

Stores, Inc., No. 3:07cv469 (E.D. Va. 2008); see also Johnson v. ADP Screening and Selection Services, 768 F. Supp. 2d 979, 983–984 (D.Minn. 2011).

34　15 U.S.C. § 1681m(a) (고용주에게 다음을 제공해야 함: (1) 평가를 제공한 CRA의 이름, 주소 및 전화번호; (2) CRA가 불리한 결정을 내리지 않았으며 결정이 내려진 이유를 설명할 수 없다는 진술; (3) 60일 이내에 자신의 평가에 대한 공개를 요청하는 경우, CRA로부터 자신의 평가를 무료로 제공받을 수 있는 개인의 권리를 명시한 진술; 및 (4) 평가보고서의 정보의 정확성 또는 완전성에 대해 CRA와 직접 다 툴수 있는 개인의 권리를 명시한 진술.)

35　몇몇 법원은 FCRA하에서 소비자평가에 해당하는 것에 대한 광범위한 견해를 채택했으며, 신원평가회사가 수집·작성하여 제공한 서면보고서의 전통적인 개념을 넘어섰다. See Ernst v. Dish Network, LLC, 49 F.Supp.3d 377 (S.D.N.Y. 2014) (명시된 피고가 보고서를 고용 목적으로 사용하지 않음에도 불구하고, 해당 보고서가 소비자평가서라고 인정한 사례); Dunford v. American Data Bank, LLC, No. C 13–03829 WHA (N.D. Cal. Aug. 12, 2014) (CRA가 보고서를 오직 소비자에게만 제공하고 장래의 고용주나 다른 사람에게는 제공하지 아니하였음에도 불구하고, 문제가 되는 보고서가 FCRA에 따라 소비자평가라고 인정한 사례).

발생할 수도 있다는 것이기도 하다.

FTC는 사용자가 개인의 범죄이력정보를 무제한으로 검색할 수 있도록 한 모바일 애플리케이션 개발사 두 곳에 대해 행정 고발을 제기했다.**36** 회사는 앱의 정보가 채용심사수단으로 간주되어서는 안 되고 FCRA을 적용을 받지 않아야 한다고 책임을 *특히* 부인하였다. FTC는 면책을 받아들일 수 없다고 인정하였는데, 회사가 잠재적인 직원 채용심사를 위해 앱을 사용할 수 있다고 *광고*하는 동시에 이를 제시하였다.**37** FTC는 FCRA를 준수하여야 함에도, FCRA를 위반한 회사들을 CRA로 간주하였다.**38**

다른 조치에서, FTC는 인터넷 및 소셜미디어 소스로부터 개인에 대한 정보 프로파일을 수집한 데이터 브로커를 고소했다.**39** FTC는 데이터 브로커가 인적자원전문가, 채용담당자 등에 채용심사 툴의 구독을 근거로 프로파일을 *마케팅*했다고 주장했다. FTC는 회사가 CRA이고 프로파일이 소비자평가라고 주장했다.**40** 이 문제는 회사가 FTC에 80만 달러를 지급함으로써 해결되었다.**41** 이 사례는

---

36 In the Matter of Filiquarian Publishing, et al., FTC Matter/File Number 112 3195 (filed Jan. 10, 2013) available at www.ftc.gov/enforcement/cases-proceedings/112-3195/filiquarian-publishing-llc-choice-level-llc-joshua-linsk

37 *See* Federal Trade Commission, Analysis of Proposed Consent Order to Aid Public Comment in the Matter of Filiquarian Publishing, LLC; Choice Level, LLC; and Joshua Linsk, 개인 및 회사의 임원으로서, (File No. 112 3195) available at www.ftc.gov/enforcement/cases-proceedings/112-3195/filiquarian-publishing-llc-choice-level-llc-joshua-linsk.

38 FTC는 이들 회사에 금전적 징벌을 부과하지 않았지만, 문제가 해결된 후 수년 동안 FCRA가 확실하게 준수되도록 엄격한 보고 및 기록 보존의무를 따를 것을 요구하였다.

39 United States of America v. Spokeo, Inc., U.S. District Court Case No. 12-cv-05001 (C.D.Cal. filed June 7, 2012).

40 *See id.*; see also FTC Staff Closing Letter to Renee Jackson (May 9, 2011) available at www. ftc.gov/enforcemenr/cases-proceedings/closing-letters-and-other-public-staternents/staffclosing-letters?title=Social+Intelligence&field_matter_number_value=&field_docurnent_descriprion=&date_filter%5Bmin%5D%5Bdate%5D=&date_filter%5Brnax%5D%5Bdate%5D=&=Apply (소셜 네트워킹 사이트에서 정보를 수집한 유사한 데이터 브로커가 소비자신용평가대행사라고 인정).

41 *See* Federal Trade Commission, Press Release: Spokeo, FTC가 표시된 정보에 대해 FCRA 위반으로 고용주와 채용담당자에게 벌금을 부과한 한 사건의 해결을 위해, $ 800,000지불 (June 12, 2012) available at www.ftc.gov/news-events/press-releases/2012/06/spokeo-pay-800000-settle-ftc-charges-company-allegedly-marketed.

데이터 브로커가 구글(Google)과 같은 검색엔진에 지나지 않는 것으로, 이 영역이 얼마나 논란이 될 수 있는지 보여준다. 한 가지 차이점은, 구글에서는 모든 것을 검색할 수 있는 반면, 데이터 브로커는 온라인상에서 개인의 신원정보를 *목표로* 하는 검색을 제공한다는 것이다.

이들 사건들에서 FTC는 데이터 브로커를 목표대상으로 했지만, 대행사의 행위는 많은 고용주에게 상당한 영향을 미칠 수 있다. FTC가 데이터 브로커를 CRA로 간주했기 때문에 제공한 정보 또한 소비자 신용평가로 간주될 것이다. 이 정보를 사용하여 고용 결정을 내리는 고용주는 정보를 보기 전에 지원자에게 정보를 탐색한다는 사실을 밝히고 지원자의 허가를 받을 의무를 부담해야 할 것이다. 고용주는 또한 부분적으로 정보에 근거하여 지원자의 고용을 거부할 경우 사전적 주의 및 불리한 결정의 통지를 제공했어야 한다. 대부분의 고용주는 앞서 논의한 것과 같은 인터넷 데이터 브로커를 통해 정보를 얻는 경우에도 FCRA가 적용될 것이라고 생각하지 않을 수 있다. 어떤 법적 관점에서처럼, FTC의 입장은 그렇지 않다는 것을 나타낸다.

아래 예시는 빅데이터의 세계에서 FCRA의 적용·비적용 사이의 경계가 얼마나 모호한 것인지를 보여준다. 고용주의 내부 채용담당자 신청자의 페이스북(Facebook) 및 인스타그램(Instagram) 페이지에 들어가서 불쾌한 게시물과 부적절한 인스타그램 사진으로 인해 고용하지 않기로 결정했다고 가정해 보자. 고용주는 자신을 위해 정보를 수집하는 제3자 없이 별도의 정보원으로 직접 들어갔기 때문에 고용주는 FCRA가 적용되지 않는다고 주장했을 수 있다. 대신, 동일한 내부 채용담당자가 응모자에 대해 동일한 페이스북 및 인스타그램 페이지를 한곳으로 수집한 웹사이트에 대한 계정을 가지고 있고, 채용담당자가 정보를 보기 위해 계정에 로그인했다고 가정해 보자. 채용담당자는 첫 번째 예와 똑같은 정보를 보고 있지만, 해당 용어를 광의로 보는 FTC의 견해에 따라, 정보가 CRA에 의해 수집되었기 때문에, 이 행위는 고용주의 FCRA 의무조항의 적용을 받을 수 있다.

: 법위반을 줄이기 위한 조치

빅데이터의 맥락에서 FCRA 위반의 위험을 완화하기 위해 고용주가 취할 수 있는 다음과 같은 몇 가지 실질적인 단계가 있다:

1. 고용주는 관리자 및 감독자와 같이 채용절차에 직접 관여하는 직원을 포함하여, 채용담당자 및 기타 직원이 채용을 목적으로 하는 인터넷 검색에 관한 현재 정책 및 실무를 검토하도록 하여야 한다.

2. 고용주는 또한 FCRA의 적용을 받을 수 있는 신원정보를 얻기 전에 요구되는 사항을 밝히고, 응모자와 직원으로부터 서명된 승인을 얻는 데 도움이 되는 조치를 취해야 한다.**42** (이 섹션의 범위를 벗어난 내용이지만, 주 및 지역의 법을 준수하려는 노력에 대하여도 마찬가지로)

3. 고용주는 제3자에 의해 수집된 신원정보의 전체 또는 일부에 근거하여 구직자와 직원에 대해 불리한 조치를 취하는 경우마다, 사전 및 불리한 조치 통지를 보내거나 전송하도록 조치하여야 한다.

빅데이터 시대에 고용주는 직원 및 지원자에 대한 정보에 즉각적으로 접근

---

42 FACTA(the Fair and Accurate Credit Transactions Act Amendment)에서 10년 전에 추가된 FCRA 의 적용 면제는, "의심스러운 위법행위" 또는 "연방, 주 또는 현지 법률 및 규정, 자기규제 기관의 규칙 또는 고용주의 기존에 명시된 정책"의 준수 여부에 대한 조사와 관련하여 CRA의 의사소통이 고용주에게 이루어진 경우, 그러한 의사소통은 "소비자평가"가 아니라고 하였다. 이 예외에 따라 고용주는 이러한 유형의 조사를 수행할 때, 필요한 공개를 제공하거나 소비자 평가정보를 얻기 위해 권한을 얻을 필요가 없다. FACTA는 여전히 의사소통에 근거하여 개인에게 불리한 조치를 취한 이후, 고용주가 "소통의 성격과 내용을 포함하는 요약"을 제공할 것을 요구한다. FACTA에 대한 자세한 설명은 *see* Rod Fliegel, Jennifer Mora and William Simmons, Fair Credit Reporting Act Amendment Offers Important Protections rom Lawsuits Targeting Background Check Programs, Littler Report (Sep. 10, 2013) available at www.litder.com/publication-press/publication/fair-credit-reporting-act-amendment-offers-important-protections.

할 수 있다. 고용주가 빅데이터를 고용 목적으로 사용하는 경우, 비준수 시 발생하는 리스크와 동일한 수준의 FCRA상의 제약이 가해질 수 있다. 고용주는 FCRAs 규정의 적용을 빅데이터 세계로 확대하는 최근의 발전 상황에 유의해야 하며, 그러한 확장과 관련된 위험을 완화하기 위한 조치를 염두해 두어야 한다.

빅데이터가 어떻게 숫자에 영향을 미치는가: 연방 계약준수프로그램 사무국(OFCCP)과 고용기회평등위원회(EEOC)의 함의

고용기회평등위원회(Equal Employment Opportunity Commission, EEOC. 이하, EEOC로 칭함)와 연방 계약준수프로그램사무국(Office of Federal Contract Compliance Programs, OFCCP. 이하, OFCCP로 칭함)의 조사는 특히 고용, 승진, 급여 또는 해고상의 차별에 대한 혐의가 제기될 때 특히 중요하다. 수사관은 해당 기관의 준수 매뉴얼에서 설명한 대로 문제가 제기된 의사결정 절차에 관한 데이터를 얻고 그 데이터를 기초통계분석에 적용할 수 있도록 훈련받는다. 이를 '표준편차분석'이라고 한다. 그 이유는 불리한 영향이 없는 '귀무가설'을 받아들이거나 거부하는 결정에 대한 통계는 보호되거나 선호되는 그룹 간의 예상되는 차이가 0이 아니게끔 하는 "표준편차상"의 숫자에 근거하기 때문이다.[43]

차별적 영향에 대한 대안적 척도는 직원 채용절차에 관한 통일지침(UGESP)에 근거한다.[44] 이 지침은,

> 인종, 성별 또는 인종그룹 중 4/5 미만의 채용률(또는 80%)의 비율이 일반적으로 연방집행기관에 의해 불리한 영향의 증거로 간주되며, 4/5 이상의 비율은 일반적으로 연방집행기관에 의해 불리한 영향에 대한 증거로 간주되지 않는다.[45]

---

[43] Watson v. Ft. Worth Bank & Trust, 487 U.S. 977, 995 (1988).

[44] 29 C.F.R. § 1607.

[45] 29 C.F.R. § 1607.4(D).

이러한 대안은 반드시 동일한 결과를 산출하지는 않는다. 즉, 고용주는 선호 집단의 80% 미만의 비율로 비선호 집단의 구성원을 선택할 수 있지만, 그 차이는 통계적으로 유의미하지 않을 수 있다. 반면에, 결과는 통계적으로 유의미할 수 있지만, 선택 비율은 80% 이상일 수 있다. 물론 당사자들은 자신의 데이터를 가장 유리한 방향으로 이용하는 시험을 옹호할 것이다. 법원의 결정에 대해 예측하기는 어렵지만, 격차에 실질적인 차이가 존재하고, 법적으로도 의미가 있을 때 대다수가 '통계적 유의미함'을 결정을 위한 '리트머스 테스트'로 인정했다고 할 수 있다.[46]

대부분의 법원에서 일반적으로 사용하는 "2배의 표준편차" 기준을 제시하는 사례들에 대한 인용은 *카스타네다 대 파르티다*(Castaneda v. Partida) 사건에 대한 미국 대법원의 결정에서 시작된다.[47] 그러나 *카스타네다*는 불평등 효과 (disparate impact) 사례가 아니며, 고용차별사례도 아니다. 이 사건의 쟁점은 남부 텍사스 카운티의 대배심 소집방법이 멕시코계 미국인을 불공정하게 배제하여, 형사상 멕시코계 미국인 피고에 대한 차별적 판단을 초래했는지 여부였다.[48]

이 주장을 심사하면서, 법원은 카운티의 대배심의 역할을 맡기 위해 소환된 사람들 중 멕시코계 미국인의 비율을 카운티의 적격 인구 중에서 멕시코계 미국인이 차지하는 비율과 비교했다. 법원은 해당 기간 동안 소집된 870명의 대배심원 중 339명만 멕시코계 미국인이었으며, 엄격히 비례적으로 선출되었다면 688명의 멕시코계 미국인이 배심원이 되었을 것이라고 지적했다.[49] 법원은 "예상치와 관측치의 차이가 2배 또는 3배 표준편차보다 크면 사회과학자들이 가설에 대해 의심을 가질 만하다."라고 판단하고, 거의 100%에 가까운 이 차이가 중대한 것으로 간주했다.[50] 그러나 *카스타네다* 사건에서는 멕시코계 미

---

46 But *e.g.*, Matrixx Initiatives, Inc. v. Siracusano, 131 S. Ct. 1309, 1321 (2011) (중요성에 대해 결정할 때, 통계적 유의성 이외의 요소를 고려해야 한다.) and Clady v. LosAngeles Co., 770 F.2d 1421, 1428 (9th Cir. 1985) (rejecting the 80% test), cert. denied, 475 U.S. 1109 (1986).

47 430 U.S. 482 (1977).

48 *Id.* at 482.

49 *Id.* at 496 n.17.

50 *Id.*

국인 대 배심원의 수에 대한 실제와 예상의 차이는 약 29배의 표준편차였다.[51] 법원은 그 비교에 근거하여, 멕시코계 미국인이 대배심원에서 차별적으로 배제되었다는 지방법원의 판결을 인정하였다.[52]

법원은 미국의 *헤이즐우드 학군 대 미국정부*(Hazelwood School District v. United States) 사건에서 "2배 또는 3배 표준편차" 기준을 다시 언급했다.[53] *헤이즐우드* 사건은 교육구가 아프리카계 미국인 교사의 차별적인 고용에 개입하는 패턴과 관행에 관한 소송이었다.[54] 법원은 아프리카계 미국인의 교육구 내 교사 비율을 관련 노동시장의 비율과 비교했다. 법원은 그 차이가 1년 동안 6배의 표준편차를 초과하고, 그 다음 해에 5배의 표준편차를 초과했다는 것을 지적하면서, 통계적 증거가 차별의 패턴과 관행을 증명하는 "전체적인" 차별성을 반영하는 것이라고 결론지었다.[55] 법원은 이러한 판단에 부분적으로 의존하면서, 지방법원이 금지명령 및 형평상의 구제수단을 포함하는 허용 가능한 구제수단을 마련하여야 한다는 취지와 함께 사건을 환송하였다.

오코너 판사는 *왓슨 대 포트워스은행·신탁*(Watson v. Fort Worth Bank & Trust) 사건에서 고용차별 사건에 대한 법원의 통계적 기준을 심사했다.[56] 그녀는 "2배 또는 3배 표준편차"에 대한 *카스타네다－헤이즐우드* 심사의 범용성을 인정했지만, 법원이 하급 법원에게 기준을 기계적으로 적용하라고 지시한 적이 없다고 했다.[57]

---

51 *Id.* "'표준편차(standard deviation)'는 통계학자가 모든 유형의 차이를 공통 용어로 측정할 수 있는 측정 단위이다. 기술적으로 '표준편차'는 '해당 숫자 그룹 분산의 제곱근과 같은 숫자 그룹의 확산, 분산 또는 변동성 측정'으로 정의된다." Palmer v. Shultz, 815 F.2d 84, 92 n.7 (1987) (David Baldus & James Cole, Statistical Proof of Discrimination 359 (1980)). 판례는 종종 이 용어를 보다 기술적으로 적절한 용어인 "표준오차(standard error)"와 잘못 바꿔 사용하는데, "표준오차"는 평균과 같이 실제값 주변의 표본 추정치를 중심으로 분포하는 것을 말한다. *See* David H. Kaye & David A. Freedman, Reference Guide on Statistics, Federal Judicial Center, Reference Manual on Scientific Evidence 174 (2d ed. 2000).

52 *Castenada*, 430 U.S. at 517.

53 433 U.S. 299, 308 n.14 (1977).

54 *Id.* at 299.

55 *Id.* at 308 n.14.

56 487 U.S. 977 (1988).

57 *Id.* at 995 n.3.

오히려 법정은 논쟁의 여지가 있는 이슈와 관련하여 통계적 증거를 평가하고 그러한 증거가 사례별로 적절한지 판단해야 한다. 오코너 판사는 다음과 같이 말했다.

> "우리는 제7장(Title VII)에 관한 사건에서 통계적 방법이 가질 수 있는 유용성을 강조했지만, 특정 수의 "표준편차"가 원고가 고용 상 차별이라는 복잡한 영역에서 확실한 선례를 만들었는지 여부를 결정할 수 있다고 설시하지는 않았다. 다른 수학적 표준에 대한 합의도 이루어지지 않았다. 대신에 일반적으로 법원은 사안별로 양적인 차별의 "상당함" 또는 "실질"을 판단한 것으로 보인다. 법 발전의 단계에서, 우리는 이러한 사례별 접근 방식이 통계는 "무한하게 다양한 방식으로 오고 그 유용성은 모든 주변 사실과 상황에 달려 있다."는 인식을 적절히 반영한다고 생각한다."[58]

그럼에도 불구하고, 많은 하급 법원들은 "2배 또는 3배 표준편차"라는 *카스타네다-헤이즐우드* 사건의 심사기준을 "밝은 선 규칙(Bright-Line-rule)"으로 채택하였다. 그러면서, 법원들은 일반적으로 전제되는 종 모양의 정규 분포에 적용될 때, 이 기준이 과학 문헌에서 널리 알려진 "통계적 유의성"의 0.05 수준에 해당한다는 점에 주목했다.[59] 이 기준은 5% 확률의 임계값에 해당한다. 반면, "Type I 오류"의 확률에 따라, 오류의 확률이 참일 때 비차별에 대한 귀무 가설을 배척한다. 일반적으로 Type I 오류 확률이 낮을수록 연구자가 통계적 사실이 중요하다고 잘못 주장하는 것은 아니라는 확신을 갖게 된다.

표준편차 수준으로 통계적 유의미성을 기술하는 것 외에도, 통계적

---

[58] *Id.* (internal citations omitted).

[59] 카스타네다 사건에서 대법원은, 많은 수를 다룰 때 사회학자들이 "평등 가설"을 기각한다는 것과, 실제값과 예상된 대푯값의 차이가 두배 또는 세배의 표준편차를 초과한다면, 사건의 가능성은 우연이나 제시된 원인으로부터 "동등하게" 발생할 수 있다고 언급했다. 430 U.S. at 496 n.17.

유의미성은 0에서 1.0까지 범위의 연속적 또는 상대적 척도에서의 확률값 (P)으로 표현될 수 있다. 0.05 미만의 A (P) 값은 일반적으로 차별이 우연에 기인할 가능성이 5% 미만인 경우, 통계적 유의수준은 (P) 수준값이 감소함에 따라 증가한다. … 큰 표본의 경우, 0.05 또는 0.01 미만의 수준에서의 통계적 유의성은 2배 또는 3배 표준편차 수준에서의 유의성과 "본질적으로 동등"하다.[60]

이러한 추론은 많은 법원들이 0.05의 유의 수준을 충족시키지 못하는 통계적 증거는 받아들일 수 없다는 *자체 규칙*(a per se rule)을 채택하게 했다.[61]

예를 들어, *팔머 대 슐츠*(Palmer v. Shultz) 사건에서 미국 컬럼비아 특별구 항소법원은 통계적으로 유의미성에 대한 단측 또는 양측 테스트를 적용해야 하는지에 대한 난해한 문제를 광범위하게 판단하였다.[62] 양측 테스트를 적용하기로 한 결정은 결과적으로 결정적인 것이었으며, 원고의 통계적 증거를 배척하는 결과가 되었다.[63] 마찬가지로 *베넷 대 토탈 미나토메 코퍼레이션*(Bennett v. Total Minatome Corp) 사건에서 제5순회법원(the Fifth Circuit)은 표준편차값과 "p-값" 사이의 관계, 즉 해당 차이와 관련된 유형 I 오류의 확률에 대하여 명시적으로 논하였다.[64] 법원은 0.05 이하의 p-값에 상응하는 통계적 결과만이 허용됨을 재확인하였다. 같은 맥락에서 제11순회법원(the Fifth Circuit)은 다음과 같이 반대하였다:

"일반적 규칙"은 고용주가 제7장(Title VII)에 따라 불법적 차별을 가했다고 추론하기 전에, 차이가 "2배 또는 3배 표준편차보다 커

---

60 *Griffin v. Bd. of Regents of Regency Univs.*, 795 F.2d 1281, 1291 n.19 (7th Cir. 1986) (citing *Coates v. Johnson & Johnson*, 756 F.2d 524, 537 n.13 (7th Cir. 1985)).

61 *See, e.g., Bennett v. Total Minatome Corp.*, 138 F.3d 1053, 1062 (5th Cir. 1998).

62 *Palmer*, 815 F.2d 84, 92 (D.C. Cir. 1987).

63 *Id.* at 94–95.

64 *Total Minatome*, 138 F.3d at 1062 (and cases cited therein).

야" 한다는 것이다. 법원은 이러한 유형의 불균형을 "총 통계적 차이"라고 했다.[65]

80% 규칙 또는 통계적 유의성 검증 중 어느 쪽이 당사자에게 유리한지 여부는 문제가 되는 결정의 수에 크게 좌우된다. 다른 것들이 동일한 경우, 결정의 수가 많을수록 차이의 통계적 유의성도 커진다.[66]

예를 들어, 평균 임금이 시간당 $10.00인 경우, 시간당 $0.10의 남녀 간의 임금 차이는 평균 임금의 1%($0.10/$10.00)만 나타내므로 실질적으로 중요하지 않은 것으로 간주된다. 그러나 충분히 큰 남성과 여성 표본을 연구한다면, 동일한 차이가 통계적으로 유의할 수 있다. 그 이유는 통계적 유의성이 부분적으로 데이터 세트의 관측치 수에 의해 결정되기 때문이다.[67]

결과적으로, 선발에 있어서의 차이가 80% 미만인 소규모 고용주는 법적으로 의미 있는 차이를 제시하면서, 차잇값이 통계적으로 유의미하지 않다는 것을 강조하는 경향이 있다. 대조적으로, 대규모 사업장의 고용주들은 분석된 결정들의 표본수에 힘입어 80% 규칙을 옹호할 가능성이 높다. 충분한 데이터가 있으면 수적으로 작은 차이도 통계적으로 유의미할 수 있기 때문이다. 고용

---

65 *Peightal v. Metropolitan Dade Co.*, 940 F.2d 1394, 1406 (11th Cir. 1991) (internal citations omitted), cert. denied, 502 U.S. 1073 (1992) (citing: *Casteneda*, 430 U.S. at 497 n.17; *Hazelwood*, 433 U.S. at 308; and *City of Richmond v. JA. Croson Co.*, 488 U.S. 469, 501(1989)). *See also Smith v. Xerox Corp.*, 196 F.3d 358, 364–366 (2d Cir. 1999) (2배 또는 3배 표준편차의 차이가 총 통계 차이와 동일하다고 인정); *Ottaviani v. State Univ. of NY. at New Paltz*, 875 F.2d 365, 370–374 (2d Cir. 1989) (same). cert. denied, 493 U.S. 1021 (1990); *Palmer*, 815 F.2d at 96–97 (same); *NAACP v. Town of East Haven*, 892 F. Supp. 46, 48, 50–51 (D. Conn. 1995) (same).

66 "더 큰 표본 크기는 더 높은 정확도와 [통계적] 검증력으로 더욱 신뢰할 수 있는 결과를 제공한다. … "

67 *See* Daniel L. Rubenfeld, Reference Guide on Multiple Regression, Federal Judicial Center, Reference Manual on Scientific Evidence 191 (2d ed. 2000).

주들이 늘어나고 분석할 수 있는 데이터가 증가함에 따라, 원고와 정부는 통계적 유의성이 기관의 자체적 경험 법칙보다는 차이점들이 평가됨으로써 세워진 기준이라고 주장해 왔다.

빅데이터는 통계 체계를 한계 이상으로 끌어올린다. 결정 과정에서 점점 더 많은 데이터가 제공됨에 따라, 선택과정에서 데이터가 점점 더 크게 관여하게 되고, 초대형 데이터베이스의 자연스러운 결과라는 통계학적 관점상 인구통계학적 그룹 간의 차이는 점점 더 유의미해지고 있다. 극단적으로, 무시할 만한 차이임에도 불구하고 "2배 표준편차" 기준을 초과할 수도 있다. *월마트 대 듀크*(*Wal-Mart Stores, Inc. v. Dukes*) 사건에 보고된 통계분석은 고용차별 소송에서 가장 광범위한 빅데이터가 분석된 판결 중 하나로 여겨진다.[68] 남성과 여성의 임금 차이를 비교할 때 원고측 전문가는 1/10의 표준편차를 제시했다. 그 결과 시급에 있어 단지 1%의 10분의 2 정도의 성별에 따른 차이 — 시간당 10달러를 지급받는 남성 직원과 시간당 9.99 달러를 지급받는 여성 직원 간의 차이는 "통계적으로 유의미하다."고 판단될 것이다. 데이터 세트가 그 규모로 커지면 통계적 기준은 차별로 여겨질 수 있는 중요한 문제를 사소하게 만들 위험이 있다.[69]

통계적 기준의 안정성과 정교함이 증가한 수십 년이 지난 후, 법원은 이제 소규모 데이터 세계에서 발굴된 차별을 식별하는 기준이 빅데이터 세계에서는 도움이 되지 않을 수 있다는 문제에 직면해야 한다. 정확하게는 "빅(Big)"이기 때문에, 빅데이터는 승진, 채용 또는 근로관계 종료와 관련하여 인구 통

---

[68] 131 S. Ct. 2541 (2011). In this suit, the nationwide class consisted of approximately 1.5 million female employees. *Id*. at 2544.

[69] *See, e.g.*, Mark Kelson, Significantly misleading, Significance Magazine (Oct. 22, 2013), www. statslife.org.uk/the-statistics-dictionary/1000-the-statistics-dictionary-significantly-misleading ("환경 보호 주의자가 보전지역 산호초로부터 채취한 물 샘플에서 유류 오염이 발견된다고 말하는 것을 상상해 보자. 이 진술의 중요성은 그들이 물 샘플을 육안으로 검사했는지 또는 전자 현미경 검사를 실시했는지에 따라 크게 달라질 것이다. 기름의 양이 적을수록 우리가 그것을 보기는 더 힘들 것이다. 통계적으로 유의미한 치료효과를 발견하는 임상연구도 마찬가지이다. 만약 연구가 큰 규모이면, 통계적 유의성의 문제는 중요하지 않다. 왜냐하면 임상적으로 중요하지 않은 작은 차이조차도 통계적으로는 중요하기 때문이다.")

계 그룹 간에 결정비율의 차이가 아무리 작은 경우에도 통계적으로 유의미할 가능성이 높아진다. 법원에 의한 합리적인 대응은 언제 차이가 법적 효과를 가지는지를 결정하기 위한 임의의, 그러나 합리적인 경험법칙(Rule of thumb)을 부활시키는 것일 수 있다.

경험법칙은 연령 차별 소송의 경우 일반적이다. 예를 들어, 여러 순회법원에서 다른 직원을 대우하는 데 있어 5년, 6년 또는 8년 미만의 근로자에 대한 처우상의 차이는 차별을 구성하지 않는다고 하였다.[70] 마찬가지로, 제8 순회법원은 40세 이상 노동자의 비율을 4% 이상 줄이지 못한 노동력 감축은 *그 자체로* 차별적인 것은 아니라고 하였다.[71] 법원은 이러한 기준값을 넘어서는 통계적 증거를 수용할 수 있지만, 이러한 증거상의 기준은 통계적 유의성에도 불구하고 최소한의 차잇값의 입증 가치가 부족하므로 무시해야 한다는 많은 법원의 견해를 반영한다. 더 일반적으로는, 아마도 통일적 지침의 80% 기준값을 되살리고, 빅데이터 시대에 통계적 유의성은 규범(the norm)이며 따라서 법적 관련성을 잘 나타내지 못하는 지표임을 인식해야 할 때이다.

빅데이터와 장애인법(Disabilities Act)

2008년 ADA 개정법률(ADA Amendments Act of 2008)[72]에 의해 개정된 1990년 미국 장애인법(이하, ADA로 칭함)은 빅데이터에 특별한 도전을 제기한다. ADA는 특정 행동을 단순히 금지하는 다른 차별금지법과 달리 고용주에게 적극적인

---

[70] *See, e.g., Holowecki v .. Ped. Exp. Corp.*, 644 F. Supp. 2d 338, 357-358 (S.D.N.Y. 2009) aff'd, 392 F. App'x 42 (2d Cir. 2010) (3살 적은 사람에 대한 우대라는 막연한 주장은 나이에 의한 차별이라고 법적으로 추론하기에 불충분하다.); *Grosjean v. First Energy Corp.*, 349 F.3d 332, 339 (6th Cir. 2003) ("고용주가 나이를 유의미하다고 생각하는 직접적인 증거가 없는 경우, 피용자와 대체자 간의 나이 차이가 6세 또는 그 이하라는 것은 유의미하지 않다는 명확한 규칙을 채택한 판례); *Aliotta v. Bair*, 576 F. Supp. 2d 113, 125 n.6 (D.C. Cir. 2008) (나이 차이가 결정적 요인이었다는 것을 보여주는 더 이상의 증거가 없이는 7살 차이가 유미하지 않다는 판례) (citing *Dunaway v. Int'l Bhd. Of Teamsters*, 310 F.3d 758, 767 (D.C. Cir. 2002)).

[71] *See Clark v. Matthews Intern. Corp.*, 639 F.3d 391, 399 (8th Cir. 2011).

[72] 42 U.S.C. § 12101, et seq. (2009).

의무를 부과한다.[73] 그러나 법령과 그 규정은 20년 전에 당시 제정된 대로 심사와 채용절차를 반영되고 있다. 규정은 고용주에게 다음과 같이 하기를 요구한다.:

> 감각, 지체 또는 말할 능력이 있는 채용 응시자 또는 직원에게 시험을 실시할 때 시험결과가 기술, 적성을 정확하게 반영하는 것을 보장하기 위해 가장 효과적인 방식으로 고용과 관련된 시험을 선택하고 관리할 것, 그리고 시험결과가 직원이나 지원자의 손상된 감각, 지체 또는 말하기 능력을 반영하기보다는 능력, 태도나 시험이 의도하는 지원자 또는 직원의 다른 요소를 정확히 반영하도록 할 것.[74]

해석 지침에 따르면, "이 조항의 취지는 장애가 시험에 응시하는 것을 막거나 시험결과에 부정적인 영향을 미치기 때문에, 장애가 있는 사람이 실제로 수행할 수 있는 직업에서 배제되어서는 안 된다는 것을 강조하는 것이다. 그것은 직업의 전제 조건이다."[75]

빅데이터는 적어도 두 가지 이유로 이 규정에 적합하지 않다. 첫째, 빅데이터를 옹호하는 주장의 장점 중 하나는 알고리즘에 입력된 정보가 개인에 의해 자발적으로 참여하는 활동에서 수집되는데, 이는 일반적으로 업무상 요구되는 사항과 관련이 없는 경우가 많다.[76] 따라서 빅데이터는 신청자를 검증하기

---

73 고용주는 알려진 장애를 가진 직원 또는 지원자가 업무의 핵심적 기능을 수행할 수 있는지 여부를 결정하기 위하여, 합리적인 편의환경 하에 직원 또는 지원자를 상호소통절차에 참여시킬 의무가 있다. 42 U.S.C. §§ 12111(8), (9), 12112(a) & (b)(5) (2009); 29 C.F.R. §§ 1630.2(0), 1630.9 & Pt. 1630, App. §§ 1630.2(0) & 1630.9; *Humphrey v. Memorial Hosps. Ass'n*, 239 F. 3d 1128, 1137 (9th Cir. 2001) ("일단 고용주가 편의 제공의 필요성을 알게 되면, 해당 고용주는 ADA에 따라 적절한 합리적 편의를 파악하고 이행하기 위해 직원과 상호소통절차에 참여해야 하는 의무를 지게 된다."); see *Equal Employment Opportunity Comm'n v. Sears, Roebuck & Co.*, 417 F. 3d 789, 805-808 (7th Cir. 2005).

74 42 U.S.C.§ 12112(b)(7) (2009).

75 Section 1630.11 Administration ofTests, 29 C.F.R. Pt. 1630.

76 *See* e.g., How Big Data is Taking Recruiters from "I Know." Theundercoverrecruiter. com, available at http://theundercoverrecruiter.com/big-data-recruiters/ (last visited July 14, 2015).

위해 특정 웹사이트를 방문정보를 이용할 수 있지만, 전통적으로 그러한 유형의 활동은 테스트로 간주되지 않는다.

둘째, 빅데이터에 의존하는 정보 중 일부는 일상생활 과정에서 개인이 생성하기 때문에, 사람들은 자신의 대외 활동이 자신의 직무 적합성 판단 기준이 될 수 있음을 알지 못한다. 빅데이터가 모니터링하는 활동에 있어 장애가 있는 장애인은 자신이 검증되는 방식을 모르는 경우 합리적인 고려를 요구할 수 없다. 반면 고용자 역시 웹에서 수집한 정보 관련 지원자가 고용주가 고려할 필요가 있는 장애가 있음을 알지 못할 수도 있다. 고용주는 신청자가 장애인임을 알지 못할 뿐만 아니라, 신청자의 평가에 영향을 주는 빅데이터가 추적하는 행동에 대해 모를 수도 있다. 고용주가 알려지지 않은 장애를 수용하도록 요구하는 것은 부당하지만, 고용 결정을 지원자의 장애를 반영하는 기준에 기초하는 것 또한 마찬가지로 부당하다. 그러나 "테스트"에 빅데이터 알고리즘이 포함되어 있고 지원자에게 해당 요소에 대한 정보가 없는 경우 장애가 있는 지원자는 지원 과정에서 합리적인 고려를 거부당할 수 있다.

ADA는 장애인에게 차별적인 영향을 미치는 정책 및 관행에 관한 소송의 청구원인이 되지만,[77] 그 논리는 합리적인 고려를 문제삼는 소송에는 부적절할 수 있다. 장애인에는 다양한 그룹이 존재하며 한 장애가 있는 구직자에게 영향을 주는 고용주의 빅데이터 알고리즘의 요소가 다른 장애인 지원자에게는 아무런 영향을 미치지 않을 수 있다. 결과적으로, 해당 사례 수의 부족으로 장애가 있는 지원자의 경우가 집단 전체에 대한 영향을 입증한다고 할 수는 없다. 게다가 ADA하에서 차별적 영향을 성공적으로 주장한 사례가 보고된 적은 거의 없다.[78] 반대로, 장애가 있는 지원자는 다른 사람들이 선발 절차의 특정 측

---

[77] 42 U.S.C. § 12112(b)(3) (2009); *Raytheon Co. v. Hernandez*, 540 U.S. 44, 52 (2003).

[78] *See* e.g., *McGregor v. National R.R. Passenger Corp.*, 187 F. 3d 1113, 1116 (9th Cir. 1999) (부상을 당했을 때 직장으로 복귀하기 위해 직원에게 "100% 치료" 또는 "완전한 치료"를 요구하는 정책은 외견상 차별적이며 그 자체로 ADA 위반에 해당된다.); *Bates v. United Parcel Service, Inc.*, 511 F. 3d 974, 994–995 (9th Cir. 2007) (법에 의해 달리 요구되지 않는 청각 기준은 그 정책이 그 직무를 수행할 자격이 있는 청각 장애인을 배제하기 때문에 ADA 자체 위반으로 간주된다. 따라서 고용주는 "합리적인 편의를 통해 성과를 달성할 수 없다는" 것을 입증하기 위해 업무상의 필요성에 관한 적극적 방어를 입증해야 하는 부담이 있다.)

면에 어떻게 영향을 받는지에 관계없이 합리적인 고려를 받을 권리가 있다.[79]

잠재적인 해결책은 빅데이터에서 알고리즘에 투입되는 데이터를 공개하도록 요구함으로써, 장애가 있는 지원자들이 모니터링되는 활동에 대해 통지받도록 하는 것이다. 그러나 이러한 알고리즘은 독점적이며 빅데이터를 통한 광범위한 개발 노력을 반영하는 것이다. 물론, 대중적 공개는 이 지적 재산의 가치를 크게 훼손할 것이다. 또는 고용주가 고용 결정에 전제된 외부 정보원에서 수집한 데이터를 공개하도록 할 수도 있다. 이는 장애인 지원자가 신체적 또는 정신적 제약을 설명하는 대화를 촉진할 수 있으며, 합리적인 대안은 빅데이터 알고리즘과 관계없이 그러한 지원자를 평가하는 것일 수 있다.

직무관리와 훈련에서의 빅데이터 이용

얼마나 침해하는 것이 과도한 침해인가?: 산업현장에서의 빅데이터와 개인정보보호

직원 고용 시 빅데이터를 사용하는 회사(이 섹션에서는 "빅데이터 분석" 및 "인사 분석"이라고 함)는 직원의 생산성과 사기를 높이고 이직율을 낮출 수 있다고 주장한다.[80] 주장은 매우 그럴 듯하지만 고용주는 이러한 서비스를 사용하는 경우 프라이버시 및 데이터 보안 문제를 해결해야 한다. 첫째, 직원에 대한 정보 수집은 잠재적으로 직원의 프라이버시 권리를 침해할 수 있다. 둘째, 고용주는 직원에 대해 수집된 민감 정보의 보안을 보장해야 한다. 또한 고용주가 해외 직원의 데이터를 수집하고 분석하는 경우 개인정보보호 및 데이터보안 문제가 상당히 복잡해진다.

---

[79] 42 U.S.C. § 12112(a), (b)(l) & (b)(5) (2009).

[80] Steven Pearlstein, People Analytics: *'Moneyball' for human resources*, Wash. Post, Aug. l, 2014, available at www.washingtonpost.com/business/people-analytics-moneybal1-for-human-resources/2014/08/01/3a8fb6ac-1749-lle4-9e3b-7f2fl10c6265_story.html (last visited July 14, 2015).

프라이버시

프라이버시와 관련하여, 연방 및 주법 및 코먼로(comnon law)는 고용주가 직원에 대한 정보를 수집하고 어떻게 그 정보를 사용하는지에 대해 제한한다. 직원의 건강 정보의 수집과 사용에 있어서는, 제한이 특히 까다로운 반면, 성과보상 정보와 같이 건강과 관련이 없는 직원 정보에 대하여 고용주는 놀라울 만큼 많은 재량을 가진다.

: 건강 데이터

직원과 가족의 건강이 고용주의 수익에 중대한 영향을 미칠 수 있기 때문에, 많은 고용주는 직원과 직원의 건강 상태에 대한 데이터 분석을 수행하는 데 관심이 있을 수 있다. 건강 상태가 안 좋은 직원이나 직원의 가족은 보험료가 더 비싸다. 또한 이러한 상황으로 인해 직원은 더 많은 업무를 놓치게 되거나 업무능력이 저하될 수 있다. 그러나 고용주가 빅데이터 분석과 고용 결정을 내리기 위해 직원의 건강정보를 사용하는 것은 사실상 불가능하다.

여기에는 일반적인 건강정보와 직원(및 가족 구성원)의 의료 정보를 보호하기 위해 제정된 여러 연방법이 있다.[81] 이러한 법률들은 고용주가 특정 목적을 위해 직원에 관한 건강 정보를 받을 수 있으며, 다른 목적으로 해당 정보에 접근하고 사용하지 못하도록 설계되어 있다. 1996년 의료정보보호법(Health Insurance Portability and Accountability Act of 1996, HIPAA. 이하, HIPAA로 징함), 경제 및 임상 건강정보기술법 및 시행 규정들은 이러한 법률들 중 가장 포괄적이다. HIPAA 규정은 개별적으로 식별 가능한 건강 정보의 사용 및 공개에 적용되며, 정보에 대한 접근과 고용주가 제공되는 정보를 사용할 수 있는 방식을 크게 제한한다. 자가보험상품을 취급하는 회사는 HIPAA로부터 가장 직접적으로 영향을 많이 받

---

[81] 고용주는 또한 의료 정보의 오용을 금지하는 캘리포니아 의료정보법(California Confidentiality of Medical Information Act)과 같이 직원의 의료정보를 보호하는 수많은 주법을 알아야 한다. Ca. Civ. Code§§ 56.20~56.245.

으며, 건강보험 보장청구를 처리하는 데 사용되는 정보가 고용결정을 포함한 다른 목적으로 활용되지 않도록 가장 포괄적인 개인정보보호조치가 요청된다.[82]

ADA는 또한 직원의 건강 정보 수집 및 사용에 엄격한 제한을 부과한다. ADA는 직원이나 지원자가 (자신의 병증 혹은 장애에 대한 회사의) 수용(accommodation)을 요청하는 것과 같은 극히 제한된 경우를 제외하고는 고용주가 직원 혹은 지원자의 의학적 상태(medical condition)나 장애에 대해서 묻는 것을 금지한다. 건강검사와 같이 민감한 질의를 하는 경우, 검사는 "직무와 관련이 있으며 사업적 필요성에 부합"해야 한다.[83] 또한, 건강검사의 결과 및 업무에 영향을 미치는 장애를 다루기 위해 근로자로부터 취득된 다른 건강정보는 직원의 인사 파일과는 별도의 파일로 기밀로 유지되어야 하며, 고용주의 조직 내외의 매우 제한된 범주의 사람에게만 공개될 수 있다.[84]

가족의료휴가법(Family Medical Leave Act)은 또한 ADA의 기밀 보호 용어를 인용한다는 점에서 강력한 개인정보보호 기능을 갖추고 있다. 결과적으로, 직원의 가족의료휴가법에 따른 휴가요청에 관한 정보는 휴가 관리 이외의 목적으로 고용주가 사용하는 것은 제한된다.[85]

유전자정보 비차별법(Genetic Information Nondiscrimination Act, GINA, 이하, GINA로 칭함)은 이름이 제시하는 바 이상으로, 유전자 검사결과 이상의 훨씬 더 많은 내용을 보호한다. GINA는 "유전정보"를 정의하고, 4촌까지의 가족 구성원의 질병 또는 장애의 징후와 관련된 모든 정보를 보호한다.[86] GINA는 고용 목적으로 고용주가 유전자 정보를 수집하고 사용하는 것을 엄격히 제한하며 실질적인 기밀 유지 의무를 부과한다.[87] 이러한 제한은 고용주가 빅데이터 분석에 유전자정보를 사용하는 것을 효과적으로 배제할 것이다.

---

82 45 C.F.R. § 164.504(f)(2)(ii)(C).

83 42 u.s.c. § 12112(d)(4).

84 *See* 42 U.S.C. § 12112(d)(3).

85 29 C.F.R. § 825.SOO(g).

86 42 U.S.C. § 2000ff(4); 29§ C.F.R. § 1635.3(c). 87

87 *See* generally 42 U.S.C. § 2000ff-l, 2000ff-5.

: 건강과 관련 없는 정보

직원의 건강 데이터는 논외로 하고, 고용주는 더 나은 결정을 내리거나 현재 또는 미래의 직원에 대한 평가관점을 얻기 위해 직원에 대한 건강정보 이외의 정보를 수집하고 분석하는 데 점점 관심을 가지고 있다. 다음 유형의 데이터는 고용주에게 특히 중요하다.

- 보상 정보
- 성과 평가
- 업무 진행
- 임기
- 업무추진비 상환과 상환 및 서류 정책 준수

고용주는 일반적으로 법적 제한 없이 빅데이터 분석을 수행하기 위해 직원에 대한 이와 같은 범위의 정보를 이용할 수 있다. 그러나 고용주가 직원 데이터에 대한 개인정보보호정책을 유지하는 경우, 이러한 정보를 사용하는 모든 빅데이터 분석이 고용주의 자체 개인정보보호정책을 준수하는 것인지를 확인해야 한다.

인적 자원 데이터 분석이 널리 보급됨에 따라, 지원자의 예비 고용주가 고용주에게 전화를 통해 이전 직원에 대한 상기 카테고리의 정보를 요청하는 경우가 늘어나게 될 수 있다. 이러한 범주의 정보는 일반적으로 법령에 의해 보호되지 않거나 개인정보로 보호되지 않지만, 이러한 범주의 정보를 전 직원의 예비 고용주에게 알릴지 여부를 고민하는 고용주는 알리는 것이 직원 정보의 기밀성에 대한 회사의 자체 정책과 일치하는지 여부를 고려해야 한다. 예를 들어, 직원 정보를 예비 고용주에게 알리는 것은 직원의 기록을 회사의 기밀 자산으로 기술하고 파일의 정보에 대한 접근을 크게 제한하는 정책과 일치하지 않을 수 있다.

: 근로자의 어깨 너머로의 감시

지난 몇 년 동안 개인정보보호 및 데이터 사용에 대한 규칙과 태도가 크게 변경되었다. 개인의 프라이버시 수준은 항상적으로 낮을 수 있지만, 고용주가 지원자와 직원의 개인 생활을 존중할 것이라는 기대는 매년 점차 증가하고 있다. 최근 발생한 "비밀번호 보호" 입법의 물결은 인적자원 분석과 특히 관련이 있는 이러한 트렌드의 한 예시이다.

고용주는 소셜미디어 콘텐츠를 사용하여 직장에서 성공할 가능성이 있는 개인의 프로파일을 구축하는 데 관심이 있을 수 있지만, 이 법률은 고용주가 공개적으로 이용할 수 없는 온라인 콘텐츠에 대한 접근을 실질적으로 제한한다. 현재 21개 주가 지원자 및 직원의 개인 소셜미디어 콘텐츠를 보호하기 위한 법률을 제정했다: 아칸소, 캘리포니아, 콜로라도, 코네티컷, 일리노이, 루이지애나, 메인, 메릴랜드, 미시간, 네바다, 뉴햄프셔, 뉴저지, 뉴멕시코, 오클라호마, 오리건, 로드아일랜드, 테네시, 유타, 버지니아, 워싱턴, 위스콘신주.[88] 이들 21개 주법은 모두 고용주가 지원자 또는 직원에게 개인 소셜 미디어 계정에 액세스하는 데 필요한 사용자 이름, 비밀번호 또는 기타 정보를 밝힐 것을 요청하거나 의무화하는 것을 금지하고 있다.[89] 그리고 대부분의 주법들은 "어깨너머 감시"의 금지와 같은 개인 온라인 콘텐츠에 대한 고용주의 접근에 대한 또 다른 제한을 부과한다. 이러한 법률들은 고용주가 데이터 분석을 수행하기 위해 지원자와 직원의 비공개 온라인 콘텐츠를 "수확"하는 것을 실효적으로 금지한다.

: 전자 커뮤니케이션 심사

인사사항 분석을 목적으로 직원의 전자 커뮤니케이션에서 정보를 수집하려는 고용주는 연방 저장정보보호법(the Stored Communications Act, SCA. 이하,

---

[88] 비밀번호 보호법령에 대한 자세한 내용은, *see* Philip L. Gordon & Joon Hwang, Virgi,nia',1 Password Protection Law Continues the Trend Toward Increasing Legislative Protection of Personal Online Accounts, Littler Insight (Mar.30, 2015) available atwww.litder.com/publication-press/publication/virginias-password-protection-law-continues-trendtoward-increasing-le#sthash.bo3qapdM.dpuf.

[89] 주목할 만한 예외는 뉴멕시코이며, 지원자에게만 금지를 적용한다.

SCA로 칭함)에 의해 부과된 제한 사항을 알고 있어야 한다. SCA는 "전자 커뮤니케이션 서비스(electronic communications service, ECS. 이하, ECS로 칭함)이 매개되어 이루어지는 장치"**90**에 저장된 전자 커뮤니케이션에 대한 접근을 금지한다. 입법 연혁은 전화 회사 및 이메일 제공업체를 ECS 제공자의 예시임을 밝힌다.**91** 수년에 걸쳐 법원은 인터넷 서비스 제공업체나 게시판 서비스 등 새로운 형태의 서비스 제공업체에서부터 지메일(Gmail),**92** 스카이프(Skype),**93** 페이스북(Facebook)**94**에 이르기까지 이 용어를 적용하는 것을 주저하지 않았다.**95** 결과적으로, 예를 들면, 허가 없이 직원의 계정에 저장된 메시지와 같이 직원의 메시지에 접근하는 것은 SCA를 위반할 수 있다.

고용주에게 중요한 점은 SCA가 ECS 제공업체가 자사의 서비스에 저장된 커뮤니케이션에 접근할 수 있도록 예외를 인정했다는 것이다.**96** 이는 고용주가 회사의 이메일 서버에 있는 이메일과 같이 자사가 제공하는 전자통신시스템에 저장된 커뮤니케이션에 접근할 때에는 SCA를 위반하지 않음을 의미한다.**97**

: 위치추적장치

위치추적장치(Global Positioning System, GPS. 이하, GPS로 칭함) 기술을 사용하여 직원의 위치에 대한 데이터를 수집하는 것 역시 위험이 따른다. 몇몇 주에서는 차량 소유자의 동의 없이 차량의 GPS 추적을 금지하는 법률을 통과시켰다.**98**

---

90 18 U.S.C. § 270l(a)(l).

91 S. Rep. No. 99-541, at 14.

92 *Lazette v. Kulmatycki, 949 F.Supp.2d*, 748 (N.D. Ohio 2013).

93 *Snyder v. Fantasy Interactive, Inc.*, No. 11 Civ. 3593 (S.D.N.Y. 2012).

94 *Crispin v. Christian Audigier, Inc.*, 717 F. Supp. 2d 965, 981-982 (C.D. Cal. 2010).

95 *Garcia v. City of Laredo*, 702 F.3d 788, 792 (5th Cir. 2012).

96 18 U.S.C. § 270l(c)(l).

97 *See*, e.g., *Fraser v. Nationwide Mut. Ins. Co.*, 352 F.3d 107, 115 (3d Cir. 2003); *Bohach. v. City of Reno*, 932 F. Supp. 1232, 1236 (D. Nev. 1996).

98 *See*, e.g., Cal. Penal Code § 637.7. 그러나 캘리포니아 법령은 고용주가 소유한 차량에 위치추적장치를 장착하는 경우 예외를 둔다. *Id.* at § 637.7(b).

또한, 고용주는 개인정보 침해 주장에 대한 코먼로(common law)를 위반할 수 있는 위험에 직면해 있다. 이 분야의 법은 이제 막 나타나고 있다. 그러나 *미국정부 대 존스*(*U.S. v. Jones*) 사건에서 대법원은 정부가 마약 밀매로 의심되는 개인의 차량을 추적하기 위해 한 달 동안 위치추적장치를 사용하는 것은 영장 없이 수행되었기 때문에 제4차 수정헌법에 따르면 부당한 수색에 해당한다고 판결하였다.**99**

제4차 수정헌법은 개인 고용주가 수행한 직원 검색에는 적용되지 않지만, 프라이버시 불법행위 코먼로(common law) 위반사건에서의 "사생활에 대한 합리적인 기대(reasonable expectation of privacy)"라는 기준은 제4차 수정헌법하에서의 "사생활에 대한 합리적인 기대(reasonable expectation of privacy)" 기준과 거의 유사하다.**100** 결과적으로 법원들은 존스 사건에서의 대법원 판결에 따라 유사한 직원 추적이 코먼로(common law)하에서의 개인정보를 침해하는 것을 인정할 수 있었다.

최근의 사례는 법원이 고용주가 위치추적 기기를 사용한 사건들에서의 청구취지를 분석하는 방법을 보여준다. *커닝햄 대 뉴욕주 노동부*(*Cunningham v. New York State Dept. of Labor*) 사건에서, 뉴욕 항소 법원은 정부 공무원들이 직원이 허가 없이 자리를 비우거나 근무시간 기록을 조작했는지를 조사하기 위해 직원의 인식이나 동의 없이 직원 차량을 추적하도록 명한 것은 부당하게 행위한 것이라고 판결했다.**101** 한 달간의 추적 후, 정부는 부분적으로 GPS 데이터에 근거하여 직원의 위법 행위를 이유로 고용을 종료시켰다. 직원들은 종료가 부적절하며 GPS 데이터가 그의 동의 없이 수집되어서는 안 된다고 주장하면서 소송을 제기했다. 항소법원은 직원이 허위 근무시간 기록을 제출한 것으로 의심되는 "충분한" 이유가 있었기 때문에 정부 관계자의 GPS 기술 사용이 초반에는 합리

---

99 132 S. Ct. 945 (2012).

100 *See*, e.g., *Smyth v. Pillsbury Co.*, 914 F. Supp. 97, 101 (E.D. Pa. 1996) (고용주에 대한 주거침입의 불법행위에 따른 프라이버시 침해 주장을 위하여는 고용주가 프라이버시에 대한 합리적인 기대를 침해했음을 보여주어야 한다고 판시함). *See*, *Smyth v. Pillsbury Co.*, 914 F. Supp. 97, 101 (E.D. Pa. 1996)

101 21 N.Y.3d 515, 974 N.Y.S.2d 896, 997 N.E.2d 468.

적인 것이었다고 판단했다.**102** 그러나 법원은 "국가가 합법적인 고려 없이 많은 활동을 조사했기 때문에, 즉 밤새, 주말 내내, 휴가 중에 종업원을 추적했기 때문에" 그 한도 내에서 GPS 사용은 불당한 것이었다고 판단했다.**103** 법원은 주정부가 GPS 장치를 새로운 장치로 교체하기 위해 GPS 장치를 두 번 제거했지만, 직원이 연차휴가를 시작하려고 할 때에는 제거하지는 않았다고 지적했다.**104**

커닝햄 사건의 일차적인 교훈은 GPS 추적이 인사 사항 분석의 유용한 도구로 작용할 수 있지만, 특히 직원의 일과 가정생활이 반드시 겹칠 수밖에 없는 범위 내에서는 적절한 목적으로서만 사용되어야 한다는 것이다.**105** 또한, 종업원에게 위치추적에 대한 확실한 통지를 제시하고 사전 동의를 얻는 것이, 사생활 침해에 대한 코먼로(common law) 이론에 따라 위치추적장치의 사용을 제한하는 주법에 근거한 소송에 고용주가 노출되는 것을 효과적으로 제어할 수 있다.

데이터 보안

다수의 연방 및 주 법률 및 규제들은 개인정보보안을 보호한다. 이 분야의 법률은 예를 들어 도난 — 사회보장번호, 운전면허번호, 신용카드 및 직불카드 번호 및 금융계좌번호를 식별하는 데 사용될 수 있는 정보와 건강정보와 같이 일반적으로 개인정보로 이해되는 정보에 중점을 두는 경향이 있다. 비판적으로, 고용주가 데이터 분석을 제3자에게 아웃소싱하더라도 데이터에 대한 책임은 고용주에게 있다. 결과적으로 고용주는 고용주 대신 데이터를 처리하는

---

102   21 N.Y.3d at 522.

103   *Id.*

104   *Id.*

105   소토마요르 판사는 이전 사건(*U.S. v. Jones*, 565 U.S. 945, 957 (2012))에서의 자신의 찬성의견에서 비슷한 감정을 표현했다. "개인이 제3자에게 자발적으로 공개된 정보에 있어서 프라이버시에 대한 합리적인 기대가 없다는 전제를 재고할 필요가 있을 수 있다." "이러한 접근법은 일반 업무를 수행하는 과정에서 제3자에게 자신에 대한 수많은 정보를 드러내는 사람들이 살고 있는 디지털 시대에 적합하지 않다."

서비스 제공업체의 실수에 대해 책임을 져야 할 수 있다.

아웃소싱 데이터 분석의 위험을 줄이려면 고용주는 가능하다면 개인 데이터를 비식별화해야 한다. "비식별화"는, 예를 들면, 데이터 세트에서 개별 식별정보 이름 및 주민등록번호를 제거하는 프로세스를 말한다. 몇몇 연구는 표준 비식별화 단계가 데이터와 식별 가능한 개인 간의 연결을 실제로 끊어내는지에 대해 계속해서 의문을 제기하고 있다.106 그럼에도 불구하고, 개인 데이터의 비식별화로 인해 적어도 신원 도용이나 기타 유해한 목적으로 데이터를 사용하기가 더 어렵게 되었다는 데에는 의문의 여지가 없다. 또한, 비식별화 절차가 기준에 맞게 이루어지고 승인된 표준을 충족하는 한, 보건 정보 이동 및 책임법(HIPPA)과 같은 일부 법에 따라 비식별화 데이터는 안전처(safe harbor)를 제공받는다.107 제정법이나 규제체계가 안전처(safe harbor)를 명시하지 않더라도, 사실상 모든 데이터 보호 및 정보 보안법이 개별적으로 식별할 수 있는 정보에만 적용되기 때문에 비식별화는 효과적인 안전처(safe harbor)가 될 수 있다.

서비스 제공업체가 식별된 데이터를 사용해야 하는 경우, 고용주는 서비스 제공업체가 데이터를 보호할 수 있음을 확실히 하고, 해당 정보에 대한 합리적인 보호 수단을 제공할 것임을 서비스업체로부터 서면으로 확인받는 상당한 주의의무를 행하여야 한다. 경우에 따라서는 고용주에게 서비스 계약상의 정보보안문제 해결에 대한 법적 책임이 부과될 수 있다. 예를 들어, 캘리포니아는 캘리포니아 거주자에 관한 개인정보를 소유하거나 개인정보에 대해 허가받은, 그리고 제3자와 해당 정보를 공유하는 어떠한 사업자에게 "제3자가 정보의 속성에 부합하는 합리적인 보안절차 및 실무관행을 이행하고 유지하도록 계약상 요구하고, 무단 접근, 파기, 사용, 수정 또는 공개로부터 개인정보를 보호할 것을 요구하는" 법령을 제정했다.108 매사추세츠주와 오리건주에서는 각

---

106 *See* Paul Ohm, Broken Promises of Privacy: Responding to the Surprising Failure of Anonymization, 57 UCLA L. Rev. 1701, 1716–1723 (2010).

107 45 C.F.R. 164.514(a).

108 *See* Cal. Civ. Code 1798.81.5(c).

주의 주민과 관련하여 유사한 법령을 제정했다.[109]

고용주는 또한 HIPAA가 보장하는 고용주와 HIPAA에서의 "사업자"에 해당하는 제3자 서비스 제공업체 간의 계약 내에서 보호되는 건강정보에 관한 데이터 보안 규정을 HIPAA가 의무화한다는 점에 유의해야 한다.[110] 이러한 계약들에는 보호받는 건강정보의 사용과 공개에 관한 허가·요구사항을 확립해야만 하며, 여기에는 허가 없는 공개를 막는 적절한 보호조치(safeguard) 및 권한 없는 공개에 대한 보고의무 요건이 포함되어야 한다.[111]

법에 의해 데이터 서비스 제공업체와의 서비스 계약에서 정보 보안을 다루지 않아도 되는 고용주의 경우라도, 어떻게든 서비스 제공업체가 계약에 의해 데이터를 보호하도록 요구하는 것이 좋다. 전체 주의 3분의 1은 기업이 어떤 형태의 개인정보를 보호하기 위해 일반적 보호조치를 시행할 것을 요구한다.[112] 47개 주들은 서비스 제공자가 개인정보를 보유한 경우를 포함하여 보안 위반에 대한 통지를 의무화한다.[113] 결과적으로, 많은 주들에서 고용주는 위반 사실을 보고하지 않은 행위뿐 아니라 서비스 제공업체가 자체적으로 일으킨 위반이라 하더라도 위반에 대한 안전장치의 부재에 대해 책임을 질 수 있다.

이론상으로는 설령 위반사항이 발생하지 않았다 하더라도, 서비스 제공자가 적절한 정보보안책을 마련하지 않았을 경우, 회사는 정부규제기관으로부터 처벌을 받을 수 있다. 실제로는 서비스 제공업체가 요구되는 안전 관리를 유지하지 못하는 경우, 정부규제기관이 회사를 단속할 가능성은 극히 낮다. 그러나 회사가 상당한 주의의무를 다하지 못하고 서비스 제공업체가 데이터 침해를 당하면, 해당 회사는 강제 조치에 직면할 수 있다. 회사는 또한 회사의 과실을 주장하는 집단소송의 대상이 될 수 있다. 데이터유출 사건의 경우 과실의 주장

---

109 M.G.L. c. 93H as implemented by 201 C.M.R. 17.00; Or. Rev. Stat. 646A.622(2)(d).

110 45 C.F.R. 164.504(e).

111 *Id.*

112 *See, e.g.,* Fla. Stat. § 501.171(2); Tex. Bus. & Com. Code Ann. § 521.052(a).

113 *See, e.g.,* 815 Ill. Comp. Stat. 530/5 et seq.; Mich. Comp. Laws § 445.72; N.Y. Bus. Law§ 899-aa; Ohio Rev. Code§ 1349.19.

은 일반적으로 가해 및 인과관계 요소에 대해 성립되지만, 주장에 대한 방어는 비용이 많이들 수 있다.114 법적 책임 외에도, 위반 사실은 회사의 명예를 실추시키고 직원들의 사기를 떨어트릴 수 있다.115 또한 보안의무 위반은 위반통지법에 따라 통지를 제공하는 데 드는 비용으로 인해 비용이 많이들 수 있다.116

회사는 계약에 의해 위반통지를 서비스 제공자에게 위임할 수 있지만, 위반통지법에 의거하여 영향을 받은 개개인에게 내용이 통지되었는지를 확실히 하는 책임은 회사에 있다.117 따라서 고용주는 서비스 제공업체에게 합리적인 데이터 보안 안전수단을 시행할 것을 요구해야 할 뿐만 아니라, 서비스 제공업체에게 데이터 유출을 즉시 고용주에게 보고하고 데이터 유출 조사에서 고용주와 협력하도록 요구해야 한다. 또한 서비스 제공자 소유의 개인정보와 관련된 보안 위반에 대해 대응할 때 고용주에게 발생하는 모든 비용을 서비스 제공업체가 고용주에게 상환할 것과, 보안 위반으로 인해 발생하는 제3자의 청구로부터 고용주를 면책하는 내용을 계약에 포함시켜야 한다. 마지막으로, 계약을 통해 누가 위반통지를 제공할 것인지 여부와 통지과정을 감독할 수 있는 권한이 고용주에게 있음을 명확히 해야 한다.

국제적 정보보호

국제적 데이터 보호체계에 대한 전체적 논의는 이 장의 범위를 벗어나지만, 고용주는 미국 국적이 아닌 직원, 특히 유럽연합(EU)에 거주하는 직원의 데

---

114 Douglas H. Meal & David T. Cohen, Private Data Security Litigation in the United States, in Inside the Minds: Privacy and Surveillance Legal Issues (Aspatore 2014).

115 데이터 위반비용에 대한 2014년 Ponemon Institute의 설문조사에 따르면, 비즈니스는 데이터 위반을 경험한 후 평균 3백만 달러 이상의 영업손실을 입었다. Ponemon Institute, 2014 Cost of Data Breach Study: Global Analysis, 16 (May2014).

116 Ponemon Institute는 또한 2014년 미국의 평균 위반통지 비용이 $500,000 이상인 것으로 추정했다. Id, at 15.

117 예를 들어. 뉴욕은 다른 많은 주들과 마찬가지로. 영향을 받는 개인에게 데이터를 "소유 또는 허가"한 당사자에 대하여 알릴 의무를 부과한다. N.Y. Gen. Bus. 법률 899-aa (2). 데이터를 "보유(maintains)" 하는 당사자는 데이터 소유자 또는 사용권자에게 통지할 의무가 있다. Id, at § 899- aa(3).

이터 분석 시에 특히 주의해야 한다. EU의 모든 회원국들은 개인정보처리를 엄격히 규제하는 EU 데이터보호지침을 이행하기 위해 법을 제정했다.[118] 다른 많은 국가들에서도 EU와 유사한 데이터보호법을 제정했다.[119]

데이터보호지침은 광범위하다. 예를 들면, "개인 데이터"는 "식별된 또는 식별 가능한 자연인('데이터 주체')과 관련된 모든 정보로 정의된다. 식별 가능한 사람이란 식별번호 또는 그의 신체적, 생리적, 정신적, 경제적, 문화적 또는 사회적 정체성에 관하여 고유한 하나 이상의 요인들"[120]을 통해 직접 또는 간접적으로 식별될 수 있는 사람이다. 이러한 정의는 사회보장번호나 HIPAA상 보호받는 건강정보와 같은 특정 데이터에 대한 보호로 제한되는 미국의 개인정보와 관련된 법률상의 정의보다 훨씬 더 광범위하다. 데이터분석과 관련하여, 성과 평가, 징계기록 및 보상정보와 같이 일반적으로 미국법에 의해 보호되지 않는 정보의 범주가 EU 지침하에서는 보호되기 때문에 광범위한 정의를 특히 주목할 필요가 있다.

비판적으로, EU 데이터보호지침은 특정 상황을 제외하고는 개인 데이터의 자동 처리에 근거한 결정을 금지한다.[121] 직원 개인 데이터를 통한 데이터 기반 분석에 근거하여 의사결정을 하면 이러한 금지 규정을 위반할 수 있다. 나중에 논의되는 다른 모든 요건들이 충족되더라도, 결과적으로 "머니볼(Moneyball)"과 유사한 기법은[122] EU에서 상당한 위험을 초래할 수 있다.

---

118 *See* 개인정보처리 및 개인정보 데이터의 자유이동에 관한 개인보호에 관한 유럽의회·위원회 지침. Commission Directive 95/46/EC, of the European Parliament and the Council of 24 October 1995 on the Protection of Individuals with Regard to the Processing of Personal Data and the Free Movement of Such Data, 1995 O.J. (L281) 31 [이하에서는, E.U. Data Protection Directive].

119 광범위한 데이터보호법을 보유한 국가로는, (The Privacy Act 1988 (Cth)), 인도(Information Technology Act, 2000, No. 21 of 2000, as amended by Information Technology (Amendment) Act, 2008 and Information Technology (Reasonable Security Practices and Procedures and Sensitive Personal Data or Information) Rules, 2011, G.S.R. 313(E) (Apr. 11, 2011)), 멕시코(Ley Federal de Protección de Datos Personales en Posesión de los Particulares, 5 de Julio de 2010), 그리고 대한민국(Personal Information Protection Act, Act No. 10465, Mar. 29, 2011)이 있음.

120 45 C.F.R. 164.504(e).

121 *Id.*, ch. II, art. 15.

122 발간 서적인 *Moneyland*과 같은 이름의 영화를 통해 유명해진 접근 방식에서, Oakland Athletics

다른 부분에 대해서도, EU 데이터보호지침(E.U. Data Protection Directive)은 개인데이터 처리에 관한 통지를 요구하며, 예외가 적용되지 않는 한, 동의가 필요하다.123 이는 고용주가 직원들에게 데이터 분석을 수행하기 위해 개인 데이터 처리를 포함하여 개인데이터 처리 방법에 대한 통지를 제공해야 함을 의미한다. 고용주는 분석의 목적과 제3자가 분석을 수행했는지 여부를 직원에게 알려야 한다.124 직원은 일반적으로 데이터 처리에 반대할 권리가 있으며, 고용주가 분석을 수행하지 못하게 할 수도 있다.125

개인정보의 주체에게 처리를 반대할 권리를 부여하는 것 외에도, EU 데이터보호지침은 개인 데이터에 대한 접근, 수정 및 삭제할 수 있는 권한을 부여한다.126 또한 이 지침은 개인정보에 대한 합리적인 보안을 요구한다.127 결과적으로, 미국 직원의 개인 데이터를 서비스 제공 업체와 공유할 때와 마찬가지로, 고용주는 서비스 제공업체에 대해 상당한 주의 의무를 수행하고, 고용주는 서비스 제공 업체에게 EU 출신 직원의 개인 데이터를 공개하기 전에, 이러한 의무를 다루는 데이터 보안 조항 및 그러한 조항을 포함하는 계약을 실행해야 한다.

고용주는 미국 영토에서 데이터를 처리함으로써 EU의 제한을 간단히 우회할 수는 없다. EU 데이터보호지침은 현지 법률이 "적절한 수준의 보호"를 제공하지 않는 국가로 EU 주민데이터를 전송하는 것을 금지한다.128 현재 EU는 미국법이 일반적으로 적절한 수준의 보호를 보장하지 않는다고 결정했다.129 그러나 회사는 개인 데이터가 미국으로 전송된 후에도 EU와 같은 보호를 계속

야구팀은 데이터 기반의 분석기술을 사용하여 야구선수의 성공요인에 대한 측정방법을 정한 다음, 이러한 통계를 바탕으로 선수를 모집했다.

123 *Id.*, ch. II, arts. 10, 14.

124 *See id.*, ch. II, arts. IO(a), (b).

125 *See id.*, ch. II, art. 14.

126 *Id.*, ch.II, art. 12.

127 *Id.*, ch. II, art. 17.

128 *Id.*, ch. IV, art. 25(1).

129 적절한 보호수준을 가진 유럽위원회 회원국 리스트는 다음 사이트에서 확인 가능: http://ec.eu ropa.eu/justice/data-protection/document/international-transfers/adequacy/index_en.htm.

받을 수 있도록 보장하는 다음 세 가지 메커니즘 중 하나를 실행함으로써 미국으로 전송된 데이터에 대해 적절한 수준의 보호를 제공할 수 있다; 모델 데이터 전송 계약,130 구속력 있는 회사 규칙;131 또는 US-EU 인증 안전처(Safe Harbor).132 이러한 접근 방식 중 가장 일반적으로 사용되는 방법은 US-EU 안전처(Safe Harbor)이다. US-EU 안전처는 인증 회사에서 전송된 개인 데이터에 대한 개인정보보호 체계를 실행하고 데이터보호지침에 의해 요구되는 바와 같은 정보보안 기준을 이행해야 한다.133

FTC는 안전처를 강제한다.134 안전처 인증을 받았다고 주장하는 회사들에 대해서만 원칙적으로 초점을 맞추는 등 지금까지 FTC의 집행은 상대적으로 느슨했다. 최근 FTC는 안전처를 부적절하게 시행한 데 대하여 유럽 규제 기관으로부터 압력을 받고 있다. 결과적으로 FTC는 집행노력을 강화하고 보다 실질적인 위반을 겨냥하게 될 것이다.

EU는 또한 개인데이터 처리에 대한 규칙을 강화할 가능성이 높다. 유럽위원회는 개인정보에 대한 프라이버시 보호를 강화하기 위해 데이터보호지침의 포괄적인 개혁을 제안했다.135 다른 점들 중에서도 가장 최신의 제안은 법을 준수하지 못한 회사에 대해 글로벌 연간 매출의 2~5%의 벌금을 부과하는 것, 불필요한 데이터를 삭제할 소비자의 권리("잊혀질 권리") 및 데이터 위반을 주 당국에 의무적으로 보고할 것을 요구한다.136 위원회는 현지 법으로의 전환이

---

130 Commission Decision 2001/497/EC Controller to Controller Transfers (amended by Commission Decision C(2004) 5271).

131 Working Document: Transfers of personal data to third countries: Applying Article 26 (2) of the EU Data Protection Directive to Binding Corporate Rules for International Data Transfers (Adopted June 3, 2003).

132 유럽의회지침(Directive 95/46/EC of the European Parliament)과 안전처 원칙에 의해 제시되는 보호의 적절성에 관한 위원회에 따른 유럽위원회 결정(Commission Decision 2000/520/EC of 26 July 2000)과 미국 통상부에 의해 자주 질의되는 관련 사항(2000 O.J. (L 215) 7-47.).

133 See id. at Art. 1, § 3. 134 Id., Annex VII.

134 유럽위원회, 2015년 데이터보호의 날: 디지털 단일 시장(2015년 1월 28일)을 위해 필수적인 EU 데이터보호 개혁을 마무리함.

135 http://europa.eu/rapid/press-release_MEMO-15-3802_en.htm.

136 Id.

필요하지 않으며 규정이 모든 회원국에 직접 동일하게 적용되기 때문에 지침 대신 규칙을 선택했다.[137]

규정 초안의 정확한 문구는 유럽의회 의원과 회원국 대표단에 의해 협상되고 있다. 최종 문서는 2015년 말까지 예정되어 있다.[138] 공식 출판 후, 2년의 유예기간이 적용될 것이다.[139] 새로운 데이터 보호 체제는 사용자들이 유럽연합에 기반을 둔 직원들의 개인 데이터를 사용하여 데이터 분석을 수행할 수 있는 능력에 상당한 영향을 미칠 것으로 보인다.

빅데이터: 잠재적 악영향에 대한 방어수단은 존재하는가?

1964년 민권법 Title VII(수정 조항),[140] 고용법의 연령차별,[141] ADA,[142] 이 모든 법들은 차별적 영향의 차별(disparate impact discrimination)을 금지한다. 이 청구 요지는 각 법령하에서 동일하다. *자명한 논거*(primti facie case)는 원고가 (a) 외견상 중립적인 정책이나 실천을 확인하고, (b) 정책이나 관행이 특정 보호 그룹의 구성원에게 악영향을 미쳤다는 것을 증명하고, (c) 이것이 원고에게 영향을 미치는 불리한 고용상 조치로 귀결되었음을 입증할 것을 요구한다.[143] 빅데이터는 이러한 증거에 도움이 된다.

---

137 Id.

138 2015년 6월 15일, EU 이사회는 규칙의 최종안을 제안하는 "일반적인 접근"에 동의했다. www.consilium.europa.eu/en/prcss/press-releases/2015/06/15-jha-dataprotection/(last visited July 14, 2015).

139 European Parliament, Q&A on EU data protection reform, Mar. 3, 2014, awailable at www.europarl.europa.eu/news/en/news-room/content/201305 02BKG07917/html/QA-on-EU-data-protection-reform.

140 Title VII of The Civil Rights Act, 42 U.S.C. § 2000e, et seq.

141 Age Discrimination in Employment Act of 1967 ("ADEA"), 29 U.S.C. §§ 621-634 (2000).

142 Americans with Disabilities Act of 1990 ("ADA"), 42 U.S.C. §§ 12101-12213 (2000).

143 법원은 이러한 각 규제체계 하의 주장에 대해 입증부담의 이전을 적용한다. See e.g., 42 U.S. C. § 2000e-2(k) (Title VII of The Civil Rights Act); Shelley v. Geren, 666 F.3d 599, 607-608 (9th Cir. 2012) (ADEA); Roggenbach v. Touro College of Osteopathic Medicine, 7 F. Supp. 3d 338, 343-344 (2014) (ADA).

빅데이터의 결과 중 하나는 그룹 간의 작은 차이가 "통계적으로 유의미"할 수 있다는 것이다. "통계적 유의성"은 많은 법원이 불리한 영향의 증거를 평가하기 위해 사용하는 기준이다.[144] 그러나 통계적 유의성은 유연한 척도이며, 다른 것들은 동일하다면, 분석 기초가 되는 표본이 커질수록, 통계적 유의성에 있어 두 집단 간의 차이는 증가할 것이다.[145] 따라서 빅데이터는 실제적으로 성공과 실패의 차이가 매우 작을지라도 통계적으로 유의미한 선택기준을 식별할 수 있다. 기념비적인 *월마트 대 듀크*(*Wal-Mart Stores, Inc. v. Dukes*) 사건[146]에서 많은 승진 케이스에서 남녀 간의 단지 1%의 10분의 7의 차이가 "통계적으로 유의한" 것으로 판단되었다.[147]

일단 선발기준의 불리한 영향이 성립되면, 원고는 그 알고리즘으로 인해 그녀가 불리한 고용으로 고통받게 되었음을 입증해야 한다.[148] 문제는 알고리즘이 이 후보자를 더 높게 평가했다면, 원고가 선발되었을까라는 것이다. 이는 원고보다 더 유리한 점수를 받은 사람들과 그렇지 않은 사람들 사이의 선발률을 비교함으로써 통계적으로도 확립될 수 있다. 통계적으로 유의미한 차이가 있는 경우, 사실 확인자는 알고리즘으로 인해 불리한 고용이 발생했다고 합리적으로 판단할 수 있다.

원고가 이 증거를 제시하는 경우, 문제의 알고리즘이 해당 직책과 관련되고 업무상 필요성에 부합한다는 것을 입증하는 입증 부담이 고용주에게로 넘어가게 된다.[149] 이것이 빅데이터를 향한 가장 큰 도전일 수 있다. 빅데이터의

---

[144] *See, e.g., Contreras v. City of Los Angeles*, 656 F.2d 1267 (9th Cir. 1981); *Waison v. Port AuthoritJ1*, 948 F.2d 1370, 1376 (2d Cir. 1991); *Otttvviani v. State Univ. ofN Y. at New Paltz*, 875 F.3d 365, 370–371 (1989); *Sobel v. Yeshiva Univ.*, 839 F.2d 18 (1988).

[145] "표본의 크기가 크면 보다 정밀하고 통계력이 뛰어나고 신뢰할 수 있는 결과를 얻을 수 있다.… " *7he Importance and Effect of Sample Size*, Select Statistical Services, www.selectstatistics.eo. uk/article/blog-post/the-importance-and-ei:fect-of-sample-size.

[146] 131 S. Ct. 2541 (2011).

[147] Allan G. King, *"Gross Statistical Disparities" as Evidence of a Pattern and Practice of Discrimination: Statistical versus Legal Significance*, 22 The Labor Lawyer 271, 280 (2007).

[148] 148 *McDonnell Douglas Corp. v. Green*, 411 U.S. 792, 802–804 (1973).

[149] *Id.*; 42 U.S.C. § 2000e-2(k)(I)(A)(i).

가장 열렬한 지지자 중 일부는 빅데이터가 일반적이고 업무와 *관련이 없는* 데이터를 처리하기 때문에 중요하다고 주장한다. 고용주가 알고리즘에 의존하는 것은 업무와 관계된 것일 수 있지만, 알고리즘 자체는 업무 성과와 직접적인 관련이 없는 행동을 측정하고 추적한다. 그 가치는 전적으로 모든 출처에서 수집한 정보와 업무 성과 간의 상관관계에서 비롯된다. 법적 문제는 고용주가 엄격하게 상관관계가 있는 증거에 근거하여 업무 관련성을 증명하는 부담을 감당할 수 있는지 여부이다.

1978년에 공표된 이래 "직원선발절차에 대한 통일 지침(The Uniform Guidelines on Employee Selection Procedures)"은 법원이 타당성 확인을 하는 방법을 제시해 주고 있다.[150] 가장 중요한 원칙은 특별한 상황을 제외하고는, 고용주가 일반적으로 다른 곳에 근무하는 직원의 직무 성과에 근거하여 타당도를 입증할 수 없다는 것이다. 한 직장에서 다른 직장으로 통계 결과를 "전이"하기 위해서는 고용주는 자사의 직원과 유효성 검사연구의 대상자가 "적정 업무분석에서 나타난 것처럼 실질적으로 같은 업무행위를 수행함"을 입증해야 한다.[151] 규제는 타당성조사 대상자의 직무와 선발절차에서 심사될 직무를 비교하여 물리적 측면에서 유사해야 한다.[152]

통일지침은 기준, 내용 및 구성 타당도 조사(validation studies)의 세 가지 유형의 타당도 연구를 허용한다.[153] 내용 타당도(Content validity)는 가장 단순하지만 빅데이터와 관련성이 가장 적다. 시험된 기술과 해당 직무에서 성공하는 데 필요한 기술 간의 밀접한 관련성에 의존한다.[154] 예비 타이피스트(typist)에게 제공되는 타이핑 테스트가 한 예인데, 여기서도 시험에서 주어진 텍스트가 능숙한 직원이 입력해야 하는 텍스트와 유사하다는 것을 입증하는 것이 중요하다.

---

150 "법원이 종종 시험의 유의성 여부를 결정하는 데 의존하는 두 가지 전문 정보원이 있다. 아마도 가장 중요한 지침은 고용기회평등위원회의 '직원선발절차에 관한 통일지침'일 것이다." *Gttlina v. N.Y. State Educ. Dept.*, 460 F.3d 361, 383 (2d Cir. 2006).

151 29 C.F.R. § 1607.7(B)(2).

152 *Id.*

153 *See generally* 29 C.F.R. § 1607.14.

154 29 C.F.R. § 1607.14(C).

그러나 밀접한 관련성(close correspondence)은 빅데이터에게는 저주스러운 것이다. 빅데이터에 도움이 되는 점은 알고리즘에 제공되는 정보가 직무 성과를 예측하는 한, 직무상 요구사항과 전적으로 관련이 없을 수도 있다는 것이다. 표면상 알고리즘 및 알고리즘 자체에 의존하는 데이터는 작업에서 요구하는 업무와 전혀 무관할 수도 있다. 내용 타당도는 빅데이터의 타당도를 검증하는 데 거의 사용되지 않는다.

　　구성과 준거 타당도는 밀접하게 관련되어 있다. 구성 타당도는 어떤 후보자가 "성공적으로 업무를 수행함에 있어 중요하다고 판단된 식별 가능한 특성"155을 가졌는지를 측정한다. 때로는 특성이 명백할 수도 있다. 다른 조건이 동일하다면, 속도는 풋볼선수에게 상당한 자산이 될 것이다. 다른 설정에서는 두드러진 특성을 식별하는 것이 더 어렵다. 따라서 통일지침은 고용주에게 "사용자는 구성 타당성에 대한 충분한 경험적 지원을 얻기 위한 노력이 일련의 조사연구를 포함하는 광범위하고 힘든 노력이라는 것을 알고 있어야 한다."고 경고한다.156 따라서 고용주는 먼저 해당 구성(construct)이 특정 직무의 성공에 크게 기여하고, 절차나 테스트가 해당 구성을 보유한 자를 정확하게 식별함을 입증해야 한다.157

　　준거 타당도 또는 때때로 알려진 예측 타당도는 성공으로 이어질 것으로 믿어지는 특성보다는 직업의 궁극적인 성공을 예측하는 것이 목적이라는 점에서 다르다. 이 타당도 검증방법은 통일지침이 제정되었을 때도 이미 오래된 것이었기 때문에, 준거 타당도를 규율하는 규정은 구성 타당도에 관한 규정들보다 더 자세하다. 지침에는 "필수적"으로 간주되는 몇 가지 단계가 나와 있는데, 그 중 많은 부분은 "직무분석"과 관련이 있다.158 직무 분석은 특히 중요한 행동이나 결과, 각 작업에 소요되는 시간의 비율, 어려움, 오류의 결과 및 다양한 작업이 수행되는 빈도를 파악해야 한다.159 이러한 정보를 체계화하는 목적

155　29 C.F.R. § 1607.16(E).
156　29 C.F.R. § 1607.14(D).
157　Id.
158　29 C.F.R. § 1607.15(B)(3).
159　Id.

은 직원들의 숙련도를 평가하기 위해 합리적으로 그룹화될 수 있는 작업을 선정하고, 직원들을 선발하기 위한 공통 테스트나 심사절차를 확정하기 위한 것이다.160 고용주는 성공 척도를 선택하기 위한 요소와 이것에 대해 관찰, 기록, 평가 및 정량화하는 수단을 설명해야 한다.161

통일 지침은 "선택 절차는 절차상의 성과와 기준 측정의 성과 간의 관계가 0.05의 유의 수준에서 통계적으로 유의할 때, 이 지침의 목적에 따라 기준과 관련이 있다고 간주된다."162 일반적으로, 구성 또는 준거 타당도를 확립하는 두 가지 방법이 있다. 하나는 "동시 타당도(concurrent validity)"이고, 다른 하나는 "예측 타당도(predictive validity)"이다.163 동시 타당도 조사에서는, 예를 들면, 시험 점수와 같은 선발절차의 점수와 그것이 예측하고자 하는 성과점수 모두가 동시에 수집된다. 예를 들면, 직무 성과가 평가될 수 있는 재직 인력은 테스트 점수가 실무 성과 측정치와 상관관계가 있는지 확인하기 위해 제시된 테스트를 받도록 할 수 있다. 예측 타당도 조사에서는, 선발 점수는 지원자 집단을 통해 얻어지지만, 고용 결정에는 사용되지 않는다. 지원자 풀의 일부분을 고용하고, 추후에 업무수행과 관련하여 평가한다. 선발 점수는 예측된 성과를 정확하게 예측하는지 평가하기 위한 성과 척도와 상관관계가 있다.164

두 가지 타당도 검사방법은 주로 상관 관계를 기반으로 하는 빅데이터 설루션에 문제를 제기한다. 빅데이터에 의존하는 관계가 전적으로 경험적이며, 동시 및 예측 타당도는 시간에 따라 다르기 때문에, 빅데이터 설루션의 기초가 되는 상관관계는 표본 기간을 넘어서 지속되어야 한다. 동시 타당도는 재직 직원에 관한 정보를 기반으로 하기 때문에, 이러한 개인들에 대해 발견된 상관관계는 현직 및 지원자가 빅데이터에 의해 측정된 차원에서 유사한 경우에만 지

---

160 *Id.*
161 29 C.F.R. § 1607.15(B)(5).
162 29 C.F.R. § 1607.14B(5).
163 29 C.F.R. § 1607.14(B)(4).
164 Richard Jeanneret, *Professional and Technical Authorities and Guidelines*, in Employment Discrimination Litigation: Behavioral, Quantitative, and Legal Perspectives 47, 58 (Frank Landy, 2005).

원자 풀과 관련이 있다. 예를 들어, 재직자가 지원자보다 나이가 많으면, 이 연장자 그룹의 소셜 미디어 프로필은 젊은 취업 지원자와 현저하게 다를 수 있다. 따라서 *재직자*의 세대를 추출하는 데 있어 매우 정확한 알고리즘을 사용하면 확실히 "복고풍" 취향과 라이프스타일을 가진 *지원자*만을 만들어 낼 수도 있다.

마찬가지로, 신청자가 처음에 빅데이터와 관련된 영역으로 선발되어 합리적인 시간 동안 고용된 후, 직무수행능력을 평가받는 예측 타당도 조사는 과거에 관찰된 패턴이 직무 성과와 관련이 있는 것으로 계속 유지되는 경우에만 관련이 있다.[165] 1월에 최고의 프로그래머가 특정 웹사이트로 몰려들었지만, 7월에는 다른 웹사이트가 가장 뜨거운 주목을 받는 경우, 첫 번째 웹사이트 방문에 계속 의존하는 알고리즘은 최고의 지원자에 대해 착각할 수 있다. 따라서 최상의 표준은 단순한 상관관계가 아니라 상대적으로 오랜 시간 동안 신뢰할 수 있는 예측을 산출하는 안정적인 상관관계이다.

통일지침에 의해 승인된 각 검증방법의 기초는 직무분석에 요구되는 사항들이다.[166] 이는 직무를 가장 잘 수행할 수 있는 사람과 직무수행능력이 가장 없는 사람을 구별할 수 있는 시험 또는 선발 도구를 설계하는 것은 업무에 수반되는 내용에 대한 이해를 필요로 한다는 상식적 견해를 반영한다. 지침의 기술기준은 최소한 "어떠한 타당도 조사도 선발절차가 이용되어질 직무에 대한 정보의 검토에 기초"할 것을 요구한다."[167]

빅데이터는 상반된 관점에서 출발한다. 어떤 직원이 일을 잘 하는지, 어떤 직원이 잘 못하는지를 고용주가 특정지을 수 있다면, 알고리즘은 종업원이 실제로 하는 일에 무관심하다. 이 알고리즘은 이러한 그룹을 가장 잘 구분하는 변수 집합(사용할 수있는 정보)을 식별한다. 결과적으로, 전통적으로 개발된 테스트의 궁극적인 타당성을 보장하는 통계적 타당도 테스트는 더욱 빅데이터와 관련이 적다. 잘 고안된 알고리즘은 방법론의 초석이 되는 직무 성과와 크게 관련이 없는 모든 대안들을 제거한다. 결과적으로 기존의 타당도 테스트를 빅

---

[165] 잔느레 박사는 채용한 후 6개월 이내에 성과를 평가할 것을 권고한다. *Id.*

[166] *See generally* 29 C.F.R. § 1607.15.

[167] 29 C.F.R. § 1607.14(A).

데이터에 적용하는 것은 의미가 없다. 왜냐하면, 설계상 알고리즘이 왜 그것들이 관계되는가의 이유에 상관없이 (작업수행능력) 데이터에 가장 적합한 상관관계를 식별하기 때문이다.

이것은 인과론에 기초한 예측과 상관관계에만 기초한 예측 사이의 현저한 차이이다. "원인과 결과"의 논리는 관련 이론이 문제의 관계에 근본적인 것이라고 여겨지는 것을 기반으로 한다. 예를 들어, 더 빠른 육상선수가 더 나은 풋볼선수가 된다는 논리는, 풋볼선수가 더욱 빨리 상대방을 향해 또는 상대방으로부터 더 멀리 달아날수록, 선수가 적시에 적절한 장소에 있을 가능성이 높다는 것을 제시한다. 게임의 규칙이 동일하게 유지되는 한, 이 명제는 계속 유효하다.

반면에, 이 육상선수들이 소셜 미디어 프로필 및 인터넷 활동을 기준으로 선정되었다고 가정하자. 운동선수의 속도에 의존하는 것보다 이 정보를 사용하여 더 높은 상관관계를 달성하는 것이 가능할 수도 있지만, 이러한 상관관계가 얼마나 오랫동안 신뢰할 수 있는지는 알 수 없다. 새로운 유행이 대학 캠퍼스를 쓸어버리면 오늘날의 높은 상관관계가 내일은 0의 상관관계가 될 수 있다. 결과적으로 통일지침에 의해 요구되는 상관관계는 빅데이터의 성과를 판단하는 기준이 될 수 없다.

따라서 올바른 기준이 확인되었음을 입증하기 위해 상관관계를 이용하는 직무 관련 지식, 기술 및 능력에서 추출된 선발기준으로부터 기술, 지식, 기술과 무관하게 처음부터 상관관계가 설정된 기준으로의 이동에 빅데이터가 영향을 미친다. 그리고 그 상관관계의 지속기간을 문제로 남긴다. 따라서 빅데이터를 상관관계의 측면에서만 성공할 것이라고 평가하기보다는 알고리즘을 바탕으로 한 개연성 있는 지속성에 대한 논의가 더 적절하다. 개연성 있는 상관관계의 지속성에 대한 입증은, 알고리즘 최초 보정 시점과 원고에게 적용된 시간의 비교로 전환된다.

빅데이터 알고리즘은 설계상 빅데이터 변수와 직무 성과의 일부 측정치 간의 상관관계를 최대화하므로, 알고리즘을 처음 보정할 때 상관관계가 가장 커야 하고 시간이 지남에 따라 줄어야 한다. 이 알고리즘이 법적 심사를 통과하기에 너무 신뢰도가 떨어진다고 간주되기까지, 어느 정도의 감쇄가 허용될 것인가. "일반적으로, 이 지침의 목적상, 절차상의 성과와 기준 척도에 대한 성과 사이의 관계가 0.05 유의 수준에서 통계적으로 유의할 때, 선발절차는 기준과 관련된 것으로 간주된다.…"[168] "이것은 알고리즘의 유효수명이 상관관계가 0.05 수준으로 유의미하게 감소하기 전에 경과된 시간으로 측정되어야 함을 시사한다. 따라서 이 수명은 빅데이터 알고리즘이 사용자의 노동에 합법적으로 적용되는 시간을 평가하는 데 있어 중요한 문제라고 할 수 있다.

빅데이터 세계에서의 소송

집단소송의 위험과 노출

집단소송은 고용주에게 중대한 위험을 초래한다. 2015년 3월 17일, "약 350개 기업의 최고 법률고문들은 2014년에 평균 5건의 집단소송을 수행했고 집단소송에 20억 달러를 지출했다."고 보고되었다.[169] 동일한 조사에서 이들 사건들 중 23%는 고용집단소송이었다.[170] 따라서 빅데이터로 인해 이러한 위험이 가중되는지 여부는 사내 변호사와 고용주에게 중요한 질문이 될 수 있다. 따라서 중요한 고려사항은 빅데이터에 도전하는 집단들이 인정될 가능성이 더 큰지 여부이다.

집단소송은 공통적인 해답이 있는 공통된 문제에 의해 주도된다.[171] 대법원은 *월마트 대 듀크*(*Wal—Mart Stores, Inc. v Dukes*) 사건에서 집단 인정을 취소했다.[172] 차별 대우라고 주장된 내용이 분산적이었고, 집단 구성원들에게 공통

---

168 29 C.F.R. § 1607.14(B)(5).

169 Melissa Maleske, GCs Facing More Class Actions, Higher—Exposure Cases, Law 360 (Mar. 17, 2015) www.law360.com/articles/632403/gcs-facing-more-dass-actions-higher-exposure-cases (last visited July 14, 2015).

170 Id.

171 See, e.g., Fed. R. Civ. P. 23(a)(2); *Brinker Restaurant Corp. v. Super. Ct.*, 53 Cal. 4th 1004, 1022 n.5 (2012).

172 *Wal—Mart Stores, Inc. v. Dukes*, 131 S. Ct. 2541, 2554—2555(2011). 이 소송에서 미국 대법원

적으로 적용되는 정책의 영향을 반영하지 않았기 때문이었다. 이러한 소송을 해결하는 과정에서 각 집단 구성원이 차별적 대우를 받았는지 여부를 소명하도록 요구되었을 것이다.173

듀크 사건이 암시하는 바는 정책이 더 집중적이고 일관적이면 집단이 인정될 가능성이 높아진다는 것이다. 이는, 고용주의 전 직원을 상대로 한 균일하고 지속적으로 적용되는 빅데이터 알고리즘이 듀크 사건에서 부족했던 "접착제"를 잠재적으로 제공한다는 것을 시사한다. 그러나 그 결론은 너무 안이하다.

빅데이터는 특정 선발 장치가 아닌 방법론이다. 이는 성공의 척도와 개발자가 다양한 출처에서 수집한 기타 정보 간의 상관분석을 기반으로 유망하지 않은 직원과 유망한 직원을 구별하는 데이터 집약적인 방법이다. 빅데이터가 방법이라면, 알고리즘은 가장 유망한 직원을 선택하도록 설계된 예측 모델이다. 빅데이터 방법론과는 반대로, 알고리즘은 본질적으로 신청자 또는 재직 직원을 더 전망 있는 그룹과 그렇지 않은 그룹으로 분류하는 방정식이다. 따라서 이 알고리즘은 차별 소송의 대상으로써 타당하다고 할 수 있다.174

집단소송과 집단 인정의 중요한 문제의 관점에서, 쟁점은 알고리즘을 통한 의사 결정이 집단 인정의 위험을 증가시키는지 여부이다. 표면적으로는, 공통으로 적용되는 알고리즘의 차별적인 영향은 공통적인 응답과 집단소송의 주요 대상에 의문을 제기하는 것처럼 보일 수 있다. 그러나 누군가가 "최고"로 유지되는 기간에 따라, "알고리즘"은 일별, 주별 또는 월별로 다를 수 있으며,

---

은 현재 월마트 점포에서 현재 일하고 있거나 근무했던 여성 160만 명을 포함한 성차별 소송청구에 대해 집단 인정을 뒤집었다. 특히 원고는 월마트가 차별적 급여 및 승진 정책과 관행에 관여했다고 주장했다.

173 *Id*, 2552 ("모든 의사결정에 대해 주장된 이유를 같이 붙들고 있는 모종의 접착제가 없다면, 집단 구성원의 법적 구제 주장에 대한 심사가 왜 내가 차별을 당했는지에 대한 중요한 질문에 대한 공통의 해답을 제시할 수 있을 것이라고 말할 수 없을 것이다. *See also, e.g., Duran v. US Bank Nat'lAss'n*, 59 Cal. 4th 1, 25 (2014) ("개별적 쟁점을 다루는 데 있어서의 어려움에 직변하여… 많은 많은 소송 법원들은 심리 이전에 집단의 인정을 받아들이지 않거나 인정을 취소했다.… 이러한 결정들은 반복적으로 지지되어 왔다.)

174 *See, e.g., Griggs v. Duke Power Co.*, 401 U.S. 424, 436 (1971) ("민권법에서는 시험이나 측정 절차의 사용을 배제하지는 않는다. 분명히 유용하다. 의회가 금지한 것은 이러한 기기와 메커니즘에 대해 직무 성과의 합리적인 척도가 아닌 경우에, 그 힘을 부여하는 것을 통제하는 것이다.")

듀크 사건에서 *듀크*가 인정 취소를 받도록 한 개별적 결정과 유사하게 많은 변형이 있을 수 있다.

그러나 먼저, 고용주가 모든 지원자와 승진을 원하는 모든 사람에게 적용되는 변경이 없는 단일 알고리즘을 채택하는 단순한 경우를 생각해 보자. 원고가 지원자의 인구 통계적 특성을 발견하게 되면, 이는 집단소송에 적절한 경우가 될 것으로 보인다.175 고용주는 지원자의 포지션에 따라(예: 엔지니어, 회계사 등) 다르게 영향을 미친다고 주장할지 모르지만, 인정에 대한 반박근거라기보다는 하위 집단에 대한 논쟁으로 간주될 가능성이 높다.176 실제로 이 시나리오는 고용주가 그 지원자들에게 표준화된 테스트를 실시하는 공통 사실 패턴에 매우 큰 영향을 미치며, 테스트는 보호대상 그룹에 부정적인 영향을 미친다. 해당 유형의 사례는 자주 인정된다.177

그러나 이 가설은 빅데이터를 인위적인 틀에 가둔다. 빅데이터의 장점 중 하나는 일단 축적된 자료원에서 추출이 되면, 데이터 마이닝에 드는 비용이 상대적으로 저렴하다는 것이다. 따라서, 하나의 "표준"모델보다 더 정교한 일자리별 알고리즘을 만드는 데 드는 비용은 하나의 큰 알고리즘을 개발하는 데에 드는 비용보다 약간 더 클 수 있다. 따라서 집단소송 원고는 수많은 알고리즘에 도전하게 된다.

여기서 문제는 어떠한 원고도 사용 중인 각 알고리즘의 영향을 받지 않았을 것이라는 것이다. 결과적으로 원고는 그 또는 그녀가 영향을 받지 않은 알고리즘에 대해 소를 제기함에 있어 원고적격이 없을 수 있다. 법원이 집단 또는 하위 집단의 범위가 동일한 알고리즘에 의해서 영향받는 경우에 한하여야

---

175 "한 그룹의 근로자들에게 지속적으로 적용되는 일률적인 정책이 임금과 근로시간에 관한 법을 위반한다고 주장하는 청구는 반복적이고, 적절하고, 집단적 처우에 부합한 것으로 인정되는 사안이다." Brinker, 53 Cal. 4th at 531.

176 적절한 경우…집단을 하위집단들과 하나의 집단으로 처우되는 각 하위 집단으로 나눌 수 있으며, 이 규칙 [23(c)(4)(B)]의 규정들은 이에 따라 해석되고 적용되어야 한다." Fed. R. Civ. P. 23(c)(4)(B).

177 *See, e.g., Griggs,* 401 U.S. 424 (고등교육이나 표준화된 일반지식테스트를 고용의 조건으로 요구하는 고용주에 대하여 집단소송을 인정함. 이 경우도 이러한 조건들 중 무엇도 업무수행과 크게 관련이 없었으며, 이들 조건이 상당히 높은 비율로 백인 지원자에 비해 흑인 지원자들의 실격시켰다.

한다고 결정한다면, 직업적 위치에 따라 다른 알고리즘 배열을 반영하도록 결정한 고용주에 대해 대규모 집단소송을 제기하는 것은 불가능할 수 있다.

특정 직무에 대해 특수화된 알고리즘 외에도 알고리즘은 주기적으로 변경될 수 있으며 변경되어야 한다. 그 결과, 다른 시기에 고용되거나 승진된 직원은 다른 알고리즘에 의해 선발되었을 수 있다. 개발자는 소송을 피하기 위해서가 아니라, 빅데이터 알고리즘이 인과관계가 아니라 상관관계에 기반을 두고 있기 때문에 알고리즘을 업데이트하는 것이 유용하다는 것을 알게 될 것이다.178 이는 그들이 만든 알고리즘은 이것이 기반으로 하는 상관관계가 실질적으로 남아 있을 때에만 유용하다는 것을 의미한다.

예를 들어, *아틀란틱*(the Atlantic)의 한 기사에서는 한 회사가 컴퓨터 코드를 작성하는 데 능숙한 소프트웨어 엔지니어를 어떻게 검색하는가를 설명한다:

> 그들은 코더가 링크드인(LinkedIn)부터 트위터(Twitter)에 이르는 소셜 네트워크에서 언어를 사용하는 방식을 평가한다. 회사는 서로 관련하여 사용되는 특정 문구와 단어가 숙련 된 프로그래머와 숙련이 덜 된 기술자를 구별할 수 있다고 결정했다. [회사]는 이러한 문구와 단어가 오픈소스 코드에 대한 평가와 권위 있는 회사에서 좋은 위치에 있는 프로그래머의 언어와 온라인 행동과 상관관계가 있을 수 있으므로, 좋은 코딩과 관련이 있음을 알고 있다.179

이 기사는 온라인상에서 코드를 찾을 수 없는 전도유망한 프로그래머를 그들의 SNS 활동 양상과 최고의 오픈소스 프로그래머의 양상이 비슷한지를 확인하고, 히스토리를 비교함으로써 식별해 낼 수 있음을 설명한다.180 이 회사

---

178 Chris Taylor, Big Data's Slippery Issue of Causation vs. Correlation, Wired (Jul. 15, 2013), available at http://insights.wired.com/profiles/blogs/big-data-s-slippery-issue-of-causationversus-correlation#axzz3WY6JsHAy (last visited July 14, 2015).

179 Don Peck, They're Watching You at Work, 'Il1e Atlantic (Nov. 20, 2013), www.theatlantic.com/magazine/archive/2013/12/theyre-watching-you-at-work/354681/ (last visited July 14, 2015).

180 Id.

의 수석 과학자는, "이는 명확하지 않고, 설명하기도 쉽지 않다.… 강력한 코딩 (전문가; 역자 부연)을 예측해 내는 확실한 예측지표 중 하나는 일본 만화 사이트에 대한 친밀함이다."라고 말했다.[181] 하지만 어떤 그룹에게 있어 웹사이트는 한 번 열심히 찾아본 것일 뿐 그냥 스쳐 지나가는 흥미일 수도 있다.

빅데이터에서 발굴한 상관관계가 일시적이라면 알고리즘은 타당도를 유지하기 위해 동태적이어야 한다. 이는 다양한 포지션에 대한 최적의 자격을 갖춘 개인들의 프로필을 지속적으로 업데이트할 것을 요구하며, 이는 새로운 알고리즘으로 이어질 수 있다. 결과적으로 고용주의 고용 결정은 최소한의 동일성을 유지하면서, 끊임없이 변화하는 알고리즘 배열에 근거할 수 있다. 그 결과 알고리즘의 각 버전이 불리한 영향과 타당도 수준의 측면에서 각각 다른 속성을 가질 수 있기 때문에 동일한 답변의 가능성이 크게 줄어들었다. 원칙적으로, 하나의 버전은 중립적으로 영향을 미칠 수 있으며, 또 다른 버전은 그 불리한 영향은 더 크지만 매우 예측적일 수 있다. 따라서 빅데이터의 동태적 차이는 듀크 사건에서 집단 인정에서 제외한 매장들 간 차이에 해당하는 것이라고 할 수 있다.[182]

완전히 새로운 세계에서의 전문가

빅데이터는 재판에서 전문가 감정을 인정하고 특정 빅데이터 알고리즘을 사용할 업무상 필요성을 확립하는 데 필요한 증언을 변화시킨다. 대부분의 고용주에게 빅데이터 알고리즘은 개발자만이 그 상세 내용을 알고 있는 "블랙박스"나 마찬가지이다. 고용주가 알고리즘에 대해 잘 알지 못하더라도, 만일 알고리즘이 보호 그룹의 구성원을 걸러 냈을 때 고용주가 그 결과를 어떻게 또는 왜

---

181 Id. 만화(망가)는 19세기 후반 일본에서 개발된 스타일에 맞춰 일본에서 창작된 만화 또는 일본인 창작자들이 일본어로 만든 만화이다. http://en.vvikipedia.org/wiki/Manga (last visited July 14, 2015).

182 듀크 사건에서 언급된 매장 간 차이점은 특정 위치에서의 성과에 기반한, 성(sex)과 무관한 특성과 효과뿐 아니라, 여성, 적격 여성 또는 관심있는 여성의 가용성도 포함한다. Dukes, 131 S. Ct. at 2555.

신뢰해야 하는지를 설명할 수 없다면 그에 대해 책임이 부과될 수도 있다. 차별의 불평등 효과 이론(disparate impact theory)을 극복하기 위해, 원고는 알고리즘이 보호 집단에 부정적인 영향을 미친다는 것 또는 만일 고용주가 알고리즘 사용에 대한 업무상 이유를 확립하는 데 성공한 경우라면, 동일하게 고용주의 정당한 업무상 필요를 만족하는 효과가 있으면서도 덜 차별적 대안이 있다는 것을 입증하여야 한다.

빅데이터 알고리즘은 직원 성과에 대한 다양한 차원의 데이터를 수집하고 직원에 관한 모든 정보와 상관관계를 가지고 생성된다.[183] 빅데이터 알고리즘은 이론적으로 측정할 수 없는 경험적 사례이므로, 직원의 좋은 성과와 나쁜 성과를 구별하는 알고리즘의 능력에 더 이상의 추가사항이 없음이 확인될 때까지, 각 직원에 관한 모든 정보와 잠재적으로 관련이 있다. 가능한 모든 데이터 조합을 검색하고, 검색 프로세스가 각 정보 항목을 최대 효과로 고려하도록 허용한 후, 알고리즘은 최적의 조합을 식별한다. 계획적으로 선택된 알고리즘은 직원 성과 측정치와 유의한 통계적 관계를 생성해야 한다. 그렇지 않으면 더 나은 예측자인 다른 알고리즘을 위해 이미 폐기되었을 것이다.

빅데이터가 고용주 외부의 출처에서 수집한 정보와 지원자 및 직원으로부터 간접적으로 수집한 정보에 대해 의존한다는 점을 고려할 때, 다양한 새로운 문제가 발생한다. 특히 지원자와 관련하여, 잠재적인 원고는 빅데이터 알고리즘

---

[183] 어떤 경우에는 정보가 종업원이 특정 업무를 수행할 수 있는 잠재력과는 아무런 관계가 없다. 예를 들어, 길드사(Gild)의 빅데이터 알고리즘은 강력한 컴퓨터 코딩에 대한 하나의 견고한 예측 변수가 특정 일본 만화 사이트에 대한 친화력이라는 것을 발견했다. "분명히 인과관계는 아니다.'…그러나 길드의 데이터베이스에는 6백만 명의 프로그래머가 있다. [비비엔 밍, 길드의 수석 과학자]는 말했다. 그리고 그 상관관계는 설명하기 어렵더라도 상당히 분명하다." Don Peck, They're Watching You at Work, The Atlantic (Nov. 20, 2013), available at www.theatlantic.com/magazine/archive/2013/12/theyre-watching-you-at-work/354681/ (last visited July 14, 2015). 마찬가지로 다른 빅데이터 알고리즘에서는 컴퓨터의 상용패키지(예: 윈도우 OC의 마이크로소프트의 인터넷 익스플로러) 대신, 따로 설치해야 하는 브라우저(예: 파이어폭스나 구글 크롬)를 사용하여 온라인 취업 신청서를 완료한 구직자들이 자신의 업무에서 더 나은 성과를 거두었고, 이직률도 더 낮다는 것을 발견했다. Robot recruiters: How software helps firms hire workers more efficiently, The Economist, Apr. 6, 2013, available at www.economist.com/news/business/21575820-how-software-helps-firmshire-workers-more-efficiently-robot-recruiters (last visited July 14, 2015).

에 의해 불리하게 평가된 지원자를 확인하는 문제에 직면한다. 이것이 어려운 이유는 고용이 거부된 지원자의 성별, 인종 및 민족이 고용주에 의해 문서화되지 않을 수도 있고, 어떤 알고리즘이 더 일반적으로 영향을 미치는지에 대해 알지 못할 수도 있다는 것이다. 예를 들어, 알고리즘이 표준 변속 자동차를 운전하는 지원자가 가장 우수하고 밝은 직원이라는 결과를 뒤집는다고 가정할 때, 그 기준이 보호 집단에 부정적인 영향을 미치는지 여부를 어떻게 알 수 있겠는가?

소송 당사자는 스스로 인종을 밝히지 않은 지원자의 인종을 확인하기 위해 다양한 방법을 시도했으며, 때로는 비참한 결과가 나타났다. 아마도 가장 악명 높은 케이스는 운전면허증 사진을 통해 지원자의 인종을 판단하기 위해 EEOC가 "인종 패널"을 사용하고자 했던 사건일 것이다. *고용기회평등위원회 대 카플란 고등교육사(EEOC v. Kaplan Higher Education Corporation)* 사건에서,[184] 제6순회 항소법원은 다소 거친 표현을 써 가며 이 방법론에 의존했던 전문가에게 불리한 판결을 내린 지방법원의 결정을 인정했다. "EEOC는 '홈메이드' 방법론을 바탕으로 이 소송을 제기했다. 이 방법론은 전문적 능력이 없는 사람에 의해 만들어졌으며, 이를 운영할 만한 전문능력이 없는 사람에 의해 운영되었으며 그 누구에게도 검증받지 않았고 오로지 증인 자신만이 받아들인 것이다."[185]

그러나 인종차별의 또 다른 방법이 더 유리한 인정을 받은 경우도 있다.[186] "지오코딩"은 특정 개인의 인종적, 민족적 정체성을 귀속시키기 위해, 개인의 거주지 그리고 같은 장소에 있는 다른 사람들의 인종적 또는 민족적 구성에 의존하는 방법이다. 예를 들어, 지원자가 50%의 히스패닉인 센서스 블록에 거주하는 것으로 알려진 경우, 해당 지원자는 50%의 확률로 히스패닉으로 배정된다. 모든 지원자에 대해 이러한 확률을 합산함으로써 연구자는 전체 지원자 그룹의 구성 추정치에 도달한다.[187]

---

[184] 748 F.3d 749 (6th Cir. 2014).

[185] *Id.* at 754.

[186] *See, e.g., Israel v. United States*, No. 09-CF-687, Dist. of Columbia Ct. of Appeals (Nov. 26, 2014) (citing geocoded estimates of potential jurors).

[187] *See, e.g., United States v. Reyes*, 934 F. Supp. 553, 560 (S.D.N.Y. 1996).

원고 또한 지원자로 확인된 사람들을 대상으로 지원자 풀의 인구통계 특성을 조사했다. 많은 민간조사회사들은 지원자 풀 구성에 관한 전문적 증언을 제공해 왔다. 설문조사 방법론이 미국 인구조사국이 따르는 것과 같이 일반적으로 받아들여지는 원칙을 따르는 경우 이러한 설문조사는 증거로 인정되었다.[188]

빅데이터가 고용주 외부에 있는 데이터 소스에 점점 더 의존하기 때문에, 지원자에 대한 인구통계학적 데이터를 수집할 의무가 없는 고용주는 과학적 검토에 부합하거나 그렇지 않을 수도 있는 방법론을 사용하여, 인종, 민족 및 성별 특성을 채용과정에 적용시킨다고 주장하는 전문가와 다투고 있는 것을 스스로 발견하게 될 것이다.

빅데이터가 사소한 차이를 통계적 유의성으로 격상시키듯이, 관례적으로 정의된 "타당도"의 개념을 하찮아 보이게 하기도 한다. 문제가 되는 심사 메커니즘이 시험의 형태를 띠는 전통적인 사건의 경우, 시험이 "직원선발절차에 대한 통일 지침(The Uniform Guidelines on Employee Selection Procedures)"에서 정의한 "유의한(valid)" 것인지 여부가 전형적인 논점이었다.[189]

타당도에 대한 논쟁 없이, 빅데이터는 성공적으로 통과된다. 왜냐하면 상관관계를 극대화하여 신중하게 알고리즘이 선택되기 때문이다. 대부분의 논쟁은 소송에서 드물게 드러나는 관습적 선택방법에 대한 것이다. Title Ⅶ는 사업주가 선택기준이 타당하다고 증명할 수 있음에도 불구하고, 원고가 이길 수도 있다는 점을 시사한다. 만약 고용주의 사업 니즈에 부합하면서도 덜 차별적인 대안적 선택기준이 있다고 증명할 수 있다 하더라도,[190] 그들 대안 중 하나를 선택하는 것은 결국 빅데이터에 대한 것이다.

빅데이터 알고리즘을 개발하는 절차는 사용 가능한 데이터의 한계 내에서 가능한 모든 알고리즘의 성능을 평가하고 가장 잘 작동하는 알고리즘을 선택

---

188 *EEOC v. FAPS, Inc.*, Civil No. 10-3095 (JAP)(DEA) (D.N.J. Sep. 26, 2014) (unpublished op. citing cases admitting survey evidence).

189 *See* generally 29 C.F.R. § 1607.

190 *See, e.g., Albemarle Paper Co. v. Moody*, 422 U.S. 405, 425 (1975); *Contreras v. City of Los Angeles*, 656 F.2d 1267, 1284-1285 (1981).

하는 것이다. 고용주의 타당성 방어에 대해 원고 측의 반박은 동일 알고리즘 사이에서 찾아보고, 그중 어떤 것이 보호 그룹에게 덜 가혹한 영향을 미치는지 밝혀내도록 요구한다. 이것은 알고리즘 간의 경쟁구도를 만들고, 수행 방법을 개발하고 측정하는 숙련된 전문가를 필요하게끔 한다. 이러한 비교가 통계적 측면에서 평가될 수 있지만, 향후 이 분야에서 요구하는 전문가는 이 경쟁이 평가될 통계적 테스트의 적용뿐 아니라 알고리즘을 구성하고 평가하는 데 숙련되어야 한다.

데이터 강화형 법률 서비스의 준비

고용주는 데이터 세트, 분석 및 통계적 상관관계가 지배하는 새로운 인적 자원의 세계를 준비해야 한다. 고용주에 따라, 그 세계에 이미 도달한 경우도 있고, 아니면 빠르게 그리고 추진력 있게 진행 중인 경우도 있을 것이다. 빅데이터는 지금 여기 와 있으며, 효율적인 인적관리 기술이나 고용주가 수행하는 법적 세계와 쉽게 분리될 수 없다. 고용주와 직원에 대한 정보수집 및 저장에 관한 법률 또는 불법적 차별이 발생했는지 여부를 결정하는 데 사용되는 테스트를 다루거나 당사자가 소송에서 데이터를 관리하는 방법을 검토할 때, 무엇을 할 수 있고 할 수 없는지 지시하는 인적 자원에 관한 법과 빅데이터 간의 상호작용에 대해 고용주는 이해해야 한다.

고용주에게는 있어서 어려운 숙제는 법적 리스크 속에서도 자신의 비즈니스 목표와 문화를 놓치지 않고 빅데이터의 강점을 수용할 수 있는 방법을 찾는 것이다. 이 과정에서의 중요한 부분은 주요 비즈니스 파트너를 찾고 협력하여 빅데이터를 이용하려는 노력을 지원하고 모든 사람에게 보다 효과적으로 작동하는 산업현장을 만들기 위한 잠재력을 갖는 전략을 개발하는 것이다. 또한 고용주는 해당 비즈니스 파트너와 협력하여 누가 어떤 위험을 관리할 책임이 있고 누가 발생할 수 있는 법적 조치에 대한 책임을 지는지에 대한 명확한 이해를 구축해야 한다.

책임있는 고용주는 데이터 수집가, 개인정보보호법 및 데이터 보안 관리자의 관점에서 빅데이터를 수집하고 저장하는 데 수반되는 위험을 염두에 두면서도, 동시에 주요 비즈니스 목표를 달성하고, 보다 응집력 있는 공동작업환경을 조성하기 위해 빅데이터를 사용하여야 한다. 이를 잘 수행하기 위해서는 빅데이터를 언제, 어떻게 사용할 것인지에 대한 사업적 의사결정을 내릴 때, 인적자원 전문가와 변호사가 꼭 함께해야 할 것이다. 의사결정 과정에서 이 사항을 정착시킬 그 첫걸음은 빅데이터가 무엇인지, 빅데이터가 최신 법률 시스템 및 인적자원 프레임워크와 어떤 관계가 있는지를 더 잘 이해하는 것이다.

컴퓨터화된 법, 상징적 담론, 그리고 AI 헌법

스티븐 울프럼(Stephen Wolfram)[1] / 김대홍 譯

1 이 장은 스티븐 울프럼(Stephen Wolfram)의 블로그에 게재된 글을 바탕
   으로 하고 있다. (http://blog.stephenwolfram.com/2016/10/computatio
   nal-law-symbolic-discourse-and-the-ai-constitution/)

라이프니츠의 꿈

300여 년 전인 1716년 11월 세상을 떠난 고트프리트 라이프니츠(Gottfried Leibniz)는 많은 일을 했지만, 그의 일생 동안 되풀이되었던 주제는 인간의 법을 컴퓨터화(computation)된 활동으로 바꾸는 것이었다. 물론 우리가 알고 있듯이 그는 성공하지 못했다. 하지만 나는 3세기가 지난 지금 우리가 마침내 다시 진지하게 시도할 준비가 되었다고 생각한다. 그리고 그것이 정말 중요한 일이라고 생각한다. 단지 모든 종류의 새로운 사회적 기회와 구조를 가능하게 하기 때문만이 아니라, 인공지능(AI)과의 상호작용에서 우리 문명의 미래에 결정적인 영향을 미칠 것 같기 때문이다.

인간의 법은 그 정의로 미루어 볼 때 문명의 출발에서부터 시작된 것이고, 의심의 여지없이 인간이 조직적으로 정의한 최초의 규칙 체계이다. 아마도 그것은 유클리드(Euclid)와 같은 수학자들에 의해 정의된 수학의 공리적 구조에 대한 모델이었을 것이다. 그리고 과학이 등장하면서 "자연 법칙"이 (명칭에서 알 수 있듯이) 처음에는 인간보다는 우주(또는 신)를 위한 제약들을 정의하도록 되어 있던 부분을 제외하고는 인간의 법과 개념적으로 유사하다고 여겨졌다.

지난 몇 세기 동안 우리는 수학과 정밀과학을 공식화하는 데 놀라운 성공을 거두어 왔다. 그리고 이것으로부터 보다 일반적인 아이디어가 나타났으니, 그것은 컴퓨터화라는 아이디어였다. 컴퓨터화 속에서 우리는 임의의 규칙 체계를 다루고 있는데, 그것들이 반드시 우리가 알고 있는 수학적 개념이나 우리가 알아낸 세계의 특징에 부합하는 것은 아니다. 이제 질문은, 우리가 라이프니츠가 상상한 바로 그 방법처럼 컴퓨터화라는 아이디어를 인간의 법을 공식화하기 위해 사용할 수 있을까라는 것이다.

기본적인 문제는 인간의 법이 인간의 행위에 대해 이야기한다는 것이며, (입자의 역학에 대해 말하는 것과는 달리) 우리는 인간의 행위를 기술하는 일반적인 형식을 갖고 있지 않다는 것이다. 예를 들어 우리가 돈에 대해 이야기할 때는 대개 정확할 수 있다. 즉, 구독료를 지불하거나 상장 주식에 대한 옵션을 결정하는 공식 계약서를 작성하는 것은 매우 쉽다.

하지만 전형적인 법적 계약서가 다루는 모든 것들은 어떠한가? 글쎄, 분명히 우리가 법적 계약서를 작성하는 한 가지 방법은 있다. 그냥 (영어와 같은) 자연어를 사용하는 것이다. 그것은 종종 매우 형식화된 자연어가 되는데, 가능한 한 정확하게 표현하려 하기 때문이다. 하지만 궁극적으로는 결코 정확하지 않을 것이다. 왜냐하면 가장 낮은 수준에서는 항상 단어들의 의미에 의존하게 될 것인데, 자연어의 의미라는 것은 그 언어 사용자들의 관행과 경험에 의해서만 효과적으로 정의되기 때문이다.

새로운 종류의 언어

하지만 컴퓨터 언어의 경우에는 다른 이야기가 된다. 왜냐하면 지금 컴퓨터 언어에 있는 단어 구성체들은 절대적으로 정확하기 때문이다: 인간의 뇌에 모호하고 사회적으로 정의된 영향을 미치는 대신에, 그것들은 컴퓨터에 매우 구체적인 결과를 주는 것으로 정의된다. 물론 전통적인 컴퓨터 언어는 인간의 활동과 관련된 것에 대해 직접적으로 이야기하지 않는다: 컴퓨터 언어는 변수에 대한 값을 설정하거나 추상적으로 정의된 함수를 호출하는 것과 같은 것들에 대해서만 직접적으로 이야기한다.

그렇지만 내가 흥분되는 점은 우리가 전통적인 컴퓨터 언어의 정밀성과 현실 세계의 단어 구성체들에 관해 이야기할 수 있는 능력 사이에 교량을 놓기 시작했다는 것이다. 사실 이것은 내가 개인적으로 30년 이상 연구해 온 것으로, 지식 기반 울프럼 언어(Wolfram Language)이다.

울프럼 언어는 정확하다: 울프럼 언어는 모든 것이 컴퓨터가 명확하게 작업할 수 있을 정도로 정의되어 있다. 컴퓨터 언어 중에서도 울프럼 언어의 독특한 특징은 지식 기반이라는 점이다. 그것은 단지 컴퓨터의 낮은 수준의 운영을 설명하는 언어가 아니다; 대신에 그 언어에 바로 내장된 것은 현실 세계에 대한 가능한 많은 지식이다. 이것은 언어가 2.7과 같은 숫자와 "abc"와 같은 문자열을 포함할 뿐만 아니라, 미국이나 소비자 물가 지수 또는 코끼리와 같은 단어 구성체들을 포함하고 있다는 것을 의미한다. 그리고 그것은 정확히 우리가 법적 계약이나 인간의 법에서 나타나는 것들에 대해서 논의를 시작할 때 필요로 하는 것이다.

현재 존재하는 울프럼 언어가 필요한 모든 것을 포함하지는 않는다는 점은 분명히 해야 한다. 우리는 광범위하고 견고한 프레임워크를 가지고 있고, 순조로운 출발을 하고 있다. 하지만 세상에는 우리가 인간 활동의 모든 범위와 인간의 법적 양태를 포착하기 위해서 코드화해야 할 것들이 더 많이 있다.

예를 들어 울프럼 언어는 바나나가 무엇인지에 대해서 온갖 종류의 세부사항으로 분석된 정의를 갖고 있다. 따라서 누군가가 "당신은 바나나를 먹어야 한다"고 말한다면, 울프럼 언어에는 "바나나"를 나타내는 방법이 있다. 그러나 현재로서는 "당신"이나 "해야 한다", "먹다"를 나타내는 의미 있는 방법이 없다.

이런 것들을 정밀한 컴퓨터 언어로 표현하는 것이 가능한가? 물론이다! 하지만 그것을 어떻게 수행해야 하는지를 설정하는 데는 언어 디자인이 필요하다. 언어 디자인은 어려운 사업이다. 사실 그것은 내가 아는 것들 중 아마도 가장 지적인 요구를 필요로 하는 것으로, 고도의 추상성이 깊은 지식 그리고 현실의 실용적 판단과 함께 섞여 있는 낯선 혼합물을 필요로 한다. 하지만 나는 지금 거의 40년 동안 그것을 해 왔고, 마침내는 일상적인 담론을 위한 언어 디자인의 설계를 향해서 도전할 준비가 되어 있다고 생각한다.

그렇다면 무엇이 관련되어 있는가? 자, 먼저 수학의 사례와 같은 좀 더 간단한 경우에 대해서 이야기해 보자. 숫자 같은 것을 함께 더하는 플러스(+) 기능을 생각해 보자. 우리가 영어 단어 "plus"를 사용할 때 그것은 온갖 종류의 의미를 가질 수 있다. 그 의미들 중 하나는 숫자를 함께 더하는 것이다. 그러나 다양한 비유("제품 X 플러스", "플러스 와이어", "진짜 플러스" 등)에 의해 관련되는 다른 의미들도 있다.

우리가 울프럼 언어에서 플러스를 정의할 때는 "플러스"의 일상적인 개념을 기반으로 하면서도 그를 정확하게 구성하려고 한다. 이는 숫자 같은 것을 함께 더하는 것에 관한 "플러스"의 구체적인 의미를 선택함으로써 가능할 수 있다. 그리고 일단 우리가 이것이 플러스가 의미하는 것이라는 것을 알게 되면 즉시 모든 종류의 속성을 알게 되고, 그것으로 명시적인 컴퓨터화를 수행할 수 있게 된다.

이제 "마그네슘"과 같은 개념을 생각해 보자. 플러스처럼 완벽하고 추상적인 개념이 아니다. 그러나 물리학과 화학은 우리에게 마그네슘 원소에 대한 명확한 정의를 제공하는데, 우리는 잘 정의된 "마그네슘"이라는 개체를 갖기 위해 울프럼 언어에서 그를 활용할 수 있다.

울프럼 언어가 상징적인 언어라는 것은 매우 중요하다. 왜냐하면 울프럼 언어는 그 안에 있는 것들이 즉시 "값"을 가질 필요가 없다는 것을 의미하기 때문이다; 그것들은 단지 그 자체를 표상하는 상징적인 단어 구성체들일 수 있다. 예를 들어 개체 "마그네슘"은 상징적인 단어 구성체로 표현되는데, 그 자체로는 아무것도 "표상하지" 않지만, 숫자(9.45와 같은)로 나타낼 수 있는 것처럼 컴퓨터화 내에서 여전히 등장할 수 있다.

울프럼 언어가 지원하는 많은 종류의 단어 구성체들이 있다. "뉴욕시"나 "마지막 크리스마스", "지리적으로 안에 포함되어 있다"와 같은 것들이다. 그리고 요점은 언어 디자인이 이러한 것들에 정확한 의미를 정의했다는 것이다. 예를 들어 뉴욕시는 법으로 정의된 지리적 경계를 가진 뉴욕시로 간주되는 정확한 법적 실체를 의미한다. 울프럼 언어 내부에는 항상 뉴욕시와 같은 것들에 대한 정확한 표준 표현이 존재한다(그것은 실체["시", {"뉴욕", "뉴욕", "미국"}]). 그리고 이 내부적 표현은 컴퓨터화에 관해서 가장 중요한 것이다. 즉, 뉴욕시를 "nyc"라고 하는 것은 편리하지만, 울프럼 언어에서는 그 자연어 형태가 즉시 정확한 내부 형식으로 전환된다.

그렇다면 "당신은 바나나를 먹어야 한다"는 어떨까? 글쎄, 우리는 "먹다"와 같은 것에 대해서 플러스(또는 "바나나")와 같은 동일한 언어 디자인 과정을 거쳐야 한다. 그리고 기본적인 아이디어는 "먹다"의 표준적 의미를 파악해야 한다는 것이다. 예를 들어 그것은 "사람(또는 동물)에 의한 음식물의 섭취"일 수 있다. 현재 영어 단어 "eat"에는 "이 함수는 인수를 소거한다"에서와 같이 비유를 활용하는 다른 가능한 많은 의미가 있다. 그러나 아이디어는 플러스에 관한 것처럼 이런 것들을 무시하고, 정확하고 컴퓨터화에 적합한 "eat"의 표준 개념만을 정의하자는 것이다.

사람들은 영어로 담화의 일부를 생각하는 것만으로도 어떤 종류의 단어 구성체를 다루어야 하는지에 대한 합리적인 아이디어를 얻는다. 명사들이 있다. 때로는 ("바나나"나 "코끼리"와 같이) 이것들이 무엇에 상응하는지에 대한 꽤 정확한 정의가 있으며, 울프럼 언어는 대개 그러한 것들에 대해서 이미 알고 있다. 때로는 ("의자"나 "창문"과 같이) 조금 애매하면서도 구체적이기도 하고, 때로는 ("행복"이나 "정의"와 같이) 추상적인 경우도 있다. 그러나 울프럼 언어가 이미 수천 종류의 사물들에 대한 실체를 가지고 있는 것처럼 각각의 경우에 해당 명사의 명확한 의미를 포착하는 하나 또는 수 개의 실체를 상상해 볼 수 있다.

명사를 넘어서면 동사가 있다. 일반적으로 동사 주변에는 특정 상부구조가 있다. 문법적으로 동사에 대한 주어와 목적어 등이 있을 수 있다. 동사는 울프럼 언어의 기능과 유사하다: 각 동사는 예를 들어 그 주어, 목적어 등에 대응하는 특정한 주장을 다루고 있다. 물론 영어(또는 다른 자연어)에는 동사와 관련될 수 있는 온갖 종류의 정교한 특수 사례와 추가적인 특징들이 있다. 하지만 우리는 단지 특정한 개념을 나타내는 상징적인 단어 구성체를 정의하려고 하는 것이기 때문에 기본적으로 이러한 것들에 신경을 쓰지 않는다. 우리는 특정한 동사가 어떻게 작용하는지에 대한 모든 세부사항을 포착할 필요가 없다; 우리는 단지 영어 동사를 개념에 대한 일종의 "인식적 갈고리"를 제공하는 방식으로 사용하고 있을 뿐이다.

우리는 언어의 다른 부분을 살펴볼 수 있다. 동사를 수식하는 부사; 명사를 수식하는 형용사. 이것들은 때로는 엔티티인스턴스(EntityInstance)와 같은 구조에 의해, 때로는 기능 옵션에 의해 울프럼 언어에서 표현될 수 있다. 그러나 모든 경우에 있어 중요한 점은 우리는 자연어가 어떻게 작용하는지를 충실히 재현하려고 하는 것이 아니라; 단지 개념을 설정하는 방법에 대한 지침으로 자연어를 활용하고 있다는 것이다.

대명사는 흥미롭다. 그것들은 완전한 익명함수의 변수처럼 작용한다. "당신은 바나나를 먹어야 한다"에서 "당신"은 특정인으로 채워지게 되는 자유 변수와 같은 것이다.

언어 및 문법 구조의 일부는 담론의 상징적 표현에서 포착할 수 있는 어떤 일반적인 특징들을 제시한다. 그럼에도 불구하고 다른 많은 것들이 있다. 예를 들어 시간("시간 간격 내", "나중에 시작" 등) 또는 공간("~의 맨 위에, "~안에 담긴" 등)을 나타내는 데 필요한 "미적분"에 해당하는 것들이 있다. 우리는 이미 울프럼 언어에 이와 같은 미적분을 많이 가지고 있다; 가장 간단한 것은 숫자

("~보다 큰")나 집합("~의 요소") 등에 관한 것이다. 어떤 미적분은 긴 이력을 가지고 있다("시간 논리", "설정 이론" 등); 다른 것들은 여전히 구성되어야 한다.

무엇을 해야 하는지에 대한 세계적인 이론이 있는가? 글쎄, 세상이 어떻게 돌아가는지에 대한 세계적인 이론이 없는 것과 다를 바 없다. 우리의 세상이 돌아가는 방식의 일부인 개념과 구조들이 있고, 이것들을 포착할 필요가 있다. 의심할 여지없이 미래에 새로운 것들이 나타날 것이고, 우리는 그것들을 또한 포착하고 싶어 할 것이다. 울프럼알파(Wolfram|Alpha)를 만들면서 얻은 나의 경험은, 최선의 방법은 어떤 종류의 글로벌 이론으로 시작하는 것이 아니라, 단지 필요한 각각의 것들을 만드는 것뿐이라는 것이다. 얼마 후에는 비슷한 것을 여러 번 만들게 되고, 그 안으로 들어가서 통합할 수 있다는 것을 알게 될 것이다.

이에 관해서 과학과 철학의 기초에 깊이 파고들 수도 있다. 그렇다, 시스템이 작동할 수 있는 모든 가능한 규칙의 연산적 우주가 저 밖에 있다. (그리고 나는 이에 대한 기초과학을 연구하면서 내 인생의 많은 부분을 보냈다.) 그리고 아마도 연산적 우주에서 나온 어떤 규칙에 따라 작동하는 물리적 우주가 있다. 하지만 이러한 규칙들로부터 온갖 종류의 복잡한 행동들이 나타날 수 있으며, 실제로 연산환원불가성의 현상은 어떤 의미에서는 구성할 수 있는 것에 한계가 없다는 것을 암시한다.

그렇지만 이 모든 것들에 대해서 이야기할 수 있는 전반적인 방법은 없을 것이다. 그리고 우리가 어떤 한정된 종류의 담론을 다루고자 한다면 그것은 단지 특정한 특징만을 포착하는 것이 될 것이다. 우리가 어떤 특징을 포착하는 것을 선택하는지는 우리 사회의 역사에서 어떤 개념들이 발전해 왔는지에 따라 결정될 것이다. 그리고 보통 이러한 개념들은 우리가 사용하는 언어에 존재하는 단어들에 반영되어 있을 것이다.

기초적인 수준에서 연산환원불가성은 항상 도입될 수 있는 새로운 개념이 있을 것임을 암시한다. 고대로 거슬러 올라가 보면 아리스토텔레스는 인간 담론의 특정 측면을 포착하기 위한 방법으로써 논리를 도입했음을 알 수 있다. 그리고 철학사에 소개되어 왔던 다른 프레임워크들도 있고, 보다 최근에는 자연어 처리와 AI 연구도 있다. 그러나 연산환원불가성은 그들 중 어느 것도 궁극적으로 완전할 수 없다는 것을 실질적으로 암시한다. 그리고 우리는 우리가 관련성이 있다고 생각하는 개념들이 진화함에 따라 우리가 담론을 위해 가지고 있는 상징적 표현들도 진화하여야 한다는 것을 예상해야 한다.

담론의 작업 흐름

자, 그럼 우리가 담론을 위한 상징적 표현을 가지고 있다고 가정하자. 실제로 그것이 어떻게 사용될 것인가? 자연어가 작동하는 방식으로부터 좋은 단서가 몇 가지 있다.

자연어의 표준적인 토론에서는 질문을 던지는 "의문 진술"과 무언가를 주장하는 "단언 진술", 그리고 무엇을 하라고 말하는 "명령 진술"을 이야기하는 것이 일반적이다. (현재로서는 허사와 같은 "감탄 진술"은 무시하자.)

의문 진술은 우리가 울프럼알파에서 항상 다루고 있는 것이다: "금의 밀도는 얼마인가?", "3+7은 얼마인가?", "그 센서에서 가장 최근에 감지한 것은 무엇인가?" 등. 울프럼 언어와 상호작용하는 데 사용되는 노트북에서도 흔히 볼 수 있다: 입력([I]:=2+2)이 있고, 그 다음에 상응하는 출력(Out[I]=4)이 있다.

단언 진술은 변수에 특정 값을 채우는 것에 관한 것이다. 매우 조잡한 방법으로는 전형적인 절차 언어에서처럼 값(x=7)을 설정할 수 있다. 하지만 일반적으로 자신의 주장을 내세우는 환경을 생각하는 것이 더 낫다. 아마도 그런 환경들은 현실 세계나 그 일부를 나타내는 것이어야 한다. 아니면 어떤 허구의 세계를 나타내도록 되어 있는 것일 수도 있는데, 예를 들면 공룡이 멸종되지 않은 세계와 같은 것이다.

명령 진술은 세상에 일이 일어나도록 하는 것에 관한 것이다: "격납고 문을 열게", "밥(Bob)에게 0.23 비트코인(bitcoin)을 지불하라" 등.

어떤 의미에서는 의문 진술은 세계의 상태를 결정짓고, 단언 진술은 세계의 상태에 대한 것들을 주장하며, 명령 진술은 세계의 상태를 변화시킨다.

서로 다른 상황에서 우리는 "세계"라는 것으로 다른 것들을 의미할 수 있다. 우리는 정수나 논리 연산에 대해 그것이 존재하는 방식인 추상적 구조에 대해 이야기할 수 있다. 우리는 우리가 바꿀 수 없는 자연법칙이나 물리적 우주의 다른 특징들에 대해 이야기할 수도 있다. 아니면 우리는 우리의 지역 환경에 대해 이야기할 수도 있는데, 우리가 테이블과 의자 주위를 돌아다니거나, 바나나를 먹는 것을 선택할 수 있는 그런 곳이다. 또는 우리는 우리의 정신 상태나 컴퓨터 같은 것의 내부 상태에 대해 이야기할 수도 있다.

담화를 위한 일반적인 상징적 표현을 가지고 있다면 할 수 있는 일은 많다. 그들 중 하나는 이 포스트의 주제인 법적 계약과 같은 것들을 표현하는 것이다. 계약의 시작은, 그 다양한 조항, 설명, 정의 등과는 달리, 단언 진술("이것은 그렇다")의 밀도 있는 경향을 보여준다. 그리고 계약의 실제 조건은 아마도 의문 진술("이러한 일이 있었습니까?")에 의해 결정되는 특정 사항에 따라 명령 진술("이러해야 한다")로 끝나는 경향이 있다.

계약의 구조가 프로그램과 많이 비슷하다고 보기 시작하는 것은 어렵지 않다. 간단한 경우에는 단지 논리적 조건인 "X이면 Y이다"를 포함한다. 다른 경우에는 "만약 이 양만큼의 X가 발생한다면, 그 양만큼의 Y가 발생해야 한다"와 같이 수학에 근거해 보다 모델링된다. 때로는 "Y가 발생할 때까지 X를 계속하라"와 같이 반복도 있고, 더러는 "모든 Y에 X를 계속 적용하라"와 같이 재귀도 있다.

이미 법적 계약이 어느 정도의 프로그램에 의해 일상적으로 표현되는 곳도 있다. 가장 분명한 것은 채권이나 옵션 같은 것들에 관한 금융 계약인데, 다양한 공식과 조건들에 근거한 지불을 정의하는 작은 프로그램들이 해당된다.

"규칙 엔진"을 사용하여 특정 종류의 규정을 "만약 그렇다면" 규칙으로 인코딩하는 일반적인 산업이 있는데, 보통 공식과 혼합되어 있다. 실제로 이러한 것들은 세금과 보험 컴퓨터화에 거의 보편적으로 사용된다. (이는 가격 책정 엔진과 같은 것에서도 흔하다.)

당연히 "법적 코드"에 대해서 이야기하는 것은 우연의 일치가 아니다. 코드(code)라는 단어는 원래 라틴어 코덱스(codex)에서 유래한 것으로, 법률 규정의 체계적인 집합을 지칭한다. 프로그래밍이 두 밀레니엄 이후에 등장했을 때 "코드"라는 단어를 사용했는데, 이는 기본적으로 그 자체가 일상 업무의 수행이 아닌 컴퓨터의 작동과 관계가 있는 것을 제외하고는 어떻게 일이 이루어져야 하는지에 대해서 유사하게 규칙을 설정하는 것으로 보았기 때문이다.

하지만 이제 우리의 지식 기반 컴퓨터 언어와 상징적 담론 언어에 대한 아이디어로 우리가 하려고 하는 것은 우리가 컴퓨터화된 프로세스에 대해 이야기하는 것과 같은 방식으로 광범위한 일상사의 문제에 대해 이야기할 수 있도록 만드는 것이다. 그래서 우리는 그 모든 법률 코드와 계약들을 컴퓨터화된 형식 속에 집어넣었다.

코딩 대 언어

우리는 보통의 자연어와 비교할 때 상징적 담론 언어에 대해서 어떻게 생각해야 할까? 어떤 의미에서 상징적 담론 언어는 모든 뉘앙스와 "시(詩)"가 자연어로부터 "파쇄"된 표현이다. 상징적 담론 언어는 정확하지만, 거의 필연적으로 본래 자연어의 뉘앙스와 시를 잃게 될 것이다.

울프럼알파에게 "2+2"라고 말하면 충실하게 "4"라고 답할 것이다. 하지만 만약 "이봐, 네가 나를 위해 2+2를 수행해 줄래?"라고 말한다면 그것은 분명 다른 분위기를 만들 것이다. 그러나 울프럼알파는 그 입력을 가져다가 "2+2"와 정확히 같은 상징적 형태로 변환하고, 마찬가지로 "4"라고 대답할 것이다.

이것은 분명 상징적 담론 언어와 함께 항상 일어날 종류의 일이다. 그리고 만약 그 목적이 정확한 질문에 대답하는 것이라면 혹은 그 문제에 대해서 정확한 법적 계약을 만드는 것이라면, 그것은 바로 원하는 바일 것이다. 사람은 자신이 하려고 하는 일에 실제로 결과를 가져올 명확한 콘텐츠가 필요할 뿐이고, 이러한 경우에는 "엑스트라"나 "겉치레"가 필요하지 않다.

물론 무엇을 하려는지에 따라 포착하려는 것의 선택이 달라진다. 심리적인 정보를 얻으려 한다면 한 마디 자연어의 "분위기"가 매우 중요할 수 있다. 그러한 "감탄 진술(허사 같은)"은 사람이 관심을 갖는 의미를 전달한다. 그러나 사람들은 상징적인 방법, 예를 들어 자신의 상징적 담론 언어로 "감정 트랙"을 가지면서 그러한 것들을 포착하는 것을 여전히 완벽하게 상상할 수 있다. (매우 조잡할 수 있지만, 이것은 감정이나 감정 공간의 위치로 표현될 수 있다. 또는 그 문제에 대해서 이모티콘에서 파생된 것과 같은 일반적인 상징적 언어로 표현될 수 있다.)

자연어를 통한 실제 인간의 의사소통에서 "의미"는 의사소통의 맥락, 의사소통하는 누구누구의 개인사 등에 필연적으로 의존하게 되는 포착이 어려운 미끄러운 개념이다. 상징적 담론 언어에 대한 나의 생각은 자연어의 "진정한 의미"를 마술처럼 포착하려고 하는 것이 아니다. 대신 내 목표는 단지 사람들이 계산할 수 있는 어떤 의미를 포착하는 것이다.

편의상 자연어로 시작해서 상징적 담론 언어로 변환하려고 할 수도 있다. 하지만 핵심은 상징적 담론 언어가 실제의 표현이 되는 것이다: 자연어는 그를 생성하려고 하는 시도에 대한 지침일 뿐이다. 그리고 결국 그 개념은 자신의 말이 정말 정확하다는 것을 확신하고 싶다면 자연어를 전혀 사용하지 않고 상징적 담론 언어로 직접 말해야 한다는 것이다.

1600년대로 돌아가 보면 라이프니츠의 큰 관심사 중 하나는 사람들이 사용하고 있는 자연어(프랑스어, 독일어, 라틴어 등)와 무관한 표현을 갖는 것이었다. 그리고 상징적 담론 언어의 한 가지 특징은 그것이 특정한 자연어의 수준 "아래"에서 작동해야 한다는 것이다.

인간의 언어들 사이에는 대략적인 보편성이 있는데, 적어도 어떤 언어에서든 어느 정도의 근사치까지는 인간의 개념을 나타내는 것이 가능한 것처럼 보인다는 것이다. 그러나 서로 다른 언어나 그를 둘러싼 서로 다른 문화 (또는 같은 언어라도 역사상 시기가 다른 언어) 사이에는 번역하기 극도로 어려운 뉘앙스가 많이 있다. 하지만 상징적 담론 언어에서는 이러한 차이를 효과적으로 "파쇄"하고, 비록 그것이 전형적으로는 어떤 특정한 인간의 자연어와도 일치하지 않을지라도 정확한 무엇을 얻는 것이다.

상징적 담론 언어는 세계의 사물을 표현하는 것이다. 자연어는 단지 이러한 것들을 묘사하기 위한 한 가지 방법일 뿐이다. 하지만 다른 것들도 있다. 예를 들어 사진을 찍을 수도 있다. 자연어로 그림의 특정 특징("머리에 모자를 쓴 고양이")을 묘사하려고 하거나 또는 그림에서 상징적 담론 언어로 곧장 갈 수도 있다.

그림의 예에서 상징적 담론 언어가 모든 것을 포착하지는 않을 것이라는 점은 매우 명백하다. 아마도 그것은 "그가 다이아몬드를 가져가고 있다"와 같은 것을 포착할 수 있을 것이다. 그러나 모든 픽셀의 색상을 특정하지는 않을 것이며, 모든 세부적인 수준에서 장면의 상상할 수 있는 모든 특징을 묘사하지는 않을 것이다.

어떤 의미에서 상징적 담론 언어가 하고 있는 것은 그것이 기술하고 있는 시스템의 모델을 구체적으로 명시하는 것이다. 그리고 다른 모델들처럼, 어떤 특징은 포착하고, 다른 것들은 관념화해 버리고 있다. 그러나 그 중요한 점은 연산이 수행되고, 결론이 도출되고, 조치가 취해질 수 있는 탄탄한 기반을 제공한다는 것이다.

왜 지금인가?

나는 일반적인 상징적 담론 언어라고 할 만한 것을 창조하는 데 거의 40년 동안을 골몰해 왔다. 하지만 최근에서야 울프럼 언어의 현재 수준과 함께 그것을 실제로 실현할 수 있는 틀을 갖추게 되었다. 그리고 이 문제에 대해 어떻게 하면 충분히 실용적인 방식으로 생각할 수 있는지를 이해한 것도 최근에 불과하다.

그렇다, 세상의 사물을 표현하는 상징적인 방법을 갖는 것은 원칙적으로 좋은 일이다. 그리고 울프럼알파의 질문에 답하는 것과 같은 구체적인 사례의 경우 그것을 하는 것이 왜 가치가 있는지는 더할 나위 없이 분명하다. 그러나 보다 더 일반적인 담론을 다루어야 하는 요지는 무엇인가? 예를 들어, 우리는 언제 정말로 기계와 "일상적인 대화"를 하고 싶어 하는가?

튜링 테스트는 이것이 가능해진다는 것이 일반적인 AI를 갖게 되는 신호라고 말한다. 그러나 지금까지 특별한 목적을 염두에 두지 않고 기계와 "일상적인 대화"를 하는 것은 대개 실제에 있어서는 파티의 트릭과 이스터 에그로 빠르게 이전하는 것으로 보인다. 적어도 그것은 사람들이 울프럼알파와 가진 상호작용을 살펴본 우리의 경험이며, 또한 수십 년간 채봇(chatbots)과의 경험과 같은 것이기도 하다.

그러나 대화의 목적이 실제로 기계가 무언가를 하도록 하거나 기계로부터 무언가를 배우려고 하는 것과 같은 것이라면 그 그림은 빠르게 바뀐다. 즉, 이러한 대부분의 경우에는 세상의 사물에 대한 일반적인 표현을 가질 실제적인 이유가 없다; 그것은 특별히 고객 서비스 목표와 같은 기계 행동을 표상하는 것만으로도 충분하다. 그러나 법과 계약의 일반적인 문제를 해결하고 싶다면 그것은 또 다른 이야기다. 왜냐하면 필연적으로 인간의 일과 문제의 모든 영역을 대표하게 될 것이기 때문이다. 그래서 이제 세상을 상징적으로 표현하려는 데는 분명한 목표가 있다: 어떤 일이 일어나야 하는지를 그를 통해 말할 수 있어야 하고, 기계가 그것을 이해하도록 해야 한다.

이것이 유용한 것은 때로는 일어났어야 하는 일이 실제로 이루어졌는지를 기계가 확인만 할 수 있기를 원하기 때문이다; 때로는 기계가 자동으로 작동하거나 일을 수행하기를 원하기도 한다. 그러나 어느 경우이든 기계가 세상의 일반적인 것들을 표현할 수 있어야 하고, 이것이 가능하도록 하기 위해서는 상징적 담론 언어가 필요하다.

어떤 역사

어떤 의미에서는 상징적 담론 언어와 같은 것을 갖는다는 것은 너무 빤한 아이디어다. 그리고 실제로 그것은 수세기 동안 반복적으로 제기되어 온 아이디어다. 그러나 그것은 실현하기 매우 어려운 아이디어라는 것이 증명되었고, (때로는 엉뚱한) 실패들로 가득 찬 역사를 가지고 있다.

일은 어떤 의미에서는 잘 시작되었다. 고대로 돌아가 보면 아리스토텔레스에 의해 논의된 논리는 매우 제한적이지만 상징적 담론 언어의 한 예를 제공했다. 그리고 수학의 형식주의가 등장하기 시작했을 때, 그것은 제한된 상징적 담론 언어의 또 다른 예를 제공했다.

하지만 세상에서 보다 더 일반적인 개념은 어떠했을까? 피타고라스의 테트락티스와 중국의 역경(易經) 사이에는 몇 가지 중요한 개념에 기호 또는 숫자를 할당하기 위한 많은 노력이 있어 왔다. 1300년경에 라몬 룰(Ramon Llull)은 더 나아가 개념을 표현하기 위한 전체 조합의 체계를 생각해 낸 다음, 주장의 타당성, 특히 종교적 주장의 타당성을 기계적으로 결정할 수 있는 종이 동그라미를 가지고 그를 구현하는 것을 시도했다.

4세기 후 고트프리트 라이프니츠는 라몬 룰 작품의 열광자였으며, 처음에는 아마도 모든 개념이 숫자로 변환된 다음 진리가 인수분해와 같은 작업을 거쳐 소수(素數)로 결정될 수 있다고 상상했다. 나중에 라이프니츠는 보편적 특징(*characteristica universalis* 또는 데카르트(Descartes)가 "인간 사고의 알파벳"이라고 부른 것처럼), 즉 본질적으로 보편적 상징 언어인 것에 대해 이야기하기 시작했다. 그러나 그는 실제로 그런 것을 구성하려고 시도한 적이 없었고, 대신에 "특별한 경우"라고 생각할 수 있는 것을 추구했는데, 여기에는 그를 미적분학으로 이끌었던 것이 포함된다.

1600년대에 이미 라틴어가 보편적 자연어로는 쇠퇴함에 따라, 특히 과학이나 외교와 같은 분야에서 어떤 특정한 자연어에 얽매이지 않고 추상적으로 개념을 나타내는 "철학 언어(그들이 부르는 대로)"를 발명하려는 노력이 있었다. 이 중 가장 진보된 것은 존 윌킨스(John Wilkin)의 작품으로 1668년에 10,000개 이상의 개념들을 카탈로그로 작성하고, 기괴하게 생긴 그래픽 부호를 사용하여 그것들을 표상하는 책을 만들었는데, 그 한 예를 들면 주기도문을 렌더링해 내는 것이었다.

어떤 면에서 이러한 노력들은 백과사전과 이후의 동의어 사전의 발전으로 진화했지만, 언어와 같은 시스템으로서는 기본적으로 아무런 성과가 없었다. 이후 두 세기가 지나 국제화라는 개념이 확산됨에 따라 새로운 국가 독립 언어의 구축에 대한 관심이 폭발적으로 증가했고, 이로부터 볼라퓌크(Volapük)와 다음의 에스페란토(Esperanto)가 등장했다. 이 언어들은 사실 단지 인공적인 자연어일 뿐이지 상징적 담론 언어와 같은 것을 만들어 내려는 시도는 아니었다. 나는 항상 유럽 공항에서 에스페란토 표지판을 보는 것을 즐겼으며, 1980년대에 그것들이 마침내 사라졌을 때는 실망했다. 그런데 마침 그 무렵 또 하나의 언어 구성의 물결이 일었다. 가능한 한 모호하지 않게 하려고 의도된 로즈반(Lojban)과 같은 언어들과 단순한 삶을 지지하기 위해 흥미로울 만큼 최소화된 토키 포나(Toki Pona)와 같은 언어들 그리고 가장 광범위하게 언어적, 아마도 인지적 구조를 포괄하기를 의도했던 정말로 기괴한 이쓰쿠일(Ithkuil)과 같은 언어들이 있었다.

그 과정에서 위키피디아의 "심플 잉글리시(Simple English)" 버전이나 xkcd Thing Explainer에서와 같이 1,000개에서 2,000개의 기본 단어로 (통상의 20,000~30,000개 단어를 대신해서) 모든 것을 표현함으로써 영어와 같은 언어를 단순화하려는 시도도 있었다.

보다 더 형식적인 노력도 있었다. 한 예로, 한스 프로이덴탈(Hans Freudenthal)의 1960년 린코스(Lincos), "우주적 교류를 위한 언어(외계인과의 의사소통)"가 있는데, 일상적인 개념을 포착하기 위해 수학적 논리 표기법의 사용을 시도했다. AI 분야의 초기에는 자연어의 문법이나 술어 논리의 구조, 데이터베이스의 형식주의에 입각한 접근법이 다양하게 구사되면서 "지식 표현"에 대한 논의가 많았다. 대규모 프로젝트가 시도된 경우는 드물었고(단, 더그 레너트(Doug Lenat)의 Cyc는 주목할 만한 반대 예시임), 울프럼알파를 개발하게 되었을 때 우리의 요구와는 관련이 거의 없는 것들이어서 실망할 수밖에 없었다.

어떻게 보면 상징적 담론 언어의 구축만큼 근본적인 것이 과거에는 그다지 진지한 관심을 받지 말았어야 했음은 주목할 만하다. 하지만 어느 수준에서는 그리 놀라운 일도 아니다. 그것은 어렵고 방대한 프로젝트인데, 어떻게든 기성의 분야 사이에 놓여 있는 것이다. 그것은 언어학 프로젝트가 아니다. 물론 궁극적으로 언어가 어떻게 작용하는지를 밝혀줄 수도 있지만, 이는 핵심이 아니다. 그것은 컴퓨터 과학 프로젝트도 아니다. 왜냐하면 실제로 알고리즘이 아니라 콘텐츠에 관한 것이기 때문이다. 그리고 그것은 철학 프로젝트도 아니다. 대부분 특정 원리에 관한 것이지 일반적인 원칙에 관한 것이 아니기 때문이다.

지난 반세기 정도 동안 "시멘틱 프라임즈(semantic primes)"나 "내추럴 시멘틱 메타언어(natural semantic metalanguage)"와 같은 아이디어를 논의하면서 몇 가지 학문적인 노력이 있었다. 보통 그러한 노력은 언어학 분야와의 접합을 시도했지만, 순수한 언어 구조보다는 추상적인 의미에 중점을 두었기 때문에 지배적인 경향과 상충되는 결과를 만들었고, 어느 것도 대규모 프로젝트로 전환된 경우가 없었다.

학계 밖에서는 시스템을 위해 세상의 개념들을 조직하고 거기에 이름을 붙이기 위한 제안들이, 때로는 멋지게 별난 개인들로부터 자극받아 끊임없이 쏟아져 나오고 있었다. 이러한 추구가 라몬 룰 이후에 얼마나 진전했는지는 분명하지 않으며, 대개는 순수한 온톨로지만을 다루고 있을 뿐, 자연어로 전달될 수 있는 종류의 완전한 의미는 갖지 못했다.

머신러닝의 최근 발전과 함께 의미의 추상적 표현을 자동적으로 학습할 수 있는 마법과 같은 방법이 있기를 바랄 수도 있다. 그리고 예를 들어 위키피디아나 텍스트 말뭉치를 가지고 효과적인 "개념의 공간"을 도출하기 위해서 차원의 축소를 활용할 수도 있다. 하지만 그리 놀랄 것도 없이, 단순한 유클리드 공간은 개념과 관련되는 방식에는 그다지 좋은 모델은 아닌 것 같다(그래프 거리조차 충실하게 나타낼 수 없다). 그리고 단어들의 가능한 의미를 사전에서 열거하는 것처럼 가져다가 개념의 공간에서 클러스터로 분류하는 문제조차 효과적으로 실행하기는 쉽지 않아 보인다.

나중에 논의하겠지만, 그래도 상징적 담론 언어와 머신러닝 사이에는 아주 흥미로운 상호작용이 있다고 생각한다. 하지만 지금으로서는 인간이 사용할 수 있는 상징적 담론 언어의 핵심을 구성하기 위해 인간의 판단을 이용하는 것 말고는 다른 대안이 없을 것이라는 것이 나의 결론이다.

계약에서 코드로

하지만 다시 계약으로 돌아가 보자. 오늘날 전 세계적으로 매년 수천억 건의 계약이 서명되고 있지만(그리고 훨씬 더 많은 수가 묵시적으로 체결되고 있지만), 단순한 수정본이 아닌 "원본"의 수는 아마 수백만 건에 불과할 것이다(그리고 아마도 작성되고 있는 원본 컴퓨터 프로그램이나 앱의 수와 비슷할 것이다).

그렇다면 이런 계약들은 라이프니츠가 300년 전에 바랐던 것처럼 정확한 상징적 형태로 표현될 수 있을까? 글쎄, 우리가 꽤 완벽한 상징적 담론 언어를 개발할 수 있다면 가능할 것이다. (그렇다, 모든 계약은 상징적 담론 언어에 내장된 기능과 같은 방식인 기저의 "준거법" 규정 세트와 관련하여 정의되어야 한다.)

하지만 이것이 무슨 뜻인가? 무엇보다도 계약 자체가 컴퓨터화 가능한 것이 된다는 것을 의미할 것이다. 계약은 상징적 담론 언어 프로그램으로 전환될 것이다. 그리고 이 프로그램만 있으면 추상적인 작업을 수행할 수 있을 것이다. 그리고 이것은, 예를 들어, 주어진 계약이 어떤 특정한 함의를 가지고 있다거나, 어떤 특정한 결과를 초래할 수 있다거나 또는 어떤 다른 계약과 동등한 것인지를 사실상 논리의 일반화와 같은 것을 통해서 공식화하여 결정하는 것을 상상할 수 있음을 의미한다.

그렇지만 궁극적으로 여기에는 이론적인 문제가 있다. 왜냐하면 이와 같은 질문들은 공식으로는 결정 불가능한 문제에 부딪힐 수 있는데, 이는 어떤 체계적인 유한 연산이 그에 대한 해답을 제시해 주리라는 보장이 없다는 것을 의미한다. 사람들이 작성하는 전형적인 소프트웨어 프로그램에 대한 추론에서도 같은 문제가 발생하며, 실제로 그것은 여러 가지가 뒤섞여 있어 일부는 결정가능하지만, 일부는 그렇지 않다.

물론 오늘날의 울프럼 언어에도 궁극적으로는 미해결 상태로 되어 있는 많은 것(아주 기본적인 "이 표현들은 평등한 것인가?"와 같은)들이 있다. 그리고 그런 문제들에 바로 부딪히는 질문들이 분명히 있다. 그러나 사람들이 자연스레 묻는 질문의 많은 종류에 대해서는 어느 정도의 연산으로 답을 제시할 수 있음이 증명된다. 그리고 이것이 계약에 관한 질문에도 해당된다는 것은 놀라운 일이 아니다. (인간이 만든 질문은 전체 가능성의 컴퓨터화된 우주에서 무작위로 추출된 질문보다 결정 불가능성의 문제에 부딪히는 경향이 훨씬 덜하다는 점에 유의할 필요가 있다.)

만약 컴퓨터화된 형태로 계약을 맺는다면, 다른 것도 기대할 수 있다. 광범위한 입력에 대해 계약이 의미하는 바를 자동으로 처리하는 기능과 같은 것을 말이다. 1980년대 양적 금융혁명은 단순한 옵션 계약에 대한 결과 분포를 자동으로 계산할 수 있게 되면서 시작되었다. 만약 컴퓨터화된 형태로 많은 (아마도 십억 건 이상의) 계약을 맺는다면, 이 라인들을 따라 수행될 수 있는 훨씬 더 많은 것들이 있을 것이다. 그리고 개선이든, 개악이든 간에 완전히 새로운 금융공학 분야가 개발될 수 있을 것이다.

입력은 어디에서 오는가?

자, 그럼 컴퓨터화된 계약이 있다고 가정해 보자. 그것으로 직접 무엇을 할 수 있을까? 글쎄, 그것은 입력의 형식이 무엇인지에 어느 정도 달려 있다. 한 가지 중요한 가능성은 어떤 의미에서 "컴퓨터화 적합적"이라는 것인데, 그 것은 바로 컴퓨터 시스템에 관한 직접적인 진술("이 ID로 오늘 얼마나 많이 접속했는가?", "이 연결의 핑 시간은?", "비트코인이 얼마나 전송되었는가?" 등)이라고 할 수 있다. 그리고 그러한 경우, 즉각적이고 명확하게 계약을 "평가"하고 그것이 충족되고 있는지를 확인하는 것이 가능해야 한다.

이것은 기계와 상호작용하는 인간이나 기계와 상호작용하는 기계 모두에 있어 여러 목적을 위해 매우 유용한 것이다. 실제로 이러한 버전이 이미 사용되고 있는 많은 사례들이 있다. 방화벽 규칙과 같은 컴퓨터 보안 규정을 하나의 예로 생각할 수 있다. 자동화된 서비스 수준의 계약과 자동화된 서비스 약관과 같이 점차적으로 등장하고 있는 것들도 있다. (나는 예를 들어 우리 회사가 머지않아 이런 것들을 일상적인 비즈니스 관행으로 만들 수 있기를 확실히 바라고 있다.)

하지만 모든 계약의 모든 입력이 "컴퓨터화 적합적"이라는 것은 분명 사실이 아니다: "외부" 세계에서 어떤 일이 발생했는지("그 사람이 실제로 X라는 장소에 갔는가?", "포장이 특정 환경에서 유지되었는가?", "그 정보가 소셜 미디어에 유출되었는가?", "그 앵무새는 죽었는가?" 등)를 보고 많은 입력 정보를 얻어야 한다. 그리고 무엇보다 언급해야 할 것은 현대에서는 세상에 관한 사물들을 자동적으로 결정하는 것이 훨씬 쉬워졌다는 것인데, 특히 센서로 측정을 할 수 있기 때문이다. GPS 추적이나 자동차의 카운팅 센서를 보기 바란다. 전체 사물 인터넷은 컴퓨터화된 계약을 위해 실제 세계에 대한 정보를 제공하기 위해 존재한다.

이렇게 이야기하고 있지만, 여전히 문제가 있다. 예를 들어 GPS 추적을 활용하면 (GPS가 제대로 작동한다고 가정할 때) 누가 또는 무엇이 특정 장소로 이동했는지 여부에 대한 명확한 응답을 얻을 수 있다. 그러나 덜 수치적인 것을 결정하려 한다고 가정해 보자. 예를 들어, 한 조각의 과일이 "우량품"인지를 결정해야 하는 경우를 보자. 글쎄, 전문가는 과일 한 조각의 사진이 있으면 분명하게 말할 수 있을 것이다. 그렇지만 이것을 어떻게 연산으로 수행할 수 있을 것인가?

자, 여기 우리가 현대적인 머신러닝을 사용할 수 있는 장소가 있다. 우리가 신경망을 설치하고 울프럼 언어로 말한 다음 많은 과일들의 예를 보여줄 수 있는데, 우량품도 있고 아닌 것도 있다. 그리고 내 경험으로 볼 때(그리고 우리 고객들의 경험!), 대부분의 경우 우리는 과일을 등급매기는 것과 같은 작업을 정말 잘 수행하는 시스템을 얻게 될 것이다. 그것은 확실히 인간보다 훨씬 더 빠를 것이고, 아마도 더 신뢰할 수 있고, 일관성이 있을 것이다.

그리고 이것은 세상의 사물에 대한 계약을 맺는 완전히 새로운 방법을 제공한다. 두 당사자는 계약서에 "만약 머신러닝 시스템이 X라고 하면 Y를 이행하라"고 하는 것에 동의할 수 있다. 어떤 의미에서 그것은 다른 종류의 컴퓨터화된 계약과도 같다: 머신러닝 시스템은 단지 하나의 코드일 뿐이다. 하지만 조금 다르다. 왜냐하면 보통은 계약서에 명시된 모든 내용을 쉽게 검토할 수 있기를 기대하기 때문이다. 즉, 실제로 코드를 읽고 이해할 수 있다. 그러나 머신러닝이 중간에 있을 때는 더 이상 그것에 대한 기대가 있을 수 없다.

아무도 신경망에 그 수백만 개의 수치를 구체적으로 설정하지는 않았다. 그것들은 주어진 훈련 데이터로부터 대략적이고 다소 무작위적인 프로세스에 의해 결정되었다. 물론 원칙적으로는 신경망 내에서 일어나는 일에 대한 모든 것을 측정할 수 있다. 그러나 특정 상황에서는 신경망이 무엇을 할 것인지에 대해 납득할 만한 설명이나 예측을 얻을 수 있을 것이라고 기대할 수 없다. 아마도 이것은 내가 컴퓨터화된 비환원성이라고 부르는 현상의 예인데, 단지 그것을 실행하는 것보다 훨씬 더 효율적으로 무슨 일이 일어날지 것인지를 알 수 있는 방법이 없다는 것을 의미한다.

그렇다면 그의 사고 프로세스를 이해할 수 없는 인간 전문가에게 물어보는 것과는 무엇이 다른가? 글쎄, 실제로 머신러닝이 훨씬 더 빠르기 때문에 "전문적인 판단"을 훨씬 더 많이 활용할 수 있다. 그리고 반복 가능하도록 설정할 수 있고, 예를 들어 존재할 것으로 생각되는 편견을 체계적으로 테스트할 수도 있다.

물론 머신러닝을 속이는 것을 언제나 상상할 수 있다. 반복 가능한 경우 머신러닝 자체를 이용해서 실패한 사례를 학습하게 할 수도 있다. 그러다 보면 결국 취약점을 발견하고 패치를 적용하는 작업을 수행하는 컴퓨터 보안과 같은 것이 될 것이다. 그리고 어떤 의미에서는 이것은 계약의 전형적인 상황과 다르지 않다. 즉, 모든 상황을 다루려고 시도하지만, 무언가 올바르게 해결되지 않았음이 명백해지고, 그것을 다루기 위해 새로운 계약서를 작성하려는 것이다.

그러나 중요한 핵심은 머신러닝을 통해 계약에 "판단 지향적" 입력을 기대할 수 있다는 것이다. 나는 전형적인 패턴이 이것일 것이라고 예상한다: 계약서에는 상징적 담론 언어("X는 직접 Y를 이행할 것이다"와 같은)로 기술된 것이 있을 것이다. 그리고 상징적 담론 언어의 수준에서 여기에는 명확한 의미가 있을 것이고, 예를 들어, 그로부터 모든 종류의 함의가 그려질 수 있다. 하지만 다음에는 계약서에 기술되어 있는 것이 현실 세계에서 실제로 일어난 것인지에 대한 질문이 있다. 그리고 물론, 이것에 대한 정보를 제공하는 많은 센서 데이터들이 있을 수 있다. 그러나 결국에는 "판단 요청"이 이루어져야 한다. 그 사람이 실제로 이런 일을 했는가? 원격 시험감독 시스템의 경우처럼 카메라로 사람을 감시할 수 있고, 키 입력 패턴을 기록할 수 있으며, 심지어는 뇌전도를 측정할 수도 있다. 하지만 무엇인가는 이 자료를 종합해서 어떤 일이 일어났는지에 대한 판단을 하도록 하고, 이를 상징적 진술로 변환해야 한다. 그리고 나는 예상하기를, 실제에 있어서는 이를 수행하는 머신러닝 시스템으로 전형적으로 귀결될 것이라고 본다.

스마트 계약

자, 그럼 우리가 컴퓨터화된 계약을 설정하는 방법이 있다고 가정해 보자. 어떻게 그것을 시행할 수 있을까? 글쎄, 기본적으로 연산 프로세스와 관련된 것들은 어느 정도 수준에서는 자동적으로 시행될 수 있다. 여차여차한 방식으로만 라이선스를 발급하도록 특정 소프트웨어를 구축할 수도 있다. 일정량의 비트코인을 받는 경우에만 다운로드를 제공하도록 클라우드 시스템을 구축할 수도 있다.

하지만 우리는 무슨 일이 일어나고 있는지 어디까지 믿고 있는가? 누군가가 소프트웨어나 클라우드를 해킹했을 수도 있다. 나쁜 일이 일어나지 않았다고 어떻게 확신할 수 있을까? 기본적인 대답은 세상이 큰 곳이라는 사실을 활용하는 것이다. (때로는) 물리학자로서 이것은 양자역학에서의 측정을 생각하게 한다. 우리가 단지 작은 양자 효과를 다루는 경우 항상 발생할 수 있는 간섭이 있다. 그러나 우리가 실제 측정을 할 때는 많은 것들(원자 등)이 관련되어 무엇이 발생하는지 모호하지 않게 되는 지점까지 작은 양자 효과를 증폭시키고 있다. 마치 열역학 제2법칙과 거의 같은 방법으로 방안의 모든 공기 분자가 저절로 한쪽에 정렬한다는 것과 같은 것은 상상할 수 없게 만드는 것이다.

비트코인(bitcoin), 이더리움(Ethereum) 등도 마찬가지다. 그 아이디어는 어떤 특정한 사항("X가 Y에게 여차여차한 것을 지불한다" 등)이 너무나 많은 곳에서 공유되고 기록되어 있어서 의심할 여지가 없다는 것이다. 물론 오늘날 비트코인 같은 것에 실제로 참여하는 수천 개의 장소들이 공모하여 가짜 결과를 산출하는 것이 원칙적으로는 가능하다. 하지만 그런 아이디어는 마치 방안에 있는 가스 분자와 같아서 확률이 전혀 예측할 수 없을 정도로 낮은 것이다. (마침 나의 연산적 동등성의 원리는 가스 분자에의 비유 이상의 것이 있다는 것을 제시하고 있고, 실제로 작업의 기본 원리는 정확히 동일하다. 그리고 분산 블록체인 레저나 분산 콘센서스 프로토콜 등의 운영에 관한 흥미로운 기술적 세부사항들이 많이 있지만, 여기서 그 내용에 대해 설명하지는 않겠다.)

요즘 "스마트 계약" 이야기가 유행이다. 내가 "컴퓨터화된 계약"에 대해서 이야기해 왔을 때 의미한 것은 연산적으로 표현될 수 있는 계약이다. 그러나 사람들에게 "스마트 계약"은 대개 연산적으로 표현되고 자동으로 수행될 수 있는 계약을 의미한다. 가장 흔한 생각은 이더리움과 같은 분산된 연산 환경에 스마트 계약을 설정한 다음 연산 환경의 입력을 기반으로 계약의 코드를 평가하는 것이다.

때로는 입력은 시간의 흐름(누가 인터넷 전체의 시계에 손댈 수 있겠는가?)이나 물리적으로 생성된 임의의 숫자와 같이 고유한 것이다. 그리고 이와 같은 사례로는 구독료를 지불하거나 복권 추첨을 운영하는 것과 같은 꽤 순수한 형태의 스마트 계약을 들 수 있다.

그러나 더 자주 외부로부터, 즉 세상에서 일어나는 일들로부터 입력이 있어야만 한다. 때로는 주식 가격, 기상대 관측 온도, 또는 핵폭발과 같이 엄청난 사건 등의 공공 정보를 필요로 한다. 어찌되었든 스마트 계약은 이런 정보를 줄 수 있는 "오라클(oracle)"에 액세스할 필요가 있다. 그리고 편리하게도 세상에 그런 오라클이 하나 있으니, 울프럼알파이다. 실제로 울프럼알파는 스마트 계약의 오라클로 널리 사용되고 있다. (물론 우리의 일반 공공 서비스 약관에 따르면, 현재는 당신이 매우 중요하다고 생각하는 것에 대해서 울프럼알파에만 의존해서는 안 되지만, 다행스럽게도 그러한 서비스 약관은 곧 더욱 정교해지고 컴퓨터화될 것이다.)

그렇지만 외부로부터의 비공공 정보는 어떤가? 스마트 계약에 대한 현재의 사고는 정보를 검증하기 위해서는 사람들을 개입시켜야 한다는 경향이 있다. 즉, 실제로 어떤 것이 사실인지를 결정하기 위해서는 배심원(또는 민주주의)을 가져야 한다는 것이다. 하지만 이것이 정말로 최선일까? 나는 다른 길이 있을 수 있다고 의심하는데, 그것은 머신러닝으로 인간과 같은 판단을 사물에 주입하는 것과 같은 것이다. 물론 내심을 헤아리기도 어렵고 체계적으로 영향을 끼치기도 어려운 행동을 가진 사람들을 이용할 수도 있다. 하지만 실제로 그러한 사람들을 AI나 아니면 현재의 머신러닝 시스템의 집합으로 대체한다면 어떨까?

머신러닝 시스템은 암호화 시스템과 비슷하다고 생각할 수 있다. 그것을 공격하고 입력을 스푸핑하려면 작동 방식을 뒤집는 것과 같은 작업을 해야만 한다. 글쎄, 단일 머신러닝 시스템이라면 이를 달성하기 위해 조금 노력이 필요할 것이다. 그러나 충분히 독립적인 시스템들의 전체 컬렉션을 가지고 있다면, 그 노력은 배가 될 것이다. 시스템에서 몇 가지 매개 변수를 변경하는 것만으로는 충분하지 않을 것이다. 연산적 우주 속으로 들어가서 무작위로 시스템을 고른다면 다른 사람들을 개입시키는 것과 같은 종류의 독립성을 기대할 수 있을 것으로 본다. (솔직히 말하자면, 나는 셀룰러 오토마타와 같은 프로그램을 위해 수행했던 연산적 우주의 마이닝을 신경망과 같은 시스템 사례에 적용하는 방법을 아직은 잘 모른다.)

또 다른 포인트도 있다: 세상에 센서망이 충분히 밀집되어 있다면 무슨 일이 일어났는지 확인하는 것은 점점 더 쉬워진다. 방 안에 동작 센서가 하나만 있다면 그를 피하는 것은 쉬울지 모른다. 그리고 아마 센서가 몇 개 더 있다고 해도 미션 임파서블 스타일로 여전히 그를 피하는 것이 가능할 것이다.

그러나 충분한 센서들이 있다면, 그 센서들의 정보를 종합함으로써 실제로 무슨 일이 일어났는지에 대한 분석을 필연적으로 증강시킬 수 있다. 실제로 세계의 작동 방식에 대한 모델이 있고, 충분한 센서를 가지고 있다면 그 모델이 맞는 것인지를 검증할 수 있는 것이다.

놀라운 것도 없이 언제나 중복성을 유지하는 것이 도움이 된다. 더 많은 노드가 연산이 조작되지 않도록 보장한다. 더 많은 머신러닝 알고리즘이 그것이 스푸핑되지 않도록 보장한다. 더 많은 센서가 그것이 속지 않도록 보장한다. 그러나 결국에는 무슨 일이 일어나야 하는 것인지, 즉 계약 내용이 무엇인지를 말해 주는 것이 있어야 한다. 그리고 계약서는 명확한 개념을 가진 언어로 표현되어야 한다. 그래서 어떻게 해서든지 세상의 다양한 다중 시스템으로부터 확실한 결론을 내려야 하며, 세계를 계약이 그를 기반으로 운용되는 상징적인 어떤 것으로 변환시켜야 한다.

컴퓨터화된 계약서의 작성

우리가 좋은 상징적 담론 언어를 가지고 있다고 가정하자. 그렇다면 계약서는 실제로 어떻게 작성되어야 하는가?

한 가지 접근법은 영어나 다른 자연어로 작성된 기존의 계약서를 가지고 상징적 담론 언어로 번역(또는 파싱)하는 것이다. 자, 앞으로 일어날 일은 오늘날의 울프럼알파에게 일어날 일과 어느 정도 같다. 번역자는 그 자연어가 무엇을 의미하는지 정확히 알지 못할 것이고, 그래서 몇 가지 가능한 대안을 제공할 것이다. 어쩌면 자연어 계약서의 원작성자가 마음에 품고 있었던 어떤 의미가 있었는지도 모른다. 그러나 아마도 그 의미의 "시"는 상징적 담론 언어로 표현될 수 없을 것이다: 더 명확한 것을 필요로 한다. 그리고 인간은 어떤 대안을 선택할지 결정해야 할 것이다.

자연어 계약서로부터 번역하는 것은 좋은 시작 방법일 수도 있지만, 나는 그것이 상징적 담론 언어로 직접 계약서를 작성하는 것에 빨리 자리를 내줄 것이라고 생각한다. 오늘날 변호사들은 난해한 법률 용어를 쓰는 법을 배워야 한다. 미래에는 그들은 코드에 해당하는 것, 즉 상징적 담론 언어로 정확하게 표현된 계약서를 쓰는 법을 배워야 할 것이다.

모든 것을 자연어의 법률용어가 아닌 코드로 작성하는 것이 부담이 될 것이라고 생각할 수도 있다. 하지만 내 추측으로는 그것이 실제로 큰 이익이 될 것이다. 그리고 그것은 단지 계약이 더 쉽게 운용되도록 하기 때문만은 아니다. 그것은 또한 변호사들이 계약에 대해 더 잘 생각하도록 도울 것이다. 사람이 사용하는 언어가 생각하는 방식에 영향을 미친다는 것은 오래된 주장(사피어-워프 가설)이다. 그리고 자연어에 있어서는 분명 어느 정도 맞는 말이다. 하지만 내 경험에 의하면 그것은 오히려 컴퓨터 언어에 있어서 극적으로 들어맞는다. 실제로 나는 몇 년 동안 울프럼 언어에 더 많은 것을 추가하면서 나의 생각이 어떻게 변했는지에 대해 놀라워했다. 내가 무언가를 표현할 방법이 없을 때, 그것은 나의 사고 속으로 들어가지 않았다. 그러나 일단 그것을 표현하는 방법이 생기면 나는 그것의 관점에서 생각할 수 있었다.

그리고 나는 이것이 법적 사고에 대해서도 마찬가지일 것이라고 믿는다. 정확한 상징적 담론 언어가 있을 때, 모든 종류의 것들에 대해 더 명확하게 생각하는 것이 가능해질 것이다.

실무에서 모든 종류의 자동 주석이 도움이 됨은 물론이다: "그 조항을 추가하는 것은 X, Y, Z를 의미한다" 등. 어떤 계약을 일상적으로 체결하고 다양한 입력사항에 대한 결과를 시뮬레이션하는 것이 가능하다면 역시 도움이 될 것이다. 때로는 통계적 결과("이것은 편향적인가?")를 원할 수도 있을 것이다. 때로는 많은 입력을 시도해야 찾을 수 있는 특정한 "버그"를 찾고 싶어 할 수도 있을 것이다.

그렇다, 수학 논문을 읽는 것처럼 자연어로 된 계약서를 읽을 수 있다. 하지만 누군가가 정말로 그것의 의미를 알고 싶다면 컴퓨터화된 형식이 필요할 것인데, 그래야 그것을 실행해서 그것이 무엇을 의미하는지 알 수 있고, 또한 그것을 구현하기 위해 컴퓨터에 제공할 수도 있을 것이다.

컴퓨터화된 계약의 세계

고대 바빌론으로 돌아가 보면, 함무라비 법전과 같은 법들이 등장하기 시작한 것은 꽤 큰일이었다. 물론 글을 읽을 수 있는 사람이 거의 없었기 때문에 사람들이 기억나는 순서대로 법을 암송하는 것과 같은 온갖 종류의 잡음이 처음에는 있었다. 수세기에 걸쳐 사물은 보다 정렬되었고, 약 500년 전에는 광범위한 문해력의 도래로 법률과 계약은 더욱 복잡해지기 시작했다(다른 것들보다 더 풍부한 뉘앙스를 가지면서 더 많은 상황을 다루게 해 주었다).

최근 수십 년 동안 이런 트렌드는 가속화되었으며, 특히 이제는 길이에 상관없이 문서를 복사하고 편집하는 것이 쉬워졌다. 그러나 인간이 그 문서를 작성하고 해석하는 중심에 있다는 사실에 의해 사정은 여전히 제한되어 있다. 50년 전만 해도 어떤 절차를 정의하는 거의 유일한 방법은 그것을 글로 적고 인간이 실행하도록 하는 것이었다. 그러나 컴퓨터와 프로그래밍이 나오기 시작했다. 그리고 곧 인간에 의해서가 아니라 컴퓨터에 의해서 구현되는 훨씬 더 복잡한 절차를 정의하는 것이 가능해지기 시작했다.

내 생각에 이것은 법에서도 마찬가지이다. 일단 컴퓨터화된 법이 확립되면 수행할 수 있는 일의 복잡성은 급격히 증가할 것이다. 일반적으로 계약은 세상의 일부 모델을 정의하고, 여러 상황에서 어떤 일이 일어나야 하는지를 명시한다. 오늘날 계약으로 정의되는 모델의 논리적, 알고리즘적 구조는 여전히 꽤 단순한 경향이 있다. 그러나 컴퓨터화된 계약과 함께 그것들이 훨씬 더 복잡해질 것이다. 그래서 예를 들어 세상이 어떻게 돌아가는지를 보다 충실히 포착할 수 있을 것이다.

물론 그것은 어떤 일이 일어나야 하는지를 정의하는 것을 훨씬 더 복잡하게 만들 뿐이고, 컴퓨터 자체가 발견할 수 있는 모든 다양한 상황을 다루기 위한 컴퓨터 운영체제를 구축하는 것과 같은 느낌이 곧 들 수도 있다.

그렇지만 결국에는 자기가 원하는 것을 말해야 한다. 구체적인 예를 제시하는 것만으로도 어느 정도의 차이를 가늠할 수 있을 것이다. 하지만 나는 궁극적으로는 사람들이 보다 상위의 추상 수준을 표현할 수 있는 상징적 담론 언어를 사용해야 할 것이라고 생각한다.

때로는 상징적 담론 언어로 모든 것을 쓸 수 있을 것이다. 그러나 나는 종종 목표에 해당하는 것을 정의하기 위해 상징적 담론 언어를 사용하고, 그 다음에는 실제로 그를 달성하는 계약을 정의하기 위해 머신러닝 종류의 방법을 사용해야 할 것이라고 본다.

그리고 연산상의 불가약성이 수반되는 순간, 버그나 "의도하지 않은 결과"가 없다는 것을 확실히 아는 것은 일반적으로 불가능할 것이다. 그렇다, 모든 종류의 자동 테스트를 수행할 수는 있다. 그러나 결국 모든 가능성을 확인할 수 있는 유한한 절차를 갖는 것은 이론적으로 불가능하다.

오늘날에는 전문 변호사 없이 처리하기에는 너무나 복잡한 법적 상황들이 많이 있다. 컴퓨터화된 법이 보편적인 세상에서는 컴퓨터가 관여하는 것이 편리할 뿐만 아니라, 꼭 필요할 것이 될 것이다.

어떤 의미에서 그것은 이미 많은 공학 분야에서 일어났던 일들과 비슷하다. 인간이 스스로 모든 것을 설계해야 했던 시절, 인간은 건설되고 있는 구조를 일반적으로 이해할 수 있었다. 하지만 일단 컴퓨터가 설계에 관여하게 되면 어떻게 사물들이 작동하는지 알아내는 데 컴퓨터가 또한 불가피하게 필요해진다.

오늘날 상당히 복잡한 계약에는 100페이지의 어려운 법률용어가 포함될 수 있다. 그러나 일단 컴퓨터화된 법, 특히 목표로부터 자동적으로 구성된 계약이 존재하게 되면 그 길이는 급속도록 증가할 것이다. 하지만 어느 정도 수준에서는 문제가 되지 않을 것이다. 마치 사용하는 프로그램의 코드가 얼마나 긴지는 중요하지 않은 것처럼 말이다. 계약은 사실상 컴퓨터로 자동 실행될 것이기 때문이다.

라이프니츠는 컴퓨터화를 법의 실행에서 단순화 요소로 보았다. 물론 어떤 것들은 더 단순해지고 더 잘 정의될 것이다. 그러나 광활한 복잡성의 바다도 펼쳐질 것이다.

AI가 의미하는 바는?

AI에게 해야 할 일을 어떻게 알려주어야 하나? 글쎄, 인간과 AI 둘 다 이해할 수 있는 어떤 형태의 의사소통을 가져야 하고, 그것은 원하는 것을 설명할 수 있을 만큼 충분히 풍부한 것이어야 한다. 그리고 이미 설명했듯이, 이는 기본적으로 정확히 울프럼 언어와 같은 지식 기반 컴퓨터 언어를 가져야 한다는 것을 의미하며, 궁극적으로는 완전한 상징적 담론 언어가 필요하다는 것을 의미한다.

그래, AI에게 "가게에서 쿠키 좀 가져와"와 같은 일을 하도록 지시한다. 이 말은 분명 완벽하지 않을 것이다. AI는 세계의 일부 모델 내에서, 그리고 어떤 행동규칙에 따라 작동해야 한다. 아마 AI가 쿠키를 훔쳐서 가져오는 방법을 알아낼 수도 있을 것이지만, 그렇게 해서는 안 된다; 짐작건대 법이나 특정한 행동규칙을 따르기를 원할 것이다.

여기서 컴퓨터화된 법이 정말 중요해진다: 왜냐하면 AI가 손쉽게 활용할 수 있는 방식으로 행동규칙을 규정하는 방법을 제공하기 때문이다.

원칙적으로 AI로 하여금 법과 역사적 사건의 완전한 말뭉치를 흡수하게 하고, 그로부터 학습하도록 할 수도 있다. 그러나 AI가 우리 사회에서 점점 더 중요해짐에 따라 모든 종류의 새로운 법들을 정의할 필요가 있고, 그러한 법들 중 많은 것이 전통적인 자연어로 유용하게 설명되기에는 알고리즘적으로 너무 복잡하기 때문에 "컴퓨터화 적합적"인 것으로 되지 않을까 싶다.

또 다른 문제도 있다: 우리는 사실 AI가 법문을 따르기만을 원하지 않고 (어느 장소에서든), 어떤 의미든 간에 윤리적으로 행동하기를 원한다. 또한 법의 테두리 안이라고 해도 AI가 거짓을 말하거나 속이는 것을 원하지 않을 것이다; 우리는 우리가 따르는 어떤 윤리 원칙의 선에서 어떻게든 AI가 우리 사회를 향상시키기를 원하는 것이다.

우리가 법을 가르칠 수 있는 것처럼 AI 윤리를 가르치는 것이 어떨까 하는 생각이 들 수도 있다. 하지만 실제로는 그렇게 간단하지 않다. 왜냐하면 법은 어느 정도 정연하게 성문화되어 있지만, 윤리에 대해서는 그렇다고 말할 수 없기 때문이다. 물론 윤리에 대해서 이야기하는 철학적이고 종교적인 문헌들이 있다. 그러나 법을 위해 존재하는 것보다 훨씬 더 모호하고 덜 광범위하다.

그렇지만 우리의 상징적 담론 언어가 충분히 완벽하다면, 그것은 확실히 윤리에 대해서도 설명할 수 있어야 한다. 그리고 우리는 AI에 대한 전체 행동

규칙을 규정하는 컴퓨터화된 법의 시스템을 실제로 구축할 수 있어야 한다.

하지만 뭐라고 말해야 할까? 누군가는 몇 가지 즉각적인 아이디어를 가지고 있을지도 모른다. 아마도 세계의 모든 윤리 체계를 결합해 볼 수 있을 것이다. 그러나 분명 희망적이지는 않다. 어쩌면 AI가 인간의 행동을 지켜보고 그로부터 윤리 체계를 학습하게 할 수도 있다. 마찬가지로 희망적이지 않다. 어쩌면 AI가 지리적·문화적 맥락 등에 근거하여 행동을 바꿀 수 있도록 좀 더 지역적인 것을 시도할 수도 있을 것이다(스타워즈의 "프로토콜 드로이드"를 생각해 보라). 실제로 유용할 수도 있겠지만, 완전한 해결책은 아니다.

그렇다면 무엇을 할 수 있을까? 글쎄, 아마도 우리가 동의할 수 있는 몇 가지 원칙이 있을 것이다. 예를 들어 적어도 오늘날 사물에 대한 우리의 사고 방식을 보면, 우리의 대부분은 인류가 멸종되는 것을 원하지는 않는다(물론 미래에는 인간적인 존재를 갖는 것이 너무나 파괴적인 것으로 생각될 수도 있을 것이다). 그리고 실제로 대부분의 사람들이 우리의 현재 사회와 문명에 온갖 종류의 문제가 있다고 생각하지만, 대개는 그것이 너무 많이 바뀌는 것을 원하지 않으며, 또한 강요된 변화를 원하지 않는 것이 분명하다.

그렇다면 AI에게는 뭐라고 말해야 할까? 우리가 AI에게 우리가 원하는 것을 항상 수행하도록 하는 공리적 원칙들을 제시할 수 있다면 정말 멋질 것이다. 그것은 아마도 아시모프(Asimov)의 로봇 3원칙에 근거한 것일 수도 있다. 어쩌면 글로벌 최적화와 같은 것에 기초하여 좀 더 현대적인 것일 수도 있다. 하지만 그렇게 쉽지는 않을 것 같다.

세상은 복잡한 곳이다. 다른 것이 없다면 그것은 기본적으로 연산상의 불가약성 현상에 의해 보장된다. 그리고 모든 것을 "원하는 대로 나오도록"(그것이 무엇이든) 강제하는 어떤 유한의 절차가 없을 것이라는 점은 필연적이다.

다소 난해하지만 잘 정의된 수학의 예를 들어보자. 우리는 정수가 무엇인지 알고 있다고 생각한다. 그러나 정수에 대한 모든 질문(정수의 무한집합에 관한 것을 포함하여)에 정말로 답할 수 있으려면 정수의 작동 방식을 정의하는 공리를 설정해야 한다. 이것이 바로 주세페 페아노(Giuseppe Peano)가 1800년대 후반에 시도했던 것이다. 그것은 한동안 유효해 보였지만, 1931년에 쿠르트 괴델(Kurt Gödel)이 그의 불완전성 정리를 통해서 세상을 놀라게 했는데, 다른 무엇보다도 우리가 기대하는 바와 같이 정수를 정의하는 유한한 공리의 집합은 사실상 아무리 시도해도 결코 존재하지 않을 것이라는 점을 의미하였다.

어떤 의미에서 페아노의 원래 공리는 실제로 우리가 원하는 대로 정수를 정의하는 것에 꽤 가까워진 것이었다. 그러나 괴델은 그것이 기괴한 비표준 정수를 허용한다는 것을 보여주었다. 예를 들어 덧셈의 수행은 유한하게 연산되지 않는 것이다.

그래, 이것은 추상적인 수학이다. 현실 세계는 어떠한가? 괴델 시대 이후로 우리가 배운 것 중 하나는 실제 세계가 괴델이 생각했던 수학적 시스템과 마찬가지로 연산적 관점에서 생각할 수 있다는 것이다. 그리고 특히 연산상의 불가약성과 같은 현상을 기대할 수 있다(그 자체가 괴델의 정리와 밀접하게 관련되어 있다). 그 결과는 우리가 어떤 단순한 직관적인 목표를 정의하든, 그것을 달성하기 위해서는 불가피하게 임의적으로 복잡한 규칙들의 집합을 축적해야만 한다는 것이다. 그리고 우리가 무엇을 행하든 최소한 "의도되지 않은 결과"가 있을 것이다.

이 중 어느 것도 실제로 놀라운 일이 되어서는 안 된다. 지난 몇천 년 동안 발전해 온 실제 법체계를 살펴보면 결국에는 많은 법들의 제정으로 귀결되었다. 다른 모든 것이 파생될 수 있는 하나의 원칙이 있는 것 같지는 않다; 다루어져야 하는 많은 다른 상황들로 귀결되는 것은 불가피한 것이다.

세상의 원칙들?

그렇지만 이 모든 복잡성이 단지 세상이 어떻게 돌아가는지에 대한 "메커니즘"의 결과일 뿐인가? 예상대로 AI가 더욱 더 강력해진다고 상상해 보라. 화폐 공급에서부터 국경 통제에 이르기까지 세계의 시스템 중 점점 더 많은 것이 AI의 손에 맡겨지고 있다. 어떤 의미에서 AI는 인간 활동을 위한 인프라를 제공하며, 정부와 같은 역할을 수행하고 있다.

자, 어쩌면 우리는 마치 우리가 정부를 위한 헌법을 제정하는 것처럼 AI를 위한 "헌법"이 필요할지도 모른다. 그러나 다시 의문이 생긴다: 헌법에는 무엇이 들어 있어야 하는가?

　어쨌든 AI가 인간 사회를 구성할 수 있다고 가정해 보자. 어떻게 구성하면 좋을까? 글쎄, 이것은 고대로부터 논의된 정치철학상의 오래된 질문이다. 처음에 공리주의와 같은 아이디어가 좋게 들릴지도 모른다: 어떻게든 가능한 한 많은 사람들의 행복을 극대화하라. 하지만 세상을 실질적으로 통제하고 있는 AI로 이것을 실제 시도하는 것을 상상해 보라. 즉시 철학자와 같은 이들이 수세기 동안 논의해 온 구체적인 형태의 질문에 처해질 것이다. 세계인의 행복 확률 분포를 설정할 수 있다고 가정하자. 자, 이제 우리는 그것이 평균인지, 중앙값인지, 최빈수인지, 변위치인지, 아니면 그 문제에 대해 우리가 최대화하려는 분포의 첨도인지를 정확하게 파악해야 하는 것이다.

　확실히 누구라도 어떤 특정한 선택을 주장하는 미사여구를 생각해 낼 수는 있다. 그러나 거기에는 추상적인 "정답"이 없다. 그렇다, 우리는 어떤 선택도 표현하는 상징적 담론 언어를 가질 수 있다. 하지만 그 해답을 수학적으로 도출할 수 없고, 특정 답을 강요하는 자연의 법칙도 없다. 나는 "우리의 생물학적 본성을 고려할 때 가장 좋은 답"이 있을 수 있다고 생각한다. 그러나 상황이 진전됨에 따라, 우리는 점점 더 기술을 이용하여 진화가 우리에게 전달해 준 생물학을 초월할 수 있기 때문에 이 또한 확고한 근거가 될 수 없을 것이다.

　그럼에도 불구하고, 우리는 적어도 한 가지 제약조건이 있다고 주장할지 모른다: 우리는 우리가 멸종되고 결국에는 아무것도 존재하지 않게 되는 시나리오는 원하지 않는다. 이마저도 논의하기에는 복잡한 일이 될 것인데, 지금의 "우리"가 무엇이어야 하는지: 사물이 현재의 인간 상태에 비해 얼마나 "진화된" 것이 될 수 있고, "우리"를 멸종되어 버린 것으로 여기지 않을지에 대해 이야기할 필요가 있기 때문이다.

　그러나 이것과는 별개로 또 다른 문제가 있다: 어떤 특정한 설정이 주어지면 연산상의 불가약성으로 인해 그것의 결과를 알아낼 수 없을 정도로 어렵게 만들 수 있다. 그리고 특히 어떤 특정한 최적화 기준(또는 헌법)이 주어지면 그것이 무한한 생존을 허용하는 것인지 혹은 그것이 사실상 문명의 "정지"와 소멸을 암시하는 것인지를 결정할 뚜렷한 절차가 없을 수도 있다.

　그래, 일들이 복잡하다. 실제로 무엇을 할 수 있을까? AI가 인간 사회가 운영되는 일반적인 방식을 따르면서 특정 원칙에 따라 행동해야 하기 때문에 궁극적으로는 인간을 주인으로 가져야 한다는 관념이 한동안은 있을 것이다. 하지만 현실적으로 이것은 오래 지속되지 않을 것이다.

인터넷에 퍼진 공공 도메인 AI 시스템은 누가 책임질 것인가? AI가 낳은 로봇이 소셜 미디어에서 잘못된 행동을 하기 시작하면 어떻게 될 것인가(그렇다, 소셜 미디어 계정이 단지 인간만을 위한 것이라는 관념은 곧 "21세기 초기"의 것이 될 것이다)?

물론 AI가 왜 "규칙을 따라야 하는가"에 대한 중요한 질문이 있다. 어쨌든 인간은 분명히 언제나 규칙을 따르지는 않는다. 그렇지만 우리 인간은 아마도 특별히 어려운 사례라는 것을 기억할 필요가 있다: 결국 우리는 생존을 위한 끊임없는 경쟁이 있었던 수십억 년 자연선택 과정의 산물이다. AI는 아마도 매우 다른 환경의 세상에 "야수적인 본능"과 같은 요구 없이 등장하고 있다. (글쎄, 나는 다른 회사나 다른 나라 출신의 AI가 어떤 야수적인 본능을 가진 제작자에게 물들어 있는 것을 생각하지 않을 수 없지만, 그것은 분명히 AI 존재의 필수적인 특징은 아니다.)

결국 AI가 "규칙을 따르도록" 하기 위한 최선의 희망은 아마도 오늘날 인간 사회를 유지하는 것처럼 보이는 것과 거의 동일한 메커니즘일 것이다: 규칙을 따르는 것은 일종의 역동적 평형을 이루는 방법이다. 하지만 우리가 AI가 "규칙을 따르도록" 할 수 있다면 우리는 여전히 그 규칙, 즉 AI 헌법이 어떤 것이어야 하는지를 규정해야 한다.

물론 이것은 "정답"이 없는 어려운 문제다. 그러나 아마도 하나의 접근법은 역사적으로 인간에게 무슨 일이 일어났었는지를 살펴보는 것이다. 그리고 한 가지 중요하고 분명한 점은 법과 관습이 다른 여러 나라들이 있다는 것이다. 그래서 적어도 우리는 하나가 아니라, 다수의 AI 헌법의 존재를 예상해야 할 것이다.

오늘날 국가들을 보더라도 분명한 문제는 얼마나 많은 나라가 있어야만 하냐는 것이다. 예를 들어 현재 존재하는 기술로 70억 명의 사람들이 있다면 200여 개의 국가로 조직되어야 한다고 쉽게 말할 수 있는 방법이 있을까?

이는 마치 태양계가 몇 개의 행성으로 끝나야 하는지를 물어보는 것처럼 들린다. 오랫동안 이것은 "자연의 무작위적 사실(그리고 철학자들에 의해 2+2=4

와는 달리 "반드시 그럴 필요"가 없는 것의 예로서 널리 사용되었던)"로 여겨졌다. 하지만 많은 외부 행성계를 관측했을 때, 우리 태양계가 그것이 실제로 갖고 있는 행성의 개수만큼의 행성을 가지고 있어야 한다는 것이 명확해졌다.

그리고 아마도 우리가 비디오 게임 속의 가상 세계의 사회학을 충분히 살펴본다면 국가의 개수를 "도출"하는 방법에 대해 알게 될 수도 있을 것이다. 하지만 물론 AI 헌법이 국가와 같이 나뉘어야 한다는 것은 전혀 분명하지가 않다.

인간의 물리성은 적어도 어느 정도는 세계를 지리적으로 나눌 수 있는 편리한 결과를 가지고 있다. 하지만 AI는 그런 공간적 지역성을 가질 필요가 없다. 물론 다른 시나리오도 상상할 수 있다. 예를 들어 개성과 동기부여의 공간을 보고, 그 속에서 클러스터를 발견한다고 가정하자. 아마도 "여기에 저 클러스터를 위한 AI 헌법이 있다"고 말하기 시작할 수 있다. 어쩌면 헌법은 거의 임의적으로 분기할 수 있을 것이다(기트 같은 사회 모델). 이런 것들이 궁극적으로 어떻게 작용할지는 모르겠지만, 어느 곳에서나 누구에게나 하나의 합의된 AI 헌법이 있다는 것에 비하면 보다 그럴듯해 보인다.

하지만 많은 문제들이 있다. 여기 하나를 살펴보자. AI들이 우리 세계의 지배적인 권력이라고 가정해 보자. 또한 그럼에도 그들이 우리가 규정한 하나 또는 복수의 헌법을 성공적으로 따른다고 가정해 보자. 글쎄, 그런 것은 좋지만, 이것이 세상에서 아무것도 바뀌지 않는다는 것을 의미하는 것인가? 내 말은 우리가 200년 전에 제정된 법에 따라 여전히 운영되고 있다고 한번 생각해 보라는 것이다: 대부분의 사회는 그 이후로 죽 발전해 왔고, 사회의 원칙들을 반영하기 위해 다른 법(또는 적어도 다른 해석)을 필요로 한다.

그런데 만약 AI에 대한 정밀한 법이 2020년경에 영원히 각인되어 버린다면 어떻게 될까? 글쎄, 진정한 헌법이라면 개정을 허용하는 명시적인 조항들을 언제나 가지고 있다고 말할 수 있을 것이다(미국 헌법에서는 제5조). 하지만 세계 각국의 실제 헌법을 살펴보면 그리 고무적이지는 않다. 어떤 사람들은 근본적으로 최고지도자(한 사람)가 그렇게 말하면 헌법이 바뀔 수 있다고 말한다. 많은 사람들은 헌법이 어떤 일련의 다수결이나 유사한 투표와 같은 민주적인 절차를 통해서 바뀔 수 있다고 말한다. 그리고 어떤 사람들은 기본적으로 변화를 위한 요식적인 절차가 너무 복잡하게 정의되어 있어서 그것이 결론에 이르게 될지 여부를 공식적으로 결정하는 것이 불가능한 것은 아닌지 하는 의문을 품는다.

처음에 민주적인 제도는 명백한 승자로 보인다. 그러나 그것은 근본적으로 사람들을 어떻게든 카운트하기 쉽다는 개념에 기초하고 있다(물론 어떤 사람을 카운트할 것인가를 논박할 수는 있다). 하지만 인격이 더 복잡해지면 어떻게 될까? 예를 들어 실제로 AI와 깊이 얽힌 인간의 의식이 업로드될 때는 어떠한가? 글쎄, 누군가는 "불가분의 사람"과 항상 연관되어질 것이라고 말할지도 모른다. 그래, 과거에 사람들이 영혼의 자리라고 생각했던 것처럼 "사람"을 정의하기 위해 유지되는 뇌 속의 송과체 세포의 작은 덩어리를 상상할 수도 있다. 하지만 내가 수행한 기초과학에서 볼 때, 나는 이것들 중 어느 것도 궁극적으로는 효과가 없는 것으로 확신할 수 있다고 생각한다. 왜냐하면 결국 사물을 정의하는 연산 과정은 이런 종류의 불가분성을 가지고 있지 않기 때문이다.

그렇다면 더 이상 "카운트할 사람"이 없을 때 "민주주의"는 어떻게 되는가? "사람들의 공간"에서 특정한 특질의 밀도를 식별하는 것을 포함하여 온갖 종류의 시나리오를 상상할 수 있다. 나는 또한 무한히 많은 수의 실체를 포함하는 어떤 종류의 기괴한 투표를 상상할 수 있을 것이라고 생각하는데, 어쩌면 집합 이론의 공리화가 역사의 미래에 핵심적인 영향을 미칠지도 모른다.

어떻게 하면 변화가 "각인"되는 헌법을 만들 수 있을까 하는 것은 흥미로운 질문이다. 비트코인에서 아주 간단한 예를 들 수 있는데, 비트코인 프로토콜에서는 명령으로 매년 채굴된 비트코인의 가치가 하락한다고 정의하고 있다. 물론 이러한 설정은 어떤 의미에서 세계 모델에 기반을 두고 있으며, 특히 무어의 법칙(Moore's Law)과 기술 발달의 분명한 단기적 예측 가능성 같은 것에 기초하고 있다. 마찬가지 아이디어로 "매년 상징적 코드 중 1%를 변경한다"고 규정하는 헌법에 대해 생각할 수도 있다. 하지만 다시 "어떤 1%"를 결정해야 하는 것으로 돌아가게 되면 아마도 사용법이나 세계의 관측 혹은 머신러닝 절차에 기초하게 될 것이다. 그러나 어떤 알고리즘이나 메타알고리즘이 연관되어 있든지 간에, 어떤 시점에서는 최종적으로 정의되어야 하는 무언가가 여전히 존재하게 된다.

변화에 대한 일반적인 이론을 세울 수 있을까? 처음에는 절망적으로 보일

지도 모른다. 그러나 어떤 의미에서 프로그램의 연산적 우주를 탐구하는 것은 모든 가능한 변화의 스펙트럼을 보는 것과도 같다. 그리고 이런 것들에 대해 수행할 수 있는 일반적인 과학이 분명히 있다. 그리고 아마도 "변화에 따른 분기"를 넘어서는 어떤 설정들이 있어 변화를 허용하는 방식을 바꿀 뿐만 아니라, 변화를 적절히 허용하는 헌법을 갖도록 할 것이다.

<u>실현을 향해서</u>

자, 우리는 광범위하고 근본적인 문제에 대해 이야기했다. 하지만 지금 그리고 여기는 어떠한가? 글쎄, 흥분되는 점은 고트프리트 라이프니츠가 사망한 지 300년이 지난 지금, 우리가 마침내 그가 꿈꿔 왔던 것을 실현할 수 있는 위치에 있다는 것이다: 일반적인 상징적 담론 언어를 만들고, 그것을 컴퓨터화된 법의 프레임워크를 구성하는 데 적용하는 것을 말이다.

울프럼 언어와 함께 우리는 그로부터 시작할 세계의 많은 지식뿐만 아니라 근본적인 상징적 시스템을 가지고 있다. 아직 할 일은 많지만, 이제는 확실한 길이 열린 것 같다. 그리고 상징적 담론 언어를 창출하는 추상적인 지적 도전 이외에 이제는 컴퓨터화된 법을 위한 실용적인 시스템의 구축이라는 분명한 목표가 또한 마음속에 있다는 것은 실제로도 도움이 된다.

쉽지는 않을 것이다. 하지만 나는 세상이 그것을 위해 준비되어 있고, 그것을 필요로 한다고 생각한다. 비트코인이나 이더리움과 같은 것에는 이미 단순한 스마트 계약이 있지만, 할 수 있는 것은 훨씬 더 많으며, 완전한 상징적 담론 언어와 함께 법이 다루는 모든 활동 영역은 구조화된 연산에 잠재적으로 접근할 수 있게 된다. 그것은 모든 종류의 실용적 진보와 개념적 진보로 이어질 것이다. 그리고 그것은 무엇보다도 컴퓨터가 인간의 일에 보다 더 깊이 빠져드는 새로운 법률, 상업, 사회 구조를 가능하게 할 것이다.

그것은 또한 향후 AI에 대한 전체 프레임워크를 규정하는 데도 중요할 것이라고 생각한다. AI는 어떤 윤리, 어떤 원칙을 따라야 하는가? 우리는 어떻게 AI에게 이러한 것들을 전달할 것인가? 우리는 우리 자신과 AI를 위해 우리가 원하는 것을 구체화할 방법이 필요하다. 그리고 그것을 위해 우리는 상징적 담론 언어가 필요하다. 라이프니츠는 정확한 아이디어를 가지고 있었지만, 300년 전은 너무 일렀다. 이제 나는 우리 시대에 우리가 마침내 그가 상상만 했던 것을 실제로 만들어 내기를 희망한다. 그렇게 함으로써 우리는 컴퓨터 패러다임의 힘을 활용하는 데 있어서 또 하나의 큰 발걸음을 내딛게 될 것이다.

성공의 정량화

: 전자증거개시절차에서 데이터 과학을 이용하여 기술지원 검토의 정확도 측정하기

모라 R. 그로스맨(Maura R. Grossman), 고든 V. 커맥(Gordon V. Cormack) /
정관영 譯

기술지원 검토와 측정의 역할

  전자증거개시(Electronic Discovery, "eDiscovery")는 민사, 형사 또는 규제 문제와 관련될 수 있는 전자저장정보(electronically stored Information, "ESI")를 식별, 보존, 수집, 처리, 검색, 검토 및 제출하는 과정이다.1 제출자료 검토(review for production, "review")는 전자증거개시의 특정 단계에 관한 사항으로, 특정 컬렉션에서 어떠한 기준을 충족하는 문서를 식별하는 것이며, 일반적으로 상대방 측의 제출 요청(Requests for Production, "RFPs") 형식에 의해 설정된다. 기준을 충족하는 문서는 일반적으로 "응답(responsive)"이라고 하고, 그렇지 않은 문서는 "무응답(nonresponsive)"이라고 한다.

  기술지원 검토(Technology-assisted Review, "TAR")는 컴퓨터 소프트웨어를 사용하여 컬렉션의 각 문서를 응답 여부에 따라 분류하거나, 컬렉션에 포함된 작은 하위집합에 대한 인간 검토 및 코딩에 기초하여 응답 가능성이 가장 적은 문서부터 문서의 우선순위를 정하는 과정이다.2 이와 대조적으로, 보다 친숙하고 널리 받아들여지는 수작업 검토(manual review) 방식은 일반적으로 컬렉션을 특정 관리자 또는 파일 형식으로 제한하거나 날짜 제한을 적용하는 등 키워드나 다른 종류의 선별(culling)을 적용한 다음,3 컬렉션에 있는 각각의 모든 문서에 대해 인간 검토와 코딩을 하는 것을 포함한다.

  수작업 검토는 비용이 많이 들고, 부담스러우며, 오류가 발생하기 쉬운 과정이다. 과학적 증거에 따르면 특정 기술지원 검토 방법은 수작업 검토와 비교할 때 노력과 비용을 절감시킬 뿐 아니라 정확도도 향상시킨다고 한다.4 이에

---

1 Maura R. Grossman & Gordon V. Cormack, *The Grossman-Cormack Glossary of Technology-Assisted Review*, 7 Fed. Cts. L. Rev. 1, 15 (2013), http://www.fclr.org/fclr/articles/html/2010/grossman.pdf (이하 "Glossary").

2 Glossary, *supra* n.1, at 32.

3 Glossary, *supra* n.1, at 22.

4 *See, e.g.,* Gordon V. Cormack and Mama R. Grossman, *Navigating Imprecision in Relevance Assessments on the Road to Total Recall: Roger and Me*, in Proceedings of the 40th International ACM SIGIR Conference on Research and Development in Information. Retrieval ___ (2017), http://dx.doi.org/lO.1l45/3077136.3080812; Mama R. Grossman & Gordon V. Cormack,

대한 증거는 정보검색(Information Retrieval, IR) 연구 영역에서 실험적인 방법론을 통해 도출되었으며, 일반 비기술적 법률가에게는 불가해하다.

기술지원 검토는 비교적 새롭고 낯설기 때문에, 종종 "재현율(recall)", "정밀도(precision)", "정확도(accuracy)", "F_1", "오차한계", "신뢰수준" 등 정보검색 연구의 난해한 개념과 용어를 사용하여 고객, 변호사, 상대방 및 법원에 그 효능을 증명할 필요가 있어 왔다. 이러한 용어와 개념은 기술지원 검토와 고유하게 연관되어 있으며 기술지원 검토를 사용하려면 반드시 숙달되어야 했지만, "검증된" 수작업 검토 사용을 통해 이를 피해갈 수 있다는 대중적인 오해가 불거졌다. 하지만 재현율, 정밀도, F_1, 오차한계 및 신뢰수준은 기술지원 검토이든 수작업 검토이든 간에 검토방법의 효율성과 효과를 측정하는 과학적 방법과 관련이 있다. 그것들은 검토를 수행하는 방법과는 관련이 없다. 연료 효율이 높은 자동차를 어떻게 운전할 것인가에 관한 테리 뉴웰(Terry Newell)의 '*연료 소비량의 탄소 균형과 체적 측정*'[5]보다 더.

재현율(또는 연료 소비량) 측정은 특정 방법(또는 자동차 모델)이 사용자의 요구사항을 얼마나 잘 충족할지를 전망하는 상황에서, 사용자가 선택할 검토(또는 여행) 방법을 알려줄 수 있다. 이를 위해 측정 기술의 신뢰성 및 정확도뿐만 아니라, 측정된 양이 사용자의 실제 요구 및 요구사항을 얼마나 가깝게 반영하는지를 평가할 가치가 있다.

재현율(또는 연료 소비량) 측정은 검토 과정(또는 도로 주행) 중이나 후에 목적지에 도달하는 방법이 예상대로 수행되고 있는지(또는 수행되었는지)를 확인하고, 그렇지 않을 경우 개선책을 취하는 데 도움이 될 수 있다. 이러한 상황에서 사용되는 측정 기법은 이전에 사용한 측정 기법과 크게 다를 수 있다. 운전자는 탄소 균형 시험을 실시하기 위해 환경보호국(Environmental Protection Agency,

---

Technology-Assisted Review in E-Discovery Can Be More Effective and More Efficient Than Exhaustive Manual Review, XVII Rich. J.L. & Tech. 11 (2011), http://jolt.richmond.edu/v17i3/article11.pdf (이하 "2011년 JOLT 연구").

5 U.S. Environmental Protection Agency Technical Report EPA-AA-SDSB-80-05 (Apr. 1980), https://goo.gl/F2x6Qr.

EPA) 시험소를 방문하기보다는 연료 게이지를 참조할 것이다. 법률 팀도 마찬가지로 당면한 검토 과제의 요구사항에 상응하는 측정 기준을 사용할 것이다.

이 장에서는 서로 다른 검토 방법 간의 차이점을 설명하고, 이러한 여러 검토 방법을 비교하는 과학 연구 기관을 요약하며, 특정 검토 작업의 진행상황이나 품질을 추적하기 위한 다양한 접근방법을 설명한다.

검토 목표

수작업이든 기술지원 검토든 모든 검토 작업의 목표는, 실행 가능한 한에서 어떤 기준을 만족하는 '*모든(all)*' 문서 '*만(only)*'을 식별해 내는 것이다. 정보검색 관행에 따라, 우리는 기준을 충족하는 문서를 "관련 있는"으로, 기준을 충족하지 않는 문서를 "관련 없는" 또는 "비(非) 관련"이라고 부른다.

"거의 실행할 수 있는 만큼"의 의미가 해석에 개방적임은 명백하지만, "모든 유일한 관련 문서"의 의미가 똑같이 불가해하다는 것은 분명하지 않을 수 있다.

"관련성"의 개념은 주관적이며, 두 검토자가 하나의 컬렉션에서 정확히 똑같은 관련 문서 세트를 식별하지 못한다는 사실은 잘 알려져 있다. 이런 관찰은 검토자의 지식, 기술, 근면성과 상관없이 그리고 관련성 기준이 얼마나 정확하게 지정되었는가와 상관없이 적용된다.[6] 두 검토자가 식별한(또는 두 개의 상이한 상황을 동일한 검토자가 식별한) 관련 문서 세트는 현저히 다르다. 두 명의 검토자가 하나의 컬렉션에서 각각 100개의 문서를 "모든 유일한 관련 문서"로 간주한다고 가정하자. 정보검색 문헌은 이 두 세트에서 두 검토자가 공통적으

---

[6] *See, e.g.,* Herbert L. Roitblat et al., *Document Categorization in Legal Electronic Discovery: Computer Classification vs. Manual Review,* 61 Am. Soc'y Info. Sci. Tech. 70 (2010); Peter Bailey et al., *Relevance Assessment: Are Judges Exchangeable and Does It Matter?,* in Proceedings of the 31st Annual International ACM SIGIR Conference on Research and Development in Information, Retrieval 667 (2008); Ellen M. Voorhees, *Variations in Relevance Judgments and the Measurement of Retrieval Effectiveness,* 36 Inform. Process. Manag. 697 (2000).

로 관련 있다고 간주하는 문서가 67개를 넘지 않을 것임을 시사한다.[7] 67개를 넘어선 문서는 한 검토자에 의해서는 관련이 있고 다른 검토자에 의해서는 관련이 없는 것으로 간주될 것이다.[8] 어떤 검토자가 "모든 유일한 관련 문서만"을 식별하는 데 더 가까워졌는가?

일반적으로 가장 실용적인 목적을 위해 각 검토자가 정보를 제공받고, 유능하고, 성실하며, 선의로 운영하는 경우, '*각각의*(either)' 검토자가 식별한 관련 문서 세트는 "모든 것"의 이상에 충분히 가깝다고 인정된다. 보충적인 증거가 없다면, 한 세트가 "이상에 더 가깝다."거나 한 검토자가 다른 검토자보다 "더 낫다."고 말할 근거는 없다.

만일 우리가 제3의 검토자가 관련 있다고 간주한 100개 문서의 세트를 고려할 경우, 첫 번째 검토자가 반환한 세트와 약 67개의 공통문서를, 두 번째 검토자가 반환한 세트와 약 67개의 공통문서를 각각 찾을 것으로 기대할 수 있다.[9] 이 세 사람에게서는 더 적은 수(약 45개)가 공통문서로 될 것이다.[10]

동일한 문서 세트에 대해 2회 이상의 검토 기회가 주어지면 통계학적 방법을 사용하여 각 검토자의 상대적인 정확도를 추론할 수 있으므로, 어떤 검토가 "이상에 더 가까운지"를 "삼각 측량"하는 것이 가능해진다.[11]

수작업 검토와 기술지원 검토의 정확성을 추산함에 있어서도 동일한 통계적 방법을 사용할 수 있다. 기술지원 검토 방법의 정확도가 수작업 검토와 비교해서 낮거나 구분이 안 되는 경우와, 수작업 검토가 실제로 "충분히 근접한" 것으로 간주되는 경우라면, 기술지원 검토 또한 "충분히 근접한" 것으로 간주되어야 하지 않을까?

---

[7] *See generally* Voorhees, *supra* n.6.

[8] *See generally id.*

[9] *See generally id.*

[10] *See generally id.*

[11] *See* Pavel Metrikov et al., *Aggregation of Crowdsourced Ordinal Assessments and Integration with Learning to Rank: A Latent Trait Model*, in Proceedings of the 24th ACM International Conference on Information and Knowledge Management. 1391 (2015), http://dl.acm.org/citation.cfmrdoid=2806416,2806492. 이와 같은 통계적 방법에 대한 보다 자세한 설명은 이 장의 범위를 벗어난다.

검토 방법들

철저한 수작업 검토

철저한 수작업 검토는 인간 검토자가 한 컬렉션 안의 모든 문서를 검토하고 각 문서를 관련성이 있거나 없는 것으로 부호 처리하며, "비닉특권(privileged)" 여부, "기밀" 여부, "소송에서 취한 입장을 명확하게 반박하거나 지원하는지(hot)" 여부와 같은 추가적인 라벨을 적용하고, 때로는 특정 이슈 태그를 적용하는 것을 포함한다. 우리는 검토자가 문서가 관련성이 있다고 간주할 때 코딩이 '*긍정적(positive)*'이고, 검토자가 문서가 관련이 없다고 간주할 때 코딩이 '*부정적(negative)*'이라고 말한다. 앞에서 언급한 바와 같이, 긍정적인 코딩은 관련성의 증거지만(하지만 증명은 아니다) 부정적인 코딩은 비 관련성의 증거다.

수작업 검토는 종종 문서의 일부를 재검토하고, 지시된 경우보다 더 권위 있는 두 번째 검토자가 재부호화하는 일종의 품질 관리 프로세스를 수반한다. 코딩 결정이 불균형적으로 자주 일치하지 않는 경우, 원인을 진단하고 완화하기 위한 조치를 취할 수 있다. 이 프로세스에도 불구하고 컬렉션의 대부분 문서는 한 번만 검토되며, 원본 검토자의 코딩은 문서의 처분을 결정하는 유일한 요인이다.

사후 검증 또는 승인 시험에도 유사한 방법을 사용할 수 있다. 컬렉션의 문서 일부를 검토하고, 필요한 경우 재부호화될 수 있으며, 첫 번째 및 두 번째 코딩 결정이 충분히 자주 일치하거나 두 번째 검토에서 첫 번째 검토 때 누락된 관련 문서가 상당수 발견되지 않는 이상, 검토 결과는 수용 가능한 것으로 간주된다. 일치 수준이 불충분하거나 불일치가 발견될 경우, 시정 조치가 취해질 수 있다.

컬렉션 선별 또는 좁히기

철저한 수작업 검토는 극히 사소한 문제를 제외하고는 실무상 거의 채택되지 않는다. 일반적으로 검토를 위해 식별된 문서 컬렉션은 먼저 특정 관리자에 속하는 문서, 특정 기간 내에 작성 또는 수정된 문서 또는 관련 문서에 나타날 것으로 생각되는 하나 이상의 검색어를 포함하는 문서만을 포함하게끔 선별된다. 좁혀진 컬렉션에서 나온 문서만 수작업으로 검토하며, 검토자에 의해 응답성이고 비 특권(nonprivileged)으로 간주되는 문서만 제출된다.

이러한 선별 과정은 컬렉션의 크기를 상당히 줄이므로, 수량화하기 어려운 일부 관련 문서를 검토 및 제출에서 제외한 대가로 수작업 검토의 부담을 상당히 줄인다. 그럼에도 불구하고 검토를 위해 제출된 대부분 문서는 관련이 없으며, 종종 관련 있는 문서보다 10배나 더 많다.

매우 약한 의미에서, 컴퓨터 소프트웨어는 검색어의 발생 부족과 같은 어떤 기준에 기초하여 검토에서 제외된 문서 그룹에 대한 코딩 결정을 하기 위해 (즉, 비 관련) 사용되기 때문에, 이런 유형의 선별 작업도 기술지원 검토의 한 형태로 간주될 수 있다. 하지만 우리는 "기술지원 검토"라는 용어를 관련이 있는지 또는 그렇지 않은지에 따라 '*각 문서를 긍정적으로 분류*'하거나, 관련 있을 가능성이 가장 높은 문서에서 가장 낮은 문서로 '*전체 컬렉션의 우선순위를 정*'하는 컴퓨터 방법만을 지칭한다. 그러나 독자들은 많은 주석가와 소프트웨어 제공 업체가 컬렉션을 좁히거나, 탐색하거나, 검색하거나, 컬렉션 내에서 문서를 구성 또는 그룹화하기 위해 컴퓨터를 사용하는 여러 프로세스를 참조하기 위하여(예: "이메일 스레딩", "근처 중복제거" 또는 "클러스터링") "기술지원 검토"를 모호하고 광범위하게 정의한다는 사실을 알아야 한다.[12] 뭐라고 부르든 간에 선별 과정은 후속 검토 작업으로 모든 관련 문서를 얼마나 근접하게 식별할 수 있을지에 대한 근본적인 제한을 부과한다.

---

[12] *See, e.g.*, KrollDiscovery, Defining Technology Assisted Review, Ediscovery.com (2017), http://ediscovery.com/infobite-tar-umbrella/#.WVFvG1GQz3h ("기술지원 검토라는 용어는 여러 형태의 문서 검토 기술을 포함한다. 기술지원 검토의 우산 아래에는 중복 제거, 시각적 분석, 예측 부호화, 워크플로우, 보고 및 검색과 같은 몇 가지 전자증거개시 기술이 있다."); Herbert L. Roitblat, Introduction to Predictive Coding (OrcaTec LLC 2013), at 15, http://theolp.org/Resources/Documents/Introduction to Predictive Coding – Herb Roitblat.pdf (기술지원 검토를 "증거개시를 위한 문서 검토를 용이하게 하기 위하여, 일반적으로 컴퓨터 기술을 사용하는 여러 기술"로 정의한다).

너무나 자주 품질 관리 및 검증 방법은 검토 단계로 제한되며, 앞선 선별 작업에 의해 제외된 문서에 대해서는 무시된다. 이러한 누락은 '*전체*'보다 훨씬 적을 수 있는 축소된 컬렉션에서의 관련 문서뿐 아니라 컬렉션의 거의 '*모든 (그리고 유일한)*' 관련 문서를 실행할 수 있는 만큼 많이 찾고자 하는 검토 목표에 비추어 비논리적이다.

규칙 기반 기술지원 검토

"규칙 기반(rule base)"이란 문서의 관련성 여부를 결정하는 방법을 판단하는 체크리스트, 의사결정나무 또는 순서도와 유사한 규칙 집합을 말한다.[13] 규칙 기반은 일반적으로 제출 요청의 주제, 규칙 기반 구조, 언어학 및 통계학에 관한 전문성을 갖춘 특화된 팀에 의해 구축된다. 규칙 기반의 구축은 노동 집약적이지만, 그것은 주요 소송이나 규제 문제에서 종종 접하는 수십만 또는 수백만 건의 문서로 된 컬렉션을 수작업으로 검토하는 것보다 훨씬 적은 노력이 들도록 할 수 있다. 연구에 따르면 최소한 하나 이상의 규칙 기반 기술지원 검토 방법이 철저한 수작업 검토와 비교하여 유리한 결과를 얻을 수 있는 것으로 나타났다.[14]

기술지원 검토를 위한 지도형 기계학습

지도형 기계학습 방법(즉, "학습자")은 인간 교사에 의해 관련 또는 비 관련으로 부호 처리된 훈련 예제를 분석함으로써 비 관련 문서와 관련성을 구별하는 방법을 추론한다. 2014년 저자들은 지도형 기계학습을 이용한 기술지원 검토 방법을 설명하기 위해 아래에 제시된 분류법을 제안하였다.[15] 이 분류법은

---

13 Glossary, *supra* n.1, at 28 (규칙 기반을 "전자증거개시의 맥락에서 문서를 분류할 목적으로 전문가가 인간의 의사결정 과정을 모방하기 위해 만든 규칙 집합"으로 정의한다).

14 2011년 JOLT 연구, *supra* n.4.

15 Gordon V. Cormack & Maura R. Grossman, *Evaluation of Machine-Learning Protocols for*

이후 시장에서 기술지원 검토 상품을 특성화하기 위해 법률 산업에서 널리 채택되었다.16

단순 수동학습(Simple Passive Learning, "SPL") 방법에서,17 '*교사*(즉, 인간 조작자)'는 훈련 예제로 사용할 문서를 선택한다. 학습자는 이 예제를 이용하여 훈련을 받고, 충분히 훈련된 뒤에는 컬렉션 내 모든 문서에 관련 또는 비 관련으로 라벨을 붙인다. 일반적으로 학습자가 관련 있는 것으로 표시한 문서는 수작업으로 다시 검토한다. 이 수작업 검토는 컬렉션의 작은 부분을 나타내므로, 철저한 수작업 검토에 드는 시간과 비용의 작은 부분을 나타낸다.

단순 능동학습(Simple Active Learning, "SAL") 방법에서,18 '*학습자*(*learner*)'는 초기 훈련 세트 이후 교사가 검토하고 부호 처리할 문서를 선택하고, 훈련 예제로 사용하며, 충분히 훈련될 때까지 예제를 계속 선택한다. 대체로 학습자가 선택한 문서는 학습자가 '*가장 확실하지 않기*' 때문에 그로부터 가장 많이 배울 문서이다. 충분히 훈련을 받고 나면, 학습자는 컬렉션에 있는 모든 문서에 라벨을 붙인다. 단순 수동학습과 마찬가지로, 관련 있는 것으로 표시된 문서는 보통 수작업으로 재검토된다.

지속적 능동학습(continuous active learning, "CAL")19 — 저자들이 개발, 사용 및 옹호하는 기술지원 검토 방법 — 에서, 초기 훈련 세트 이후 '*학습자*'는

Technology-Assisted Review in Electronic Discovery, in Proceedings of the 37th International ACM SIGIR Conference on Research and Development in Information. Retrieval 153 (2014), http://dx.doi.org/10.1145/2600428.2609601 (hereinafter "SIGIR 2014 Paper"). *See also* Maura R. Grossman & Gordon V. Cormack, *Comments on "The Implications of Rule 26(g) on the Use of Technology-Assisted Review,"* 6 Fed. Cts. L. Rev. 285 (2014), http://www.fclr.org/fclr/articles/pdf/comments-implications-rule26g-tar-62314.pdf (hereinafter "Comments Paper"); Mama R. Grossman & Gordon V. Cormack, *Continuous Active Learning for TAR*, Practical Law J. 32 (Apr./ May 2016), at 36 (hereinafter "Practical Law Article").

16 *See, e.g.*, Supreme Court of Victoria [Australia], *Practice Note SC Gen 5 — Technology in Civil Litigation* (Jan. 30, 2017), http:/lassets.justice.vic.gov.au/supremelresources/ fba6720a-Occa-4eae-b89a-4834982ff391/gen5useoftechnology.pdf, at 6 (approving CAL, SAL, and SPL TAR protocols).

17 SIGIR 2014 Paper, *supra* n.15; *see also* Practical Law Article, *supra* n.15, at 36.

18 SIGIR 2014 Paper, *supra* n.15; *see also* Practical Law Article, *supra* n.15, at 36.

19 SIGIR 2014 Paper, *supra* n.15; see also Practical Law Article, *supra* n.15, at 36.

검토, 코딩 및 훈련을 위해 (아직 고려되지 않은) '*다음으로 가장 관련이 있을 만한*' 문서를 반복적으로 선택하고, 관련 문서를 더 이상 찾을 수 없을 때까지 계속한다. 학습자가 학습을 중단할 때까지, 학습자에 의해 관련 있다고 간주된 모든 문서가 이미 식별되고 수작업으로 검토되었기 때문에, 일반적으로 두 번째 검토는 없다.

시장에서는 기술지원 검토를 위한 지도형 기계학습의 사용을 설명하기 위해 "예측 부호화(predictive coding)"라는 용어를 사용해 왔지만, 단순 수동학습, 단순 능동학습 또는 지속적 능동학습을 상호 구분하지는 않는다. 최근에는 지속적 능동학습 방법을 "기술지원 검토 2.0"이라는 이름으로 홍보하고 있고, 단순 수동학습과 단순 능동학습 방식을 함께 묶어 "TAR 1.0"이라 부른다.[20]

어떻게 시작할까?

지도형 기계학습 기술지원 검토 방법에서 다루어져야 할 두 가지 중요한 문제는 다음과 같다: 어떻게 시작하고 언제 중지할 것인가?

학습자는 서로 구별되는 특성을 추론하기 위해 관련과 비 관련 문서의 예제를 '*모두*' 필요로 한다. 프로세스를 시작하기 위해 비 관련 예제를 찾는 것은 쉽다. 대부분의 경우, 컬렉션에 있는 문서 대부분은 비 관련이다. 컬렉션에서 무작위로 수집한 문서 샘플 대부분 또는 전부는 비 관련 문서를 포함하고 있을 것으로 예상되며, 이는 부정적인 훈련 예제로 사용할 수 있다.

관련 예제를 찾는 일은 더 어려울 수 있는데, 이유는 관련 예제는 보통 컬렉션에서 (희귀하지는 않더라도) 빈도가 덜하기 때문이다. 무작위 문서 샘플은 관련 문서를 거의 또는 전혀 포함하지 않을 수 있다. 컬렉션에 있는 모든 'N'개 중 하나의 문서가 관련이 있는 경우, 단일한 관련 문서 하나를 찾기 위해 평균적으로 'N'개의 무작위 문서를 조사하고, 학습 과정을 시작하는 데 필요할 수

---

[20] *See, e.g.,* John Tredennick et al, *TAR for Smart People: Expanded and Updated Second Ed.* (Catalyst 2016), www.catalystsecure.com/TARforSmartPeople.

있는 '*k*' 관련 문서를 찾기 위해 '*kN*'개의 무작위 문서를 조사할 필요가 있다. 그 '*k*'가 증가함에 따라, 많은 긍정적 훈련 예제들에 의존하는 시스템을 훈련 시키는 부담 또한 커질 것이다.

하나 이상의 긍정적인 훈련 예제를 찾는 보다 효율적인 방법은 검색 엔진 — 특히 '*관련성 순위(relevance ranking)*'를 사용하는 검색 엔진 — 을 사용하여 하나 이상의 관련 문서를 찾는 것이다. 몇 개의 검색어로 구성된 간단한 쿼리 (query)가 주어지면, 관련성 순위[21]를 사용하는 검색 엔진은 훈련 예제로 사용 할 수 있는 일련의 관련 문서 세트를 사용자에게 제공할 수 있다. 훈련 예제를 식별하기 위해 검색어를 사용하는 것은 컬렉션을 선별하거나 범위를 좁히기 위해 검색어를 사용하는 것과는 완전히 다르다는 점을 유의해야 한다. 전자의 경우 검색어는, 문서를 검토에서 '*제외*'하기 위해서가 아니라, 검토에 '*포함*'시 키기 위해 사용된다.

언제 중지할 것인가?

단순 수동학습과 단순 능동학습의 경우 학습자가 충분히 훈련된 시점, 흔히 "안정화"[22]라고 불리는 지점을 예측해야 한다. 많은 단순 수동학습과 단순 능동학습 방법의 경우 학습자의 민감도를 조정할 필요가 있다: 민감도가 높을 수록 후속 수작업 검토를 위해 거의 '*모든*' 관련 문서가 식별되고, 민감도가 낮을수록 '*오직*' 관련 문서만이 식별된다. 이 두 가지 결정 — 안정화가 달성 되었을 때 학습자의 민감도 — 은 훈련에 필요한 작업의 양, 후속 수작업 검토 에 필요한 작업의 양, 그리고 검토 과정에서 관련 문서가 얼마나 거의 전부, 그리고 얼마나 거의 관련 문서만이 식별되는가 하는 다차원적 절충에 영향을

---

21 관련성 순위란 "정보 요구와 관련이 있을 가능성이 가장 높은 항목에서 가장 낮은 항목으로 순위 를 매기는 검색 방법… 구글 웹 검색은 관련성 순위의 한 예다." Glossary, *supra* n.1, at 28.

22 *See, e.g.*, Chris Dale, *Far From the Black Box: Explaining Equivio Relevance to Lawyers* (Equivio undated white paper), http://www.equivio.com/files/filcs/White Paper — Far from the Black Box — Explaining Equivio Relevance to Lawyers.pdf, at 9.

미친다. 이런 결정은 일반적으로 학습자 훈련에 사용된 것 이상의 개별적인 무작위 문서 샘플 — 일반적으로 "제어 세트"[23]로 지칭됨 — 을 수작업 검토함으로써 도출된 예측치를 통해 알아낼 수 있다.

지속적 능동학습의 경우, 언제 중지할 것인가의 결정은 모든 관련 문서가 검토되었다는 증거가 제시될 때까지 보류된다.[24] 지속적 능동학습 검토가 완료되는 시점을 결정하기 위해 몇 가지 방법이 제안 및 평가되었다.[25] 가장 간단하고 효과적인 방법은 다음과 같다. 단순 능동학습 검토는 검토한 문서에 대한 부정적인 코딩 결정의 수가 긍정적인 결정의 수에 1,000을 더한 수를 초과할 경우 완료된 것으로 간주할 수 있다.[26] 처음에 검토를 위해 제시된 대부분의 문서는 관련이 있으므로, 긍정적인 것으로 표시된다. 중지 기준은 충족되지 않고 검토는 계속될 것이다. 결국 검토가 안 된 관련 문서는 점점 더 드물어질 것이고, 결과적으로 검토를 위해 선택된 대부분의 문서들은 비 관련이므로, 부정적인 것으로 라벨이 붙여진다. 결국 부정의 수는 긍정의 수를 1,000개 이상 초과할 것이고, 중지 기준은 충족될 것이며, 검토는 중단될 수 있다. 단순 능동학습 검토를 중단할 시기를 결정하는 더 공식적인 다른 방법들이 있지만,[27] 저자들은 이 방법이 시행하기 쉽고 효과적임을 발견하였다.

---

23 "제어 세트"는 "훈련세트와 별개로 독립적인 검색 또는 검토 과정 초기에 부호 처리한 무작위의 문서 샘플이다. 제어 세트들은 일부 기술지원 검토 프로세스에서 사용된다. 이들은 일반적으로 훈련의 여러 단계에서 기계학습 알고리즘의 효과를 측정하고, 언제 훈련을 중지해야 할지를 결정하기 위해 사용된다." Glossary, *supra* n.1, at 13.

24 SIGIR 2014 Paper, *supra* n.l5, at 160; Practical Law Article, *supra* n.15, at 36.

25 *See* Gordon V. Cormack & Maura R. Grossman, *Engineering Quality and Reliability in Technology-Assisted Review*, Proceedings of the 39th International ACM SIGIR Conference on Research and Development in Information. Retrieval 75 (2016), http://dx.doi.org/l0.1l45/29ll451. 2911510, and the discussion on "Quality Assurance" *infra* section.

26 *See* Maura R. Grossman et al., *TREC 2016 Total Recall Track Overview*, in Proceedings of the 25th Text REtrieval Conference (NIST 2016), http://trec.nisl.gov/pubs/trec25/papers/Overview-TR.pdf, at 5. 이 중지 기준을 표현하는 또 다른 방법은: 검토된 총 문서의 수가 응답 문서 수의 두 배에 1,000을 더한 수를 초과하는 경우이다.

27 *See generally* Cormack & Grossman, *supra* n.25.

성공 측정

검토를 위해 적절한 방법을 선택하는 것은 (i) 효과, (ii) 효율성, (iii) 비용, (iv) 가용성, (v) 친숙성 및 (vi) 후보 방법의 일반적인 수용을 포함한 여러 고려사항들 간의 절충점을 저울질하는 것을 포함한다. 효과와 효율성은 과학적 조사에 적합한 데 반해, 다른 고려사항들은 영향력은 있되 측정하기 어려운 사회적, 법적 및 시장 요인에 따라 달라지며, 이 장의 범위를 벗어난다.

가장 일반적으로 사용하는 효과 측정 방법은 '*재현율(recall)*'과 '*정밀도 (precision)*'다. 재현율은 거의 '*모든*' 관련 문서가 발견되었는가를 정량화하고;28 정밀도는 '*오직*' 관련 문서만이 발견되었는가를 정량화한다.29 안타깝게도 앞서 "검토 방법들"에서 논의된 이유들로 인해 재현율과 정밀도는 결코 확실하게 알 수 없으며, 오직 추정만 할 수 있다. 더욱이 재현율 및 정밀도가 추정되는 방식은 엄청난 영향을 미치므로, 정확하게 동일한 조건에서 계산되지 않는 한 서로 다른 재현율 및 정밀도 추정치는 비교할 수 없다.

순효과는 '*벌거벗은 재현율과 정밀도 수치는 본질적으로 무의미하다.*'는 것이다. "70% 재현율"이라는 주장은 재현율 '*추정(estimate)*'으로 보다 적절하게 설명되며, 검토 과정에서 관련 문서의 수용 가능한 비율이 발견되었음을 나타내는지 여부는 추정치가 도출된 방법에 따라 다르다(법원이나 감독기관이 그 비율을 "합리적인" 또는 수용 가능한 검토 지표로 간주할 수 있는지 여부와 관련된 기타 법적 고려 사항). 추정치가 '*독립적인(independent)*' 검토자의 코딩에서 도출된 경우, 70%의 재현율은 철저한 수작업 검토를 통해 달성할 수 있는 것의 상한 또는 그에 가깝고,30 이는 대부분의 맥락에서 수용 가능한 효과의 '*사실상의(de facto)*' 표준을 나타내야 한다.

---

28 "재현율(recall)"은 "검색 또는 검토 방법에 의해 관련성 있는 것으로 식별된 관련 문서의 일부", 즉 완전성의 척도를 말한다. Glossary, *supra* n.1, at 27.

29 "정밀도"는 "검색 또는 검토 작업에 의해 관련성 있는 것으로 식별된 문서의 일부로, 실제로 관련이 있는 것, 즉 정확성의 척도를 말한다. Glossary, *supra* n.1, at 25.

30 *See* Voorhees, *supra* n.6.

두 번째 검토가 동일한 독립적 검토자에 의해 60%의 재현율 추정치를 달성하는 경우, 그 차이가 요행수, 우연의 산물 또는 일부 교란 요인의 결과일 가능성을 배제할 수 있다면, 우리는 두 번째 검토에서 첫 번째보다 관련 문서를 적게 찾았다라고 합리적으로 결론내릴 수 있다. 마찬가지로 우리는 80%의 재현율 추정치를 달성한 세 번째 검토가 첫 번째 검토보다 더 많은 관련 문서를 찾았고, 동일한 주의사항을 따랐다고 합리적으로 결론내릴 수 있다.

　　앞서 설명한 세 가지 수작업 검토에서 각각 관련 문서의 70%, 60% 또는 80%를 찾았거나, 반대로 관련 문서의 30%, 40% 또는 20%를 누락했다라고 결론내리는 것은 적절하지 '*않다.*' 말할 수 있는 전부는 '*독립적인 검토자가 긍정적으로 부호 처리한*' 문서의 특정 비율을 발견했다는 것뿐이다. 독립적인 검토자의 긍정적인 코딩 결정 중 일부(아마도 상당 부분)가 잘못되어(또는 적어도 논쟁의 여지가 있음) 발견된 관련 문서의 비율을 '*과소평가(underestimate)*'하고 누락된 관련 문서의 수를 '*과대평가(overestimate)*'하는 결과를 낳았음이 거의 확실하다.

　　요점은 재현율과 정밀도 추정치는 특정 검토 작업으로 얼마나 거의 모두 유일한 관련 문서들을 식별하였는가에 대한 '*절대 지표(absolute indicator)*'로서의 정보를 거의 제공하지 않는다는 것이다. 독립적인 검토를 참조하여 추정하면, 65%의 재현율과 65%의 정밀도는 달성할 수 있는 최고치에 가깝고,[31] 더 높은 요구나 약속은 비현실적이다. 엘렌 부어히스(Ellen Voorhees)는 2000년 자신의 중요 연구인 '*관련성 판단의 변동과 검색 효율 측정*'에서 "두 2차적 판단 세트에 대한 재현율 및 정밀도 추정치는 다음을 의미한다. 예측 검색 시스템 성능에 대한 실제 상한은 사람들이 서로 동의해 온 수준인 65% 재현율에서 65%의 정밀도이다."라고 언급한바 있다.[32]

　　동시에, 재현율 추정에 있어 도전과제는 35%(또는 다른 특정한 수)의 관련 문서를 고의적으로 제외할 수 있는 라이선스를 제공하지 않는 데 있다. 검토 목표에는 변함이 없다. 실행 가능한 선에서, 모든 유일한 관련 문서만을 식별

31　*See id.*

32　Voorhees, *supra* n.6, at 70l.

해 내는 것. 65%에 접근하거나 초과하는 재현율과 정밀도 추정치는 원래의 수작업 검토를 수행한 동일한 검토 팀이 아닌, '독립적인(independent)' 코딩 작업에서 도출된 경우에 보다 만족스러운 결과의 증거를 제공할 수 있다.

실제로 최초 검토의 재현율과 정밀도를 추정하기 위해, 최초 검토를 넘어 별도의 독립적인 검토를 수행하는 데 이용할 수 있는 자원은 거의 없다. 기껏해야 컬렉션에 있는 문서의 '무작위 샘플(random sample)'에 대해 별도의(그러나 거의 독립적이지 않은) 검토를 수행할 수 있을 뿐이다. 앞서 논의한 관련성 결정의 불확실성 이상으로, 샘플 기반 추정에도 무작위 오류가 발생할 수 있다. 이 무작위 오류는 일반적으로 전자증거개시 업계에서 많은 혼란과 오해와 잘못된 관행의 원인인 "오차한계",[33] "신뢰구간"[34] 및 "신뢰수준"[35]이라는 통계 용어로 정량화된다.[36]

---

[33] "오차한계"란 "점 추정치가 특정 신뢰수준에서 일반적으로 백분율의 '플러스 또는 마이너스'로 표시되는 실제 값에서 벗어날 수 있는 최대량을 말한다. 예를 들어, 통계적 추정치를 '모집단의 문서 중 30%는 플러스 또는 마이너스 3%로 관련되고, 95%의 신뢰도이다.'로 표현할 수 있다. 이는 컬렉션의 유병률 또는 풍부도에 대한 점 추정치는 30%이고, 오차한계는 3%이며, 신뢰구간은 27%에서 33%이고, 신뢰수준은 95%임을 의미한다." Glossary, *supra* n.1 at 22.

[34] "신뢰 구간… 통계적 추정치의 일부로, 특정 신뢰수준을 가진 참값을 포함하는 것으로 추정되는 값의 범위"이다. Glossary, *supra* n.1, at 12.

[35] "신뢰 수준… 통계적 추정치의 일부로, 무작위 샘플에서 도출된 신뢰구간이 참값을 포함할 확률이다. 예를 들어, '95% 신뢰도'는 동일한 크기의 독립적인 무작위 샘플을 100개 추출하고 각 표본에서 신뢰구간을 계산하는 경우, 100개의 신뢰구간 중 약 95개가 참값을 포함할 것임을 의미한다." Glossary, *supra* n.1, at 12.

[36] *See generally* Comments Paper, *supra* n.15. 예를 들어, 통계와 관련된 다음과 같은 주장은 전형적이지만, 불행하게도 부정확하다: "Biomet이 그 과정의 일환으로 실시한 신뢰도 테스트는 비교적 적은 수의 문서가 발견될 것임을 시사한다." *In Re: Biomet M2a magnum Hip Implant Prods. Liab. Litig.*, No. 3:12-MD-2391, Order Regarding Discovery of ESI (N.D. Ind. Apr. 18, 2013), at 5, http://www.ctrlinitiative.com/wp-content/uploads/2014/Predictive Coding Opinions/Biomet_1_DiscoveryOrder_April18.pdf; "컬렉션의 80% 이상을 검토하지 않아도 95%의 확신으로 모든 관련 문서를 찾을 수 있다." Andy Kraftsow, *Comment: When is Litigation Like Las Vegas?*, Legal Insider(Jan. 13, 2013), https://www.legaltechnology.com/latest-news/comment-when-is-litigation-like-las-vegas/; "무응답 문서의 번복률은 2%에 불과했다.… 이 시점에서, 우리는 모든 잠재적인 응답 문서를 식별했다고 확신했다." *How CDS Saved Hundreds of Attorney Hours with Assisted Review*, Relativity - Customer Wins (kCura LLC 2012), https://www.kcura.com/relativity/ediscovery-resourceslcustomer-wins/cds-assisted-review/.

재현율 및 정밀도에 관한 세 번째 혼동 요인은 측정 중인 검토 과정의 특정 단계와 관련이 있다. 재현율 및 정밀도 추정은 품질 관리 프로세스에 의해 수정된 검토자의 최종 코딩 결정뿐만 아니라, 검토를 위한 문서 선택에 앞서 선별 작업 및 기타 활동을 포함하여 검토 과정의 '종단 간(end-to-end)' 효과를 측정할 때 가장 유익하다. 그러나 너무나 자주 재현율과 정밀도 추정치는 선행 선별 작업 및 후속 수작업 검토 과정에 흠이 없다는 암묵적인 가정하에, 검토의 문서 선택 구성요소(즉, 기술지원 검토만 적용)에 대해서만 계산된다. 지난 10년간, 저자들은 단순 능동학습과 기타 기술지원 검토 기술들을 사용한 검토 방법의 종단 간 효과와 수작업 검토를 평가하는 포괄적인 실험 연구 프로그램을 수행했다.

우리의 실험 결과는 1999년 이래 수백 건의 검토에서 실제로 채택된 단순 능동학습 프로세스의 개선으로 이어졌다. 동시에, 우리의 실제 경험과 전자증거개시 커뮤니티에서 제기된 우려는 경험적 연구에서 다룰 질문의 선택으로 우리를 안내하였다.

연구 결과들

의견 불일치

관련성 평가 문제는 컴퓨터가 처음 정보검색에 사용된 이래 연구자들에게 도전장을 던져 왔다. "과거를 기억하지 못하는 사람들은 그것을 반복하도록 정죄받았기" 때문에,[37] 우리는 정보검색의 선구자인 테프코 세라세비치(Tefko Saracevic)가 정보검색 연구의 첫 50년을 요약한 것을 따른다.

1950년대 중반에 별도 그룹들이 개발한 두 개의 경쟁 정보검색 시스템의 성능을 테스트하려는 시도가 있었다.… 각 그룹은 검색

---

[37] 많은 변형과 환언이 있는 이 유명한 문장은 조지 산타야나(George Santayana)에 기인한다. https://en.wikiquote.org/wiki/George_Santayana.

된 문서의 관련성 기반으로 성능을 평가하기 위해, 별도로 색인된 똑같은 15,000개의 문서를 사용하여 98개의 요청을 검색했다. *'하지만 각 그룹은 관련성을 개별적으로 판단했다.'* 그랬더니 시스템의 성능이 아닌, 그들의 관련성 판단이 논쟁거리가 되었다. 첫 번째 그룹은 2,200개의 문서가 98개의 요청과 관련 있음을 발견한 반면, 두 번째 그룹은 1,998개를 발견하였다. 그룹 간에 겹치는 부분이 별로 없었다. 첫 번째 그룹은 두 번째 그룹이 관련 없다고 판단한 1,640개의 문서를 관련 있다고 판단한 반면, 두 번째 그룹은 첫 번째 그룹이 관련 없다고 판단한 980개의 문서를 관련 있다고 판단하였다. 이 상황이 어떻게 흘러가는지 당신은 알 수 있을 것이다. 그 후 그들은 화해하였고, 서로의 관련 문서를 고려하고 다시 판단을 비교했다. 각 그룹은 좀 더 관련 있는 것으로 받아들였지만, 결국에는 여전히 동의하지 않았다. 평화회담 이후에도 그들의 합의율은 30.9%에 그쳤다. 그렇다, 사상 최초의 정보검색 평가는 계속되지 못했다. 관련성 평가 때문에 무너졌다. 더욱이 관련성 평가에 관한 인간의 합의율은 실제로 그 수치를 중심으로 맴돌고 있는 것 같다.···[38]

논란이 된 문서의 코딩을 포함하는 "평화회담"은 2012년 기술지원 검토의 사용을 승인한 첫 번째 인상적인 연방 사건인 *Da Silva Moore v. Publicis Groupe*[39] 사건과 그 이후의 다른 사건들에서도 마찬가지로 논쟁적이고 비생산적이었다.[40]

[38] Tefko Saracevic, *Why is Relevance Still the Basic Notion in Information Science? (Despite Great Advances in Information Technology)*, in Reinventing Information Science in the Networked Society, Proceedings of the 14th International Symposium on Information on Science 26 (May 2015), https://zenodo.org/recordl17964/files/keynote2.pdf (emphasis in original).

[39] *See, e.g., Da Silva Moore v. Publicis Groupe SA*, No. 11 Civ. 1279 (ALC) (AJP), Tr. (S.D.N.Y. May 7, 2012).

[40] *See, e.g.,* Joint letter to Hon. Andrew J. Peck, ECF Doc. No. 398, filed in *Rio Tinto PLC v. Vale*

로이트블랏, 커쇼와 우트의 "전자저장정보에 관한 연구"

허버트 로이트블랏(Herbert Roitblat), 패트릭 우트(Patrick Oot), 앤 커쇼(Anne Kershaw)의 2010년 연구(수작업 검토보다 기술지원 검토의 우월성을 보여준 권위자로 *Da Silva Moore v. Publicis* 사건[41]에서 인용됨)에 따르면 연구를 위해 채용된 자격을 갖춘 인간 검토자 한 쌍 사이에 유사하게 낮은 합의율을 관찰하였고, 그 검토자들과 Verizon의 MCI 인수와 관련된 미국 법무부의 "두 번째 요청"의 요구사항을 충족하기 위해 225명의 변호사 팀이 실시한 조기의 철저한 수작업 검토 간의 합의율은 훨씬 더 낮음을 목격하였다.[42]

다행히 연구에 따르면 당사자들은 서로 다른 두 정보검색 접근 방식의 상대적 효과를 확정하기 위해 모든 문서의 관련성에 관하여 합의할 필요는 없다.[43] 일반적으로, 능숙하고 독립적인 검토 3의 관점에서 검토 1이 검토 2보다 높은 유효성 점수를 달성할 경우, 우리는 검토 3이 불완전할지라도 검토 1이 검토 2보다 효과적일 가능성이 높다고 추론할 수 있다.

로이트블랏 등은 이전 제출물을 "검토 3"으로 사용하여 두 전문가("검토 A"와 "검토 B")가 수행한 검토의 상대적 효과를 평가하였다. 검토 3에 따르면 검토 A와 B는 각각 49%와 54%의 재현율과 20%와 18%의 정밀도를 달성했으며, 이는 미미하면서 통계적으로 사소한 차이다.[44]

다시 검토 3에 따라, 로이트블랏 등은 공개되지 않은 상업용 기술지원 검토 방법을 사용하여 검토 C와 D의 검토 효과를 추가로 평가하였다. 이 방법들은 각각 46%의 재현율과 53%의 재현율을 달성했는데, 이는 인간 검토 A 및 B

SA, No. 14-cv-3042 (RMB) (AJP) (S.D.N.Y. Nov. 12, 2015), at 24-25, http://ctrlinitiative.com/wp-content/uploads/2016/01/Rio-Tinto-Status-Update-Incl.-Predictive-Coding-ECF-398-11-12-2015-1.pdf (법원에 "일련의 회의를 거치고 코딩 도전에 대해 논의할 수 있게 한 후에도 당사자들은 여전히 소수의 문서에 대한 코딩 분쟁을 해결할 수 없었고, 이에 해결을 위해 스페셜 마스터 그로스맨에게 소수의 분쟁 문서를 제출하기로 합의하였다."고 자문하였다.)

41 *Da Silva Moore v. Publicis Groupe*, 287 F.R.D. 182, 190 (S.D.N.Y. 2012).

42 Roitblat et al., *supra* n.6.

43 *See, e.g.*, Voorhees and Bailey, *supra* n. 6.

44 Roitblat et al., *supra* n.6.

와 비교할 때 미미하면서 통계적으로 사소한 차이다. 다른 한편, 검토 C와 D는 각각 27%와 29%의 상당히 높은 정밀도를 달성했다.[45]

앞서 언급한 바와 같이, 이러한 재현율 숫자는 수작업 또는 기술지원 검토가 관련 문서의 절반을 누락하였거나, 수작업 검토에 의해 식별된 문서의 5분의 1만이 관련이 있거나, 기술지원 검토에 의해 식별된 문서의 10분의 3만 관련 있는 것으로 해석해서는 안 된다. 하지만 수작업 및 기술지원 검토에서 거의 같은 수의 관련 문서를 식별했고, 기술지원 검토 리뷰에서 비 관련 문서가 상당히 적었다고 말할 수는 있다.

TREC: 텍스트 검색 컨퍼런스(The Text REtrieval Conference) 법률 분과 대화형 과업

미국표준기술연구소(NIST)과 미 국방부가 공동으로 후원하는 텍스트 검색 컨퍼런스("TREC")는 1992년 연례 워크숍 및 회의로 시작한 이래 정보검색 연구를 위한 최고의 장소 중 하나로 자리매김해 왔다. 회의의 명시된 목적은

> 텍스트 검색 방법론의 대규모 평가에 필요한 인프라를 제공하여 정보 검색 커뮤니티 내의 연구를 지원한다. 특히 TREC 워크숍 시리즈는 다음과 같은 목표를 가지고 있다.

- 대규모 테스트 컬렉션에 기반한 정보검색 연구 장려;
- 연구 아이디어 교환을 위한 공개 포럼을 만들어 산업계, 학계 및 정부 간 의사소통 강화;
- 실세계의 문제에 대한 검색 방법론의 상당한 개선을 실증함으로써 연구소에서 상업용 제품으로의 기술 이전 가속화; 그리고
- 현재 시스템에 보다 적합한 새로운 평가 기법의 개발을 포함

---

45 *Id.*

하여 산업계 및 학계에서 사용하기 위한 적절한 평가 기법의 가용성 증가.[46]

2006년부터 2011년까지 TREC 법률 분과는 전자증거개시의 여러 측면에 고급 검색기술을 적용하는 것을 다루었다. 특히 2008년부터 2010년까지 진행된 TREC 법률 분과 대화형 과업 참가 팀이 수행한 다양한 검토 전략의 종단 간 효과를 평가했다.

매년 대화형 과업은 참가자들에게, 공개적으로 이용 가능한 대규모 문서 컬렉션에서, 하나 이상의 모의 제출 요청에 응답하는 모든 문서만을 최대한 식별할 것을 요구하였다. 2008년, 이 컬렉션은 49개 주와 토지관할 그리고 4개 담배 제조업체들 간의 마스터 합의 계약(Master Settlement Agreement)으로 종료된 담배소송과 관련하여 이전에 수집된 7백만 건의 문서로 구성되었다.[47] 2009년과 2010년에는 컬렉션이 엔론(Enron)의 실패를 조사하는 과정에서 연방에너지규제위원회(Federal Energy Regulatory Commission)가 엔론 기업으로부터 수집한 847,791개 및 685,592개의 이메일 메시지와 첨부파일로 각각 구성되었다.[48]

대화형 과업 참가자들은 모의 컴플레인과 문서 컬렉션에서 발견될 주제와 관련된 하나 이상의 제출 요청서를 제공받았으며, 이 둘은 트랙 코디네이터와 다른 자원봉사자들이 구성해 주었다. 각각의 제출 요청(TREC 용어에서 "주제"라고 지칭함)에 대해 자원봉사자 "주제 기관("Topic Authority", "TA")"이 배정되었다. 주제 기관은 선임 변호사로, 검토 과정에서 참가자들에게 상담을 제공하고 후

---

[46] National Institute of Standards and Technology, *Text Retrieval Conference (TREC) Overview*, http://trec.nist.gov/overview.html

[47] Douglas W. Oard et al., *Overview of the TREC 2008 Legal Track*, in Proceedings of the 17th Text REtrieval Conference (NIST 2008), at 3, http://trec.nist.gov/pubs/trec17/papers/LEGAL.OVER VIEW08.pdf.

[48] Bruce Hedin et al., *Overview of the TREC 2009 Legal Track*, in Proceedings of the 18th Text REtrieval Conference (NIST 2009), at 4-5, http://trec.nist.gov/pubs/trec18/papers/LEGAL09. OVERVIEW.pdf, and Gordon V. Cormack, *Overview of the TREC 2010 Legal Track*, in Proceedings of the 19th Text REtrieval Conference (NIST 2010), at 2-3, http://trec.nist.gov/pubs/trec19/papers/ LEGAL10.OVERVIEW.pdf, respectively.

속 평가 과정에서 관련성에 대한 최종 중재자 역할을 했다.

평가 목적에 대한 관련성 평가는 새로운 3단계 접근법을 사용하여 수행되었다. "1차 합격 검토"에서 로스쿨 *프로 보노* 프로그램(law school *Pro bono* programs) 또는 전자증거개시 계약검토 서비스 제공업체가 공급한 자원봉사자 검토자들은 관련 또는 비 관련 문서의 통계 샘플을 부호 처리했다. 이 코딩 결정들은 TREC 참가자들 ─ 그들이 동의하지 않은 결정에 "이의제기"하도록 초대된 ─ 에게 공개되었다. 주제 기관은 코딩이 이의제기된 모든 문서들을 검토하고, 각각에 대해 최종적인 관련성 결정을 내렸다.

관련성 결정이 이의제기되지 않은 참가자의 작업의 재현율과 정밀도를 계산하기 위해, 1차 합격 검토자의 코딩을 올바른 것으로 간주하였다. 관련성 결정이 이의제기된 경우, 주제 기관의 최종 코딩 결정을 올바른 것으로 간주하였다.

2008년 법률 분과는 F_1[49]으로 알려진 요약 지표를 보고하고 전자증거개시 사전에 소개했다. F_1은 재현율과 정밀도를 하나의 요약 지표로 결합하고, 둘 중 더 적은 쪽에 가중치를 부여한다. 따라서 높은 F_1을 달성하기 위해서는 높은 재현율(모든 관련 문서의 이상에 접근)과 높은 정밀도(오직 관련 문서만의 이상에 접근)를 모두 달성해야 한다.

2008년 대화형 과업에는 4개 팀(대학 팀 2개, 전자증거개시 서비스 제공업체 2개)이 참가했다. 서비스 제공업체 중 한 팀(H5)은 규칙 기반 기술지원 검토 접근방식을 사용하여 각각 62%, 81%, 71%의 상당히 높은 재현율, 정밀도 및 F_1 점수를 달성했다.[50] 이에 비해, 다른 어떤 팀도 각각 16%, 80%, 39%보다 높은 재현율 점수, 정밀도, F_1 점수를 달성하지 못했다.[51]

2009년에 H5 팀은 워털루 대학교 (두 번째 저자가 이끄는) 팀이 수행한 4개

---

49 Oard et al., supra n.47, at 7-8. "F₁"은 "정보검색 연구에서 종종 검색 또는 검토 작업의 효과를 측정하는 데 사용되는 재현율과 정밀도의 조화평균(harmonic mean, 調和平均)으로 정의되며, 이는 재현율과 정밀도 간의 절충을 설명한다. 높은 F₁ 점수를 얻기 위해서는 검색이나 검토 작업이 높은 재현율과 높은 정밀도를 모두 달성해야 한다." Glossary, supra n.1, at 16 (emphasis in original).

50 Oard et al., *supra* n.47, Table 15 at 30.

51 Id.

의 검토 각각에 대해서 한 것처럼(주제 201, 202, 203, 207; 84%, 76%, 77%, 83% F_1), 수행한 검토에서 비슷하게 높은 점수를 달성했다(주제 204; 80% F_1).[52] 두 번째 산업팀(Cleary/Backstop)은 그들이 수행한 3개 검토 중 하나에서 80% F_1을 달성했고(주제 207), 세 번째 산업팀(Equivio)은 수행한 2개 검토에서 61%와 58%의 F_1을 달성했으며(주제 205와 207); 네 번째 산업팀(Clearwell)은 수행한 2개 검토 중 하나에서 62%의 F_1을 달성했다(주제 202).[53] 24개 검토 중 나머지 15개(11개 참가팀 중 8개팀)는 2%에서 43% 사이의 F_1 점수를 달성했다.[54]

The 2011 Richmond Journal of Law and Technology 연구

TREC 2008 및 2009 법률 분과 대화형 과업의 결과는 주목할 만했지만, 어떻게 하면 산업계 참가자들과 워털루 대학교에서 채택한 우수한 기술지원 검토 프로세스와 철저한 수작업 검토를 비교할 수 있을 것인가라는 질문에 대해서는 답을 내지 못했다. TREC에서 보고된 결과는 로이트블랏 등이 인간 검토를 위해 보고한 결과보다 수적으로 더 컸고[55] 부어히스(Voorhees)가 관찰한 "검색 성능 상한"보다 더 컸지만,[56] 서로 다른 검토 작업에서 도출된 데다가 각기 다른 관련성 평가방법을 반영했기 때문에 상호 비교할 수가 없었다.

대화형 과업은 참가 팀에 의해 구현된 검토 전략의 효과를 비교하기 위해 설계되었으며, 그중 어느 팀도 철저한 수작업 검토를 채택하지 않았다. 평가 목적으로 컬렉션에 있는 문서의 통계적 샘플에 대해서만 수작업 검토(1차 합격 평가)를 실시하였다. 제1차 합격 평가와 참가 팀 간의 의견 불일치는 실험 설계에서 예상되었다. 그러한 의견 불일치는 주제 기관에 의해 판정내려졌다.

이 판정의 목적은 참가자 검토의 효과를 평가하고 비교하는 데 사용할 수

52 Hedin et al., *supra* n.48, Table 6 at 15.
53 *Id.*
54 *Id.*
55 *See* Roitblat et al., *supra* n.6.
56 Voorhees, *supra* n.6, at 701.

있는 가장 정확한 관련성 결정을 달성하는 데 있었고, 이들 모두는 어떤 형태의 기술지원 검토를 사용하였다. 2011년 JOLT 연구에서 저자들은, 수작업 1차 합격 검토의 효과를 가장 일관되고 효과적인 기술지원 검토로 얻은 결과와 평가하고 비교하기 위해, 당시에는 예상 못했던 다른 목적을 위해 판정된 관련성 결정을 채택하였다.

결과는 수작업 검토가 평균 59%의 재현율, 32%의 정밀도, 36%의 F_1을 달성한 반면, 기술지원 검토는 평균 77%의 재현율, 85%의 정밀도, 80%의 F_1을 달성한 것으로 나타났다.[57] 각 측정값은 기술지원 검토가 수작업 검토보다 높지만, 재현율의 차이는 통계적으로 유의하지 않은 반면 정밀도와 재현율의 차이는 유의했다.[58]

이러한 결과는 로이트블랏 등이 보고한 것과도 일치했다. 재현율 측면에서 기술지원 검토와 수작업 검토 결과 중 선택할 것은 거의 없었다. 정밀성 측면에서(결과적으로 F_1)는 기술지원 검토 결과가 훨씬 우수했다. 동시에 기술지원 검토는 컬렉션의 2%만 인간 검토를 수반하여(또는 철저한 수작업 검토보다 50배 적은 작업) 매우 실질적인 차이가 있다.[59]

로이트블랏 외 저자들의 연구는 특정 기술지원 검토 방법과 실험실 조건 하에서 합리적으로 잘 수행된 수작업 검토를 비교했다는 점에 유의해야 한다. 결과는 테스트한 것과 유사한 방법이 실제로 수작업 검토보다 우수한 결과를 얻을 수 있음을 시사한다. 그러나 그 결과는 테스트한 것과 다른 방법("기술지원 검토"로 라벨이 붙든 그렇지 않든)이 수작업 검토에서 개선됨을 시사하는 것으로 해석될 수는 없다.

---

[57] 2011 JOLT Study, *supra* n.4, Table 7 at 37.

[58] *Id.*

[59] *Id.* at 43.

기술지원 검토 방법 비교

2011년 JOLT 연구는 미국, 아일랜드, 영국 및 호주에서 기술지원 검토의 사용을 승인한 첫 결과인 경우에 직접 또는 참조로 인용되었다.[60] 증거의 적절한 정의는 영국 고등법원 형평법 부문의 매튜 마스터에 의해 제시되었다:

기술지원 검토 소프트웨어를 사용했을 때 수작업 검토만의 경우 또는 키워드 검색 및 수작업 검토가 결합된 경우보다 정확도가 떨어지는 개시(disclosure)가 이루어진다는 증거는 없으며, 실제로 일부 상반되는 증거(위에서 언급한 미국과 아일랜드 사례)가 있다.[61]

로이트블랏 등 및 2011년 JOLT 연구 결과에 대한 보다 광범위한 일반화가 진행되었으며, 이는 테스트한 것과 거의 유사하지 않은 소위 기술지원 검토 방법이라 불리는 것들을 촉진하고, 연구와 모든 기술지원 검토 방법을 의심받게 하는 밀짚 인형으로 발전하였다.[62] 동시에 실험실 정보검색 평가의 통계학

---

60 *See, e.g., McConnell Dowell Constructors (Austl.) Pty Ltd v. Santam Ltd & Ors (No 1)*, [2016] VSC 734 (Austl.); *Pyrrho Inv. Ltd. v. MWB Prop. Ltd.*, [2016] EWHC (Ch) 256 (Eng.); *Irish Bank Resol. Corp. v. Quinn*, [2015] IEHC 175 (H. Ct.) (Ir.); *Rio Tinto PLCv. Vale S.A.*, 306 F.R.D. 125 (S.D.N.Y. 2015); *Progressive Casualty Ins. Co. v. Delaney*, Case No. 2:1l-cv-00678, 2014 WL 3563467 (D. Nev. July 18, 2014); *Fed. Hous. Fin. Agency v. HSBC North Am. Holdings Inc.*, No. 1:1l-cv-06188-DLC, 2014 WL 584300 (S.D.N.Y. Feb. 14, 2014); *Na1 l Day Laborer Org. Network v. US. Immigr. & Customs En1 t Agency*, 877 F. Supp. 2d 87(S.D.N.Y. 2012); *Da Silva Moore v. Publicis Groupe*, 287 F.R.D. 182 (S.D.N.Y. 2012).

61 *Pyrrho Inv. Ltd. v. MWB Prop. Ltd.*, [2016] EWHC (Ch) 256 (Eng.), at 14.

62 *Compare, e.g., Visualize a New Concept in Document Decisioning*, OrcaTec – FAQ (Internet Archive Oct. 1, 2011), https://web.archive.org/web/20111001071436/http://orcatec.com/index. php/resources/faq (seating "Can OrcaTec provide any scientific evidence concerning such processes as predictive coding? Grossman & Cormack in the Richmond Journal of Law & Technology" (with link), when the OrcaTec tool bore no resemblance to the TAR methods studied by Grossman and Cormack) with Bill Speros, *Despite Early Success, Technology Assisted Review's Acceptcmce Is Limited by Lack of Definition*, News & Press: ACEDS News (Aug. 31, 2016), http://www.aceds.org/news/3059301 (*Da Silva Moore* 사건에서 법원은 "법원이 개념 증명이 아닌 기능 증명에 의지하여 [2011 JOLT] 기사를 오해했다."고 진술하고 "기술지원

적 장치는 물론이거니와 검증되지 않은 기술지원 검토 방법과 연관된 많은 부담스러운 관행들이 일반적으로 기술지원 검토와 잘못 연관되어 있다.[63]

각기 다른 기술지원 검토 방법의 상대적 효과를 조사하기 위해, 2014년 저자들은 시장에서 전자증거개시 서비스 제공업체들이 취하는 기술지원 검토에 대한 세 가지 기본 접근 방식을 대표하는 기술지원 검토를 위한 지도형 기계학습 방법 분류 체계를 도입했다: (ⅰ) 단순 수동학습, (ⅱ) 단순 능동학습 및 (ⅲ) 지속적 능동학습.[64]

우리의 분류 체계는 특성화하기 어려운 불투명하거나 불특정한 기술에 의존하는 규칙 기반 기술지원 검토 방법과, 저자들이 기술지원 검토로 평가하지 않는 "개념 검색", "개념 클러스터링", "유사 발견", "시각화", "중복제거", "근처 중복제거" 및 "이메일 스레딩"과 같은 이름으로 마케팅되는 방법들을 제외했다. 이후 우리는 기술지원 검토 도구와 비 기술지원 검토 도구에 대한 광범위한 분류 체계를 발표했다. 이 도구는 검색 및 분석 도구로 특징지어진다.[65]

기술지원 검토를 위한 지도형 기계학습 방법의 상대적 효과를 측정하기 위해 우리는 실험실 환경에서 단순 수동학습, 단순 능동학습 및 지속적 능동학습을 모의 실험하는 오픈 소스 "기술지원 검토 평가 툴킷(TAR Evaluation Toolkit)"[66]을 만들었다. TREC 2009에서 수집한 데이터와 저자들이 관여한 네 가지 법적 문제를 이용하여, 우리는 지속적 능동학습이 일정 수준의 검토 작업을 통해 세 가지 방법 중 가장 높은 재현율(그리고 결과적으로, 최고의 정밀도와 F_1)을 달성한다

검토가 정의, 능력 및 제한사항을 통합하고 기초과학과 모든 필요한 프로토콜을 명시할 때까지, 기술지원 검토는 신뢰성에 관해 의미 있는 비판에 직면할 것이다. 그리고 그래야 한다.")

63 See generally, e.g., Karl Schieneman & Thomas C. Gricks Ⅲ, *The Implications of Rule 26(g) 071 the Use of Technology-Assisted Review*, 7 Fed. Cts. L. Rev. 239 (2013), http://www.fdr.org/fclr/articles/html/2010/Gricks.pdf. *Cf.* Comments Paper, *supra* n.15 (responding to Schieneman & Gricks' article).

64 SIGIR 2014 Paper, *supra* n.15; *see also* Comments Paper, *supra* n.15.

65 *See* Maura R. Grossman & Gordon V. Cormack, *A Tour of Technology-Assisted Review*, ch. 3 in Jason R. Baron et al. (eds.), Perspectives on Predictive Coding and Other Advanced Search Methods for the Legal Practitioner (ABA Publishing 2016).

66 http://cormack.uwaterloo.caltar-toolkit/.

는 사실을 발견했다.[67] 정확한 '*매개변수 설정(parameter settings)*'이 주어지면, 단순 능동학습은 지속적 능동학습에 필적할 만한 재현율을 달성할 수 있지만, 이때에도 단 하나의 특정 작업 수준에 대해서만 재현율 달성이 가능했다.[68] 우리는 단순 수동학습이 지속적 능동학습이나 단순 능동학습에 의해 달성된 결과보다 상당히 열등한 결과를 낳았다는 것을 발견했다.[69] 이 동료 검토 연구는 '*정보검색 연구 및 개발에 관한 제37회 국제컴퓨터협회의 정보검색 그룹 SIGIR*(*International Association for Computing Machinery Special Interest Group on Information Retrieval, ACM SIGIR*) 컨퍼런스*'*에서 발표되었다.[70]

지속적 능동학습의 자율성과 신뢰성

법률 커뮤니티에서 일반적으로 표명되는 견해는 기술지원 검토가 운영자 입장에서 특출난 기술을 요구한다는 것이다. 예를 들어 학습 방법에 적합한 훈련 문서와 운영 매개변수를 선택하기 위해서 말이다.[71] '*기술지원 검토를 위한 지속적 능동학습의 자율성과 신뢰성*'[72]에서 저자들은 지속적 능동학습의 향상된 기능인 "자동 기술지원 검토"를 평가했는데, 이는 설정할 매개변수가 없고, 처음에는 관련 문서를 하나만 요구하거나, 대안으로 관련 내용을 포함하는 텍

---

67 SIGIR 2014 Paper, *supra* n.15.

68 *Id.*

69 *Id.*

70 *See* http://sigir.org/sigir2014/; *see also id.*

71 *See, e.g.,* Ralph C. Losey, *Why the '*Google Car*' Has No Place in Legal Search,* e-Discovery Team Blog (Feb. 24, 2016), https://e-discoveryteam.com/2016/02/24/why-the-google-car-has-noplace-in-legal-search/ (regarding selection of training documents); Rishi Chhatwal et al., *Empirical Evaluations of Preprocessing Parameters' Impact on Predictive Coding's Effectiveness,* in Proceedings of the 2016 IEEE Int'l Conference on Big Data 1394 (2016), *available at* https://www.navigant.com/-/media/www/site/insights/legal-technology/2017/predictive-codings-effectiveness.pdf (regarding selection of operating parameters).

72 Gordon V. Cormack & Maura R. Grossman, *Autonomy and Reliability of Continuous Active Learning for Technology-Assisted Review,* https://arxiv.org/abs/1504.06868 [cs.IR] (Apr. 15, 2015).

스트의 일부분만 요구한다. 이 초기 입력이 주어지면, 자동 기술지원 검토는 검토를 위해 문서를 순서대로 제출하고, 코딩은 자동 기술지원 검토로 되돌아 간다. 이 과정은 실질적으로 모든 관련 문서가 검토를 위해 제출되었다는 증거가 제시될 때까지 계속된다.

우리의 성과는 '*어떤 초기 입력이 선택되었든지 관계없이*', 자동 기술지원 검토가 이전에 평가했던 지속적 능동학습 방법보다 적은 검토 노력으로 모든 관련 문서를 실질적으로 찾아냄을 보여준다.[73] 우리는 로이터 RCV1−v2 데이터 세트의 103개 주제, TREC 6 AdHoc 태스크의 50개 주제, TREC 2002 필터링 트랙의 50개 주제에 더하여 4개의 실제 법적 문제에서 나온 데이터 세트를 포함하여 공개적으로 이용 가능한 다양한 정보검색 벤치마크에서 동일한 결과를 관찰했다.[74]

자동 기술지원 검토의 오픈 소스 구현은 이후 2015년[75]과 2016년[76] TREC Total Recall 분과의 "기저모형 수행(Baseline Model Implementation, BMI)"[77]에 사용되었다. 이전 TREC 법률 분과 대화형 과업에서처럼, 참가자들은 컬렉션에서 가능한 한 모든 유일한 관련 문서만을 찾을 것을 요구받았다. 그러나 법률 분과와 대조적으로 Total Recall 참가자들은 평가를 위해 문서를 점진적으로 웹 서버에 제출했으며, 제출 즉시 각 문서에 대한 관련성 라벨(전체 컬렉션의 이전 라벨에서 자동으로 파생됨)을 받았다. 이 아키텍처는 제출된 문서 수의 함수로써 각 팀의 재현율을 정밀하게 추적할 수 있었다.

참가자들은 기저모형 수행 같은 완전히 자동화된 전략이나, 키워드 검색, 수작업 검토, 직접 고른 훈련 문서를 포함해 인간과 컴퓨터 입력의 조합을 수반하는 수작업 전략을 사용할 수 있다. 일부 참가자들은 검토 작업의 몇몇 수준에서 어떤 주제에 대해서는 기저모형 수행보다 높은 재현율을 달성했지만,

---

73 *Id.*

74 *Id.* at 2.

75 *See* Adam Roegiest et al., *TREC 2015 Total Recall Track Overview*, in Proceedings of the 24th Text REtrieval Conference (NIST 2015), http://trec.nist.gov/pubs/trec24/papers/Overview-TR.pdf.

76 *See* Maura R. Grossman et al., *supra* n.26.

77 Baseline Model Implementation for Automatic Participation in the TREe 2015 Total Recall Track, http://cormack.uwaterloo.ca/trecvm/.

TREC 2015 또는 2016의 참가자 누구도 (자동이든 수동이든) 같은 작업 수준으로 기저모형 수행보다 지속적으로 높은 재현율을 달성하지는 못했다.[78]

2015년 및 2016년 Total Recall 분과는 다양한 데이터 세트 및 주제와 관련하여 기술지원 검토 시스템을 평가했다. 2015년에는 53개의 서로 다른 주제와 5개의 데이터 세트에 대해 시스템을 평가했다. 플로리다 주지사인 젭 부시(Jeb Bush) 행정부로부터 약 290,099개의 이메일을 수집하기 위해 10개의 주제가 조성되었다. 블랙햇월드와 해커 포럼(BlackhatWorld and Hacker Forum)에서 나온 465,147개 게시물의 컬렉션을 위해 10개의 주제가 개발되었다. 미국 북서부와 캐나다 남서부에서 나온 902,434건의 온라인 뉴스 스크랩의 컬렉션을 위해 10개의 주제가 개발되었다. 버지니아 주지사인 팀 케인(Tim Kaine) 행정부에서 나온 이메일 401,953개의 컬렉션과 관련하여 다양한 유형의 기록과 비 기록의 법적 정의를 반영하는 기존 주제 4개가 사용되었다. 그리고 중환자실의 31,538개 의료기록으로 구성된 MIMIC II(Multiparameter Intelligent Monitoring in Intensive Care II) 임상 데이터 세트와 관련하여 국제질병분류(International Statistical Classification of Diseases, ICD)−9 코드를 반영하는 기존 주제 19개가 사용되었다.[79]

2016년에는 젭 부시 컬렉션을 위해 개발된 34개의 추가적인 주제와 관련하여 시스템을 평가하였고, 일리노이 주지사 로드 블라고예비치(Rod Blagojevich)와 팻 퀸(Pat Quinn) 행정부에서 나온 210만 개 이메일 컬렉션을 위해 개발한 6개 주제와, 80만개의 트위터 트윗과 관련하여 4개의 기존 주제가 각 사용되었다.[80]

종합적으로 그 결과들은 완전 자율 기술지원 검토 시스템이 매우 다양한 데이터 세트와 관련성 기준에 대해 합리적인 노력으로 매우 높은 재현율 수준을 달성할 수 있음을 나타낸다. 팀 케인과 MIMIC II 데이터 세트에 대한 결과는 특히 흥미롭다. 왜냐하면 관련성이 공식적으로 정의되었고, 관련성 결정이 채택 과정에서 독립된 전문가들(버지니아주 수석 기록 보관 담당자 및 의사들)에 의해 내려졌기 때문이다.

---

78 See Roegiest et al., supra n.76; Grossman et al., supra n.26.
79 See Roegiest et al., supra n.76, at 3–5.
80 See Grossman et al., supra n.26, at 3–5.

관련성 측면

일각에서는 기술지원 검토가 특정 유형의 관련 문서를 누락할 수 있는 점에서 기술지원 검토가 "맹점"을 보일 수 있다는 주장이 제기되었다. 그런 문서들은 비정형적이거나 관련성의 모호한 측면을 가지고 있기 때문이다.[81] 동료 검토 연구인 '*정보검색 연구 및 개발에 관한 제38회 국제컴퓨터협회 SIGIR 컨퍼런스*'에서 발표된 '*기술지원 검토를 위한 지속적 능동학습의 다면적 재현율*'[82]에 따르면, 지속적 능동학습이 거의 모든 관련 문서를 전반적으로 발견했을 때, 파일 형식으로 정의되든 실질적인 하위 주제로 정의되든 간에 관련성의 각 측면에 대한 거의 모든 관련 문서도 발견되었다.[83] 지속적 능동학습은 특정 유형의 문서나 관련성의 특정 측면을 나타내는 문서를 다른 유형의 문서보다 빨리 식별할 수 있지만, 그러한 문서가 부족해지면 모든 측면들이 식별될 때까지 다른 측면들을 식별한다.

이 결과는 TREC 2016 Total Recall 분과에서 재확인되었으며, 평가자들은 관련 문서들에 포함된 특정 주제에 기초하여 관련 문서를 하위 폴더로 정렬하도록 요청받았다. 각 하위 폴더에 대한 재현율을 개별적으로 고려했을 때, 전반적으로 높은 재현율을 달성한 참여 시스템이 각 하위 폴더의 문서에 대해서도 높은 재현율을 달성했다.[84]

마지막으로, 동일한 결과가 독자적인 연구 작업을 통해 최근에 재현되었다.[85]

---

[81] *See, e.g., Proper Use of Predictive Coding Technology* (Inspired Review Blog Jan. 7, 2104), http://www.inspiredreview.com/blog5.html ("예측 부호화 알고리즘이 간결한 문서(스프레드시트나 짧은 문서와 같은 언어 기반 분석을 위한 풍부한 텍스트를 포함하지 않은 문서)와 '새로운 내용'의 문서를 적절하게 처리하는 능력에 대해 이미 몇몇 의문이 제기되었다.") *See also* Comments Paper, *supra* n.15, at 304-305.

[82] See http://sigir2015.org/; Gordon V. Cormack & Maura R. Grossman, Multi-Faceted Recall of Continuous Active Learning for Technology-Assisted Review, in Proceedings of the 38th Int'l ACM SIGIR Conference on Research and Dev. in Info. Retrieval 763 (2015), http://dl.acm.org/citation.cfm?doid=2766462.2767771.

[83] Cormack & Grossman, *supra* n.82.

[84] *See* Grossman et al., *supra* n.26, at 5.

[85] *See* Thomas Gricks, *Does Recall Measure TAR's Effectiveness Across All Issues? We Put It to*

품질보증

재현율, 정밀도 및 F_1은 일반적으로 정보검색 시스템과 방법의 평균 효과를 측정하는 데 사용된다. 특정 방법이 65%의 재현율과 65%의 정밀도를 달성한다고 할 때, 우리는 일반적으로 실무에서 마주칠 수 있는 일련의 정보 요구 (즉, 쿼리)에 동일한 방법을 적용함으로써 달성한 평균적인 재현율과 정밀도를 언급하고 있다. 평균은 주어진 검색 작업에 대해 어떤 특정 수준의 재현율이나 정밀도가 달성될 것이라는 보장을 하지 않는다.

이런 우려로 인해 당사자들은 특정 검토 작업에 대한 재현율과 정밀도를 추정하고 임계값을 수용가능성의 표준으로 설정하기 위해 종종 헛된 작업의 샘플링을 이용하게 되었다. 예를 들어 *Global Aerospace v. Landow Aviation* 사건[86]에서, 2011년 JOLT 연구에 보고된 재현율 수준을 기준으로 제출 당사자는 최소 75%의 재현율을 달성할 것을 약속했고, 그 후 81%의 재현율이 달성되었다는 사실을 법원에 제출했다.[87] 실제로 달성된 것은 검토 과정에서 기술지원 검토 (문서 선택) 구성요소만의 재현율의 대략적인 '*추정치(estimate)*'뿐이었다. 추정 자체가 오차한계를 가지고 있어서 실제 값은 충분히 75% 미만일 수 있다. 그러나 더 중요한 것은, 그 추정치는 기술지원 검토 시스템에 의해 선택된 문서들이 수작업으로 검토되었다는 사실을 고려하지 않았고, 검토자에 의해 관련 있고 비 특권인 문서로 부호 처리된 것만 제출되었다는 점이다. 따라서 수작업 검토가 완벽하다고 가정했을 때에만(즉, 100% 재현율을 달성한 경우) 81%

---

the Test, Catalyst E-Discovery Search Blog (Mar. 23, 2017), https://catalystsecure.com/blogl 2017/05/does-recall-measure-tars-effectiveness-across-all-issues-we-put-it-to-the-test/.

86 Karl Schieneman & Thomas C. Gricks III, *supra* n.63, at 259.

87 Letter from Gordon S. Woodward, Att'y for the Landow Entities, to All Counsel in *Global Aerospace Inc. v. Landow Aviation, L.P.,* Consol. Case No. CL601040 (Va. Cir. Ct. Loudoun Cty. Nov. 30,2012) ("예측 부호화 프로세스가 끝날 때, 우리는 문서 재현율의 허용 수준이 달성되었음을 확인하기 위해 통계적으로 유효한 샘플링 프로그램을 실시했다. 우리가 법원 신청에서 지적한 바와 같이… 랜로우 엔터티스(Landow Entities)는 75%의 재현율이 적절할 것이라고 제안했다. 아래는 문서 재현율에 관한 우리의 최종 분석을 반영한 보고서다. 보고서에 따르면 우리는 81%를 달성했다.")

재현율 추정치가 종단 간 검토에 적용될 것이었다. (독립적 평가에 의해 결정된) 수작업 검토는 57%의 순 종단 간 재현율 추정치에 대해 대략 70%의 재현율을 달성했을 가능성이 높다.[88]

 Global Aerospace 사건에서의 제출 적정성을 무효화하려는 게 아니라(우리는 그 품질을 의심할 이유가 없다), 오히려 불특정한 재현율 기준치를 허용 기준으로 의존하는 데 따르는 오류를 설명하기 위함이다. 한편, 제안된 바와 같이[89] 관련성은 정의하기 어렵고 재현율은 사례별로 추정하기 어렵기 때문에 모든 측정은 보류되어야 하며 제출 당사자는 제출의 적절성을 보장할 모든 책임에서 면제되어야 한다는 것 또한 우리가 제안하려는 바가 아니다.

 우리는 제출의 적절성을 보장하는 첫 번째 단계는, 이전에 높은 재현율을 확실하게 달성한 방법을 사용하는 것이라고 믿는다.[90] 신뢰성은 주어진 응용 분야에서 고품질의 결과를 얻을 확률이다. 높은 평균 재현율 자체는, 그 자체로 높은 재현율을 의미하지는 않는다. 예를 들어 80%의 시간 중 100%의 재현율, 20%의 시간 중 0%의 재현율을 달성한 방법은 평균적으로 분명 높은 수준인 80%의 재현율을 달성할 수 있지만, 20%의 시간 동안 그 방법으로 아무것도 찾을 수 없었기 때문에 신뢰성은 떨어진다. 사람은 5분의 1로 완전히 실패할 가능성을 수용할 수 있는 위험으로 생각하지 않을 것이다. 반면에, 75%의 재현율을 수용 가능한 것으로 간주할 때, 20분의 1의 확률로 74%의 재현율을 달성하는 것은 받아들일 수 있을 것이다.

 신뢰성이라는 개념과 불가분의 관계에 있는 것은 "언제 멈출 것인가?"의 문제다. 지속적 능동학습의 경우 문서를 무기한으로 선택하고 검토할 수 있다. 단순 수동학습과 단순 능동학습의 경우 훈련 문서를 무기한으로 선택할 수 있고, 훈련이 중단되면 결과 분류기의 민감도를 조정하여 문서를 무기한 검토할

---

88 만일 관련 문서의 81%가 기술지원 검토 시스템에 의해 식별되었고, 그중 70%가 수작업 검토에 의해 적절하게 부호 처리되었다면, 종단 간 재현율은 81%×70%=56.7%가 된다.

89 *See, e.g.*, Herbert 1. Roitblat, *Daubert, Rule 26(g) and the eDiscovery Turkey*, OrcaBlog (Aug. 11, 2014), https://web.archive.org/web/2014081215 5631/http:/orcatec.com/2014/08/11/dauberr-rule-26g-and-the-ediscovery-turkey/.

90 Comments Paper, *supra* n.15, at 305.

수 있다. 어느 시점에서는 충분한 응답 문서가 발견되었고 추가 검토는 불균형하다는 결정을 내려야 한다. 우리는 그 결정에 도달했을 때, 높은 확률로 높은 재현율이 달성되었기를 바란다.

이 목표를 지원하기 위해, 우리는 지속적 능동학습을 사용하여 높은 신뢰성을 달성하는 세 가지 방법을 조사하였다.[91] 한 가지 방법인 "타겟 메소드(Target Method)"는 대량의 무작위 문서 샘플을 검토하는 비용으로, 기술지원 검토 시스템에 의해 선택된 것 이상으로, 95%의 신뢰성으로 70%의 재현율 목표를 달성했을 가능성이 있다. 두 번째 방법인 "니 메소드(Knee Method)"는 타겟 메소드보다 적은 작업으로 매우 다양한 데이터 세트 및 정보 요구에 대해 더 나은 신뢰성을 달성했다. 세 번째 방법인 "버젯 메소드(Budget Method)"는 타겟 메소드와 동일한 수의 문서를 검토했지만, 문서가 (무작위 샘플링을 통해서가 아닌) 기술지원 검토 시스템에 의해 선택되었을 때, 동일한 데이터 세트에서 매우 우수한 신뢰성을 달성했다. TREC 2016에서 우리는 높은 신뢰성을 달성하기 위한 네 번째 방법 — 앞의 "언제 멈출 것인가?"에서 설명한 간단한 방법 — 을 조사했다.[92] 놀랍게도 그 방법은 보다 복잡한 니 메소드만큼이나 효과가 있었지만,[93] 확실히 이 분야에서는 더 많은 연구가 필요하다.

이 중지 기준들에 대한 보다 자세한 논의는 본 장의 범위를 벗어나지만, 그 기준들은 대규모 무작위 샘플과 잘못된 통계에 의존하지 않고도 기술지원 검토를 중지할 시기를 신뢰성 있게 결정할 수 있음을 보여준다.

기술지원 검토 vs 돌아온 수작업 검토

우리는 최근 2011년 JOLT 연구 결과를 버지니아주 수석 기록 보관 담당

91 Cormack & Grossman, *supra* n.25.

92 Gordon V. Cormack & Mama R. Grossman, *"When to Stop"*: *Waterloo (Cormack) Participation in the TREC 2016 Total Recall Track*, in Proceedings of the 25th Text REtrieval Conference (NIST 2016), http://trec.nist.gov/pubs/trec24/papers/WaterlooCormack-TR.pdf.

93 *See id.*

자인 로저 크리스먼("Roger")이 이전에 검토했던 팀 케인(Tim Kaine) 버지니아 주지사의 401,960개 이메일 메시지에 대한 지속적 능동학습 사용 결과와 철저한 수작업 검토를 비교함으로써 재확인할 기회를 가졌다. 우리는 로저가 제공한 후속 블라인드 평가를 사용하여, 로저가 401,960개의 이메일 메시지를 검토하기 위해 지속적 능동학습을 채택했다면, 동일한 재현율과 더 높은 정밀도를 달성할 수 있었음을 밝혀냈다.[94]

우리 연구에 앞서, 로저는 다음과 같은 세 가지 주제 각각에 대한 결정을 잇달아 내렸다. 첫째, 증거보존(legal hold)의 대상이 되는 "Virginia Tech" 문서가 식별되었다. 둘째, 보존 대상이 아닌 문서는 "보관 기록" 또는 "비 기록"으로 분류되었다. 마지막으로, 보관 기록으로 분류된 문서는 "제한된" 또는 "공개된"으로 분류되었다. 공개 기록은 일반인에게 공개된다.[95] 결과적으로, 각 후속 주제에 대한 문서 컬렉션은 줄어들었다.

지속적 능동학습은 학습자 훈련 목적으로 사용자 피드백을 모의 실험하기 위해 로저의 이전 결정을 사용하여 동일한 데이터 세트에서 실행되었다. 지속적 능동학습 실행이 완료되자, 지속적 능동학습 시스템과 로저의 이전 코딩 간의 불일치 사례가 확인되었고, 로저는 이중 맹검(double-blind) 검토에서 이러한 문서 샘플에 대하여 두 번째 관련성 결정을 내렸으며, 여기서 로저나 저자들 모두 로저의 이전 결정을 알지 못하였다. 로저의 첫 번째와 두 번째 결정 사이의 오버랩[96]은 세 가지 분류 각각에 대해 80.6%, 60.2% 및 64.2%였다.[97] 이는 독립적인 검토자들에게 기대할 수 있는 최고 수준이었지만 완벽과는 거리가 멀었다. 두 달 후, 로저는 그의 첫 번째와 두 번째 결정이 일치하지 않은

---

94 Cormack & Grossman, *supra* n.4.

95 *See* http://www.virginiamemory.com/collections/kaine/. *See also* http://cormack.uwaterloo.ca/kaine (Kaine 공개 기록을 사용한 저자들의 지속적 능동학습 데모.)

96 "오버랩" 또는 "자카드 인덱스"는 "두 세트 사이의 일관성 측정(예를 들면 두 명의 서로 다른 검토자가 관련 있는 것으로 부호 처리한 문서).··· 경험적 연구들은 전문가 검토자들이 일반적으로 대략 50%의 자카드 지수 점수를 얻고, 60%를 초과하는 점수는 드물다는 사실을 밝혔다." Glossary, *supra* n.1, at 20, 25.

97 Cormack & Grossman, *supra* n.4, Table 5 at 7.

모든 사례에 대하여 세 번째 관련성 결정을 수행했고, 이때도 그의 이전 결정들은 블라인드 처리하였다.

　로저의 최종 결정에 따라, 우리는 로저의 최초 검토 및 지속적 능동학습에 대한 재현율과 정밀도를 계산했다. 로저의 재현율 범위는 89%에서 97% 사이인 반면, 지속적 능동학습의 재현율 범위는 90%에서 96% 사이로 큰 차이는 없었다.[98] 로저의 정밀도는 75%에서 91% 사이인 반면 지속적 능동학습의 정밀도는 80%에서 96% 사이로, '*지속적 능동학습에 우호적인*' 의미심장한 차이가 있었다.[99] F_1도 마찬가지로 지속적 능동학습을 상당한 차이로 선호했다.[100]

　전반적으로 로이트블랏, 커쇼와 우트의 연구, 2011 JOLT 연구, 그리고 SIGIR 2017 Roger and Me 연구는 모두 같은 결과를 보여준다. 연구가 된 기술지원 검토 시스템과 수작업 검토에 의해 달성된 재현율에는 큰 차이가 없고, 기술지원 검토 시스템의 정밀도가 상당히 우수하다는 것을. 이는 적어도 어떤 형태의 기술지원 검토를 사용하는 것이 합리적임을 재확인한다.

미래

　제출자료 검토는 어려운 과제다. 과학 문헌에 나타난 것처럼, 키워드 선별과 수작업 검토를 이용한 전통적인 검토 방법은 전자증거개시의 맥락 안에서나 일반적인 정보검색 맥락 안에서나 부담이 될 뿐더러 완벽과는 거리가 멀다. 검토 효과를 측정하는 방법도 마찬가지로 부담스럽고 불완전하다.

　공급업체, 서비스 제공자 및 소비자는 그들이 사용하는 검토 방법(수작업이든 기술지원 검토든)이 효과적으로 작동한다는 증거를 모아야 한다. 그렇게 하는 것은 단순히 시스템 훈련이나 재현율 계산을 목적으로 문서의 "통계적으로 중

98　*Id.*, Table 3 at 7.

99　*Id.*, Table 3 at 7.

100　*Id.*

요한 샘플 [sic]"101을 검토하는 것보다 훨씬 더 어렵다.

측정의 어려움은 "그것이 이전에 수행된 방식"이라는 이유만으로 키워드 선별과 수작업 검토를 계속 사용할 수 있는 라이선스를 제공하지 않는다는 데 있다. 그러한 방법들에 결함이 있다는 충분한 증거가 있으며, 그 방법들이 특정 기술지원 검토의 대안보다 우월하다는 증거는 없다. 동시에, 특정 기술지원 검토 방법이 수작업 검토를 개선할 수 있다는 실제 증거가 늘어나고 있다.

우리는 기술지원 검토의 예술적 상태를 향상시키는 동시에, 일련의 증거에 기여하기 위해 노력해 왔고, 계속 노력하고 있다. 지속적 능동학습™ 방법이 달성 가능한 최선의 방법이라고 생각할 이유는 없지만, 그것은 현재로서 우리가 알고 있는 최선의 방법이며, 우리는 그것을 개선하기 위해 계속 노력할 것이다. 우리는 GPL 3.0 공공 라이선스하에서 이용 가능한 TREC 기저 모형 구현을 통해 구현했고,102 연구자와 실무자를 모두 초대하여 연방민사소송규칙 제1조에서 규정된 대로 "모든 소송과 소송절차의 공정하고 신속하며 비용이 많이 들지 아니하는 판단을 보장하기 위하여" 전자저장정보를 검토하기 위한 보다 효과적이고 효율적인 방법을 시도하고 찾기 위해 노력할 것이다.

---

101   *See, e.g.,* Tracy Greer, *Electronic Discovery at the Antitrust Division: An Update,* US. Dep't of Justice (June 25, 2015), https://www.justice.gov/atr/electronic-discovery-antitrust-division-update (품질 보증은 "제출 당사자가 관련 문서와 비 관련 문서의 통계적으로 유의미한 샘플을 제공함으로써 이루어질 수 있다."고 제안한다.); Alison Nadal et at *E-discovery: The Value of Predictive Coding in Internal Investigations,* Inside Counsel (Aug. 13, 2013), at 1, http://www.insidecounsel. com/2013/08/13/e-discovery-the-value-of-predictive-coding-in-inte ("예측 부호화를 사용하여 내부 조사를 실행하는 것은 무작위로 선택되고 통계적으로 유의한 문서 기초 세트(seed set)를 생성하는 것으로 시작한다."); Bill George, *Predictive Coding Primer Part II: Key Variables in a Predictive Coding Driven Review,* Tanenholz & Associates, PLLC News (May 8, 2013), http:// tanenholzlaw.com/predictive-coding-primer-part-two (제어 세트를 검토한 후, 특정 주제 전문가들은 통계적으로 유의미한 문서 샘플을 검토함으로써 예측 부호화 모델을 더 훈련시킬 필요가 있다. "통계적으로 유의 한 표본"이라는 문구는 안전하지 않다. *See* Bill Dimm, *TAR 3.0 and Training of Predictive Coding Systems,* Presentation materials from ACEDS Webinar (Dec. 15, 2015), at 12, http://www.cluster-text.com/papers/TAR_3_and_training_predictive_coding.pdf ("훈련 세트 크기는… 통계적으로 유의한 샘플과 같은 문구를 포함해서는 안 된다(이것은 아무 것도 아니다!).")

102   *See* Baseline Model Implementation, *supra* n.75.

법률 서비스 품질의 정량화
: Avvo로부터 배우는 데이터 과학

니카 카비리(Nika Kabiri), 에드 사라우사드(Ed Sarausad),
라훌 도드아(Rahui Dodhia) / 함보현 譯

많은 변호사들이 숫자를 다루는 것을 좋아하지 않는다는 이유로 법조계를 선택한다. 이들은 법대를 졸업하면서 기업을 소유하거나 운영할 것이라고 전혀 생각하지 않고, 마케팅이나 광고와 같은 활동을 수행할 것이라고도 예상하지 않지만, 이러한 활동들이야말로 데이터 분석을 통해 사업전략을 창출할 때 가장 큰 효과를 볼 수 있는 활동들이다. 로펌이나 변호사가 중요한 결정을 내릴 때 데이터를 잘 활용하면 더 성공적으로 활동을 수행할 수 있다. 변호사들이 업무수행을 위해 복잡한 데이터 분석 도구를 활용하는 경우도 있고, 데이터 수집/분석이 간단하게 이루어지는 경우도 있다. 데이터 분석의 수준 등 데이터가 이용 방식보다 더 중요한 점은 사용되는 방법이 당면한 구체적 문제에 적절한 방식인가 하는 점이다.

본 장에서는 Avvo가 당면한 구체적인 문제들을 해결하기 위해 데이터를 사용한 방법을 소개하고자 한다. Avvo가 다루는 문제들은 변호사 업계가 당면한 문제들과 크게 다르지 않다. 어떻게 고객에게 양질의 서비스를 제공하기 위해 법률 서비스의 질을 측정할 것인가? 어떻게 사업 기회, 즉 법률 서비스를 필요로 하나 받지 못하고 있는 고객을 확인할 것인가? 어떻게 미래에 성장할 시장을 예측하여 먼저 그 시장을 선점할 수 있는가? 어떻게 서비스의 최고 수혜고객을 확인하여 먼저 다가갈 수 있는가?

법조계에서 데이터 분석은 독특한 기회와 문제를 동시에 가지고 있다. 데이터를 활용하여 업계의 트렌드를 따라가고, 변호사 실적을 평가하며, 시장 규모와 성장성을 평가하고, 온라인으로 부동산의 가치를 평가하는 등 변호사는 엄청난 도움을 받을 수 있다. 그러나 이는 곧 다양한 소스로부터 나오는 데이터를 수집, 관리, 분석하는 혁신적인 방법을 개발해야 한다는 것을 의미한다. 또 법무 분야에 당면한 과제와 직접 관련성이 있는 데이터를 찾아내야 한다는 것을 의미한다. 이러한 과제는 다른 곳에서는 찾을 수 없는 과제들이다.

법률 분야만 대상으로 하는 중앙집중화된 데이터 소스가 존재하지 않으므로, 법률 데이터 분석에는 품질관리 문제와 데이터 가용성 문제가 수반된다. Avvo는 법조계의 제한적이고 이질적인 데이터의 문제를 극복하기 위하여 미국 각지 변호사들, 규제기관, 인터넷으로부터 광범위하게 다양한 데이터는 수집하면서, 법률 서비스와 직접 관련된 문제들에 대해 많은 점들을 알게 되었다.

Avvo는 수년간 풍부한 지식과 통찰력을 구축해 왔으며, 본 장에서는 우리가 배운 교훈과 법률 데이터를 수집, 정리, 분석, 시각화하는 최선의 방법을 공유하고자 한다. 먼저 법률 데이터를 수집, 보관하는 방법을 개괄적으로 설명하고, 법률 서비스를 개선하기 위해 데이터를 활용하는 여러가지 방법들에 대해 논의할 것이다. 구체적으로 변호사의 품질을 평가하고, 수요가 높지만 변호사는 부족한 시장을 확인하고, 나아가 사업 개발에 활용할 수 있는 방법을 알아보고자 한다.

법률 데이터 추출

Avvo는 설립 이래 데이터가 세상을 변화시킬 수 있다고 믿어 왔다. 데이터 분석 작업은 "모두를 위한 자유와 정의를 실현"할 수 있도록 "양질의 법적 조력을 제공한다."는 Avvo의 목표와 비전에도 관련되는 것이다. 이러한 목적하에 변호사를 평가하고, 사업성과를 측정하고, 법적 조력을 받지 못하는 사람들을 확인하고, 접근성을 향상시킬 수 있는 방법을 찾기 위해 데이터를 활용한다.

데이터 수집

재산권으로 보호되는 데이터도 있지만(소비자 조사를 통해 수집된 정보 등), 우리가 사용하는 많은 데이터는 공개적으로 이용 가능한 것이다. 미국 인구조사 데이터, 변호사협회의 데이터, 각종 웹사이트의 사용자 작성 콘텐츠를 통해 법률 서비스에 대한 통찰력을 얻을 수 있다. Nielsen과 Pew 같은 리서치 기관들이 발간하는 다양한 주제의 보고서들도 법률 서비스에 대한 통찰력을 얻는 데 직간접적으로 도움을 준다. 충분한 재원이 있다면 데이터를 수집하도록 시장조사기관을 고용할 수 있으며, 로펌에서 자체 웹사이트의 트래픽 데이터를 Google Analytics를 통해 평가하는 등 자체 데이터를 활용할 수도 있다. 로펌이 주마다 또는 달마다 받는 문의 전화나 이메일의 수를 추적하는 것도 가치 있는 데이터에 해당될 수 있으며, 사건 종결 후에 이메일로 발송하는 고객만족도 조사도 데이터 소스가 된다. 빅데이터도 좋지만, '스몰'데이터 역시 엄청난 가치를 가질 수 있으며, 소스가 무엇이든 풍부하고 쉽게 얻을 수 있는 데이터가 존재한다.

공개적으로 입수 가능한 데이터의 경우 Avvo는 먼저 적격 데이터 소스를 식별한다(미국 인구조사 데이터 등). 그 다음 과제는 내부적으로 유용한 방식으로 이러한 데이터를 취득하는 것이다. 이를 위해 데이터 활용 주체, 활용 방식, 표 형식(dummy table)을 사용한 전환 가능성과 같은 사안을 먼저 결정하고, 구체적인 사안에 맞는 데이터 상품을 설계한다. 우리는 하둡(Hadoop)을 이용하여 데이터를 취득하면, 간단한 SQL을 통해 데이터에 접근할 수 있는 단순한 하이브(Hive)를 설계한다. 활용을 위해 응용 프로그램 프로그래밍 인터페이스(API)가 필요한 경우에는, 실시한 데이터 접속, 성능, 보안, 기타 중요한 고려사항들을 염두에 두고 사건에 최적인 API를 설계할 것이다. 요컨대 데이터 수집은 최종 사용자와 사용처를 염두에 두고 이루어져야 한다.

데이터 관리

데이터 발견보다 더 중요한 문제는 데이터 관리이다. 데이터는 특정 업무과제를 위한 적절한 데이터에 효율적으로 접근할 수 있는 방식으로 처리되고 관리되어야 한다. 이때 데이터 보안도 중요한 부분이다. 특히 법률시장에서는 데이터의 보호, 무결성, 관리에 대한 우려들이 존재하여 이로 인해 정보 접근이 제한된다. 이러한 문제를 극복하기 위해 Avvo를 포함한 많은 조직에서 '메타데이터'(데이터에 대한 데이터)를 중앙 저장소에 확보하는 작업에 투자하고 있다. 이는 데이터 분석에서 업무 기밀과 첨단분석 문제를 해결하기 위한 출발점이 된다.

이 데이터에 접근하기 위해 Avvo와 같은 조직은 보유 데이터를 탐색할 수 있도록 해 주는 도구에 투자한다. 이러한 도구 중 하나가 클라우데라의 내비게이터이다. 구글과 유사한 단순한 검색창을 사용하여 중앙 데이터 저장소에 저장된 데이터를 탐색할 수 있다. 내비게이터와 같은 도구는 로데이터(raw data)를 일일이 탐색하는 대신 데이터 사전에서 정보를 추출하여 데이터 자산

내비게이터

cloudera navigator

Search (Hotkey: /)   Q

Click here to explore your data.

에 대한 설명을 읽고 필요에 부합하는 데이터를 선별할 수 있게 해 준다. 또 전사적으로 실제 데이터가 아닌 데이터 사전에 대한 접근성을 제공하여, 데이터 무결성과 보안을 보장한다. 신규 데이터가 저장소에 추가되면, 이러한 도구가 데이터 출처, 데이터 취득 시점, 사용 가능한 신규 데이터 필드를 조직 내에 전달해 준다(〈그림 7.1〉).

데이터 소스의 이력을 '데이터 계보'라고 하는데, 데이터 계보를 추적하는 것은 경영 전략의 우선순위를 결정하기 위해 복잡한 색인이나 평가 시스템을 개발할 경우 중요한 작업이다. 예를 들면 로펌에서는 과거 고객 중 친구나 가족에 대한 홍보 요청에 우호적인 고객을 선별하고자 하거나, 법률 서비스와 고객 대리 활동을 개선할 방법을 파악하기 위해 독창적인 고객만족도 평가제도를 마련하고자 할 수도 있고, TV나 디지털 광고 중 더 수익성 좋은 광고방식을 결정하는 모델을 개발하고자 할 수도 있다. 이와 같은 분석을 위해서는 다양한 소스에서 데이터를 추출해야 하는데, 각 데이터 필드나 변수의 출처, 즉 데이터 리니지를 알고 있으면, 필요할 때 원본 데이터 소스에 접근할 수 있고 데이터의 무결성을 확신할 수 있다.

데이터 통합

Avvo에서는 특히 '이벤트(Avvo 웹사이트와의 상호작용)'를 데이터로서 관리하는 등 상시적으로 데이터를 수집한다. 예를 들어 변호사들이 프로필에 접속하면, 이 정보는 데이터 또는 '이벤트 데이터'로 기록된다. 개인정보보호정책에서 알 수 있듯이 Avvo는 사용자의 개인정보를 매우 신중하게 처리하고 있으며, 개인정보보호정책은 소비자와 광고주를 위해 정기적으로 업데이트 된다. 실시간 웹이벤트 데이터는 세일즈포스(Salesforce) 플랫폼을 통해 영업부서의 활동에 통합된다. 변호사가 웹사이트에 접속하거나 프로필을 업데이트하면, 이벤트가 세일즈포스에 기록되고 Avvo 리소스에 통지된다. 이와 같이 활동 시기마다 통지를 생성하여 변호사들이 필요로 할 때 상호작용할 수 있는 소중한 기회를 제공한다.

이 데이터는 데이터 창고에도 저장되므로 세일즈포스를 이용하여 여러 유형으로 분석, 추출될 수 있다. 예를 들면 변호사가 광고 가입을 취소하면, 이는 실시간으로 Avvo 직원에게 통지되고, Avvo는 취소 내용과 발생 상황을 분석하기 위해 광고주의 데이터를 전체적으로 살펴볼 수 있다.

Avvo는 웹사이트 사용자를 실시간으로 분석하기 위해 데이터 플랫폼인 카프카(Kafka)를 도입했다. 카프카는 가십(gossip) 수집가와 같은 역할을 한다. 카프카는 사내에서 발생하는 모든 일들에 대해서 알고 있으며 누구든지 이러한 사건들을 독립적으로 분석할 수 있도록 해 준다. 이를 통해 웹 기반 이벤트의 생산자와 소비자가 느슨하게나마 실시간으로 연결되어, 생산자나 소비자가 상대방을 기다릴 필요가 없게 된다. 또 소비자가 자신과 가장 관련성이 큰 이벤트 데이터를 분석할 수 있으므로 이벤트를 효율적으로 활용할 수 있다.

데이터 접근성

데이터가 수집되고 통합되면, 다음으로 데이터를 활용 가능한 상태로 만드는 작업이 필요하다. Avvo는 대중의 접근 선호도 외에도 현재, 미래에 데이터 기술 옵션들의 전반적인 역량을 고려한다. 시간이 지남에 따라, 우리는 벤더 고착효과를 통해 균형잡힌 오픈소스 지원성을 가지게 되었다. 이에는 오픈소스 프로젝트를 확장하고 지원하는 데 필요한 역량을 가지고 있는지 여부, 특정 데이터 제품이나 플랫폼 유지에 예정된 기간, 벤더가 데이터 전략에 장기적으로 부합하는지 여부(하둡 대 전통적인 데이터 보관)가 고려된다.

Avvo는 내부 데이터 고객용 데이터 파이프라인을 모니터링하여 투명성을 제공하며, 이를 위해 데이터 파이프라인의 작동 상태를 확인할 수 있는 내부 상태 페이지를 만들었다. 파이프라인은 데이터, API, 보고용 데이터, 데이터 시각화 프로그램인 태블로(Tableau)용 자료 등을 생성할 수 있는 작업들로 구성된다. 이러한 각 요소들의 현황은 모니터링되며, Avvo 내부의 '데이터 상태 페이지'를 통해 확인할 수 있다. 이러한 방식으로 데이터 이용자들은 셀프서비스 인터페이스를 통해 특정 서비스가 가능한지 확인할 수 있으며, 관련 작업의 이력까지 제공받을 수 있다. 예를 들면 아래 그림은 태블로 보고서용으로 예정된 데이터 추출이 실패한 것을 보여준다. 노란색 트래픽 신호는 부분 정전이 발생하였고, 적절한 관계자에게 통지되었음을 보여준다(〈그림 7.2〉).

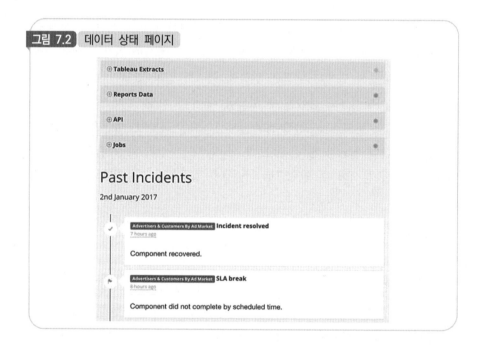

그림 7.2 데이터 상태 페이지

데이터 활용

이와 같이 데이터를 수집, 통합하고 조직 내에서 적절하게 접근성을 높이는 것은 데이터의 실질적 활용을 위한 사전 작업의 일부로 힘들고 지루한 작업일 수 있다.

데이터를 활용한 변호사 자질 평가

Avvo는 법적 문제를 가진 사람들과의 대화를 통해 이들을 도울 수 있는 최선의 방법을 찾고 있다. 교통위반 과징금에서 이혼, 파산에서 이민까지, 다양한 법률 문제를 가진 수많은 사람들과 인터뷰를 하거나 설문 조사를 실시했으며, 이러한 문제들을 스스로 처리할 수 있는 사소하고 쉬운 문제로 보는 사람도 있는 반면, 변호사를 고용할 자금이 없는 사람들도 있다는 것을 알게 되었다. 법적 문제를 스스로 처리하여 통제권을 가지는 것을 선호하는 사람도 많이 있지만, 스스로 이혼청구를 하고 온라인으로 회사를 설립하고 유언장 작성용 소프트웨어를 구매하는 DIY 사회에서도, 변호사는 중요한 역할을 한다. 법적인 문제를 가진 사람들 중 거의 4분의 3이 변호사를 도움을 구하며, 온라인에서 스스로 양식을 작성한 사람들의 4분의 3이 결국은 변호사를 찾는다. 법은 복잡하고, 법률 용어는 이해하기 어려우며, 사람들의 자체적인 노력으로는 해결되지 않는 부분이 있다. 법률문제에서 셀프 헬프는 한계가 있다.

즉, 많은 사람들이 변호사를 찾고 있지만, 누구를 고용해야 할지 알지 못한다. 친구나 가족에서 추천을 요청하기도 하고, 인터넷에서 변호사의 웹사이트를 평가하고 리뷰를 읽기도 한다. 그럼에도 분명한 두 가지 사실이 있는데, 즉 (1) 사람들은 변호사들에 대한 정보를 원하고 있으나, (2) 관련 정보를 체계적으로 평가하지 못하고 있다. 이는 법률 서비스 회사, 로펌, 변호사리뷰 사이트 모두가 진정으로 적절한 변호사를 찾는 사람들을 돕고자 한다면, 변호사들을 평가하는 체계적인 과정을 개발하고 그 결과를 일반에 공유할 필요가 있음을 의미한다. 그렇지 않으면, 법적 조력을 필요로 하는 사람들은 (대부분 주관적인) 막연한 추측에 의해 변호사의 자질을 평가할 수밖에 없을 것이다.

의뢰인이 유의미하게 변호사들을 구별할 수 있는 방법은 무엇인가? 변호사의 자질을 평가한 점수인 'Avvo 평점(Avvo Rating)'은 이러한 문제를 해결하기 위하여 고안된 것이다. Avvo에 프로필을 제공하는 변호사는 전문 경력을 감안한 평점을 받게 되며, 법률 서비스 수요자들은 평점과 함께 해당 변호사의 전문분야, 동료 추천, 의뢰인 리뷰 등의 상세 정보를 제공받는다. 이러한 정보가 보여 고객들이 변호사를 평가하여 적절한 변호사를 선택할 수 있는 기회를 제공한다.

평점은 다른 면에서도 유용하다. 이는 지역별 변호사의 자질을 평가, 비교하는 유용한 수단이 된다. 최근에 Avvo는 미국에서 최고의 자질을 가진 변호사들이 있는 도시를 파악하는 데 관심을 가지게 되었다. 이는 중요한 문제지만, 여태까지 탐색된 적이 없는데, 이 문제가 중요한 이유는 법적 조력을 받을 기회의 공평성이 높은 자질을 갖춘 변호사에 대한 공평한 접근성에 크게 달려 있기 때문이다. 미국 도시별로 변호사 자질에 현저한 편차가 존재한다면, Avvo와 같이 높은 자질의 변호사를 고객과 연결시키고자 하는 회사는 높은 자질의 변호사가 부족한 도시에 대해 노력을 우선하여 지역편차를 해소하는 데 일조할 수 있을 것이다.

이 지리적 차이에 따른 프로젝트가 현재 Avvo에서 진행되고 있다. Avvo가 문제에 접근하기 위해 데이터를 활용한 방식과 다양한 지역에서 사용한 접근 방식을 아래에 소개하고자 한다.

지역 비교의 올바른 접근법

Avvo는 가장 우수한 변호사가 있는 지역을 분석하기 위하여 순수하게 객관적인 접근법과 함께 객관적 기준과 주관적 기준이 혼합된 접근법을 고려했다. 순수하게 객관적인 접근법은 고객에게 변호사 개인의 '스펙(specifications)'을 바탕으로 한 개인별 데이터를 제공해 준다. 우리가 '스펙'이라는 용어를 사용한 이유는 이 용어가 활동 기간, 수상이력, 출간활동, 로스쿨 순위 등 독립적이고 측정 가능한 특성들에 대해 소비자들이 일반적으로 생각하는 방식이기 때문이다. 소비자들은 구매 의사가 있는 노트북컴퓨터나 차량의 '스펙'을 검토하는 것처럼 이러한 데이터들을 검토한다. 이러한 개별 스펙을 합하여 변호사의 전반적인 자질을 쉽게 평가할 수 있는 평가체계가 만들어진다. 이로서 변호사를 비교하는 것이 쉬워지고 편견에 빠질 확률이 감소한다.

이 접근법은 Avvo 평점의 기본 방식으로, 특히 고객 리뷰가 가미되어 개개인이 개별 변호사들을 평가하고 비교하는 데 큰 도움을 주고 있다. 이런 방식으로 법률 서비스 소비자들은 변호사의 자격을 객관적으로 평가하면서 동시에 주관적인 고객의 의견들도 살펴볼 수 있다(고객의 일반적인 의견에 따르면 리뷰는 '변호사 쇼핑' 과정에서 중요하고 유의미한 절차라고 한다).

그러나 변호사를 고용하기 위해 평가하는 것이 이 프로젝트의 유일한 목적이 아니며, 여러 법률 서비스 시장에서 변호사를 비교하는 목적도 가지고 있는데, 이를 위해서는 혼합 접근법이 필요하다. 혼합 접근법은 고객 평가를 최종 변호사 평점에 반영하는 방식이다. 순수하게 '스펙'에 기반한 접근법과는 달리 의뢰인 평가를 반영하는 것은 객관적인 스펙만으로 '좋은' 변호사가 만들어지지 않는다는 사실에 착안한 것이다. 법률 문제를 가진 사람들은 변호사가 적절한 시기에 회신하는지, 고객을 존중하는지, 고객에게 신경쓰고 있는 모습을 보여주는지 여부 등을 중요시한다는 점을 반복하여 Avvo에게 강조했다. '고객을 응대하는 태도'는 활동기간이나 로스쿨, 동료들의 추천과 같은 스펙에서 확인할 수 없는 것이지만, 의뢰인에게는 중요한 요소이다.

데이터를 활용한 지역별 변호사의 질적 평가

도시별로 변호사를 비교하기 위해 Avvo는 아래와 같은 데이터 세트를 사용했다.

지역 데이터: 도시별 비교분석에는 변호사의 활동 위치 데이터가 필요하다. 지리적 메트릭스는 입력데이터라기보다는 분석 범위를 정의하는 데 사용되었다. Avvo는 각 도시의 변호사 평점을 산정하고 비교했다. 변호사 활동 도시, 지역(카운티), 주에 대한 데이터를 가지고 있으므로, 지역과 주를 포괄하는 비교가 가능하다. 또 우리는 도시 내 비교를 위해 우편번호를 사용했다.

기관 데이터: 변호사의 활동 범주 매우 다양하다. 기업의 사내변호사로 일하는 경우도 있고, 개업하여 활동하는 변호사도 있으며, 비영리 활동을 하는 변호사도 있다. 경우에 따라서는 모든 유형의 기관에 소속된 변호사를 평가, 비교할 필요가 있을 수도 있고, 특정 유형의 기관에 소속된 변호사만 비교할 필요가 있을 수도 있다. 예를 들면, 도시별 비교의 목적이 법률 문제를 가진

사람들이 변호사를 찾는 데 가장 큰 어려움을 겪는 도시를 확인하는 것이라면, 사내변호사나 검사는 포함시킬 필요가 없다.

변호사 일부는 변호사 업무를 전혀 수행하지 않는 경우도 있다. Avvo의 데이터 세트에 의하면 많은 변호사들이 변호사 업무를 수행하지 않고, 법대교수, 판사, 중재인 등으로 활동하고 있다. Avvo는 수집된 프랙티스 상태 데이터를 활용하여 이들을 분석에서 제외하기 위해 프랙티스 세트 데이터를 사용했다.

업무분야 데이터: Avvo는 프로필을 제출한 변호사의 업무 분야에 대한 정보를 가지고 있다. 구체적으로 주요 활동 분야와 가능성 있는 추가 분야 2개 항목에 대한 정보를 수집하며, 이 정보는 '포괄' 업무분야(parent practice area)와 실제 업무분야로 나뉜다. 예를 들면 포괄 업무분야가 인적상해이고, 의료사고가 실제 업무분야가 될 수 있다. 또 Avvo는 업무분야의 수와 주요 업무 분야가 차지하는 비중에 대한 정보도 가지고 있다.

출신 로스쿨 데이터: Avvo의 데이터 세트에는 변호사의 출신 로스쿨 정보가 담겨 있다. 로스쿨 순위는 U.S. News and World Report가 발표하는 최신 순위에 따라 결정된다.

자격취득 데이터: Avvo는 변호사가 처음 변호사 자격을 취득한 시기에 대한 정보를 가지고 있다. 이 데이터는 변호사의 활동 기간에 대한 정보를 제공한다. 또 Avvo는 변호사가 가지고 있는 자격의 수에 대한 정보를 가지고 있다.

의뢰인 추천 데이터: Avvo는 각 변호사에 대한 고객 리뷰 수를 가지고 있다. 고객 리뷰 수가 리뷰가 긍정적이라는 의미는 아니지만, 긍정적인 리뷰의 수를 계산하기 보다는(이는 리뷰 수가 적은 변호사에게 불리하게 작용할 수 있다) 리뷰 전체에서 긍정적인 리뷰의 비율을 산정하여, 이 변수를 활용해서 고객 리뷰 점수를 표준화할 수 있다. '추천'이라는 항목이 긍정적인 리뷰라는 의무로 사용되며, Avvo는 변호사별로 추천 고객의 수에 대한 정보를 가지고 있다.

동료 추천 데이터: Avvo는 각 변호사가 다른 변호사들로부터 받은 추천 수에 대한 정보를 가지고 있다.

수상 데이터: Avvo는 변호사가 제공한 수상 횟수나 인터넷에 공개되어 있는 수상 횟수에 대한 정보를 가지고 있다.

제재 데이터: Avvo는 변호사 협회의 변호사 제재 이력에 대한 정보를 가

지고 있다.

연설 및 출간 데이터: Avvo는 각 변호사가 신고한 출간물 수에 대한 데이터를 가지고 있다.

고객 수임료 옵션 데이터: 수임료는 변호사를 고용하는 매우 중요한 요소이며, 경제적 가용성은 법적 조력을 받을 수 있는지 여부를 결정하는 핵심 요소이므로, 변호사가 고객과 일할 의사가 있으며 비용적으로 고용 가능한지 여부에 대한 데이터가 분석에 포함되어야 한다. 이를 보여주는 매개체로 Avvo는 각 변호사가 고정액 보수를 제시하는지 여부에 대한 데이터를 가지고 있다.

직함 데이터: 조직 또는 사내에서 변호사의 직위는 성공의 척도이며, 따라서 변호사의 자질을 평가하는 요소가 된다. Avvo는 각 변호사의 조직 또는 법인 내에서의 직위와 직함에 대한 데이터를 수집했다.

모델링 고려사항

활용할 수 있는 데이터는 풍부하기 때문에 당면한 과제는 지역 간 변호사들의 자질을 비교하기 위하여 이와 같이 다양한 정보를 어떻게 활용할 것인지 결정하는 것이었다. 위에 설명된 변수들은 모두 훌륭한 변호사를 만드는 것과 어느 정도 관련되어 있지만 한 두가지 요소는 관련이 없을 수도 있다. 또는 모두 중요하긴 하지만, 중요도는 달라서 한 두가지 요소가 80%의 비중을 차지하고 다른 요소들이 20%에 해당될 수도 있다. 즉, 변호사의 자질을 평가할 때 모든 개념적 변수를 동일한 비중으로 다룰 수는 없다.

예를 들면, 변호사 두 명을 비교한다고 가정해 보자. 한 변호사는 오랫동안 변호사로 활동했으나 고객 리뷰 점수는 중간 정도인 반면, 다른 변호사는 경험이 별로 없으나 고객 리뷰 점수는 높다. 어느 변호사가 더 좋은 변호사일까? 경험이 있어야 좋은 변호사가 될 수 있다는 하는 사람도 있을 것이고, 의욕이나 고객응대태도 같은 개인적인 자질이 더 중요하다고 하는 사람도 있을 것이다. 어느 쪽이든 분명한 점은 변호사를 평가하는 데 있어서 단순히 중요한 요소가 무엇인지를 이해하는 것뿐만 아니라, 모든 변수들이 다른 변수들과 비교할 때 상대적으로 얼마나 중요한지를 이해해야 한다는 것이다.

'좋은' 변호사를 평가할 때 각 변수들의 상대적인 비중을 어떻게 확인할 수 있을까? 한 가지 방법은 최선의 판단력을 활용하여 가정을 수립하는 것이다. 가정은 분석에서 핵심적인 부분이다. 이는 분석의 범위를 정의하고 분석이 가진 한계를 명확히 한다.

예를 들면 상식이라고 간주하는 바에 기초하여, 자격보유기간에 고객 평가점수보다 2배의 가중치를 부여해야 한다고 가정할 수 있다. 그러나 이러한 가정이 설득력이 있으려면 이러한 가정을 정당화할 수 있어야 한다. 자격보유기간이 더 중요한 이유는 무엇인가? 고객이 변호사에 대해 평가하는 내용에도 불구하고, 변호사로 활동한 시간이 좋은 변호사의 필수요소라고 주장할 수도 있을 것이다. 반면에 어떤 변호사가 오랫동안 활동했으나 능력이 나쁘다면, 누구보다도 그의 고객이었던 사람들이 가장 잘 알지 않을까?

최선의 판단력을 사용할 때 문제점은, 새로운 이해 분야에 대해서는 대부분의 가정이 설득력 있는 정당성을 가지지 못하며 쉽게 이의가 제기될 수 있다는 것이다. 상식은 실제로는 상식이 아닐 수 있으며, 정당성이 약한 가정은 의심스러운 모델과 불확실한 결론만을 낳을 것이다.

중요도의 순서까지는 쉽게 결정할 수 있을지라도, 어느 정도 가중치를 부여할지 여부는 여전히 어려운 문제이다. 좋은 변호사를 판단할 때 변호사의 고객 리뷰 점수가 자격보유기간보다 더 중요한 요소라고 결정했다고 가정해 보자. 그래도 2배 가중치를 줄지, 3배 가중치를 줄지 결정해야 하는 문제가 여전히 남아 있다.

과거에 수행된 연구가 있다면 이러한 문제의 답을 찾는 데 도움이 된다. 연구는 모델의 가정에 신뢰성을 부여한다. Avvo는 법적 조력을 구하는 사람들을 대상으로 상당한 연구를 수행했으며, 이를 통해 고객이 변호사를 고용할 때 고객 리뷰를 중요하게 생각한다는 점을 알게 되었다. 또 수상 횟수 자격증 수는 중요하지 않으나 자격보유기간은 동일한 비중으로 중요하게 간주된다는 점을 알게 되었다.

그러나 이와 같은 구체적인 내용은 고객들이 변호사를 수임할 때 중요하게 고려하는 요소일 뿐이며, 우리가 알고자 하는 바는 실제 변호사가 얼마나 성과를 낼지를 판별할 때 각 요소들이 가지는 상대적 중요도이다. 아직 이에 대해서는 정확한 데이터를 갖고 있지 않다.

소비자들에게 일련의 기준을 바탕으로 과거에 고용한 변호사를 평가해 달라고 요청할 수도 있으며, 소비자에게 각 변수의 중요도 순위를 매겨 달라고 요청한 후 순위 점수를 사용하여 변호사의 자질을 계산할 수도 있다. 그러나 과연 법률 서비스 소비자가 현재의 변호사를 만들어 낸 요소가 무엇인지 알 수 있을까? 고객은 변호사의 업무수행이 만족스러운지에 대해서는 알 수 있지만, 변호사가 왜 특정 방식으로 업무를 수행하는지에 대해서는 알지 못한다. 경험을 통해 업무수행방식을 배우게 된 것인가? 아니면 개인적인 성향을 소산인가? 고객들이 이러한 점에 대해 알 수는 없다.

상식이 실제로는 상식이 아닐 수 있으므로, 그리고 각 변수의 적절한 중요도를 보여주는 연구결과가 존재하지 않으므로, 변호사 평점을 산정할 때 가중치를 알려주는 방법을 사용할 수밖에 없다. 따라서 변호사 평점을 산정하기 위해 각 변수의 중요도를 보여주는 통계기법이 사용되었으며, 이를 통해 최종 점수 산정에서 각 요소에 얼마나 가중치를 부여해야 할지 알게 되었다.

"개념적" 변호사 특성을 활용한 모델과 일반적 결과

변호사 비교평점(도시별 변호사 자질 비교)의 궁극적인 목적은 좋은 변호사를 찾기가 어려운 도시를 판별하는 것이다. 여기서 중심이 되는 요소는 사람이다. 따라서 순위를 결정하거나 여러 요소의 가중치를 결정하기 위해서가 아니라 사람들이 사고하는 방식을 가장 잘 이해하기 위해 사람들의 관점을 고려한 모델을 만들 필요가 있다.

법률시장의 고객들에게 변호사를 고용할 때 가장 중요하게 고려하는 요소가 무엇인지 질의한 결과 '경험'을 가장 중시하는 것으로 나타났다. 경험은 어느 분야에서나 중요한 요소이다. 그러나 좀 더 깊이 들어가서 '경험'이 법률 시장에서 의미하는 바가 무엇인지 따지면 다양한 답이 나온다. 활동기간을 의미한다고 답하는 경우도 있고, 경력이 짧아도 고도로 전문화된 분야의 경험을 의미한다고 답하는 경우도 있다. 한 변호사가 20년간 변호사로 활동했으나 매우 다양한 분야에서 업무를 수행했다면, 어느 정도 경험이 있기는 하나 다른 변호사에 비추어 전문성이 충분하지 않을 수도 있다. 경험이란 주관적인 개념이다.

이러한 예를 보면 법률시장 수요자들은 변호사의 자질에 관해 상당히 개념적으로 접근한다는 사실을 알 수 있다. 고객들이 중시하는 경험, 인맥, 인간관계의 기술 등은 개념일 뿐 직접적으로 측정 가능한 변수는 아니다.

하지만 이와 같은 개념들도 그 구성요소인 변수들의 집합이라는 관점에서 측정 가능할 것이다. 예를 들어 '경험'은 자격증 보유기간과 수임 사건의 영역을 결합하여 측정할 수 있다. 오랜 기간 1개의 포괄 업무분야에서 변호사로 활동했다면, '경험이 많다'고 간주될 만한 적절한 양과 종류의 경험을 가지고 있을 수 있다.

우수한 자질의 변호사를 만드는 요소들의 중요도를 파악하기 어려운 것처럼, 이러한 고도의 '개념적 특성'을 구성하는 변수들을 파악하는 것도 쉬운 일이 아니다. Avvo는 어떤 변수들이 결합되어 추상적인 특성(통계용어로 '잠재변수')을 구성하는지 파악하기 위하여 요인분석(factor analysis) 기법을 사용한다. 이를 통해 변호사의 자질을 결정할 다른 변수와 관련되지 않거나 중요성이 전혀 없는 변수들을 결정할 수 있다.

요인분석을 통해 세 가지 개념적 특성, 즉 인식, 경험, 관여도가 변호사의 우수성 판단에 핵심 요소인 것으로 판별되었다. 인식이란 의뢰인들이 변호사에 대해 가지는 인식으로 고객 리뷰를 통해 보여진다. 인식을 보여주는 변수는 (변호사에 대한) 고객평가점수 평균과 변호사를 추천한 고객의 비율이다. 경험은 자격보유기간(변호사로의 활동기간을 의미), 자격증 수, 관련 분야 수상 횟수를 통해 드러난다. 관여도는 네트워킹이나 대외활동의 측면에서 변호사의 전문분야 활동 정도를 보여주는 것으로, 저서의 수, 연설 횟수, 동료 추천 수로 구성된다.

또 우리는 '인식' 요소가 변호사에게 전반적으로 가장 큰 영향을 끼친다는 사실도 알게 되었다. 이는 변호사의 업무수행기간이나 수상 횟수와 같은 실제 경력보다 변호사에 대한 고객의 인식, 평가, 추천이 변호사 자질에 대한 더 강력한 지표가 된다는 의미이다. 또 법률 저서 출간, 연설, 동료 추천과 같은 변호사들 사이의 활동은 많은 노력이 들지만 고객을 행복하게 하는 것만큼 효과가 크지는 않다.

인식이 가장 중요한 부분이긴 하지만, 경험과 관여도가 중요하지 않은 것은 아니다. 실제로 이 세 가지 특성은 모두 변호사 자질에 필요한 구성요소로 변호사의 자질에 상당한 영향을 미치는 것으로 확인된다. 따라서 변호사 자질이 고객의 인식에만 달려 있다고 평가하는 것을 올바르지 않다.

이러한 통찰력은 여러 유형의 변호사들에게 심오한 영향을 가진다. 변호사들 간의 네트워킹이나 출간물 집필을 좋아하지 않는 변호사라면, 고객에게 긍정적인 인식을 주는 데 집중하여 이를 보충할 수 있다. 기본적인 활동은 해야겠지만, 이 분야에서 우수할 필요는 없다. 경험이 적은 신규 변호사라도 불리한 점만 있는 것은 아니다. 경험부족은 다양한 대외활동이나 고객에게 긍정적인 인식을 주는 것으로 보충할 수 있다.

이제 남은 문제는 어떤 점이 의뢰인에게 긍정적인 인식을 줄 수 있는지 이해하는 것이다. 변호사는 구체적으로 어떻게 평판을 개선할 수 있을까? 이는 위에서 언급한 것처럼 주관적인 평가에 해당된다. 한 고객이 좋은 태도라고 평가한 부분도 다른 고객에게는 그렇게 보이지 않을 수 있다. 고객의 경험은 크게 고객과 변호사의 개성이 잘 맞는지 여부에 달려 있다. 그럼에도 고객이 만족스러운 경험을 가질 수 있도록 모든 변호사가 노력할 수 있는 부분이 있다. 법률 서비스 소비자를 대상으로 한 Avvo의 조사 결과에 따르면, 전화나 이메일 등 고객의 연락에 대한 신속한 대응은 큰 영향을 준다. 미국인 5분의 3이 전화나 이메일에 대한 변호사의 신속한 대응이 고용 여부 결정에 중요한 요소라고 응답했다. 신속한 대응이 변호사를 평가하거나 추천할 때 긍정적인 특성으로 간주된다는 점을 알 수 있다. 응답자 3분의 1은 변호사의 보디랭귀지가 중요하다고 대답했다. 아이컨택이나 주의의 정도가 고객을 실망시키고 부정적인 리뷰와 낮은 평점을 야기할 수 있다. 응답자 4분의 1은 전화 목소리가 고용 여부를 결정한다고 대답했으며, 5분의 2는 접수 직원이나 사무실 직원의 태도가 중요하다고 대답했다.

다시 말하지만 소비자들은 고객에게 관심과 주의를 기울이고, 흥미를 보이고, 열심히 일하고자 하는 태도를 보이는 변호사들이 만족스럽다고 응답했다. 사건을 능동적으로 통제하는 변호사가 좋다고 말한 소비자가 있는 반면, 고객에게 어느 정도 통제권을 주는 변호사를 선호한다는 소비자도 있다. 고객이 어느 정도 수준의 관여도를 원하는지 파악하여 고객의 선호도에 부응할 수 있는 변호사가 높은 점수와 추천을 받을 수 있을 것이다.

결국 의뢰인들은 자신의 문제에 좀 더 신경을 써 주고 최상의 결과를 얻기 위해 최선을 다하는 태도를 보이는 변호사를 선호한다. 데이터 분석은 우리가 다 알고 있지만 받아들이기 어려운 사실을 확인해 준다. 즉, 가장 중요한 것은 고객이 변호사를 어떻게 생각하는가 하는 것이다. 경험이 많고, 많은 저서를 출간하고, 대외활동을 통해 명성을 쌓은 변호사는 변호사 사회에서 높은 지위를 가질 수 있으나, 이는 전통적인 우수한 고객 서비스만큼 중요하지는 않다. 변호사로서의 지식도 확실히 중요하지만, 그 지식을 어떻게 전달하는가가 자질의 핵심 요소이다.

지역별 변호사의 질적 비교

인식, 경험, 관여도가 변호사 자질의 기초가 된다는 점을 이해하고 변호사 자질을 측정할 수 있는 시스템을 만든 후 다음 단계는 이러한 방식을 미국 전역에 적용하여 법률 서비스의 질이 높은 지역과 낮은 지역을 확인하는 것이다.

데이터를 활용하여 법률 서비스가 불충분한 이들을 탐색

위에서 설명한 것처럼 Avvo의 주 관심사는 법적 조력을 필요로 하나 이를 받지 못하는 사람들이다. 이는 변호사 조력에 대한 접근권의 문제이자 정의의 문제이기도 하다. 다수의 변호사들이 상호 협력하는 변호사협회나 Avvo와 같은 법률 서비스회사는 변호사 접근성을 높이고 차별을 해소하는 데 크게 일조할 수 있다.

반면에 로펌이나 변호사는 보다 작은 범주에서 운용된다. 개별 변호사나 로펌은 더 많은 법률 소비자를 포용하는 데 있어 각자의 역할을 할 수 있으며, 이러한 노력이 합해지면 더 많은 소비자가 변호사의 조력을 받을 수 있을 것이다. 하지만, Avvo와 마찬가지로 법률 서비스란 기본적으로 상업적이다. 보다 많은 사람들을 변호사와 연결하겠다는 목표는 Avvo와 동일할 수 있으나, 그 규모는 작을 수밖에 없다. 그럼에도 변호사도 회사나 업무를 성장시키기 위해서 Avvo가 법률소비자에게 접근하기 위해 사용한 데이터 분석기술을 사용할 수 있다. 본 항에 설명된 기술은 로펌이나 변호사가 마케팅 기회를 찾아 사업을 확장하는 데 활용될 수 있다.

법률 서비스가 불충분한 시장 분석을 위한 인구통계 데이터

Avvo의 데이터 분석은 법률 서비스가 부족한 지역을 확인하고, 적절한 시기에 적절한 시장에서 법률 서비스의 성장을 이끌어 내는 방법을 찾기 위한 것이다. 이를 위해서는 우리는 인구통계가 법률 서비스 접근성에 영향을 가진다는 사실을 고려했다. 예를 들면, 특정 지역의 인구가 급증하면 시장 규모가 커지고, 이는 동일한 전문 서비스의 수요 증가를 의미할 수 있다. 또는 인구 전반의 경제력 증가는 인력 부족을 초래할 수 있다. 법률 서비스는 사람 중심의 산업이기 때문에, 법률 서비스 접근성은 다른 산업에 비해 인구통계적 변화와 더 깊은 관련성이 있다. 경제력이 증가하고 인구가 성장하면 부동산에서부터 가족법에 이르기까지 전반적인 서비스 수요가 증가한다. 경기 침체에서 회복되면 일반적으로 음주운전의 수가 증가한다.

Avvo는 법률 서비스가 불충분한 지역을 확인하기 위해 미국 인구조사국 (USCB)의 데이터를 활용했다. 인구통계 데이터의 범위, 깊이, 품질을 고려하면 인구조사국의 자료만 한 데이터가 존재하지 않는다. Avvo는 인구조사국의 데이터를 활용하여 유언장이나 법인설립 등 Avvo 변호사들이 수요에 부응하지 못하는 특정 법률 서비스에 대한 수요에 가장 높은 지역(카운티 단위)을 확인하기 위한 분석 모델을 만들었다. 또 구체적인 온라인 시장들을 확인했으며, 여기에서 특히 유기적인 구글 순위를 통해 Avvo의 온라인 입지를 강화한 것이 트래픽 측면에서 상당한 성과를 창출했다.

우리는 가장 유용한 인구통계 변수가 우편번호 단위의 통계라는 점을 알게 되었다. 우체국과 인구조사국은 별도의 정부기관이기 때문에 인구조사국에서 우편번호에 해당하는 것은 지역구획번호(ZIP Code Tabulation Areas, ZCTA)라고 한다. 우편번호와 지역구획번호의 차이는 맨해튼과 같이 인구밀집도가 높은 도시 지역에서 두드러진다. 예를 들면 지역구획번호 10005는 대부분 하나의 블록이나 우편물 양이 많은 지역에 속하는 우편번호 10개를 포괄한다. 사업을 할 때 우편번호별 수요에 따라 사업을 운영하는 것을 가정해 볼 수도 있지만, 대부분은 지역구획번호별 인구통계 특성에 더 흥미를 가질 것이다.

인구조사국은 인구 전망도 제공한다. 내부 경제 전문가가 있지 않은 많은 회사들이 맞춤형 전망을 작성하기 위해 인구통계 데이터를 활용할 컨설턴트를 고용한다. Avvo의 분석가들은 인구조사국 데이터와 내부 트래픽/수입 데이터를 활용하여 지역별, 법률 서비스 분야별로 성장 가능성을 예측했다. 우리는 Avvo의 내부 데이터 소스와 정부 인구조사 자료와 같은 외부 데이터 소스를 통합하여, Avvo의 현재 상태 모델을 제작했다. 내부 자료는 시장별 트래픽과 광고가치이다. 또 Avvo의 미래 전망을 예측하기 위해 정부의 연례 경기 조사와 전망을 활용했다.

법률시장 수요와 변호사 분포를 확인하기 위한 데이터 분석

Avvo는 수요에 비해 변호사가 부족한 지역(카운티 단위)을 확인하기 위해 클러스터 분석 기법을 사용했다. 클러스터링 알고리즘은 데이터 과학자들이 흔히 사용하는 방법의 하나로, 비전문가에게 머신러닝(machine learning)을 시연할 때 흔히 사용된다. 2차원 그래프를 볼 때는 무리지어 있는 세그먼트와 데이터 포인트를 빠르게 확인할 수 있지만, 다차원으로 확장되면, 클러스터가 안정될 때까지 클러스터 소속권(membership)에 대한 구체적 규칙에 대해 알고리즘이 반복된다.

클러스터링의 예가 〈그림 7.3〉에 나와있다. 카운티(county)들이 '실적' 또는 법률수요 대비 Avvo 변호사 가용성의 유사도에 따라 모여 있다. n차원도는 표현이 어려우므로 시민권과 인종구성을 축으로 2차원으로 클러스터를 표현했다. 예를 들기 위해 6개 클러스터만 표시했지만, 최종 모델은 최소 30개의 클

러스터를 사용한다. 표 7.1에는 5개 클러스터와 이들의 인구통계적 특징이 표
시되어 있다.

그림 7.3 색은 클러스터를 의미한다.

비시민권자 비율

표 7.1 5개의 표본 클러스터의 평균 지역 특징

군집	소득	인구	교육	비시민권자비율	카운티 수
1	30,000	15,619	23	1.8	170
2	87,700	114,108	28	4.4	62
3	50,700	403,318	27	3.9	80
4	53,500	519,500	29	15.3	24
5	64,400	1,783,100	28	13.4	22

클러스터 내의 카운티들은 모두 유사한 인구통계적 특징을 가지므로, 유사한 습성과 법률 수요를 가져야 한다. 클러스터 내 시장 침투를 측정하기 위해 최적화된 계량값(예를 들면 1인당 소득)의 범위를 고려한 후, 목표 백분위수(예를 들면, 70번째 백분위수)에 가장 근접한 카운티를 확인했으며, 사업개발 노력을 통해 모든 지역을 이 수준까지 향상시킬 수 있을 것으로 가정했다. 이를 통해 이 카운티들에서 실현되지 않은 잠재적 수입이 추산된다. 〈그림 7.4〉는 이 방법을 보여주고 있다.

그림 7.4 동일한 인구통계 클러스터에 속하는 카운티들

그림에 표시된 카운티들은 동일한 인구통계 클러스터에 속하는 지역들이다. 이들의 Avvo에서의 실적은 1인당 세션으로 측정할 때 100K당 26에서 100K당 69의 연속선에 따라 표시된다. 이 클러스터에서 70번째 백분위수 목표에 해당되는 지역은 텍사스주 달라스 카운티이다. 이 목표에 도달하면 클러스터의 전반적인 트래픽이 20% 개선될 것으로 예상된다.

향후 시장수요 예측을 위한 데이터 분석

데이터 분석의 또 다른 목표는 향후 지역별 법률 수요 증감을 예측하는 것이다. 인구조사는 향후 5년간의 전망을 제공하며, 위에서 설명한 방식을 사용하여 회사의 내부 메트릭스(metrics)로 이를 보완해야 한다. 예를 들면 일반적으로 인구 증가는 법률시장 확대로 이어지고, 그 가운데 특정 연령·인종·소득 계층의 증가 추이는 특정 업무분야를 예측하는 데 유용하다.

이를 위해서는 무결성이 높은 데이터 소스에서 나온 양질의 데이터를 수집하는 것이 가장 중요하며, 이것이 모델링 기술의 수준보다 더 중요하다. 통찰력을 개선할 수 있는 최고의 방법은 더 정확하고, 포괄적이고, 상세한 데이터(예를 들면 시단위 또는 주단위에서 업무분야별 증가를 보여주는 매개체가 되는 변호사가 다룬 실제 사건 또는 법원 사건)를 확보하는 것이다.

Avvo의 경우 이러한 모델로부터 얻은 통찰력을 전략적 마케팅 노력을 위해 사용했다. 검색엔진최적화(SEO) 순위와 같은 다른 데이터 세트 및 Avvo 변호사 프로필과 함께 매치하면 지역별로 미래의 법률 수요에 대응하기 위해 변호사 가용성을 증가시키는 마케팅 캠페인과 같은 직접적인 행동의 근거가 된다.

광고 유치를 위한 데이터 분석

Avvo의 주요 구성요소 중 하나는 광고 공간이다. 변호사들은 Avvo에 광고를 게재하여 잠재적 고객에게 접근할 수 있다. 이와 관련해 시장예측에 활용된 데이터는 광고 유치 전략에도 이용될 수 있다. 신용분석회사가 신용도 점수를 매기는 것처럼, 과거 고객 데이터와 인구통계 데이터를 결합하여 위험점수, 리드 스코어(lead score) 등을 생성할 수 있다. 이는 판매자가 잠재적인 사업기회를 평가할 때, 즉 여신이 안전하게 제공될 수 있는지 여부와 장기적관계 수립을 위해 어느 정도의 투자가 정당화될 수 있는가를 결정할 때 사용하는 것과 같은 규모와 속도에 관한 판단이다.

기업들이 고객의 생애가치(LTV)를 통해 사업 가치를 전망하는 것처럼, 로펌 역시 고객의 생애가치를 분석하여 수익을 높일 수 있다. 특정 분야에서 반복적으로 법률 서비스를 받고자 하는 고객도 있고, 다른 고객에게 변호사를 소개시켜 주는 역할에 뛰어난 고객도 있다. 변호사의 입장에서 보면, 반복적인 법적 문제를 가진 사람이 평균적인 준법 시민보다 생애가치가 높은 사람이 된다. 구조적 건전성을 바탕으로 경제성장이 나타나는 지역의 사업가는 역사적으로 경기가 좋지 않았던 지역에 사는 사람보다 생애가치가 높을 것이다.

진정한 생애가치를 예측하는 것은 매우 어려운 일이다. 한 가지 방법은 단기 잠재 가치 또는 '리드 스코어'를 계산하는 것이다. 높은 가치를 가진 업무

분야와 지역을 확인하면 이러한 집단에 속하는 자들 중 누가 신규 분야로 확장할 것인지 예측할 수 있다. 각 변호사의 성장 가능성과 성장목표를 달성하기 위한 광고 가능성도 예측될 수 있다.

이 모델은 다양한 '잠재시장 점수'를 도출한다. 현재 시장 침투성와 광고 가치를 바탕으로 한 점수는 해석하기 쉽고 머신러닝을 요하지 않는다. 미래 시장 잠재력을 바탕으로 한 점수는 경제 전망을 고려해야 할 수도 있으며, 더 중요한 점은 위에서 설명한 것과 같은 요소들을 통합한 것이라는 점이다. 이로서 판매 잠재력이 가장 큰 시장과 고객을 즉시 평가하는 것이 가능하다.

또 이 모델은 협업필터링(collaborative filtering)이라는 기술을 사용하여 변호사 점수를 도출한다. 통계 모델을 활용하여 변호사의 활동 중에서 온라인 마케팅과 광고 증가의 지표가 되는 활동을 확인하는 것으로, 이에 사용된 모델은 다변량 회귀(multivariate regression)이라는 표준 통계 모델인데, 여러가지 잠재적 예측변수를 선택하여 예측되는 메트릭에 대해 이들을 연계시키고, 이러한 연관성의 강도를 기준으로, 예측변수에 가중치를 부여한다. 이와 같은 모델에서는 수십 개의 변수가 입력값이 되고 출력값은 2가지 유형, 즉 성장 여부를 2진법으로 표시하는 것 또는 탐색되지 않은 잠재량이 수치로 표시되는 것이 된다.

이러한 모델이 유용하려면 몇 가치 통계 요건이 충족되어야 한다. 먼저 예측변수들이 서로 독립적이어야 한다. 예측변수는 서로 연관될 수 없다. 예를 들면, 리뷰 수와 변호사 활동기간은 관련성이 매우 높으므로, 이 중 하나의 변수만이 모델에서 사용되어야 한다.

시장 우선순위 점수와 변호사 점수를 합하여 최종 리드 스코어가 도출된다. 이 수치는 그 자체로 쉽게 해석될 수 있는 것은 아니지만, 다른 점수와 연결되면 특정 사안에 대한 변호사 평점표를 작성하는 데 사용될 수 있다.

이 모델에는 체험적 요소가 존재한다(〈표 7.2〉). 점수가 매겨진 변호사들이 리드 스코어 내림차순으로 표시되며, 이로부터 광고주 관심 지역, 관련성 있는 업무지역, 쿠폰이나 프로모션이 결정에 영향을 미칠지 여부 등 풍부한 정보가 취득될 수 있다. 결과는 이와 같은 형식이 될 것이다.

표 7.2 최종 점수(리드 스코어)

성명	리드 스코어 (A-D)	시장 점수 (A-D)	변호사 점수 (A-D)	기존 시장	잠재적 신규시장	이유
존 도 (John Doe)	A	A	B	부동산-볼티모어	해당 없음	고성장 시장
제인 도 (Jane Doe)	A	C	A	상해-시카고 북부	교통사고-시카고 북부	높은 생애가치, 증가 경향

이러한 표의 해석은 수학적 기술보다는 모델에 입력된 데이터에 달려 있음에 주의하자. 현재 상태를 바탕으로 한 데이터라면 결과도 현재의 잠재성에 관한 것이 되며, 생애가치에 근접하기 위해서는 시장 잠재력 전망이 대체되어야 한다. 그리고 이 모델의 변호사 점수 부분은 결합 모델에 비하면 가중치가 낮을 것이다.

결론

본 장에 설명된 기법은 Avvo가 법률 시장을 탐색할 때 매우 유용한 것으로 입증되었다. 이러한 기법이 모든 변호사 업무에서 필요한 문제를 완벽하게 해소하지는 못하겠지만, 현대와 같이 데이터가 넘쳐나는 사회에서 데이터 수집과 관리 방법에 대해 혁신적인 사고를 제공할 것이다. 마케팅과 사업 개발이 우수한 상품(즉, 우수한 자질의 변호사)을 입증하는 것에 달려 있다는 점을 감안하면, Avvo가 우수한 변호사 자질을 파악하기 위해 사용한 기법은 로펌이 잠재적인 고객을 설득하고자 할 때도 유용하게 사용될 수 있다. Avvo가 시장과 판매 잠재력을 확인하기 사용한 클러스터링과 회귀기법은 모든 로펌의 마케팅 전략과 직접적으로 관련되지는 않겠지만, 적어도 광고홍보 지출을 최적화하는 수단을 제공할 것이다.

Avvo는 본 장에 기술된 접근법이 모든 변호사에게 직접 관련되지는 않는다 할지라도 이러한 기법의 기반이 되는 아이디어들은 이러한 역할을 하기를 희망한다. 궁극적으로 데이터 분석은 개별 사업에서 실제로 성장을 이끌어 낼 때 의미가 있다. 각 로펌은 가치 있는 데이터 유형, 가치 있는 대답을 찾을 수 있는 방법론에 대해 각자 결정해야 한다. 분명한 사실은 데이터를 무시하면 법률시장에서 불리한 처지에 놓인다는 점이다.

빅데이터로 빅바이어스 발견

: 선형 회귀 소개

데이비드 코라루소(David Colarusso)[1] / 장재민 譯

1 이 장은 2016년 5월 21일 https://lawyerist.com/big-bias-big-data/
에서 빅데이터로 빅바이어스를 공개하는 변호사 기사를 재해석하였다.

풍부한 데이터와 경제적인 컴퓨터(도구)로 기존의 컴퓨터 과학 및 통계 도구를 강화하였다. 모니커(moniker) 데이터 과학하에서, 그들은 보이지 않는 패턴을 밝히고, 직관을 테스트하며, 미래를 예측할 수 있는 강력한 데이터값을 제공해 줄 것을 약속하였다. 이것은 마술처럼 보일지 모르지만 그렇지 않다. 다음은 데이터 과학의 장막을 엿볼 수 있는 사례연구이다. 이것은 통계의 선호 도구 중 하나인 비 기술적 방법에 관심을 갖도록 도움을 주는 것으로 많은 좋은 사례 연구와 마찬가지로 이것은 논쟁으로부터 시작된다.

얼마 전 나의 동료 중 두 명이 형사사법 시스템의 문제점이 무엇인지에 관해 논쟁을 펼치고 있었다. 이것은 피고인의 인종차별 및 소득차별에 대한 논쟁이다. 나의 첫 번째 주장은 올바른 데이터 셋(dataset)이 주어지면 분쟁을 해결할 수 있다고 제안하는 것이다. 나는 데이터 분석자로 변신한 변호사라는 것이 나의 첫 생각이었다.[2] 즉, 올바른 데이터 셋은 Ben Schoenfeld의 트위트에서 마법처럼 나타났다.[3]

Ben Schoenfeld
@oilytheotter

2.2 million Virginia criminal district court cases now available for bulk download and more to come! virginiacourtdata.org #opendata

8:35 PM · Mar 21, 2016

다음은 피고인의 결과를 가장 잘 예측하는 것, 즉 인종이나 소득특성이 포함되는 경우 이러한 특성을 어떻게 사용했는지에 대한 이야기이다. 본 장은 내가 발견한 내용을 요약한 것은 아니지만 여기로부터 정답을 찾을 수 있다.

---

2 여기에 설명하는 내용은 내 자신의 시각에서 다루어졌고, 그 당시 내 고용주의 의견이 대변되지 않는다는 점에 주목할 필요가 있다.

3 그의 사이트(http://VirginiaCourtData.org/)에는 이러한 데이터에 대한 내용이 상당히 많다는 것을 분명히하고 있으며, 일부 세부 사항에 대한 의견 차이에도 불구하고 벤(Ben)이 데이터를 사용할 수 있게 해 주었다(note 4 참조). 벤에 감사드리고, 트위터는 https://twitter.com/oilytheotter!status/712075191212441600에서 찾을 수 있다.

이외도 몇 가지 방정식이 나타나지만 어렵지 않게 이해할 수 있다. 여기에 제시된 모델은 문제를 보다 쉽게 이해하기 위해 단순화된 모델이기 때문이다. 여기서 주의할 것은 질문에 대한 결정적인 답을 제시하는 것이 아니라서 내용은 보다 길어질 수 있다는 것이다. 이는 그래프에 보다 주의를 기울이면 쉽게 이해할 수 있을 것이다.

"빅"데이터

변호사는 사건이 재판을 받아야 하는지 여부를 직관에 의존한다. 그러나 모든 직관은 통계적이며 경험과 관찰의 산물이다. 하지만, 그것은 다양한 인지적 편견을 갖고 있다. "빅"데이터는 우리의 직관을 체크함으로 이러한 단점을 극복하는 데 도움을 줄 것이다.[4]

피고인의 인종 및 소득문제 등 편견이 발생하는 것에 대한 답변을 해결하기 위해 수백만의 버지니아 법원 기록을 수집하였다.[5] 어떤 변수들의 모음 속

4　내 경험에 따르면, 대부분의 데이터 분석 실무자들은 빅데이터라는 용어에 대해 양면성을 가지고 있다. 소수의 기관만이 진정한 빅데이터를 다루고 있으며 이는 구글과 페이스북이 떠오른다. 사람들이 빅데이터라고 말할 때, 그들이 말하고 있는 것은 통계 분석이 유용할 만큼 충분히 큰 데이터이다(인용문 등).

5　형사 피고 측 변호사로서, 나는 그러한 데이터 셋에서 발생하는 불만에 대해 잘 알고 있다. 단지 당신이 데이터를 통합할 수 있다고 해서 당신이 그래야 한다는 것을 의미하지는 않는다. 여기에서 사용된 데이터는 피고 이름을 포함하는 공개 접근 가능한 법원 웹 페이지에 집계되었다. 이 페이지들의 내용은 사실 공공 기록이다. 하지만 벤은 조심스럽게 피고의 이름을 숨겨 왔고, 법원은 생년월일을 부분적으로 난해하게 한 뒤 공개하였다. 불행하게도, 이것은 미래에 데이터의 익명화를 배제하지 않는다. 나는 익명화를 어렵게 만들기 위해 일부 데이터를 더 모호하게 선택했으며, 벤과 데이터의 발전을 위해 몇 가지 제안을 공유했다. 그는 이 데이터를 보다 쉽게 접근할 수 있게 함으로써 의도하지 않은 결과를 초래함으로 피고의 이름을 보다 모호하게 하기 위한 노력이었다. 또한 그는 이러한 공공 데이터를 보다 쉽게 접근할 수 있도록 하는 데 분명한 대중의 관심이 있음을 느꼈고, 모호한 데이터가 시스템에서 부당함을 발견하기 어렵게 만들었다고 믿는 몇 가지 사례를 열거한 것도 중요했다.

　이외에도 나는 내 신념의 이면에 있어 우려를 보여주는 몇 가지 가정을 제시했다. 우리 둘 다 진정한 익명화는 아마도 불가능하며, 완전한 동형암호화는 금지하고, 기존의 법정 인터페이스보다 접근하기 쉽게 만드는 데 대중의 관심이 있다는 것에 동의하는 것이다. 하지만 우리가 동의하지

에 변수 중 하나가 다른 변수에 의존하는 변수가 있다고 가정해 보자. 당신은 이러한 의심을 어떻게 테스트할 것인가? 그것은 통계이다.

이러한 질문을 해결하기 위해 우리의 데이터에는 적어도 세 가지 유형의 정보를 포함해야 한다.

첫째는 피고인의 인종
둘째는 피고인의 소득
셋째는 일관적으로 측정된 결괏값

충분한 데이터를 가지고 있다면 우리는 인종과 소득이 변화할 때 결과가 어떻게 변화하는지를 볼 수 있으며 이는 상관관계가 있는지 확인하는 것이다. 여기서 결괏값을 종속변수라 하고, 인종과 소득은 독립변수라 하며 우리는 이러한 것을 특성이라 부른다.

출처: "Correlation" from xkcd. Available at https://xkcd.com/552/

결과에 영향을 줄 수 있는 또 다른 변수의 데이터를 얻을 수 있다면 이러한 변수 역시 필요하다. 일반적으로, 이러한 변수들은 결과특성의 효과를 제어

않는 부분은 데이터의 전부 또는 일부만 포함해야 하는지 여부이다. 그는 데이터를 더 오픈할 것인지 닫을 것인지 여부에 대한 질문을 남겼지만 가까운 장래에는 그렇게 할 의사가 없다는 것을 분명히했다. 이 때문에 각주 8에 인용된 보충자료에 원시자료를 포함시키지 않았다.

할 수 있으므로 많을수록 더욱 좋다.6 예를 들어, 우리는 혐의의 심각성에 대해서도 알고 있어야 한다. 만약에 피고인의 소득이 증가함에 따라 결괏값(형량)이 감소하면 우리는 법원이 가난한 사람들에게 일방적으로 편견을 가지고 있거나 또는 부유한 사람들에게 심각한 범죄로 기소시키지 않는다는 것을 판단할 수 없겠다.

데이터 탐색(Data Wrangling and Exploration)

벤(Ben)의 데이터는 기본적으로 스프레드시트로 구성된 집합형태이다. 각 행은 혐의이며 각 행과 관련된 약 47개의 열이 있다. 아래는 그 집합형태의 사례이다.

I	J	K	L	M	N
Charge	ChargeType	Clas	CodeSection	Commencedby	ConcludedBy
ROBBERY: RESIDENCE	Felony	U	18.2-58	Indictment	Guilty Plea
ROBBERY: RESIDENCE	Felony	U	18.2-58	Indictment	Guilty Plea
ROBBERY: RESIDENCE	Felony	U	18.2-58	Indictment	Guilty Plea
RAPE	Felony	U	18.2-61	J&Dr Appeal	Trial - Judge With Witness
RAPE #1	Felony		18.2-61(A)(II)	Direct Indictment	Trial - Judge With Witness
FIRST DEGREE MURDER	Felony	1	18.2-32	Other	Trial - Jury
ROBBERY	Felony	U	18.2-58	Indictment	Trial - Judge With Witness
OBJECT SEXUAL PENETRATION	Felony		18.2-67.2(A)(2)	Direct Indictment	Guilty Plea
ROBBERY	Felony		18.2-58	Indictment	Trial - Judge With Witness

데이터 과학자는 대부분의 시간을 데이터를 정리하고, 결합하는 데 시간을 보내며 이것을 '데이터 논쟁(data wrangling)' 또는 '데이터 왜곡(data munging)'이라고도 한다. 이것은 눈에 띄지는 않지만 반드시 필요한 작업이며 찾고자 하는 것을 잘 이해하는 과정이다.

나는 인종, 소득, 심각성 및 결괏값에 대한 데이터를 훑어보았다. 하지만 피고인의 인종을 나열한 열은 있었지만 소득에 대한 열은 없었다.7 다행스럽게

---

6 여러분이 많은 잠재적인 특징들을 가지고 있을 때, 몇몇 특별한 문제들이 생겨나기 시작한다(예: https://en.wikipedia.org/wiki/Curse_of_dimensionality를 참조).

7 인종 열에는 아메리카 인디언(American Indian), 아시아 또는 태평양 제도(Asian or Pacific Islander), 흑인_비 히스패닉(Black_NonHispanic), 히스패닉(Hispanic), 기타(Other) 또는 백인_비 히스패닉(White

데이터 셋에는 피고인의 우편번호가 포함되어 있었으며, 2006−2010년 미국 지역사회 조사 이후 우편번호별 평균 소득이 표로 정리되어 있었다. 이를 활용하여 피고인의 소득에 대해 추측할 수 있었다.8 즉, 여기서 피고인의 수입은 우편번호에 나타난 평균 수입이라고 가정했다. 이러한 데이터는 완벽하지 않지만 완벽할 필요는 없으며 그 이유는 다음과 같다.

모델의 창안

[A]ll models are wrong, but some are useful.

— George Box

당신은 그 이유를 깨닫지 못했을 수도 있지만 우리는 통계 모델을 만들어야 한다. 우선 모델이 유용한지 평가할 때 두 가지를 기억해야 한다. 물어봐야 하는 것이

첫째, "무엇과 비교해서?"
둘째, 모델의 산출물(output)은 논의를 끝내는 것이 아니라 시작할 수 있게 해 주어야 한다는 점이다.

현재 우리는 어둠 속에서 일하고 있다. 피고의 인종이나 소득이 결괏값을 보다 잘 예측할 수 있는지에 대해 추측하는 것이다. 만약 모델이 만들어진다면

Caucasian_Non−Hispanic)의 6가지 범주가 있다. 하지만 법원이 피고의 인종을 결정하기 위해 어떤 기준을 사용하는지 알 수 없었다. 또한, 나는 이것이 인종과 민족성의 혼합으로 보인다는 것을 알고 있지만, 이것들은 법원 자료에서 제공되는 범주들이다. 이번 기사에서는 이러한 레이블을 각각 기본(Native), 아시아(Asian), 흑인(Black), 히스패닉(Hispanic), 기타(Other) 및 백인(Caucasian)으로 나타냈다.

8 분석을 2006-2010년 데이터로 제한하였고, 이것은 또한 버지니아주 서킷 법원의 데이터로 제한되었다.

우리는 더 많은 것을 알게 될 것이다. 그런 다음 모델의 산출물을 활용하여 대화를 진전시킬 수 있다. 이러한 이론들은 아무리 의심해도 괜찮다. 분명히, 나 역시 많은 추측을 해 왔고, 당신 역시 그것들에 동의하지 않는 것은 당연하다. 컴퓨터 코드를 포함한 나의 데이터를 GitHub에서 공유함으로 다른 사람들이 활용하도록 하면서 문제를 일부 개선할 수 있겠다. 당신도 이러한 부분을 개선하기 위해 초대되었다.[9] 이것이 과학이 작동하는 방식이다. 사실 본 장의 블로그 게시물을 첫 실행에 옮겼을 때, 나는 많은 사려 깊은 피드백을 받았다. 누군가는 내 코드에서 오류를 발견하여 결과를 수정할 수 있도록 하였고, 이는 예상되는 효과의 편차를 줄일 수 있었다.[10]

우리의 통찰력에도 도움을 얻기 위해 모델링을 하고 있다는 것을 다시 한번 주목해야 한다. 나는 미래를 예측하기 위해 모델을 사용하는 것이라고 기대하지 않는다. 다만, 우리는 사물이 어떻게 상호작용하는지 알기 위해 노력하고 있는 것이다. 우리는 피고인의 인구통계특성(특히 인종이나 소득)에 따라 결괏값이 어떻게 변하는지 알고 싶다. 정확한 숫자는 그들이 비교하는 일반적인 추세만큼 중요하지 않다.

특성의 발견

다음은 사건의 심각성에 대해 측정하는 방법을 찾아야 한다. 데이터는 범죄유형 및 등급이 나열된 형태이다(예: 1급 중죄 등).[11] 나는 이상적인 변수로 범

---

9 https://github.com/colarusso/measured_justice에 링크된 VA Criminal Cottrts.ipynb의 등급, 인종 및 성별 등

10 내 수정 사항에 대한 설명이 있는 원본 기사를 참조, supra note*.

11 이 레이블에 대한 설명은 see *Virginia Misdemeanor Crimes by Class and Sentences and Virginia Felony Crimes by Class and Sentences*, available www.criminaldefenselawyer.com/resources/virginia-misdemeanor-crimes-class-and-sentences.htm at and www.criminaldefenselawyer.com/resources/criminal-defense/state-felony-laws/virginia-felony-class.htm respectively. 데이터를 보면 등급의 열에 U로 표기된 것을 볼 수 있다. 이것들은 표준 등급과는 별개로 그들만의 형량 범위를 가진 분류되지 않은 범죄이다.

죄특성을 심각성의 규모로 나열하기를 원했다. 그래서 가능한 모든 범죄의 목록을 정렬한 뒤 1에서 10까지 등급화시켰다.[12]

이것이 내가 처음 마주한 혼란의 시작이었다.

나는 10가지 범죄 유형의 심각성을 판단하기 위해 오랜 시간을 소비했지만, 처벌은 다각적이었다. 나는 범죄의 심각성을 단일 숫자로 얻기 위해 형량과 벌금을 결합하여 하나의 숫자를 만들도록 노력하였다. Massachusetts에서 온 나는 우리지역의 판결 지침에 사용된 자료 중 심각도 순위에 도움이 될 만한 것을 찾고 있었다. 그러나 결국 지나치게 복잡한 평가는 현실성 있는 모델로 개선하지 못한다는 것을 발견하였다(특히 R스퀘어값, 이것은 뒤에서 논의하겠다).

이번 데이터에는 형량의 길이, 집행 유예의 정보, 벌금계산 등 다양한 결과가 포함되어 있다.

나는 되도록 '심플하고 간단하게'라는 sage의 조언을 기억해 내기 전까지는 이들을 어떻게 결합할 수 있을지 파악하느라 노력했다.

결과적으로, 나는 가장 핵심적인 척도를 추정한 끝에 형량의 길이(단위: 일)를 기준 값으로 결정했다.[13]

나의 분석샘플에 포함된 피고의 인구통계, 성별 이외 관련된 또 다른 변

---

12 등급의 열에 U범죄는 제외되었다. See note 10.

13 아래의 심각성과 형량의 관계를 조사할 때, 일부 3급과 4급 경범죄는 벌금만 부과해야 하지만 징역형과 관련이 있다는 것을 알 수 있다. www.criminaldefenselawyer.com/resources/virginia-misdemeanor-crimes –class-and-sentences.htm에서 제공되는 버지니아 경범죄 등급 및 형량을 참조하기 바란다. 내가 찾은 자료의 경우, 이 형량들은 버지니아 법원의 사례 정보 웹 사이트(http://ewsocisl.courts. state.va.us/CJISWeb/circuit.jsp)에 있는 정보와 일치했다. 그래서 이것은 벤의 데이터 수집에 대한 문제로 보이지 않으며 많은 다양한 가능성을 열어 두어야 한다. 예를 들어, 공공 중독은 4급 경범죄지만, 그 이후의 범죄는 징역형을 받을 수 있다. www.criminaldefenselawyer.com/resources/criminal-defense/misdemeanor-offense/virginia-publicintoxication-laws-drunk-publ을 참조하기 바란다. 이외에도 데이터 입력 오류가 있을 수 있다(예를 들어, 통치 법규에서 실제로 1급 경범죄라고 명시할 때 3급 경범죄로 오분류하는 것, 법원의 자료에서 본 것임). 이러한 잠재적 오류의 어떻게 발생되었든, 그것들은 규칙이 아닌 예외인 것이며, 법원의 품질 관리 접근 방법으로 접근할 수 없다면 나는 그 데이터를 액면 그대로 받아들여야 한다. 우리가 수십만 건을 처리하고 있다는 사실은 134개의 특이치가 실제로 오류라면 우리의 결과를 왜곡시키는 데 별 도움이 되지 않는다는 것을 의미한다.

수를 가지고 있다.[14] 나는 지난 몇 년간의 데이터를 조사하면서 피고의 범죄 기록과 함께 무수히 많은 다른 기능을 수집할 수 있었다. 그러나 나의 궁금증인 인종과 소득이 결괏값에 미치는 영향을 목표로 한다는 점을 감안할 때 이러한 특징에 주로 중점을 두었다.

결과적으로 이러한 데이터로 할 수 있는 것은 훨씬 더 많을 것이며. 벤 (Ben) 역시 데이터를 편집했을 때 이러한 것들을 기대했을 것이다. 분석을 수행하기 위한 도구는 앞에서 언급한 GitHub 저장소에서 찾을 수 있다.[15]

이제 우리는 인종, 소득, 심각성 및 성별이 범죄 사건의 결과에 어떤 영향을 미치는지 탐구할 준비가 되었다.

최적의 적합선(회귀분석)

통계 강의를 수강하였거나 본 장의 제목을 읽으면 다음 단계로는 통계가 진행되는 것을 알 수 있을 것이다. 당신이 수학을 좋아하지 않아서 변호사가 된 사람들을 위해 설명의 속도를 늦추고자 한다.

현대 과학의 중심에는 회귀분석과 관련된 도구 종류들이 다수 존재한다. 당신은 이것들 중 적어도 하나에 대해 들어 봤을 것이다. 예를 들어, 여기 버지니아 법원 일부 데이터로 실행한 선형회귀분석이 있다.

---

14 VA 데이터는 gender가 아닌 binary sex를 열거했다. 그래서 나는 이러한 분류법을 사용하였다.
15 Supra note 8.

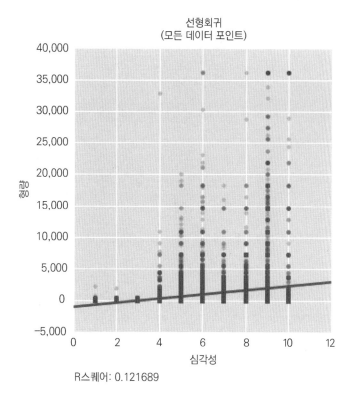

선형회귀
(모든 데이터 포인트)

R스퀘어: 0.121689

기본적으로 선형회귀분석은 최적의 적합선을 찾는 것과 관련이 있다. 위의 그래프는 피고인이 받은 형량에 대한 범죄의 심각성을 그리고 있다.

데이터의 모든 수치는 점으로 표시되며, 각 포인트 점들과 가상의 선과의 거리가 최소화되는 하나의 선이 컴퓨터에 의해 그려진다. 하지만 이런 점들은 서로 겹쳐져 있으므로 어떻게 분포되어 있는지 감을 잡기가 어렵다. 이를 해결하기 위해, 우리는 모든 데이터 점들을 하나의 대표 "점"인 공통의 X 값으로 대체할 수 있다. 다음의 그래프는 앞에서 제공한 것과 동일한 데이터를 표시하지만, 데이터 포인트를 구성원의 중심에서 구성원의 95%가 떨어지는 곳의 중심에 표시한다.

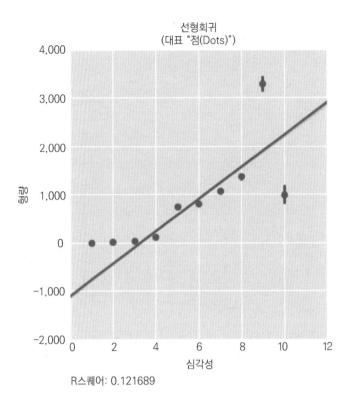

선형회귀
(대표 "점(Dots)")

R스퀘어: 0.121689

이는 결과적으로 Y축은 다른 척도를 갖는다. 그러나 두 그래프 모두 범죄의 심각성이 높아질수록 형량도 증가되는 것을 볼 수 있다. 이러한 가상선을 통해 우리는 결괏값에 대한 구체적인 숫자를 제시할 수 있을 것이다.

이 숫자를 얻기 위해서는 y=mx+b라는 선의 방정식을 사용하는데 여기서 y는 형량이고 x는 범죄의 심각성, m은 선의 기울기, b는 선이 Y축을 교차하는 곳을 의미한다.

우리는 이번 가상선이 모든 데이터 지점을 통과하지 않는다는 것을 알게 될 것이다. 우리는 이것을 그래프에서 보다 잘 볼 수 있듯이 이번 자료는 다소 일관성이 없어 보인다. 모든 데이터 포인트를 그래프에 그려줌으로써, 우리는 실제 삶에 내재된 변화를 찾아볼 수 있다. 사실 인생은 험난하며 추론하기 쉽지 않다. 다행히도, 범죄의 심각성은 그 운명을 좌우하지 않는다. 심각성은 높으나 때때로 사람들은 무죄로 풀려나고, 사건은 기각된다. 종종 죄의식이 발견될 때, 최대형량도 발생하지만 정상참작이 가능할 수도 있다. 결과적으로, 우리가 1년 동안 감옥에 갈 수 있는 범죄로 기소되는 것이 실제로 우리가 1년 동안 (감옥으로) 떠나 있다는 것을 의미하지는 않는다.

이러한 결정을 알 수 있는 척도가 있다. 이것은 종종 우리의 모델(최적 적합선)이 얼마나 많은 데이터 변동을 설명하는지 보여주는 숫자로 표시될 수 있다. 이것은 R스퀘어라고 불리며, 앞의 그래프 모델의 R스퀘어는 0.121689로 변동률은 약 12%를 차지한다. 만약 모든 데이터 점들이 라인에 딱 떨어지는 완벽한 적합성은 R스퀘어값이 1.0을 보일 것이다. R스퀘어값을 안다는 것은 무슨 일이 일어나고 있는지 이해하는 데 도움이 될 것이다. 우리는 일반적으로 평균값을 생각하는 것에 익숙해 있지만, 어떻게 보면 가장 적합한 것은 선 위에 있는 모든 값의 평균을 알려주는 것이다.[16] 그러나, 우리의 데이터는 범죄의 심각성을 1~10 사이의 정수로 변환했기 때문에 데이터를 다소 변형한 것이라는 것에 주목할 필요가 있다. 즉, 이것이 우리가 세로축을 보는 이유이다.

로그

앞 단의 그림(p.251)인 심각성 대 형량의 그래프를 살펴보면 모든 점이 그래프의 하단에 뭉쳐져 있을 뿐 아니라 다양한 이유에서 이상적인 데이터 같아 보이진 않는다. 다행히도, 우리는 그것을 대처할 방법이 있다. 우리는 데이터에 로그를 취할 수 있다. 이렇게 하면 회귀의 이름은 선형회귀에서 로그선형회귀 또는 로그일반회귀로 바뀐다. 우리는 더 이상 Y축의 형량(단위: 일)을 읽을 수는 없겠지만, 이 숫자를 다시 얻으려면 자연로그 e를 취하여 형량으로 변환할 수 있을 것이다($e^{\log(days)}$). 지금 우리가 로그방식이 이해가 안 되더라도 괜찮다. 중요한 것은 이 방법이 우리의 숫자들이 뭉쳐지지 않게 도움을 준다는 것이고, 필요하다면 언제든지 이 변화를 되돌릴 수 있다는 것이다. 또 다른 주요사항은 로그 '제로(=0)'는 유한한 숫자가 아니다. 많은 경우(예: 기각 및 무죄 등)는 형량

---

16 실제로 일어나고 있는 일로 보통 최소 제곱이라고 불리는 것이다.

이 제로를 가지기 때문에 여기서는 형량에 +1을 취하여 로그제로값을 방지하고자 한다. 이것은 Y축에 대한 점들의 분포를 이동시켜 이러한 점들이 더 이상 하단에 뭉쳐 있지 않게 한다.

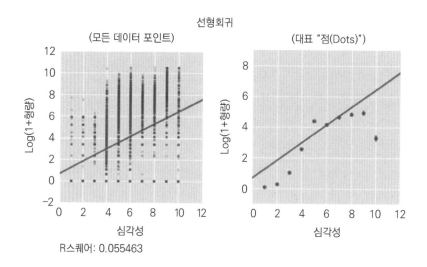

선형회귀

R스퀘어: 0.055463

지금 자료들이 잘 분포된 것을 볼 수 있다. 전체 데이터 포인트를 설명하는 최상의 적합선이 모든 데이터의 중심 포인트를 거치지 않고 있다는 점에 유의해야 한다. 왜냐하면 데이터 포인트들은 무죄와 해고로 인해 하단으로 내려와 있기 때문이다.

현재로서 우리는 데이터에 선을 맞출 수 없다. 때로는 최상의 선은 곡선이고, 때로는 전혀 패턴이 없을 수 있다(예측할 만한 신호가 없기 때문이다). 이러한 경우 R−제곱값이 매우 낮게 나타날 것이다.

커브곡선(피팅 다항식)

직선 이외의 다른 선을 그리고자 한다면, 가장 적합한 방정식에 지수를 추가할 수 있다. 이러한 방정식을 고차 다항식이라고 한다. 선은 1차 다항식($y=mx+b$)인 반면 포물선($y=ax^2+bx+c$)은 2차 다항식이다. x^3을 추가하면 3차 다항식, x^4를 추가하면 4차 다항식을 얻을 수 있다. 다항식을 유용하게 만드는 것은 당신이 추가하는 차수만큼 새로운 굴곡을 얻게 된다는 것이다. 그래서 우리는 직선에 맞추는 것에만 제한하지 않는다.

예를 들면 다음과 같다.

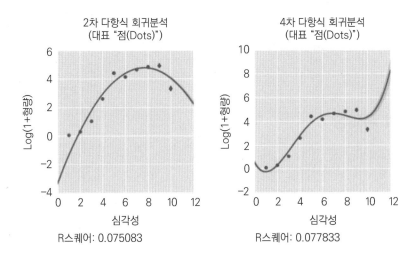

이러한 곡선의 자유성은 모델의 적합성에 분명한 도전을 제기한다. 우리는 곡선이 다수인 선을 상상하지만, 그렇다면 무엇이 각 데이터 포인트의 중심을 통과하는 곡선의 차수를 멈추게 만드는가? 이것은 자신의 판단에 맡기겠다.

데이터 과학자들은 '그러한 적합성에 대해서는 일반화될 것 같지 않다.'라는 회의감을 보이고 있다. 만약 그런 모델을 만들어서 새로운 데이터에 적용시킨다면 정확도는 높지 않을 것이다. 일반적으로 데이터에 맞는 곡선을 추정할 때 높은 차수의 곡선이 항상 더 적합할 수 있기 때문에 "더 잘 맞다." 이외에 다른 이유가 있어야 한다.

예를 들어, 벌금이나 감금에 의해 처벌되는 죄는 감금만으로 처벌될 수 있는 범죄와 다를 수 있으며, 또한 어떤 죄에서 다른 죄 타입으로 전환되면 심각성이 높아질 수 있겠다. 결과적으로 당신은 모든 죄 타입에서 선형 관계를 기대하지 않을 것이다. 말하자면, 우리는 그렇게 할 수 있는 충분한 이론적 이유가 있을 경우에만 커브 라인을 사용하는 것이 합리적일 것이다. 우리는 공격적으로 우리의 모델을 맞추려 하고, 라인이 현실을 반영하지 못할 때, 우리는 그것을 '오버피팅'이라고 부른다. 이런 유혹을 피하려면 우리는 작업을 지속적으로 점검해야 한다. 데이터를 기반으로 적합성을 만드는 과정을 훈련이라고 하는데, 데이터의 일부 자료를 통해 자신의 모델로 훈련한 다음 다른 일부 자료를 활용하여 그 모델로 시험하는 것이 일반적인 관행이다. 이렇게 하면 모델이 일반화될 수 있고 오버피팅의 함정을 피할 수 있다. 이러한 테스트를 교차검증(cross-validation)이라고 하며, 데이터 논쟁처럼 분석 과정에서 중요한 단계다.17

통계적 유의성

그렇다면 상관관계가 있는지 어떻게 알 수 있을까? 그것을 확실히 말하기는 어렵다. 통계학자들에게 이러한 질문을 묻는다면 '만약 상관관계가 없다면 이런 극단적인 결과를 우연히 보게 될 가능성이 얼마나 있을까?'로 대답한다.

이러한 질문에 대한 답은 P-값이라고 불리는 것이다. P-값의 의미에 대한 자세한 설명은 본 장의 범위를 벗어난다. 하지만 우리는 그것이 골프의 점수와 유사하다는 것을 알아야 한다. 낮은 값이 높은 값보다 좋은 의미를 부여한다. 이 점수는 종종 무엇이 중요한지 여부를 결정하는 데 사용된다.18 앞서 제시된 다양한 모델의 심각성에 대한 P-값은 0.05보다 상당히 낮다. 이것은 놀랄 일이 아니다. 우리가 정말 알고 싶은 것은 인종, 소득, 성별이 어떻게 조화를 이루는가 하는 것이다. 그렇다면 우리는 심각성을 넘어서 그 이상의 것을 다룰 때 가장 잘 맞는 요인은 무엇일까? 만약 소득이라는 요인을 고려한다면 무슨 일이 발생될까?

---

17 최종 모델에 어떻게 도착했는지 자세히 알아보려면 note. 8에 인용된 자료에서 사용 가능한 자료를 확인하기 바란다.

18 그러나 좋은 P-값을 판단하는 것은 상황에 따라 달라진다. 예를 들어, 대부분의 사회과학 연구에서는 0.05 이하의 P-값이 유의하다고 생각되지만, 고에너지 물리학자들은 P-값 0.0000003을 고집한다.

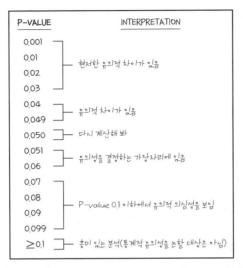

P-VALUE	INTERPRETATION

0.001
0.01 ──── 현저한 유의적 차이가 있음
0.02
0.03

0.04 ──── 유의적 차이가 있음
0.049

0.050 ──── 다시 계산해 봐

0.051 ──── 유의성을 결정하는 가장자리에 있음
0.06

0.07
0.08 ──── P-value 0.1 이하에서 유의적 의심성을 보임
0.09
0.099

≥0.1 ──── 흥미 있는 분석(통계적 유의성을 논할 대상은 아님)

출처: "P-Values" from xkcd. Available at https://xkcd.com/1478/

다중치수

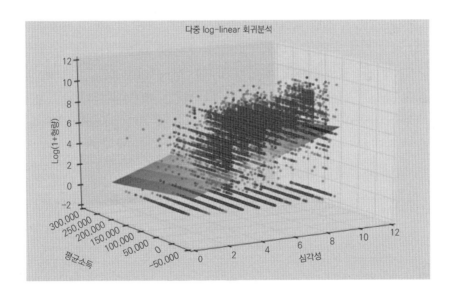

다중 log-linear 회귀분석

지금 보고 있는 것은 형량(로그를 취한 값)에 대하여 심각성 및 소득의 관계를 보이고 있다. 여기에는 적합한 선 대신에 가장 잘 맞는 면이 생겼다. 자세

히 살펴보면, 소득은 결괏값과 상관관계가 있다는 것을 알 수 있으나, 이 상관관계는 반대 방향을 보이고 있다. 즉, 소득이 높을수록 형량이 낮아진다는 것이다.

예전처럼, 우리는 가장 적합한 것을 정량화하기 위해 수학공식을 사용했다. 그러나 이 경우 평면의 방정식(즉, $z=ax+by+c$)을 사용한다. 물론 우리의 데이터를 곡면으로 맞출 수 있고, 우리가 고려하는 변수의 수를 늘릴 수도 있다. 변수를 더 추가하면 차수는 올라가게 되고, 최상의 선은 n차원 기하학의 공간으로 이동한다. 이것을 시각화하기에는 어려울 수 있지만, 이해하기에 충분히 쉽다. 우리는 단지 같은 일을 반복하고 있을 뿐이다. 우리가 커브곡선에 대해 걱정하지 않는다면, 우리는 두 개의 변수를 새로운 특징/차원으로 추가할 수 있겠다(예: $x'=ax+by+cz+d$).

다시 말하지만, 우리의 가장 적합한 것은 두 개의 축(심각성 및 소득)에 따라 있는 성별, 심각성, 수입의 모든 값에 대한 평균과 유사한 것을 말해 주는 것이다. 이것은 암묵적으로 그들의 모든 조합을 포함한다. 높은 소득은 낮은 형량에 해당하지만 범죄의 심각성이 보다 중요한 문제이다.

여기서 인종과 성별 데이터는 숫자척도가 아니라는 점에서 다른 데이터와는 성격이 다르다는 점에 유의할 필요가 있다. 이를 해결하기 위해 우리는 이들을 이진형 변수로 변환한다. 예를 들어, 나는 남성(Male)이라는 데이터를 칼럼으로 추가했다면 만약 당사자가 남성인 경우 1이고, 당사자가 여성인 경우 0이되는 것이다. 마찬가지로 백인(Caucasian)을 제외하기 위해 만들어진 인종(race)을 칼럼으로 추가했다면 만약 당사자가 백인으로 확인되면 이 열은 모두 0이된다. 즉, 우리 모델의 기본 인종은 백인이다.

이제, 우리는 모든 특징에 대한 회귀 분석을 시작해 볼 수 있다.

결과

이 표는 회귀분석의 결과를 요약한 것이다. P-값 기억하는가? 그 값들은 정말 낮게 나타났다. 그리고 비록 R-제곱은 크지 않지만(6%) 신경쓸 필요가 없다.[19] 만약 인종, 소득, 성별 그리고 혐의 심각성 변수로 사건의 결과를 100% 예견했다면, 변호사는 무엇을 위해 존재하는지 의심을 가질 것이다. 그렇다면 나머지 숫자들은 무엇을 의미할까?

Dep. Variable	np.log(1+SentenceDays)	R-squared	0.060
Model	OLS	Adj. R-squared	0.060
Method	Least squares	F-Statistic	2008
Date	Wed, June 1, 2016	Prob(F-statistic)	0.00
Time	03:00:52	Log-likelihood:	−5.7139e+05
No. observations	221,902	AIC	1.143e+06
Df residuals	221,894	QIC	1.143e+06
Df model	7		
Covariance type	Nonrobust		

다음 표에서 coef는 주어진 변수에 가장 적합한 기울기를 알려준다.[20] 즉, 변수의 특성(예: 인종)이 종속 변수(형량)에 얼마나 큰 영향을 미치고 어떤 방향으로 상관성이 있는지 우리에게 알려준다.[21] 즉, 피고인들의 인종은 그들이 받는 형량과 긍정적인 상관관계가 있고, 그들의 소득은 부정적인 상관관계가 있음을 알 수 있다.

다음은 방정식으로 요약된 모델이다.

$$S = e^{\beta + \beta_{1x1} + \beta_{2x2} + \beta_{3x3} + \beta_{4x4} + \beta_{5x5} + \beta_{6x6} + \beta_{7x7} + \beta_{8x8} + \epsilon}$$

[19] 나는 여러 가지 다른 모델들을 시험해 보았다. See note 8.

[20] 다른 모든 숫자의 의미가 궁금하다면 Python과의 선형 회귀 분석을 참조하기 바란다. http://connor-johnson.com/2014/02/18/Linear-region-with-python/

[21] 양수가 나오면 해당변수는 형량을 증가시키며, 음수가 나오면 해당 변수는 형량을 감소시킴을 의미한다.

	Coef	Std err	t	P > |t|	[95.0% Conf.Int]
Intercept	0.4995	0.057	8.778	0.000	0.368-0.611
Seriousness	0.5659	0.005	112.764	0.000	0.556-0.576
Male	0.3273	0.015	21.341	0.000	0.297-0.357
Mean	-4.166e-06	2.84e-07	-14.680	0.000	-4.72e-06 to -3.61e-06
Black	0.3763	0.050	7.503	0.000	0.278-0.475
Hispanic	0.3660	0.072	5.051	0.000	0.224-0.508
Asian	0.1657	0.050	3.728	0.000	0.068-0.263
Native	0.3606	0.224	1.735	0.063	-0.050 to 0.826
Other	-0.8171	0.097	-6.389	0.000	-1.008 to -0.626

Omnibus	2065.433	Durbin-Watson	1.364
Prob(Omnibus)	0.000	Jarque-Bera(JB)	26018.146
Skew	-0.241	Prob(JB)	0.00
Kurtosis	1.393	Cond. No.	1.93e+19

- D는 소득 데이터와 결합된 법정 사례의 데이터 셋이다.
- S는 일일 단위로 증가하는 형량이다.
- 계수 $\beta_1 \sim \beta_8$는 각각 특징 $\chi_1 \sim \chi_8$에 해당하는 데이터 셋(D)에 대하여 최소제곱(OLS) 회귀분석에 의해 결정된 값이다. 이러한 값들은 P-값 및 추가 요약 데이터와 함께 위에서 확인할 수 있다.[22]
- ϵ = 앞에서 언급한 OLS의 오차항[23]
- x_1 = 범죄의 심각도
- x_2 = 피고가 남성인 경우 1, 그렇지 않으면 0
- x_3 = 피고의 우편번호에 따른 평균 소득이며, 이들의 소득에 대한 기대 소득으로 사용됨

---

[22] Supra note 19.

[23] 이에 대한 자세한 내용은 http://davegiles.blogspot.com/2013/08/forecasting-from-log-linear-regres sions.html에 있는 Log-Linear Regressions을 참고하기 바란다.

- x_4 = 피고가 Black(Non-Hispanic)인 경우 1, 그렇지 않으면 0

- x_5 = 피고가 Hispanic인 경우 1, 그렇지 않으면 0

- x_6 = 피고가 Asian or Pacific Islander인 경우 1, 그렇지 않으면 0

- x_7 = 피고가 American Indian인 경우 1, 그렇지 않으면 0

- x_8 = 피고가 이외 인종인 경우 1, 그렇지 않으면 0

다시 말해, 이러한 계수는 변수 특성이 얼마나 큰 영향을 미치는지 알려준다.

이것은 버지니아에 사는 흑인이 백인 동료와 같은 형량을 받기 위해서는 1년에 9만 달러를 더 벌어야 한다는 것을 말해 준다.[24]

American Indians과 Hispanics은 유사한 강도를 보이나 Asian은 이의 절반 정도를 보이고 있다.

우리의 질문에 대한 잠정적 대답은 인종 기반 편견이 상당히 큰 것으로 드러났다. 또한 남성이라는 것 역시 도움이 되지 않는다는 것을 주목할 필요가 있다.

하지만 R 제곱이 너무 낮기 때문에 우리는 피고인으로서 판결을 받는 데 흑인이라고 해서 극복할 수 없는 장애물이라고 말할 수는 없다. 우리의 모델은 우리가 데이터에서 볼 수 있는 변화의 6%만을 설명할 수 있기 때문이다. 다행히도 다른 요소들이 훨씬 더 중요하므로 다른 요소들이 사건의 사실을 해석하는 데 포함되기를 바란다.

그러나 유색의 피고인은 백인과 비교할 때 더 긴 형량을 받는 것은 분명하지만 이러한 상관관계를 인과관계로 해석될 수 없다.[25]

그리고, 다시 한번 말하지만 우리는 2006-2010년 버지니아 형사 재판소에 대해서만 이야기하고 있다. 하지만 다른 관할 구역이나 시대에서도 비슷한

---

[24] 흑인은 $\beta_3 x_3 + \beta_4 x_3 = 0$의 영향에 반하는 소득의 영향으로 $-0.000004166\,x_3 + (0.3763)(1) = 0$에서
$x_3 = \dfrac{0.3763}{0.000004166}$, $x_3 = 90,456.73$

[25] www.tylervigen.com/spurious-correlations에있는 Spurious Correlations를 참조하기 바란다.

결과가 나타날 가능성은 높다. 이러한 데이터 셋을 찾아보자.

아마 내가 이것을 잠정적인 정답이라고 불렀을 것을 알아차렸을 것이다. 그것이 바로 본질이고, 더 중요한 것은, 이것은 일반 청중들이 이해할 수 있도록 만들어진 단순한 모델이라는 것이다. 따라서 독자들은 데이터 과학이 그러한 질문에 어떻게 대답하는지 이해할 것이고, 독자들은 그것이 마술이 아니라는 것을 알 것이다, 본 장의 주요 목표는 선형 회귀에 대해 이해하는 것이다. 이것은 사법제도의 수입과 인종에 관한 학술적인 기사는 아니다.

즉, 우리는 조사를 주도한 질문에 대해 시작했을 때보다 많은 힌트를 얻게 되었다. 따라서, 나는 인종 문제라는 특정 수치를 붙이지 않고 다음과 같은 이론을 설명하고자 한다.

만약 당신이 나의 가두연설을 용서해 준다면, 이제 우리는 인종이 우리의 형사 사법 제도에서 불균형의 주요 동력이 아닌 척하는 것을 그만둘 때가 되었다. 그렇다고 해서 법정이 인종차별 주의자로 가득 찬 것은 아니다. 여기서 의미하는 것은 많은 연동된 부분과의 종합적인 효과이다. 하지만 현실은 복잡하다. 선량한 사람들은 인종차별 제도(시스템)에서 자신도 모르게 약자인 것을 발견할 수 있고, 시스템(제도)은 인종 차별적인 방식으로 행동하기 위해 인종 차별적인 의도를 가질 필요는 없다. 유감스럽게도 여기서 조사된 시스템은 그 점에 대해서는 인종, 계급 또는 성별에 있어서 편견이 없지 않다.

주의점

나는 무료로 사용할 수 있는 도구를 사용하여 모든 분석을 수행하였다. 또한 내가 중단한 부분을 다른 누군가가 다시 계속 사용하는 것도 가능하다. 사실, 나는 독자들이 본 장의 뒤에 있는 GitHub repo를 보고 정확히 수행하기를 바란다. 그러나 경험이 부족하여 부당한 주장을 하지 않으려면 통계의 탄탄한 기반이 필요하다는 점에 유의해야 한다. 그리고 위험 지대를 조심해야 한다. 다이어그램의 일부에서 거짓 통계 및 잘못된 해석 등이 나올 수 있다.

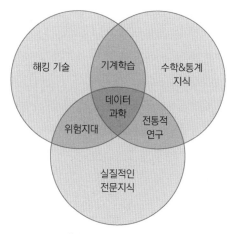

출처: "Data Science Venn Diagram" by Drew Conway is licensed CC BY-NC. Available at http://drewconway.com/zia/2013/3/26/the-data-science-venndiagram

즉, 여기에는 마법이 없다. 올바른 도구를 사용하면 숨겨진 패턴을 발견할 수 있다. 여기서의 충고는 당신의 기존 가설을 뒷받침하는 대답을 의심하는 것이다. 작업은 오픈된 공간 속에서 시행하며, 대외비가 유지된다면 결과와 데이터를 모두 공유해야 한다. 즉, 누군가에게 값들을 확인하도록 해야 한다. 이러한 투명성 덕분에 이 작업에서 초기에 오류를 발견할 수 있었다. 의견을 듣고 항상 마음을 바꿀 준비를 해야 한다.[26]

---

[26] 아드리안 앵거스(Adrian Angus), 윌리엄 리(William Li) 그리고 당신의 피드백에 대한 수많은 인터넷 해설자들에게 감사함을 전한다.

로펌에서의 데이터 마이닝
: 의사결정을 위한 내부의 전문지식 활용

쿠마르 자야수리아(Kumar Jayasuria) / 김태희 譯

2017년 조지타운 법학 연구센터(Georgetown Center for the Study of the Legal Profession)는 법조계에서의 지난 10년간의 변화를 기록한 보고서를 발표하였다.1 이 보고서는 경제 및 문화적 변화가 변호사들로 하여금 법률 실무를 개선하고, 그들이 시장, 고객 및 서비스를 정의하는 방식을 변경하도록 요구하고 있다고 밝혔다. 지난 10년 동안 데이터 중심의 의사 결정(data-driven decision making)과 빅데이터 분석을 통해 국제적 상거래가 발전하였다. 이 보고서는 가장 성공적인 로펌들에게는 공통적인 두 가지 요인, 즉 전략적 집중과 고객의 수요와 요구에 대한 능동적 대응이 있었다고 밝혔다.2

이 장에서 저자는, 법률 전문가가 고객의 요구와 회사의 전문성을 조화시켜 수익성을 높이기 위하여 데이터 중심 전략(data-driven strategy)을 채택할 수 있다고 주장한다. 이 장에서는 빅데이터를 정의하고, 법률 실무에서 데이터를 사용할 수 있는 방법을 고려하며, 데이터 중심 세계에서 로펌이 직면한 과제를 고려한다.

빅데이터

빅데이터의 정의는 수년에 걸쳐 확장되었다. 2011년에 맥킨지 그룹(McKinsey Group)은 빅데이터에 대하여 "일반적인 데이터베이스 소프트웨어 도구의 포착, 저장, 관리 및 분석 능력을 뛰어넘는 데이터 세트"라고 정의하였다.3 그러나 그 정의는 너무 협소하다. 작은 데이터 자원조차도 디지털 플랫폼 전체에 연결되어 빅데이터에 대한 시각을 창출할 수 있다.

---

1 2017 Report on the State of the Legal Market, http://legalsolutions.thomsonreuters.com/law-products/ns/solutions/peer-monitor/report-on-the-state-of-the-legal-market-repository(Georgetown Center for the Study of the Legal Profession and the Thomson Reuters Legal Executive Institute 공동발행)

2 *Id.*, at 12.

3 McKinsey Global Institute, Big Data the Next Frontier for Innovation, Competition, and Productivity (2011).

빅데이터에 대한 현재의 정의에는 양, 속도, 다양성, 진실성 및 가치를 비롯한 여러 요소가 포함된다.[4] 2013년, IBM은 사회가 매일 2,500경 바이트의 데이터를 수집할 것으로 예상했다.[5] 그 수치는 기하급수적으로 늘고 있다. 빅데이터의 힘은 가장 가치 있는 데이터를 식별하고, 그것을 의미 있는 추론을 하기 위해 이용하는 데 있다.

법률 실무의 가치 산정

2008년의 경제위기 이후 10년간, 법조계는 근무한 시간으로 가치를 측정하는 로펌들의 기존 비즈니스 모델에 의문을 제기할 이유가 생겼다. 경제위기가 발생하기 전에 변호사들은 고객에게 주로 고정된 시간당 요율을 청구하거나 때로는 협의된 대체보수약정(Alternative Fee Arrangements, AFAs)을 청구하였다. 지난 몇 년 동안 고객들은 법률 비용에 대한 총액상한을 요구하였다. 조지타운 보고서에 따르면, 많은 회사에서는 전체 법률 업무의 80%~90%에 대하여 AFA 또는 총액상한을 통해 보수를 받는다.[6]

현재 법률상담료 또는 법률수임료 약정에는 다음과 같은 여러 가지 형태가 있다.[7]

■ 시간당 보수(Hourly Fees): 고객이 변호사에게 특정 법률 대리를 위해

---

4 *See* Veda C. Storey & Il-Yeol Song, *Big Data Technologies and Management: What Conceptual Modeling Can Do*, 108, Data & Knowledge Engineering 56(2017), https://doi.org/10.1016/j.datak. 2017.01.001.

5 *See* Ralph Jacobson, *2.5 Quintillion Bytes Of Data Created Every Day. How Does CPG & Retail Manage It?*, https://www.ibm.com/blogs/insights-on-business/consumer-products/2-5-quintillion bytes-of-data-created-every-day-how-does-cpg-retail-manage-it/(last visited Dec. 1, 2017).

6 *Id.* at 10.

7 *See* Walter L. Baker, Michael V. Marn, & Craig C. Zawada, Building a Better Pricing Infrastructure (2010), https://www.mckinsey.com/business-functions/marketing-and-sales/our-insights/building-a-better-pricing-infrastructure.

고정된 시간당 요율을 지불

- 성공보수(Contingency Fees): 로펌이 성과 수준을 달성한 정도에 따라 지불
- 총액상한보수(Capped Fees): 개별 법적 문제에 대하여 로펌이 동의한 최대 가격을 지불
- 고정보수(Fixed/Flat Fees): 로펌이 고정 보수로 법적 업무를 완수하기로 동의한 경우
- 포트폴리오 기반 보수(Portfolio-Based Fees): 로펌이 고객에게 일정 기간 동안 모든 법률 서비스를 제공하는 경우
- 가치 기반 보수 또는 동급 최고 보수(Value-Based Fees or Best-in Class Pricing): 로펌과 고객이 대리기간 동안의 개별 법적 활동 비용 — 부동산 계약을 해지하는 데 필요한 개별적인 법률 업무의 가치와 같은 — 에 대해 동의한 경우
- 혼합 보수 약정(Blended Fee Agreements): 위의 보수 약정 중 어떤 것들의 조합

데이터 중심 전략

데이터 중심 의사 결정은 데이터 분석을 통해 직관을 향상시키는 것을 의미한다.8 정보와 직관은 항상 훌륭한 의사 결정의 기초가 되었지만, 전통적으로 최종 결정은 "HIPPO"라고 불리는 조직 내 최고 연봉 수령자(Hlghest Paid Person in the Organization)의 극히 제한적인 데이터에 의해 이루어졌다.9

그러나 최근의 연구에 따르면 데이터 중심 조직의 생산성이 증가하는 것

---

8 Foster Provost & Tom Fawcett, *Data Science and Its Relationship to Big Data and Data-Driven Decision Making*, 1, Big Data 51, 53(2013), https://doi.org/10.1089/big.2013.1508
9 *See* Claudia Loebbecke & Arnold Picot, Reflections on Societal and Business Model Transformation Arising from Digitization and Big Data Analytics: A Research Agenda, 24 J. of Strategic Info. Sys. 149, 150 (2015).

으로 나타났다. 연구자 Foster Provost와 Tom Fawcett은 기업들이 의사 결정에 데이터를 얼마나 강력하게 사용하는지 조사하였다. 가능한 여러 교란 요인들 (confounding factors)을 통제한 후에도, 이 연구는 전반적인 생산성이 일관되게 5%~6% 증가한 것을 발견하였다. 결과적으로 생산성은 주식 가치 및 시장 가치를 포함한 많은 경제지표의 증가와 관련이 있다. 연구자들은 데이터의 사용이 직접적으로 전반적인 개선을 가져왔다고 주장하였다.[10] 또 다른 연구에 따르더라도, 데이터와 분석 도구에 근거한 사업 전략을 기반으로 하는 회사는 데이터를 효과적으로 사용하지 못한 회사보다 실적이 우수한 것으로 나타났다.[11]

데이터 중심 전략을 수립하기 전에 먼저 조직의 목표를 파악하는 것이 중요하다. 빅데이터는 세 가지 유형의 사업 기회를 만들어 낸다.[12] 첫 번째는 빅데이터 중심 혁신 모델(Big Data Driven Innovation model)로 불릴 수 있는데, 이는 빅데이터 자체가 주요 상품 또는 서비스가 되는 경우이다. 그 예로 인터넷 기반 무역 회사가 있다.

두 번째 유형의 사업 전략은 빅데이터 가능형 혁신 모델(Big Data-Enabled Innovation model)로, 데이터가 기존의 프로세스를 수정하기 위한 촉매의 역할을 하는 경우이다. 예컨대, 빅데이터는 조직으로 하여금 데이터를 이용하여 매우 가까운 미래의 일들을 예측하는 "단기예측(now casting)" 기법을 바탕으로, 판매 전략을 역동적으로 최적화할 수 있도록 한다.[13]

---

[10] Erik Brynjolfsson, Lorin Hitt, & Heekyung Kim, *Strength in Numbers: How Does DataDriven Decision Making Affect Firm Performance*, SSRN Working Paper, (2011), http://ssrn.com/abstract =1819486.

[11] Steve Lavalle, Eric Lesser, Rebecca Shockley, Michael Hopkins, & Nina Kruschwitz, *Big Data, Analytics and the Path From Insights to Value*, 52, MIT Sloan Management Review 22, 2011.

[12] Nowshade Kabir & Elias Carayannis, *Big Data, Tacit Knowledge and Organizational Competitiveness*, 3, Journal of Intelligence Studies in Business 54 (2013), available at https://ojs.hh.se/index.php/ JISIB/article/download/76/pdf_4. *See also* Ralph Schroeder, Big Data Business Models: Challenges and Opportunities, 2 Cogent Social Sciences (2016), http://dx.doi.org/10.1080/23311886.2016. 1166924.

[13] Marta Banbura, Domenico Giannone, Michele Modugno & LucreziaReichlin, Now-Casting and the Real-Time Data Flow, in 2 Handbook of Economic Forecasting 195 (2013), https://doi.org/ 10.1016/B978-0-444-53683-9.00004-9

세 번째 모델은 빅데이터 관련 혁신 모델(Big Data-Related Innovation model)로, 조직이 데이터를 새로운 상품, 서비스 또는 가능성으로 변형시키는 모델이다. 법률 실무에서 데이터 분석의 출현으로 로펌은 전통적인 법률 자문을 넘어 새로운 정보와 분석 서비스를 제공할 수 있다.

데이터 팀

성공적인 데이터 중심 조직은 데이터 수집 및 사용에 초점을 맞춘 전담 팀을 필요로 한다. 팀의 구성원 중 가장 중요한 둘은 데이터 과학자(data scientist)와 사업 분석 전문가(business analytics professional)이다.[14] 데이터 과학자는, 로펌에서 지식 관리 전문가(knowledge management professionals)로도 알려졌으며, 중요한 데이터를 선택하고 의미 있는 플랫폼에서 정보를 시각화하는 기술을 보유한 사람이다. 이 팀에는 정보 기술 및 마케팅 전문가가 포함될 수도 있다.

연구에 따르면, IT 부서로 하여금 데이터 중심 팀을 관리하도록 요청하는 것은 실수이다. 연구자들은 여러 대기업에 대한 분석을 토대로 IT 부서가 데이터 저장 및 보호 시스템을 설계하는 데 매우 효율적임을 발견하였다. 그러나 일반적으로 IT 부서는 데이터를 사업 가치로 변환할 수 있는 솔루션을 제공할 수 없다.[15]

로펌에서는 지식 관리(knowledge management, KM) 전문가가 법률 실무와 정보과학에 대한 지식을 가져야 한다. 법률 교육을 통해 KM 전문가는 법률가가 정보를 수집하고 사용하는 방법을 이해할 수 있다. 이전에는 도서관학(library science)이라고 불렸던 정보 과학(information science)의 영역에서 교육받은 전문가는, 유용한 정보를 식별하는 방법 및 고객이 그 정보를 유용한 지식으로 전환할 수 있도록 하는 시스템을 구축하는 방법을 알고 있다.

---

14 Kabir, supra note, at 59.

15 Id. (citing C Beath, I. Becerra-Fernandez, J. Ross, and & J. Short, The Forrester Wave: Advanced Data visualization Platforms, Q3 (2012)).

전략적 목표를 위한 데이터

데이터 중심 비즈니스 모델은 다양한 형태의 정보원을 사용해야 하는데, 이는 의도적으로 정보를 요청하거나, 보이지 않는 데이터 기록 및 추적장치를 통하여 간접적으로 수집될 수 있다. 데이터는 상업용으로 구매할 수 있고, 공개적으로 사용 가능한 저장소에서 얻을 수도 있으며, 크라우드 소싱에서 비롯될 수도 있고, 고객이 제공한 데이터를 통해 유도되거나 추적 시스템을 통해 생성될 수도 있다.[16]

의미 있는 수임료 약정을 체결하기 위해서는, 법률 회사는 주어진 시장에서 소요되는 사업비용과 제공되는 서비스나 상품의 가치를 이해해야 한다.[17] 노동 통계국 및 세계은행과 같은 일부 조직은 사업비용에 대한 데이터를 자유롭게 제공한다. 실무관리 기업인 클리오(Clio),[18] 출판사인 톰슨 로이터(Thomson Reuters),[19] 그리고 조지타운 법조 연구소(Georgetown Center of the Study of the Legal Profession)[20]와 같은 기관들이 법률 실무에서의 비용과 다른 추세에 대한 정보를 제공한다.

투자 수익을 확인하려면, 로펌은 먼저 고객 확보를 위한 비용을 이해해야 한다. 마케팅 그룹은 고객 확보 데이터를 공개하거나 판매한다. 또한 조직들은 데이터 관리 도구를 구매하여 고객 확보 노력을 추적하고 평가할 수 있다.[21]

---

16 *Id.*; Philipp Hartman, Mohamed Zaki, Niels Feldmann, & Andy Neely, Big Data for Big Business? A Taxonomy of Data-Driven Business Models Used by Start-up Firms (last modified Nov. 4, 2015), https://cambridgeservicealliance.eng.cam.ac.uk/news/March2014Paper.

17 Bureau of Labor Statistics, Overview of BLS Statistics on Business Costs, https://www.bls.gov/bls/business.htm (last modified Dec.16, 2013); The World Bank, Doing Business Data, http://www.doingbusiness.org/data (last visited Dec. 1, 2017).

18 https://www.clio.com (last visited Dec. 1, 2017).

19 Press Release, *Afore Effective Market Analysis for Legal Departments With Visualized Benchmarking Data From Thomson Reuters Legal Tracker Mar. 21, 2017*), https://www.thomsonreuters.com/en/press-releases/2017/march/market-analysis-legal-departments-visualized-benchmarking-data-legal-tracker.html.

20 Georgetown, supra note 1.

21 Clio Training Team, Campaign Tracker: Creating Campaigns, (June 21, 2017), https://support.clio.

내부의 전문지식 발견하기

법률 실무를 데이터 중심 조직으로 발전시키기 위해, 로펌은 내부의 우수 자원을 신속하게 발견하고 분석할 수 있어야 한다. 그 이후에만 로펌은 내부의 지식을 사업 전략에 맞출 수 있다. 맥킨지(McKinsey)의 조사에 따르면, 일반 지식 근로자는 내부 정보를 찾거나 할당된 작업을 도울 수 있는 동료를 찾는 데 근무시간의 20% 가까이를 소모한다.[22]

오늘날 로펌들은 전문지식을 확고히 할 필요가 있다. 로펌은 본래 수년간 협업을 수행하는 소규모의 변호사 그룹으로 설계되었다. 현대의 로펌에서 조직의 전문지식은 유동적이며 횡적 고용 프로세스(lateral hire processes)를 통해 변호사가 회사 간에 이동할 때 극적으로 변화한다. 동시에 로펌들은 성장하고 있다. 이제는 로펌이 전 세계의 사무소에 분산되어 있는 수백 명의 직원을 고용하는 것이 일반적이다. 로펌은 또한 정기적으로 광범위한 전문지식을 투입하는 인수와 합병을 통해 성장한다.[23]

현재의 직원

유용한 전문지식 지표는 전문가의 위치를 파악할 뿐만 아니라 전문지식의 수준을 보여준다. 전문지식을 논의할 때, 한 가지 수준 이상의 숙련도가 있다는 것을 고려할 가치가 있다. 한 연구자는 전문지식을 세 가지 수준으로 나누었다.

com/hc/en-us/articles/212569708-Campaign-Tracker-Creating-Campaigns.

22 Michael Chui, James Manyika, Jacques Bughin, Richard Dobbs, Charles Roxburgh, Hugo Sarrazin, Geoffrey Sands, & Magdalena Westergren, The Social Economy: Unlocking Value And Productivity Through Social Technologies (2012), https://www.mckinsey.com/industries/high-tech/our-insights/the-social-economy.

23 Georgetown(주 1), at 12 (citing Nell Gluckman, *Could 2016 Break Law Firm Merger Record?* The American Lawyer (online edition) Dec. 2, 2016).

참가자(Participant)는 어떤 주제에 대한 실무 지식이 있다. 고고학
발굴 현장 작업자가 한 예가 될 수 있다.

상호작용하는 전문가(Interactional Expert)는 고급 수준의 대화를
통해 대화에 참여할 수 있다. 이 전문가는 기존에 확립된 연구
분야에서 고급 분석을 제공할 수 있다.

기여하는 전문가(Contributory Expert)는 혁신적인 분야에 대한 새
로운 통찰력으로 연구 분야에 기여할 수 있는 지식과 경험을 보
유한 최고 수준의 전문가이다.[24]

법률 전문지식에 대한 몇 가지 지표가 있다.[25] 법적인 노하우를 효과적으
로 찾기 위해서는 다음의 지표를 포함해야 한다.

이력(Biographies)은 가장 기본적인 지표이다. 일반적으로 외부 마케팅 데
이터베이스에 저장되어 있기에, 이력은 과장 및 다른 유형의 보고된 오류에 가
장 취약한 지표이다.

문서 저작(Document authorship)이 보다 나은 지표이다. 소송서면, 계속되는
법률 교육 프레젠테이션 및 기타 법률 메모는 내부 문서 관리 시스템에 포함되
어, 전문 지식에 대한 단서를 제공한다. 그러나 이 정보는 일반적으로 두 번째
수준의 전문 지식을 나타낸다. 즉, 법의 영역에 대해 알 수 있게 이야기할 수
있는 참가자이다. 로펌의 진정한 전문가는 가장 관련 있는 내부 문서의 저자가
아니다. 일반적으로 최고 수준의 전문지식은, 특정 영역에서 가장 많은 문서를
검토하는 변호사들 중에서 발견된다.

시간 입력 항목(text of time entries)은 가장 강력하거나 가장 정확한 전문
지식의 원천이다. 보수청구 및 시간관리 시스템에서 발견되는 변호사의 시간

---

[24] Harry Collins & Robert Evans, *The Third Wave of Science Studies: Studies of Expertise and Experience*, 32 Social Studies of Science 235 (2002), https://doi.org/10.1177/0306312702032 002003.

[25] Vishal Agnihotri, Gail Bergmiller, Dora Tynes, & Ramin Vosough, Expertise Location and Social Collaboration: Three Case Studies on a Winning Formula (ILTA Whitepaper Series)(2017), https://www.iltanet.org/viewdocument/expertise-location-and-social-colla?ssopc=I.

기록은 신뢰할 수 있는 인증된 전문 지식을 제공한다. 법률 업무에 대해 가장 정기적으로 청구하는 사람은 로펌의 고객뿐만 아니라 로펌으로부터도 법률을 설명하고 혁신적인 전략을 창출할 것으로 신뢰받는 전문가이다.

회사가 전문지식의 목록을 구축하면 조직에서 다른 데이터 필드를 추가하여 사용자가 이상적인 연락처를 찾도록 할 수 있다. 예를 들어, 주소록에는 업무 분야, 변호사 자격, 주소 및 언어 능력과 같은 데이터가 포함될 수 있다. 로펌이 업무 관리 시스템을 유지, 관리하는 경우 각 사용자의 작업량과 가용성별로 결과를 선별할 수 있도록 데이터 필드를 작성할 수 있다.[26]

횡적 고용

횡적 피고용인이 가진 사전 전문지식을 쉽게 발견하는 것이 더욱 어렵다. 한 가지 해답은 모든 횡적 피고용인에 대한 채용 절차 중에 광범위한 설문지를 요구하는 것이다.[27] 그러나 설문지는 스스로 규정한 지식을 과장하고 실제 전문지식을 과소평가하기 쉽다. 전문지식을 찾는 또 다른 방법은 변호사를 고용하기 전에 각 횡적 피고용인들이 생성한 데이터를 분석하는 것이다. 조직은 횡적 피고용인들이 작성한 모든 계약서를 수집하고 전자적으로 검토할 수 있다. 증권거래위원회(The Securities and Exchange Commission)는 전자 데이터 수집, 분석 및 검색(Electronic Data Gathering, Analysis, and Retrieval, EDGAR) 시스템을 통하여 많은 상업 계약서에 쉽게 접근할 수 있다.[28] 로펌은 작성자의 실제 능력 수준을 찾기 위하여, 횡적 피고용인이 작성한 공공 계약서 또는 기타 문서에 대한 빅데이터 분석을 활용할 수 있다.

소송 대리인의 경험을 검토할 수 있는 보다 정교한 도구가 있다. 조직은 변호사가 참여한 모든 사건에서 기록된 모든 소장 및 서면을 다운로드하고 평

---

[26] id, at 37.

[27] See James Fischer, *Large Law Firm Lateral Hire Conflicts Checking: Professional Duty Meets Actual Practice*, 36, Journal of Legal Profession 167, 189 (2011-12).

[28] https://www.sec.gov/edgar/searchedgar/companysearch.html.

가할 수 있다. 변호사가 한 사건에서 중요한 역할을 담당한 경우, 그 변호사는 상대측 변호사가 제출한 문서를 포함하여 전체 기록을 검토했을 가능성이 크다. 로펌은 예측 분석 도구를 사용하여 횡적 피고용인의 전략과 기술을 더 잘 이해할 수 있다.

동문들의 전문지식

동문들의 전문지식은 모든 조직에서 사용할 수 있는 중요한 정보원을 제공할 수 있다. 예를 들어, 이전에 소속되었던 직원 간 사회적 연결을 검색하면 고객을 창출하는 데 도움이 될 수 있다. 로펌은 이전에 소속되었던 직원과 관련 전문지식과의 관련성을 식별하기 위하여, 동문을 위한 사회적 관계망을 만들 수 있다.[29] 회사에서 일하는 동안의 개인 활동에 대한 정보를 상호 참조함으로써 동문 목록을 향상(enhance)시키는 것이 중요하다. 예를 들어, 목록에는 동문의 재임 기간 동안의 시간 입력 항목 및 청구 정보가 포함될 수 있다. 또한 이 목록에는 회사를 떠난 후 동문이 참여한 조직에 대한 공개된 정보가 포함될 수 있다.[30]

서비스 확대: 빅데이터를 활용한 혁신

데이터 중심 조직은 자신이 제공하는 제품 또는 서비스를 이해해야 한다. 빅데이터는 로펌에 조직의 목표를 재정의하는 도구를 제공한다. 빅데이터의 가치가 증가함에 따라, 전문가들의 정보 수집, 관리 및 분석 능력을 토대로 서비스를 제공하고자 하는 로펌들에게 새로운 시장이 창출되고 있다.

---

[29] *See* Janan Hanna, *Old Firm Ties: Alumni Networks Are Social Media With Benefits*, ABA Journal (online edition May 2011), http://www.abajournal.com/magazine/artide/old_firm_ties_alumni_networks_are_social_media_with_benefits.

[30] *Id.*

변호사를 위한 새로운 데이터 시장의 예는 환자보호 및 건강보험개혁법 (Patient Protection and Affordable Care Act)에 따라 요구되는 지역사회 건강수요평가(community health need assessment)이다.31 동법은 모든 비영리 병원에게 3년마다 정기적으로 수요 평가서를 작성하도록 요구하는데, 이는 의료 서비스에 대한 병원의 투자를 안내하는 데 필요하다.32

빅데이터는 법률 실무에서 관련법의 해석을 제공하는 것 이상의 역할을 수행할 수 있게 한다. 대신에, 로펌은 고객과 함께 기초 연구를 수행하고 보고서를 발전시킬 수 있다.

병원이 로펌에게 지역건강관리 평가보고서를 작성하도록 요청하는 데에는 몇 가지 이유가 있다. 예를 들어 변호사들은 기록을 평가하고 관리하는 기술을 제공하고, 기밀에 대한 보안을 강력하게 유지한다. 로스쿨은 변호사들에게 문헌을 효과적으로 연구하고 평가하는 방법을 가르친다. 수요보고서 초안을 작성하려면 작성자는 정부 간행물 및 학술 연구에 대한 문헌 검토를 수행해야 한다. 변호사들은 또한 증거개시, 특히 조직의 내부 기록을 검토하는 데 숙련되어 있다. 수요평가 보고서를 위한 가장 가치 있는 정보원은 병원의 사적 기록 (private records)일 수 있다. 이 작업은 전자 증거개시 변호사의 전통적인 역할과 매우 유사하다. 마지막으로, 변호사-의뢰인 특권(attorney-client privilege) 발동을 통해 변호사가 의뢰인의 개인정보를 보호할 수 있다. 병원이 수요평가 보고서 작성을 돕기 위해 내부 문서를 사용하는 경우, 해당 조직은 문서 초안 작성을 위해 변호사를 고용하여 관련 정보를 보호하고자 한다.

가장 가치 있는 정보원들 중 하나는 병원의 사적 기록일 것이다. 변호사들은 특히 가치 있는 증거자료를 조사하고 식별하는 데 숙련되어 있다. 로펌들은 기밀 정보를 보호할 수 있는 능력을 항상 보유해 왔다.

---

31 *See* Carole Roan Gresenz, *Using Big Data to Assess Community Health & Inform Local Health Care Policymaking*, in Big Data, Big Challenges in Evidence-Based Policymaking (H. Kumar Jayasuriya & Kathryn Ritcheske, eds., 2015).

32 *See* Additional Requirements for Charitable Hospitals; Community Health Needs Assessments for Charitable Hospitals; Requirement of a Section 4959 Excise Tax Return and Time for Filing the Return, 79 FR 78953 (Dec. 31, 2014).

로펌이 제공할 수 있는 서비스의 유형을 이해하면, 조직은 전통적인 법률 서비스를 제공할지 또는 완전한 서비스 정보 관리 경험을 제공할지를 결정할 수 있다. 판매된 제품이나 서비스를 이해함으로써 로펌은 서비스 수준에 가치를 더 잘 부여할 수 있다.

결론

고객들은 로펌이 제공하는 법률 서비스의 성격에 변화를 요구하고 있다. 특히 기업 고객들은 더 많은 의사결정을 데이터를 이용하여 내리고 있으며, 고용된 로펌 역시 그와 같이 할 것을 요구하고 있다. 로펌은 내부 및 외부의 데이터 자원을 분석함으로써 신흥 시장의 수요를 예측하고, 전문지식의 내부적인 시너지 효과를 식별하며, 혁신적인 서비스를 설계할 수 있다.

데이터 중심의 의사 결정은 많은 로펌에 생소할 것이지만, 사실 이러한 로펌들은 유용한 데이터로 둘러싸여 있다. 가장 중요한데도 활용도가 낮은 데이터는 직원들의 숨겨진 전문지식이다. 기업 변호사의 전문지식, 연계된 정보 전문가, 회사의 동문들은 풍부한 지식의 잠재적 원천이다. 이러한 자원에 접근할 수 있는 회사는 새롭고 혁신적인 서비스를 만들 수 있다. 로펌은 사용되지 않은 데이터 자원을 활용함으로써, 데이터 중심의 조직으로 변모하고, 시장 우위를 확보할 수 있다.

사내 기업가 정신이 혁신가의 딜레마를 해결할 수 있을까?
로펌 사례

빌 헨더슨(Bill Henderson) / 홍유진 譯

10

성공한 대형 로펌들이 혁신가의 딜레마에 봉착하게 된다면 어떤 모습일까?1 이런 로펌들은 일련의 탁월한 자질을 갖추고 있다(〈그림 10.1〉):

(1) 업계를 선도하는 고객들과의 장기적이고 수익성이 높은 관계;
(2) 운영 자본은 거의 필요하지 않지만 상당한 현금과 이익을 창출하는 사업;
(3) 신생 경쟁사에 비하여 안전한 선택이라고 인식되는 확립된 브랜드

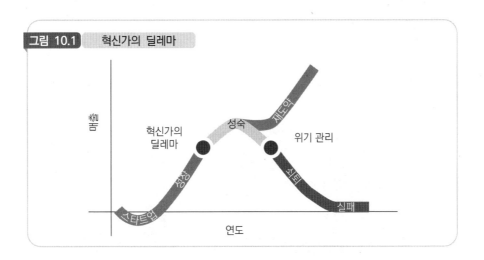

그림 10.1　혁신가의 딜레마

다른 한편으로, 로펌들은 전통적인 서비스 제공이 정체기(영구적일 가능성이 높은)에 다다랐을 때, 다시 한번 번영의 시대를 공고히 하고자 그들의 탁월한 자질을 이용하여 재도약에 힘쓴다. 앞의 〈그림 10.1〉은 이러한 문제를 보여 준다.

많은 로펌의 리더들이 혁신가의 딜레마를 이해하고 있으며, 재도약의 시기와 실행에 대해 고민한다. 대다수의 로펌에는 회사에 가시적인 이익을 가져다주도록 고안된 프로젝트를 신중한 검토를 거쳐 운영하는 내부 혁신가 또는

1　혁신가의 딜레마는 현재의 선도기업이 새롭고 잠재적으로 파괴적인 혁신에 적응할 때 경험할 수 있는 어려움을 묘사한다. See Clayton M. Christensen, The Innovator's Dilemma: When New Technologies Cause Great Firms to Fail (1997).

"사내 기업가"[2]들이 존재한다. 이상적인 형태로 이러한 전략은 작은 승소들을 통해 인지도를 높이고, 더 야심찬 변화를 만들어 내기 위한 모멘텀을 창출한다.

아래 3개 로펌의 사내 기업가들이 법률 서비스 분야에서 성공적인 재도약이 어떤 모습으로 나타나는지 보여주기 위해 본인들의 경험을 공유하였다.

- 조쉬 쿠비키(Josh Kubicki), Seyfarth Shaw LLP의 최고 전략 책임자
- 에릭 우드(Eric Wood), Chapman 및 Cutler LLP의 법무 혁신 및 기술 파트너
- 짐 베켓(Jim Beckett), 전직 Frost Brown Todd LLC의 최고 사업개발 책임자/현재 Qualmet의 최고경영자

Jim Beckett   Josh Kubicki   Eric Wood

먼저 사내 기업 활동의 원칙과 교훈을 변호사들이 근무하고 있는 조직으로부터 분리하는 것이 중요하다. 자칫 맥락에 대한 논의가 비판으로 해석될 위험이 있는데, 비판은 이번 장의 요점이 아니다. 이러한 긴장을 완화하기 위해 뒤에서 공통 주제로 종합이 될 두 가지 문제제기를 사용하였다. 그 후 각 사내 기업가의 경험에서 구체적으로 강조할 점을 다루려고 한다.

---

2 사내 기업 활동(Intrapreneurship)은 "대형 조직 내에서 근무하면서 사업가처럼 행위하는 것"을 의미한다. *See* Wikapedia.org, https://en.wikipedia.org/wiki/Intrapreneurship.

로펌 내부로부터의 문제제기

우리가 혁신가의 딜레마와 사내 기업가 정신 개념을 법률 회사에 적용한다고 하였을 때 기저에 숨은 의미는 교육 수준이 높은 성공한 파트너 집단은 변화하는 법률 시장에 적응할 준비가 안 되어 있다는 것이다. 이러한 문제제기가 진실이라는 가정하에(저자는 진실이라고 믿는다) 왜 그것이 사실일까?

확실히 창의성 부족이 문제인 것은 아니다. 변호사들은 그들의 전문 분야에서 일상적으로 기발한 해결책들을 내놓는다. 오히려 오랜 기간 집단의 내부에 있던 자들이 극복하기 힘든, 강력한 정신적 프레임을 형성하는 경험과 관점 그리고 인센티브의 총합이 문제가 된다.

특히 대형 로펌의 변호사들은 여러 세대에 걸쳐 그것을 유지하는 데에 시간을 쏟거나, 주의를 기울이지 않아도 되는 단순한 비즈니스 모델 안에서 그들의 수완을 발휘해 왔다. 대부분의 경우 변호사들이 고객의 문제에 철저하게 집중하기만 한다면 그들의 경제 사정은 점차 좋아졌다. 이것은 강력한 조작적 조건형성(operant conditioning)이었고, 지금도 그러하다. 결과적으로 많은 로펌의 파트너들에게 법률 산업의 거시적인 추세는 그 무게가 거의 느껴지지 않는 추상적 관념에 불과하다. 각 특정 파트너가 제공하는 작은 조각만이 그들에게 유일하게 중요한 시장인 것이다.

불행히도 고객이 하나의 목소리를 내는 것은 매우 드문 일이다.3 실제로 〈그림 10.2〉에서 보이는 바와 같이 고객들의 요구는 수용자(adopter) 유형별로 다르다.4 혁신가(innovator) 및 초기 수용자(early adopter)인 고객은 법적 문제를 해결하는 새로운 방식에 이끌리지만 그들은 소수에 불과하다. 마찬가지로 초기 대다수 고객(early majority) 중 일부는 전통적인 로펌이 제공하는 솔루션을 더 이상 (경제적인 측면에서) 감당할 수 없기 때문에 혁신을 선택하도록 요구받고

---

3 See, e.g., Bill Henderson, *Generalizing About Clients* (013), Legal Evolution, July 6, 2017, https://www.legalevolution.org/2017/07/generalizing-about-dients-013/ (last visited Dec. 9, 2017).
4 수용자 유형은 잘 알려진 혁신 확산의 일반 이론에 바탕을 두고 있다. See Everett Rogers, Diffusion of innovations (5th ed. 2003).

있다.[5] 그러나 법률 시장의 상당 부분은 시간당 요금을 청구하는 브랜드 로펌에 만족한다. 만약 "내 고객"이 내년이나 그 다음 해에 마음을 바꾼다면 우리는 그때 가서 그 혁신을 따르면 된다. 이런 좁은 형태의 고객 중심 접근법은 대다수 로펌의 보상 체계에 의해 강력하게 강화된다.

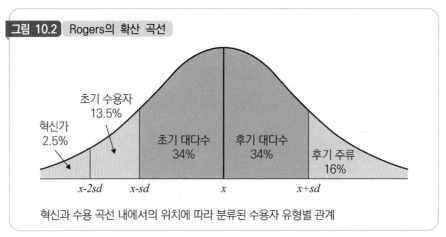

그림 10.2 Rogers의 확산 곡선

혁신과 수용 곡선 내에서의 위치에 따라 분류된 수용자 유형별 관계

출처: Event M.Rogers, diffusions of innovations, 5th ed. (New York: Free Press, 2003), p. 281.

앞서 설명한 내용은 큰 성공을 거둔 로펌들이 그들의 우수한 기량을 활용하지 못하는 역설을 나타낸다. 따라서 혁신가의 딜레마는 사실상 모든 대형 로펌들을 위한 전략적 딜레마이다.

5　예를 들어, 2008년 경기 침체로 인해 법적 절차의 아웃소싱 기업인 Pangea3과 Axiom의 채택이 급증했다. See Bill Henderson, *A Law School Class on How Innovation Diffuses in the Legal Industry (032)*, Legal Evolution, Oct. 25, 2017, https://www.legalevolution.org/2017/10/law-school-class-innovation-diffuses-legal-industry-032/ (last visited Dec. 9, 2017) 및 Bill Henderson, *A Deep Dive Into Axiom (036)*, Legal Evolution, Nov. 15, 2017, https://www.legalevolution.org/2017/11/deep-dive-into-axiom-035/ (last visited Dec. 9, 2017) 참조.

고객 측으로부터의 문제제기

비록 고객들이 하나의 목소리를 내지 않더라도 그들의 운영 환경은 점점 더 복잡해지고 세계화되며, 규제는 강화되고 있다. 이 거시적인 경향은 결국 기업 법률 서비스 시장의 구조를 차츰 변화시키고 있지만, 다수의 파트너들은 자신들의 업무와는 무관하다고 일축한다.

틀림없이 가장 큰 변화는 기업 법무팀의 성장이다. 기업 고객은 적어도 지난 20년 동안 사내 법무 부서를 성장시켜 왔고, 종전이라면 로펌에 의뢰했을 반복적이거나 금액이 적은 사무를 사내 법무 부서에 맡기는 방식으로 이러한 추세에 적응해 왔다.[6] 〈그림 10.3〉은 고객의 유형을 나타내는데, 스펙트럼의 가장 오른쪽에 있는 기업 고객은 중대형 로펌의 형태를 띠고 있다.

유형 6에의 패턴에 부합하는 법무 부서가 늘어나면서 기업 법무 조직(예: 기업 법무 컨소시엄, Corporate Legal Operations Consortium(CLOC) 및 기업 법률자문 협회(Association of Corporate Counsel Legal Operations))의 활동이 증가하고, 대기업 내의 전문 로펌과 같이 운영되는 기업의 법무 부서가 증가하고 있다.[7]

그림 10.3 6가지 법무 부서의 유형

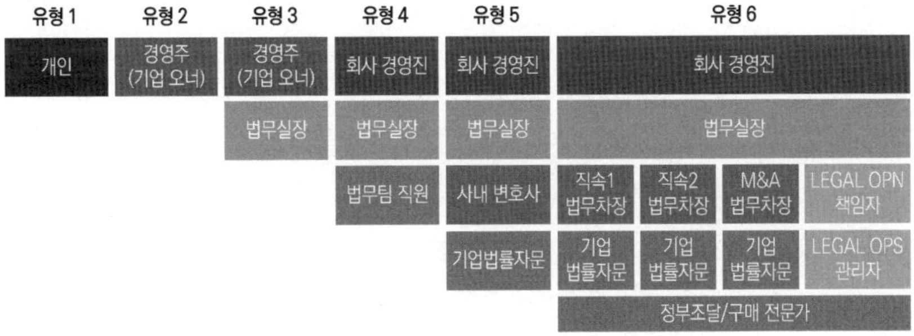

유형 1	유형 2	유형 3	유형 4	유형 5	유형 6		
개인	경영주 (기업 오너)	경영주 (기업 오너)	회사 경영진	회사 경영진	회사 경영진		
	법무실장	법무실장	법무실장	법무실장			
		법무팀 직원	사내 변호사	직속1 법무차장	직속2 법무차장	M&A 법무차장	LEGAL OPN 책임자
			기업법률자문	기업 법률자문	기업 법률자문	기업 법률자문	LEGAL OPS 관리자
				정부조달/구매 전문가			

---

6 See Bill Henderson, *How Much Are Corporations In-Sourcing Legal Services? (003)*, Legal Evolution, May 2, 2017, https://www.legalevolution.org/2017/05/003-inhouse-lawyers/ (정부, 기업, 사설 로펌에서 근무하는 변호사의 1997-2016 고용 동향).

7 See Bill Henderson, *Six Types of Law Firm Clients (005)*, Legal Evolution, May 9, 2017, https://www.legalevolution.org/2017/05/six-types-of-law-firm-cliems-005/ (last visited Dec. 10, 2017) (로펌 고객의 유형).

많은 대기업 고객들이 법적 비용과 위험을 관리하기 위하여 보다 정교한 방법과 시스템을 필요로 하기 때문에 직업으로서 그리고 분야로서의 기업 법무가 등장하고 있는 것이다. 이러한 역할의 지배력 상승은 기존 로펌의 시간당 청구 모델이 적어도 기업 법률 서비스 시장의 대다수를 차지하는 "기업 경영" 업무 영역에서 느리지만 영구적으로 쇠퇴하고 있다는 강력한 증거이다.8 〈그림 10.4〉는 이러한 시장의 변화를 보여준다.

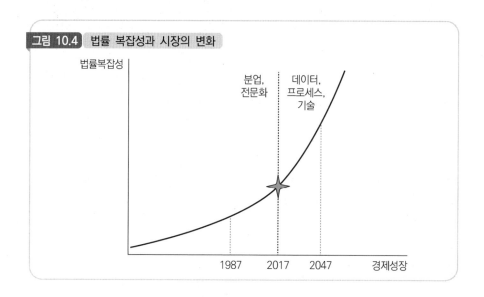

그림 10.4 법률 복잡성과 시장의 변화

일반적으로 법률의 복잡성은 경제 성장에 따라 증가한다. 약 100년 동안 우리는 분업과 전문화를 통해 이 문제에 대처해 왔다. 이러한 접근 방식은 대형 로펌을 탄생시켰다. 최근 수십 년 동안, 성장-복잡성 노선이 가파르게 진행됨에 따라 로펌들은 더 높은 수익을 올렸다.9

8 *See Deep Dive into Axiom, supra* note 5(Axiom의 시각에서 본 동향 논의); Bill Henderson, *World Class Innovation and Efficiency, Billed by the Hour (010)*, Legal Evolution, June 18, 2017, https://www. legalevolution.org/2017/06/world-class-innovation-efficiencybilled-hour-010/ (last visited Dec. 10, 2017) (관리 서비스 산업의 시각으로 본 동향에 관한 논의).

9 위의 모든 분석과 차트는 기관 고객의 관점에서 구조적 문제를 표현한다. 이러한 고객 그룹의 경우, 생산성 침체의 문제는 비록 느리기는 하지만 시장 기반의 대응으로 이어지고 있다. PeopleLaw

그러나 이제 분업과 전문화가 법률 복잡성의 기하학적 성장과 더 이상 일치하지 않는 시점에 도달했다. 고객과 로펌은 이러한 압력을 비용문제로 경험하고 있지만, 근본 원인은 생산성 향상의 부족에 있다.[10] 이러한 생산성 향상의 요구를 충족시키기 위해 법률 산업은 데이터, 프로세스 및 기술을 기반으로 법적 문제를 해결하는 새로운 방식으로 이동하기 시작했다. 사실 이러한 압력 때문에 벤처 투자가와 사모 펀드로부터 대규모의 자금지원을 받은 "New Law"가 존재하는 것이다.

질문은 매우 간단하다. 누가 대기업 고객에게 새로운 패러다임을 만들어 줄 것인가? 아래 세 경쟁자가 존재한다.

- 더 많은 기업 법무를 인소싱하여 담당하는 **법무 부서**
- 탁월한 능력을 능숙하게 활용하는 **로펌**
- 데이터, 프로세스 및 기술이 핵심역량이지만, 새롭고 익숙하지 않다는 문제점을 가지고 있는 **New Law**

정답은 이 셋 모두를 적절하게 조합한 형태일 것이다. 그러나 많은 로펌들이 혁신가의 딜레마에 희생되어 패자로 전락할 가능성도 있다.

로펌들은 구조적 시장 변화에 따른 사업 기회들이 로펌의 파트너들에게 거시적 추세에 대해 사업적 판단을 내리도록 하면서 동시에 현 회계연도 내에 수십만 달러의 수임료를 취득, 청구 및 수금해야 한다는 압박을 주고 있다는 점에서 큰 도전에 직면해 있다. 불행히도 이 문제는 단기적 관점을 가진 변호사들이 그들의 고객을 데리고 로펌을 떠나는 문제가 발생할 수 있기 때문에, 장기적인

부문의 개인 고객(법률시장의 약 1/4을 차지하며 그 비율이 하락하고 있음)에게 법적 생산성 침체는 자체적 발현 또는 법률 기반의 솔루션을 추구하지 않는 사람들을 통해 발현된다. See Bill Henderson, *The Decline of the PeopleLaw Sector (037)*, Legal Evolution, Nov. 19, 2017, https://www.legalevolution.org/2017/ll/decline-peoplelaw-sector-037/ (last visited Dec. 10, 2017). 요약하면 뚜렷이 다른 별개의 문제이다.

10 See Bill Henderson, *What is Legal Evolution?* (001), Legal Evolution, May 1, 2017, https://www.legalevolution.org/2017/05/001-legal-evolution/ (last visited Dec. 10, 2017) (법적 생산성 침체에 의해 형성된 제도상의 문제 논의).

관점을 가지고 보상 체계를 변경해 나가는 방식으로는 해결될 수 없다.

쿠비키(Kubicki): 로펌 내부에서의 사내 기업가 정신

앞서 소개한 세 명의 로펌 사내 기업가 중 사내 기업가 정신의 응용방법에 대해 가장 많이 고심해 온 것은 조쉬 쿠비키이다.[11] 조쉬는 최고경영자-CEO-(최상층), 고위 경영진-C-Suite-(2층), 부사장(3층), 감독(4층), 관리자(5층) 및 라인 작업자(피라미드의 최하위층)로 구성된 단순한 기업 피라미드를 상상해 보라고 한다. "우리는 누가 책임자인지 분명히 알 수 있죠."

조쉬는 "로펌들은 훨씬 평면적이다."라고 말하면서 〈그림 10.5〉에 묘사된 것과 같이 도식화된 로펌의 조직도를 그렸다.

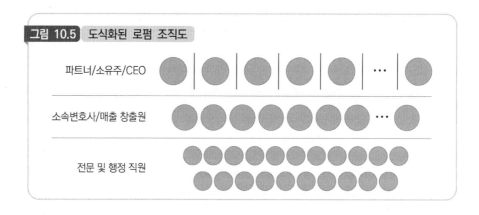

그림 10.5 도식화된 로펌 조직도

파트너/소유주/CEO

소속변호사/매출 창출원

전문 및 행정 직원

피라미드의 꼭대기에는 (전혀 피라미드 형태가 아닐지 모르지만) 소유주 겸 파트너가 자리하고 있다. 비록 파트너는 CEO가 아니지만 자신의 업무에 있어 CEO의 역할을 하는 경향이 있고, 특히 아래 많은 변호사를 두고 있는 경우에

11 See, e.g., Josh Kubicki, *The Intrapreneur's Dilemma*, Medium, Aug. 20, 2014, https://medium.com/@jkubicki/the-intrapreneurs-dilemma-9362al8f8e76 (last visited Dec. 10, 2017).

는 더욱 그러하다. 그러나 법인의 성과와 기업 가치를 높이려면 파트너/소유자/ CEO 계층 간 협업이 필요하다.

이를 위해 로펌의 사내 기업가는 두려움이나 저항을 유발하지 않으면서 파트너들 사이의 파티션을 허무는 방법을 찾아야 한다. 더 나아가, 사내 기업가는 공식적인 권한이 없거나 매우 적은 상황에서 이 일을 해내야 한다. "직함이 무엇이든, 사내 기업가는 수익을 창출하는 변호사들로부터 보수를 지급받는 전문 직원 중 일부입니다. 따라서 당신이 가진 유일한 도구는 비교적 단순하고 저렴한 방법으로 다른 누군가의 삶을 개선할 수 있는 능력입니다."

이러한 현실은 조쉬가 모든 변화의 이니셔티브에 있어 디자인적 사고 (design thinking)에 크게 의존하는 이유이다. 조쉬는 〈그림 10.6〉과 같이 자신이 "트라이펙타(trifecta)"라고 부르는 다이어그램을 묘사했다.

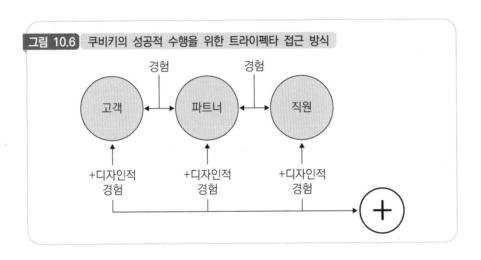

그림 10.6 쿠비키의 성공적 수행을 위한 트라이펙타 접근 방식

혁신은 혁신가의 머릿속 아이디어에서부터 시작된다. 그러나 조직 내 구현 단계로 들어가면 우리는 타인에게 서비스를 제공하는 직업을 가진 바쁜 사람들의 일상적 경험 안으로 들어가게 된다. 이론적으로 혁신을 통해 조직을 개선한다 하더라도, 개별 이해 관계자가 자신의 업무를 어렵게 만드는 부정적인 경험을 하게 되면 혁신의 구현은 실패하게 될 것이다. 그렇기 때문에 성공적인 혁신(1단계 시작＋2단계 구현)은 실제로 적절하게 설계된 일련의 하위 혁신들의

연속이다.12

성공적인 하위 혁신은 복잡한 것을 단순하게, 문화적으로 양립 가능하게, 나아가 최종적으로 사용자에게 매우 유리하게 만들어, 이상적으로 빠른 투자 회수를 가능하게 한다. 이렇게 조율된 하위 혁신들이 모두 개개의 훌륭한 경험으로 귀결된다면, 더 큰 혁신이 성공할 가능성이 있다. 조쉬의 관점에서 로펌의 사내 기업가 효과는 개인의 탁월함보다 공감능력, 경청하는 방법, 인내심, 예산 등에 관한 것이었다. 이러한 유형의 일은 "매우 노동집약적"이기 때문이다.

사내 기업가의 지적인 재능은 다양한 이유로 인하여 그들이 전통적인 모델의 틀 안에 갇혀 있지 않다는 것인데, 이는 그들에게 외부인의 관점을 갖게 만든 이전의 몇몇 경험들에서 비롯된다. (쿠비키가 수업에서 이야기했던 그의 삶을 완전히 바꿔 놓은 인생의 경험에 관하여는 그의 책 '혁신가의 딜레마'를 읽으면 확인할 수 있다.)13 그러나 조쉬는 겸손이야말로 사내 기업가로서의 실효성을 높이기 위한 가장 중요한 자질이라고 강조했다. 그는 "무언가 효과가 있다면 이를 채택한 자의 통찰력을 칭찬하고, 계속 나아가라."라고 말했다.

에릭 우드(Eric Woods): 파트너를 기술 혁신가로 만들기

법조계는 변호사 전문 분야의 세계에서 분야 간 협업을 기반으로 하는 세계로 전환하고 있다. 에릭 우드의 사례는 로펌에서 그들의 커리어를 시작하고자 하는 수백 명의 젊은 변호사들에 의해 모방될 것이 틀림없다. 하지만 이 길을 처음으로 개척한 것은 에릭이다.

에릭은 'Chapman and Cutler'의 법무 혁신 및 기술 파트너(Practice Innovations

---

12 See Bill Henderson, *Innovation in Organizations*, Part I (015), Legal Evolution, June 20, 2017, https://www.legalevolution.org/2017/07/innovation-in-organizations-part-i-01.5/(last visited Dec. 10, 2017).

13 *See* Kubicki, *supra* note 8.

and Technology Partner)이다. 여기서 키워드는 '*파트너*'이다. 에릭은 2008년 시카고 로스쿨을 졸업하였다. 뉴욕시 소재 Cleary Gottlieb에서 자본 시장 관련 업무를 잠시 담당한 후, 시카고로 돌아와 은행 및 금융 서비스 분야의 어쏘 변호사로 Chapman에 합류했다. 그러나 몇 년 전 그는 '고객에게 청구하는 업무(고객 대상 업무)'를 중단하고, 대신 기술 기반의 이니셔티브에 모든 관심을 집중하기 시작했다. 이 기간 동안 에릭의 공식적인 직함은 어쏘 변호사였다. 그리고 올해 초 그는 파트너로 승진했다.

법무 혁신 및 기술 파트너는 로펌 내에서의 새로운 역할이다. 에릭은 자신의 업무가 주로 다음 세 가지 주요 범주에 속하는 "연구개발(R & D)"이라고 설명한다.

1. 광범위한 법적 사안에 대해 법률 전문가 시스템을 구축하고 문서 초안을 자동화하는 **코드 작성**. 여기에는 변호사, 고객 및 기타 직원들이 이를 비교적 직관적으로 이용할 수 있게 하는 웹 인터페이스 디자인도 포함된다.
2. **신기술 제품 설계 및 개발, 출시 및 유지 관리**. 많은 경우 새로운 인력 모델의 개발을 포함하여 여러 실무 그룹 간 혁신을 조정할 수 있는 방법을 찾는 것을 포함한다.
3. **기타 지식 관리 및 기술 프로젝트**. 예를 들어 거래 관행에 영향을 줄 수 있는 거래 메타데이터 데이터베이스 및 데이터 시각화 구축(예: 블록체인 및 암호 화폐), 공급 업체 제품 평가 및 기술 개발연구.

에릭은 기술 분야에서 정식 교육을 받지 못했다. 그의 학부 전공은 정치학 및 환경 연구 분야였다. 대신 그는 처음 컴퓨터 코딩과 데이터베이스 구축 분야에서 기술적 역량을 발전시키게 된 계기에 대해, 판타지 농구 게임을 시각화하여 친구들을 놀라게 해 주던 욕망에서 비롯된 것으로 보았다. 이러한 취미 생활을 위해서는 웹 사이트에서 많은 데이터를 모아 전산 분석을 하는 것이 필요했다.

그렇지만 이러한 교차 응용은 에릭이 법조계의 업무를 경험했기 때문에 가능한 것이었다. 그는 로스쿨에 입학하기 전 Wyoming Legal Services의 AmeriCorps 자원 봉사자로서 에이전시가 광범위한 고객 기반을 구축할 수 있게 하는 웹 콘텐츠 제작을 도왔다. 에릭은 "우리는 주 전체의 변호사를 7명으로 늘려야 했는데, 분명한 것은 기술만이 이를 가능하게 한다는 것입니다."라고 말했다. 또한 뉴욕의 거래 담당 어쏘 변호사로서 늦게까지 일했던 많은 밤들이 에릭에게 재미없고 시간 소모적인 작업을 자동화하는 방법에 대해 많은 아이디어를 주었다.

2013년 에릭은 그의 기술적 능력을 지속적으로 향상시키면서 리걸 테크 분야에서 판로를 찾기로 결심했다. 마침 이 시기에 법인의 최고 경영 파트너인 팀 모한(Tim Mohan)은 전통적인 법률 서비스가 어떤 주요 전환에 직면하게 되었는지 설명하기 위해 외부 연사를 데려오기 시작했다. 그래서 에릭은 자신의 몇몇 아이디어를 설명하기 위하여 모한과의 면담을 요청했다.

모한은 에릭의 아이디어를 즉시 받아들였고, 에릭은 새로운 역할을 수행하기 위해 고객 대상 업무를 중단했다. 자, 계산을 해 보자, 에릭을 일반적인 고객 대상 업무에서 제외하는 것은 대략 백만 달러를 포기하는 결정이다(시간당 500달러×연간 2,000시간). 그러나 법인이 재도약에 실패했을 때의 비용은 얼마일까?

이것이 현명한 결정이었다는 것은 비교적 빠르게 판명되었다. 예를 들자면, 에릭의 프로젝트 중 하나는 금융 거래를 위한 문서 세트의 마감을 자동화하는 것이었다. 시장은 더 이상 전체 거래 문서의 구성, 색인 생성(indexing and tabbing)에 대해 정가를 지불하지 않지만, 이러한 작업은 여전히 수행되어야 하며, 전문적이면서도 시의적절하고 세련된 방식으로 고객에게 전달되어야 한다. "예전에는 몇 주가 걸렸던 작업이 이제는 1분 정도 걸립니다." 법인은 이 하나의 프로젝트만으로도 대략 시간당 500달러(거래의 규모와 복잡성에 따라 다양한 편차가 있음)×연간 3,000번의 마감, 약 150만 달러의 노동력을 절약하여 다른 부가가치 프로젝트에 할당할 수 있게 되었다. 이것은 하나의 예시에 불과하다.

로펌 경영진의 격려에 힘입어 에릭은 정기적으로 내부 설명회를 개최함으로써 파트너들 사이에서 상당한 호기심과 폭 넓은 구매를 이끌어 내고 있다.

에릭은 이러한 내부 판매에 대해 복잡한 형태로의 변경에 대한 투명성을 높이고 오류 가능성을 줄여 나가는 기술의 품질상 강점에 기인한 것이라고 설명한다. 그러나 경제적으로도 매우 매력적이다. Chapman and Cutler는 고도로 전문화된 금융 서비스를 제공하는 법인으로서, 업무의 40%를 고정 수수료를 기반으로 하고 있다. 이러한 맥락에서 기술 및 프로세스를 통해 회사는 수익률을 보전하거나 올리면서도 경쟁 법인에 비해 적은 비용을 계속 청구할 수 있었던 것이다. 이것이야말로 혁신의 기능이다.

에릭 외에 Chapman의 다른 변호사들도 기술적 역량에 투자하기 시작했고, 그들 중 일부는 업무의 상당부분을 자동화했다. 이러한 전환의 일부는 법인의 혁신과 관련된 "생산적" 시간을 고객 대상 업무와 동일한 시간으로 취급하는 회계 시스템이 있었기에 가능했다. 에릭은 지난 몇 년간 자신의 팀에서 함께 프로젝트에 참여하면서 수백 시간의 생산적인 시간을 기록한 변호사 한 명을 예로 들었다. 요컨대 Chapman은 더 많은 내부 역량을 구축하고 있다.

이것은 주목할 만한 이야기이다. 그러나 다른 로펌에서 이를 따라할 수 있을까? 그 대답은 "쉽지 않다."라고 생각된다. 첫째, 기업에는 법적 영역에 대한 깊이 있는 지식과 강력한 기술력을 모두 갖춘 에릭 우드와 같은 사람이 필요하다. 둘째, 법률적 지식과 기술적 역량을 갖춘 인재로 하여금 혁신과 혁신의 실행을 전담하도록 하는 팀 모한과 같은 리더가 존재하는 행운이 따라야 한다. 경쟁이 치열한 시장에서는 어중간한 노력을 들여서는 성공하기 어렵다. 셋째, Chapman and Cutler가 "소규모" 대형 법인(230여 명의 변호사)으로서 단일 산업에 중점을 두고 있다는 것이 분명 도움이 되었다. 이 경우 변화를 구현하는 것이 문화적으로나 논리적으로나 더 쉽다.

베켓(Beckett)의 사업 마인드

혁신은 서로 다른 사회 체계들 사이의 연결에 의해 크게 영향을 받는다. 2~3가지 체계의 가장자리에 있는 것이 하나의 체계에 중심에 있는 것보다 더 가치가 있다. 다양한 관점을 가지면 지배적이고 국지적인 프레임을 초월하여

신선한 시각으로 문제를 바라보는 것이 가능해지기 때문이다.14

3명의 사내 기업가들은 법적 지식에 더하여 세계를 보는 두 번째 또는 세 번째 관점을 가지고 있다. 가장 두드러진 예는 짐 베켓(Jim Beckett)이다. 그는 5년 동안 식품 업계에서 판매 및 유통 업무를 담당하였는데 프리토-레이(Frito-Lay), 하겐다즈(Haagen-Dazs)와 같은 기업의 시장 점유율을 높이는 데 기여한 후 변호사로서 법률가적 관점을 얻게 되었다. 이 기간 동안 짐은 그의 대인관계의 기술과 사업가적 소질을 눈여겨본 아버지의 조언을 따랐다. 역설적이게도 짐의 아버지는 KFC의 사내변호사였다.

짐이 몇 년간 비즈니스 경력을 쌓은 뒤 그의 아버지는 새로운 생각을 하게 되었다. 아버지는 그에게 "짐, 법조계에는 사업이 어떻게 돌아가는지 진정으로 이해하는 사람들이 부족하다. 네가 법학 학위를 취득하면 더 멀리 나아가게 될 것"이라고 말했다. 그래서 짐은 로스쿨에 진학하기 위해 만학도가 되어 인디애나 대학교로 돌아갔다.

짐은 법학의 추상적 수준이 지금까지 그에게 익숙했던 실용적 문제 해결 방식과 상당히 달라서 로스쿨 과정 내내 매우 힘들었다는 그의 경험을 공유했다. 그는 로펌의 소속변호사가 되어서야 비로소 두 가지 관점을 융합시킬 수 있었다.

그러나 그에게는 사업가적 관점이 더 지배적인 관점으로 남아 있었다. 예를 들어, 짐은 그가 어떻게 첫 번째 사내 변호사로서의 일을 Brown & Williamson (나중에 RJ Reynolds의 일부가 되는 대형 담배 회사)에서 시작하게 되었는지에 대해 이렇게 설명했다. "저는 면접에 참여한 변호사들 중 회사 법무의 핵심에 존재하는 사업적 이슈에 관하여 논할 수 있는 유일한 사람이었습니다." 나아가 짐은 법무 부서에서의 진급을 추구하기보다는 사업 부서로 이동을 요청하여 결국 푸에르토리코에서 RJ Reynolds 사업부를 운영하게 되었다.

---

14 에버렛 로저스(Everett Rogers)는 혁신을 게오르그 짐멜(Georg Simmel)의 이방인의 구조와 연결한다. "개인의 네트워크 관계는 개인의 행위에 영향을 미치고 종종 개인의 행위를 제한한다. 이방인의 한 유형으로서의 혁신가는 새로운 아이디어를 최초로 채택함으로써 체계의 보편적인 기준으로부터 쉽게 벗어날 수 있다." Rogers, supra note 4, at 42.

짐이 법률과 비즈니스 분야에서 다양한 관점을 갖추고 있었기 때문에 프로스트 브라운 토드(Frost Brown Todd)의 대표인 존 크로켓(John Crockett)이 짐에게 루이빌로 돌아와 법인의 사업 개발을 담당해 달라고 설득한 것이다. 대략 10년 전 짐과 존은 프로스트 브라운 토드에서 고객 대상 변호사로 함께 일한 적이 있었다. 짐이 존에게 장기적인 성공은 상당한 변화를 요구하기 때문에 자신의 노력 중 일부는 논란을 초래할 수 있다고 경고하였음에도 불구하고 존은 짐을 고용하였다.

비록 법인에서 많은 고객 중심의 이니셔티브를 실행하고 있지만, 짐은 고객들이 그들의 구매력에 보다 집중하도록 돕는 방식으로 더 좋은 결과를 낼 수 있을 것이라 궁극적으로 확신하게 되었다. 2016년 여름, 짐은 프로스트 브라운 토드를 떠나, 콸멧(Qualmet) — 피드백을 수집, 구성, 분석하여 외부 서비스 제공 업체와 공유하는 성과기록표 작성 기법(scorecarding methodology)을 기업의 법무 부서에 제공하는 기술 회사 — 의 CEO가 되었다.

짐은 변호사가 고객들과 완전히 공조할 때 일어나는 일들에 대해 열정적으로 이야기한다. "모든 변호사들은 일을 훌륭히 해내기를 원합니다. 그러나 불행히도, 자신의 업무능력을 다음 단계로 끌어올리는 데 필요한 정보를 얻는 변호사는 매우 적습니다."라고 말한다. 짐은 구조화된 지표와 대화를 통해 고객과 로펌이 데이터, 프로세스 및 기술의 세계로 원활하게 이동할 수 있다고 믿는다. 짐은 이것을 "방법"의 문제가 아니라, "시기"의 문제라고 본다. 오늘날의 CEO들은 법률 고문, 최고 법률 책임자 및 사내 법무팀이 각각의 기업 목표와 목적에 부합하게 사업 가치를 높일 것을 기대한다. 짐은 가치의 격차를 좁히기 바라며, 360도 성과 관리야말로 가치 격차를 급속하게 줄일 수 있는 결정적 요인이라고 본다. 짐은 "가치 창출은 상품이 아닙니다. 따라서 성과가 적절히 측정되어야 모든 이해관계자들이 혜택을 볼 것입니다."라고 말했다.[15]

---

[15] Qualmet의 성과기록표 작성 기법은 댄 커럴(Dan Currell)이 적극적인 외부 변호사 관리의 필요성을 설명한 것과 밀접한 관련이 있다. See Dan Currell, *Part Ⅲ on Convergence: Clients Must Manage to Get Results (031)*, Legal Evolution, Oct. 12, 2017, https://www.legalevolution.org/2017/10/convergence-part-iii-management-principles-031/ (last visited Dec. 10, 2017). 융합만으로는 원하는 결과를 가져올 수 없다.

결론

재능을 가진 많은 사람들은 그들이 창출하고자 하는 혁신(또는 대안적으로 그들이 해결하고자 하는 문제를 말함)이 시장을 선도하는 대형 조직이 가진 자질로 부터 크게 도움을 받을 수 있기 때문에 사내 기업가 정신에 흥미를 가진다. 사회적 체계(로펌, 법무 부서, 법원, 규제 기관)가 매우 전통적이며 현대 경제의 다른 나머지 부분들로부터 고립되는 경향이 있는 법조계에서 특히 그러하다.16 이는 법조계 버전의 혁신가의 딜레마로서, 그 정도가 매우 극심해서 외부로부터의 성공적인 혁신이 경제적으로 실행 가능하지 않거나, 유의미한 외부 기업혁신가 집단을 끌어들이기에 장애물이 너무 많다.

고무적인 소식은 많은 로펌의 경영진이 이러한 도전 과제를 인식하고 사내 기업가들로 하여금 혁신을 시험해 볼 수 있도록 하고 있다는 것이다. 확산 이론에 따르면 이러한 노력의 일부가 성공을 거두게 되면 나머지 로펌의 사회 체계에서 이를 관찰하고 모방할 것으로 예상된다. 여기에 소개된 변호사들은 로펌 사내 기업 활동의 초기 개척자들이다.

---

16 이 주제에 대한 논의는 see Bill Henderson, *Variables Determining the Rate of Adoption of Innovations (008)*, Legal Evolution, May 29, 2017, https://www.legalevolution.org/2017/05/vari ables-determining-the-rate-of-adoption-of-innovations-008/ (last visited Dec. 17, 2017) ("법 조계에서 가장 확립되고, 영향력이 크고, 명망이 높은 주체들은 — 즉, 대형 로펌, 연방 판사, 법학 계, ABA-전통에 묶여 있고, 자신이 시작하지 않은 변화에 대해 회의적인 경향을 가진다. 이러한 보수적인 분위기는 ABA 규정 제5.4항의 산물일 수도 있다.… ABA 규정 제5.4항은 변호사들이 법 률 업무와 관련된 어떠한 사업에도 다른 사업가와 공동 투자하지 못하도록 하고 있다. 변호사들이 [다른 전문가들]과 사업 파트너가 될 수 없다면… 그들로부터 배울 기회가 줄어드는 결과를 초래 할 것이다.")

찾아보기

역자 소개

김대홍 ──────────────────────── 역자 김대홍은
숭실대학교 국제법무학과 조교수로 기초법과 비교법을 가르치고 있다. 서울대학교 법과대학을 졸
업하고 동 대학원에서 박사학위를 취득하였다. 하버드 옌칭연구소 초빙연구원, 대법원 사법정책
연구원 연구위원, UNIST 초빙조교수 등을 역임하였다. 전통적 기초법 연구에 빅데이터 분석기법
을 접목한 새로운 연구방법을 시도하고 있으며, 조선시대의 리걸 마인드를 분석한 저서 "조선시
대의 법추론 인율비부"는 2018년 세종도서 학술부문에 선정되기도 하였다.

김태희 ──────────────────────── 역자 김태희는
변호사이며 법무부 통일법무과에 재직 중이다. 남북관계를 둘러싼 법규범과 법현실 사이의 간극을
해소하는 데에 골몰하면서, 법조와 일상에서의 혁신에도 관심이 깊다. 서울대학교 법과대학을 졸업
하였으며, 같은 대학교 일반대학원에서 법학 석사학위를 취득하고 법학 박사과정(Ph, D Course)
을 수료하였다. 남북관계에 대하여는 "남북한 환경 교류협력 증진을 위한 법제도적 과제", "남북
협력기금 법제도의 현황과 개선방안" 등을 발표하였으며, 인공지능에 대하여는 "법률 인공지능과
자연어처리"를 발표하였다.

이민구 ──────────────────────── 역자 이민구는
현재 플랜에이 법률사무소의 변호사이다. 법무법인 오늘의 소속변호사로 재직하였고, 경기남부지
방경찰청 정보공개심의위원을 거쳐 현재 사단법인 한국중재학회의 이사로 활동하고 있다. "집단에너
지시설 공사 지역에서의 분쟁에 대한 법적 검토", "그린카드제도 운영 개선방안", "배출부과금 관
련 사례분석을 통한 효과적인 환경오염관리를 위한 법제연구" 등 환경 분야에서의 법제도를 주로
분석하였고, 최근에는 "4차 산업혁명 시대에서의 고용 차별에 대한 보호방안"을 연구 중이다.

이순성 ──────────────────────────────── 역자 이순성은
법무법인(유한) 광장 소속 변호사이다. 고시원 및 쉐어하우스 관련 인터넷 플랫폼 "고방"의 창업 멤버로, 법적인 관점에서 인공지능의 활용 방안에 관하여 연구하고 있다. 한국법제연구원의 입법평가 연구자료 "리걸테크·법률AI의 발전과 활용"의 책임저자이다. 현재 베트남 하노이에서 베트남 법무부 등록 외국 변호사로 활동하며 한국 기업의 베트남 진출을 지원하고 있다.

이유봉 ──────────────────────────────── 역자 이유봉은
한국법제연구원 연구위원으로 재직 중이다. 다양한 주제의 입법현안에 대하여 데이터를 활용하여 입법대안을 제시하는 데이터 기반 입법평가 연구를 하고 있다. 주된 연구 분야는 데이터 기반 입법연구방법론 외에도 개별 법영역의 환경법, 재생에너지법, 공직윤리·반부패법이 있으며, 다양한 입법사례에서 데이터를 기반으로 입법안을 제안하는 연구를 시도해 왔다. 서울대학교 법과대학에서 "공법과 사법의 갈등에 대한 분석 연구"로 박사학위를 받고, 서울대학교 환경대학원에서 환경법을 강의하면서 학제 간 연구방법론에도 관심을 기울여 왔다. 최근의 주요 연구로는 "데이터기반 입법평가연구방법론"(한국법제연구원, 2019)과 "미래예견적 국정관리지원: 입법 네트워크 부문 모델링 연구"(에너지법 시범 연구)(경제인문사회연구회, 2020) 등이 있다.

장재민 ──────────────────────────────── 역자 장재민은
서울대학교 환경계획연구소의 책임연구원으로 도시교통 분야의 빅데이터 및 융복합 관련 연구를 하고 있다. 서울대학교에서 박사 학위를 받았고, 서울연구원, 법제연구원, 회계법인, 국회 등에서 도시교통 및 법제도 관련 연구경력이 있으며, 통계적 검증, 소셜빅데이터 분석 등을 활용한 30편 이상의 학술논문의 주저자이기도 하다. 관심 분야는 도시교통과 융복합이 가능한 지표개발, 민관 융복합 연구, 빅데이터를 활용한 법제도 개선방안이며 다양한 현장경험을 바탕으로 20개 이상의 학술 및 아이디어 공모전 상을 수여받았다.

정관영 ──────────────────────────────── 역자 정관영은
변호사이자 리걸 테크(Legal Tech) 기업 ㈜로데이터의 대표이다. 사법연수원 수료 후 국내 로펌에 근무하면서 사이버 포렌식과 클라우드 컴퓨팅을 중점으로 한 IT 법무를 주로 담당하였다. 정보통신 분야 정부 산하기관에서 전문위원과 연구위원으로 다수 활동하였으며, 정부 주관 방통융합미래전략체계연구인 "클라우드 서비스 표준약관에 관한 연구"의 책임연구원을 수행한바 있다. "컴플라이언스 솔루션"을 함께 썼고, 논문으로 "법조(法曹)영역으로의 인공지능 도입에 대한 제언", "인공지능의 개인정보 자동화 처리가 야기하는 차별 문제에 관한 연구", "성적자기결정권의 보완 수단으로서 인공지능에 대한 소고"가 있다.

함보현 ────────────────────────────── 역자 함보현은
법률사무소 생명의 대표변호사이다. 연합뉴스에서 기자로 재직하다 변호사 자격을 얻은 후 4·16
세월호참사특별조사위원회 조사관, 화우공익재단 상임변호사로 활동했다. 현재 평화법제포럼의
일원으로 남북 교류협력 분야 법제 연구와 사회취약계층을 위한 법률지원 방안에 관심을 갖고 일
하고 있다.

홍유진 ────────────────────────────── 역자 홍유진은
재단법인 화우공익재단의 상임 변호사이다. 홈리스, 외국인, 장애인 등 사회취약계층을 위한 공익
법률지원 활동을 주로 하며, 빈곤과 환경 문제에도 관심이 많다. 고려대학교 법과대학을 졸업하
고, 경희대 법학전문대학원에서 박사 과정을 밟고 있다. 인공지능과 관련하여 4차 산업 혁명시대
의 인공지능에 대한 법인격 인정 여부 및 관련 법 정책에 관하여 관심을 가지고 연구하고 있다.

데이터가 지배하는 법: 데이터 분석, 새로운 법률 서비스

초판발행	2021년 1월 14일
지은이	Ed Walters 대표 편집
옮긴이	김대홍 외 8인
펴낸이	안종만·안상준
편 집	윤혜경
기획/마케팅	조성호
표지디자인	박현정
제 작	고철민·조영환
펴낸곳	(주) **박영사**
	서울특별시 금천구 가산디지털2로 53, 210호(가산동, 한라시그마밸리)
	등록 1959. 3. 11. 제300-1959-1호(倫)
전 화	02)733-6771
f a x	02)736-4818
e-mail	pys@pybook.co.kr
homepage	www.pybook.co.kr
ISBN	979-11-303-3721-0 03360

copyright©김대홍 외 8인, 2021, Printed in Korea

* 파본은 구입하신 곳에서 교환해 드립니다. 본서의 무단복제행위를 금합니다.
* 역자와 협의하여 인지첩부를 생략합니다.

정 가	20,000원